权威·前沿·原创

中国社会科学院创新工程学术出版资助项目

国际形势黄皮书

YELLOW BOOK OF INTERNATIONAL POLITICS

全球政治与安全报告（2012）

ANNUAL REPORT ON INTERNATIONAL POLITICS AND SECURITY (2012)

中国社会科学院世界经济与政治研究所
主　编／李慎明　张宇燕
副主编／李少军

社会科学文献出版社
SOCIAL SCIENCES ACADEMIC PRESS (CHINA)

图书在版编目（CIP）数据

全球政治与安全报告. 2012/李慎明，张宇燕主编. —北京：社会科学文献出版社，2012. 1
（国际形势黄皮书）
ISBN 978 - 7 - 5097 - 2926 - 7

Ⅰ. ①全… Ⅱ. ①李… ②张… Ⅲ. ①国际政治 - 研究报告 - 2012 ②国家安全 - 研究报告 - 世界 - 2012 Ⅳ. ①D5 ②D815. 5

中国版本图书馆 CIP 数据核字（2011）第 254529 号

国际形势黄皮书
全球政治与安全报告（2012）

主　　编 / 李慎明　张宇燕
副 主 编 / 李少军

出 版 人 / 谢寿光
出 版 者 / 社会科学文献出版社
地　　址 / 北京市西城区北三环中路甲 29 号院 3 号楼华龙大厦
邮政编码 / 100029

责任部门 / 皮书出版中心（010）59367127　　责任编辑 / 周映希
电子信箱 / pishubu@ ssap. cn　　责任校对 / 高忠磊
项目统筹 / 邓泳红　　责任印制 / 岳　阳
总 经 销 / 社会科学文献出版社发行部（010）59367081　59367089
读者服务 / 读者服务中心（010）59367028

印　　装 / 北京季蜂印刷有限公司
开　　本 / 787mm × 1092mm　1/16　　印　　张 / 19. 75
版　　次 / 2012 年 1 月第 1 版　　字　　数 / 340 千字
印　　次 / 2012 年 1 月第 1 次印刷
书　　号 / ISBN 978 - 7 - 5097 - 2926 - 7
定　　价 / 59. 00 元

主要编撰者简介

李慎明 中国社会科学院党组副书记、副院长，研究员、博士生导师，1997年被授予少将军衔。主要从事党的建设、民主政治、国际战略研究。主要著作有:《全球化背景下的中国大党建》、《中国和平发展与国际战略》、《李慎明自选集》、《战争、和平与社会主义》、《纵马湘赣》、《王震传》（合著，上、下册），主编《世界社会主义跟踪研究报告——且听低谷新潮声》（系列）、《全球政治与安全报告》（系列）、《邓小平理论研究前沿报告》、《历史的风》等数十部。先后在中央重要报刊发表文章100多篇。

张宇燕 经济学博士，中国社会科学院世界经济与政治研究所研究员、所长。中国世界经济学会会长，中国国际关系学会副会长，中华美国学会副会长。曾先后就读于北京大学和中国社会科学院研究生院。主要研究领域包括国际政治经济学、制度经济学等。著有《经济发展与制度选择》（1992年）、《国际经济政治学》（2008年）、《美国经济论集》（2008年）等。

李少军 中国社会科学院世界经济与政治研究所研究员、博士生导师。专业方向是国际政治学，研究领域包括国际关系理论、国际战略与安全研究以及当代全球问题，主要成果有《国际政治学概论》、《国际战略学》、《当代全球问题》和《国际关系学研究方法》等。

摘　要

《全球政治与安全报告（2012）》是国际形势系列年度形势报告的第12本。该系列报告的宗旨是根据形势发展，以专题的形式阐述一年来国际政治与安全的现状，分析原因并提出预测。本书下设15个研究报告，其中14个研究报告涵盖了战争与武装冲突、大国关系、国际组织、恐怖主义、能源问题、全球灾害、气候变化等重大现实议题，1个研究报告是对过去一年国际关系研究新进展的综述。本书作者通过归纳事实和分析数据，总结了本年度国际形势发展的基本特点，并在此基础上给出了自己的前瞻性结论。本书兼具知识性、理论性和参考价值，可供国际问题的研究者、外交决策者和关心国际形势发展的广大读者阅读。

Abstract

This "Annual Report on International Politics and Security (2012)" is the 12th volume in the series of reports on the international situation. The purpose of the 12 volumes is to describe and analyze the international political and security situations and to attempt to make corresponding predictions. The volume consists of 15 chapters, of which 14 chapters cover the main topics in the current international situation: war and armed conflicts, great power relations, international organizations, terrorism, energy politics, global disasters, and climate change. The final chapter is a review article on the progress in research on international relations theory. The authors of the volume summarize the facts and analyze the data on the international situation and provide predictions for the future. The book is a valuable reference for researchers on international studies, foreign policy decision-makers, and readers who pay attention to developments in the international situation.

目录

Y I 总论

Y II 大国关系与周边形势

Y III 国际安全

Y IV 全球问题与全球治理

YV 国际组织与世界政党

YⅥ 国际关系理论

皮书数据库阅读使用指南

CONTENTS

Ƴ I Introduction

Ƴ II Survey of Global Armed Conflicts

Ƴ III International Security

Ƴ IV Global Issue and Global Governs

Y V International Organization and Party Politics

Y VI International Relationship Theories

总　论

Introduction

Y.1

2010～2011 年全球政治与安全形势：分析与展望

《全球政治与安全报告》课题组*

摘　要： 2010～2011 年度的国际形势仍处于全球力量变化的影响之下。美国的整体实力仍占绝对优势，但在国际事务中的主导作用有所减弱；新兴大国力量上升，在重大全球问题的治理中影响在增大。格局的主要特征表现为大国间的协调与合作。在传统安全领域，中东北非变局引发了一些国家的武装冲突和国际干预。美军撤出阿富汗，战略重心东移，开启了美国新的全球布局。在非传统安全领域，恐怖主义威胁依然严峻，欧洲债务危机进一步深化，气候变化的谈判未能消除成员国间的根本分歧。在中国周边，领土争端升温，国际军事互动增多，中国面对着加强周边外交的机遇与挑战。

关键词： 大国关系　中东北非变局　气候变化　恐怖主义　全球问题

---

* 执笔人为郎平，并由李慎明、张宇燕、李少军修改定稿。郎平，中国社会科学院世界经济与政治研究所副研究员。

2010~2011年度的全球政治与安全形势，最突出的事件是中东北非变局和美国从阿富汗撤军。中东北非事件从年初蔓延至今，已经有突尼斯、埃及和利比亚发生政权更迭，利比亚更是爆发了多国军事干预的内战。它不仅冲击了阿拉伯世界的政治和安全格局，而且对国际关系带来深刻影响。美国战略开始收缩并把重点逐步移至亚洲，新兴大国的力量进一步平稳发展。虽然美国仍然是当今世界最强大的国家，但多边外交、大国间的协调与合作表现为国际关系的主要特征。在形势的演进中，特别是在债务危机的影响下，欧洲的政治钟摆正在向左倾斜。丹麦、法国、德国和意大利等国左翼政党在选举中的胜利，成为政党政治的新景观。①

一 过渡中的世界格局

当今的世界格局仍然处于结构性的力量变动之中。受金融危机的影响，美国在全球事务中的主导力有所下降，战略收缩态势明显；新兴大国的影响力在继续上升。虽然美国的经济优势有所减弱，但国力仍然强大，而其他大国还无力承担领导角色。在国际关系中，对全球问题的治理，决定了多国协调与合作的主流行为模式。

（一）美国力量下降但实力仍然强大

2011年，受金融危机影响，美国在全球事务中继续采取战略收缩的对外政策。由于美国的债务危机继续深化，房地产价格下降，失业率居高不下，主权债务评级下调，内政的压力迫使美国不得不降低对海外问题的关注，将注意力更多地转向国内事务。为了削减开支，美国总统奥巴马决定在今后10年削减4000亿美元的军事预算。2011年6月，奥巴马宣布将负责任地从阿富汗撤军；在利比亚战争中，美国拒绝全面参与作战，而是将法、英两国推在了前面，美国仅提供必要的支持。

面对美国力量的下降，“美国衰落论”再度兴起。不少观点认为，伊拉克和阿富汗战争久拖不决，消耗了美国大量的金融实力，再加上2008年的金融

① John Palmer, “Across Europe, the left's fightback has begun,” *The Guardian*, 27 September 2011.

危机，美国的衰落已经是不争的事实，更有观点认为这种缓慢的衰落趋势是最可怕的。[①] 但是，更多的声音强调，美国虽然力量下降，但是美国依然是全球最强大的国家。无论是与盟国还是与对手相比，美国各方面的实力依然遥遥领先；美国在技术创新、软实力，尤其是军事实力上的优势足以令美国很快走出低谷，再振雄风。有学者从数字上对比了美国近十年来的变化后发现，虽然经历了大衰退，但美国的 GDP、军费支出和人口的绝对值都在增长且势头明显。[②]

从一年来的事实看，可以得到这样几点结论：第一，与其他大国相比，美国的经济优势相对缩小，但整体实力依然领先；第二，与自身相比，金融危机背景下，美国力量出现下滑的趋势，对全球事务的主导作用下降；第三，美国依然是全球综合国力最强大的国家，是唯一的超级大国。

（二）世界格局有进入“碎片化”时代的征兆

鉴于美国的战略后退，而欧洲国家又忙于自身的债务危机无暇他顾，世界格局呈现两大特征：一是美国已经无力独自承担全球事务的领导责任，二是发挥重要影响的行为体在不断增多。有观点认为，21 世纪属于美国之外的国家。中国、印度、巴西等新兴大国崛起，它们在国际事务如全球气候谈判和一些地区热点问题中逐渐发挥着重要的作用。但是，这些国家的力量又有较大的局限性，包括收入与财富上的两极分化、基础设施落后和不平衡发展等诸多国内问题使他们很难在全球事务中承担更多的领导责任。

有观点认为，当今世界格局进入了一个无领导者的“碎片化”时代。[③] 自第二次世界大战结束以来，首次没有任何单个国家或国家集团能够推动国际议程。美国虽然仍然是唯一的超级大国，但是其全球事务的领导力又受到国内政治经济形势越来越多的限制。与此同时，其他力量中心例如欧盟、日本和新兴大国又无

---

① Thomas L. Friedman, “Win Together or Lose Together,” *New York Times*, August 7, 2011.

② 可参阅 Joseph Nye, “Has economic power replaced military might?” CNN, June 6, 2011, http://globalpublicsquare.blogs.cnn.com/2011/06/06/has-economic-power-replaced-military-might/; Charles Wolf, “The Facts about American ‘Decline’,” *The Wall Street Journal*, April 13, 2011。

③ DE JACQUES HUBERT-RODIER, G8, G20: quel cadre pour la gouvernance mondiale? *Les Echos*, 31 mai 2011.

力替代美国的领导地位，提供全球公共物品，因此世界格局进入了一个无领导者的“G0”时代。① 也有学者提出了所谓的“G2”② 或“双领导体制”③ 的说法，主张中美两个大国共同主导全球事务；还有学者提出可以建构中、美、欧合作治理的“G3”模式。④

总的来看，当今的世界格局仍处于一个过渡期，在这个过程中出现了权力的转移和扩散。权力从传统强国欧美向新兴大国转移，并扩散至其他地区力量中心。正如约瑟夫·奈所说，在全球化的信息时代，所有国家面临的一个共同问题就是有更多事情不在可控范围之内，即便最强大的国家也奈何不了。⑤ 因此，多边外交、大国间的协调与合作将成为未来世界格局的主要特征。

二 传统安全：政治与军事态势

国际政治安全领域发生了两件大事：一是中东北非动荡，二是美国从阿富汗撤军。围绕这两件大事，我们可以得出如下判断：①中东北非动荡仍在进行中，地区冲突有扩大的趋势；②美国安全战略加速东移，重返亚太将是美国今后全球布局的重点。不过，我们应该注意到，美国的年度军费开支继续稳居世界第一，美国在国际安全领域的绝对优势不容他国觊觎。

（一）全球重大武装冲突

2011 年，重大武装冲突的数量与上一年相比基本持平。全球重大武装冲突发生的国家或地区包括：亚洲的阿富汗、印度、巴基斯坦、泰国、柬埔寨；中东的利比亚、叙利亚、也门、伊拉克、以色列、巴勒斯坦、土耳其；南美洲的哥伦

---

① “G0”（即零国集团）的概念是欧亚集团（Eurasia Group）主席伊恩·布莱默（Ian Bremmer）率先提出的，主要指国际关系中缺乏领导者的现象。见 Ian Bremmer and David Gordon, “G-Zero,” http://eurasia.foreignpolicy.com/posts/2011/01/07/g_zero。

② C. Fred Bergsten, *The United States-China Economic Relationship and the Strategic and Economic Dialogue*, Peterson Institute for International Economics, September 10, 2009. http://www.iie.com/.

③ C. Fred Bergsten, *The United States-China Economic Relationship and the Strategic and Economic Dialogue*, Peterson Institute for International Economics, September 10, 2009. http://www.iie.com/.

④ Parag Khanna and Mark Leonard, “Why China Wants a G-3 World,” *New York Times*, September 7, 2011.

⑤ Joseph S. Nye, “Power Shifts,” *Time*, May 9, 2011.

比亚；非洲的科特迪瓦、索马里、苏丹。从国际安全形势来看，有些新的冲突或新的动向值得关注。

第一，一些原有的重大武装冲突出现了新的变化。2011 年 5 月 1 日，美国突破领土主权限制，击毙了藏身巴基斯坦的“基地”组织首领本·拉登，取得了十年反恐战争的象征性胜利。但是，这一事件也令美巴关系受到损害，巴基斯坦对美方未加通报就采取行动极其不满。美媒体认为，美国将对巴基斯坦这个“重要但不可靠”的反恐伙伴采取更加强硬的手段。在阿富汗，虽然塔利班于 5 月 1 日采取了春季攻势，希望借阿政府与北约联军防务交替之际卷土重来，但本·拉登的死仍然为美国从阿富汗撤军、为国内大选提供了强有力的理由。但是，这绝不意味着美国会放弃阿富汗这一亚欧大陆的核心地带。

第二，中东北非动荡，其中利比亚爆发了战争，也门和叙利亚也发生了严重的国内武装冲突。联合国、阿拉伯国家联盟、非洲联盟、海湾合作委员会、北约等多个国际组织都介入这场地区危机之中。英法美等西方国家以直接的武装干预积极参与了利比亚战争。10 月，卡扎菲被俘身亡，利比亚“过渡委”宣布全国解放，利比亚进入后卡扎菲时代。在也门和叙利亚，由于危机仍在持续，局势还不明朗，存在发生更大冲突和国际干预的可能。

第三，2011 年 4 月，泰国与柬埔寨因柏威夏寺地区的主权归属问题爆发了武装冲突，打破了多年以来东亚地区没有国际武装冲突的局面。在长达两周的冲突中，有超过 20 人死亡，10 万人逃离家园。9 月 23 日，两国一致同意遵守海牙国际法院的判决，从有争议的临时非军事区撤离。虽然泰国与柬埔寨在武装冲突中保持了一定的克制，但是两国间的争端也给东盟的一体化进程蒙上了一层阴影。

（二）中东北非变局

2011 年初，从突尼斯开始，埃及、利比亚、也门、叙利亚等多个国家发生了政治动荡。从目前的局势看，有些国家发生了政权更迭，有些国家的局势仍处于动荡之中，还有些国家虽然出现了反政府抗议示威，但现政权依然能掌控局势。但是，由于该地区的动荡尚未结束，这些国家的政局最终走向何方，还有很大的不确定性。

中东北非之所以有如此多的国家卷入骚乱与这些国家的一些共性有关。在经济全球化背景下，骚乱国家普遍存在民生危机、政府腐败、社会不公和两极分化的现象，从而激起了广大民众对民主与平等的诉求。当然，这次动荡并不是某一项因素引致的结果，而是多种因素长期发酵的结果。它不仅由此推动了该地区其他国家的政治变革，更应该为世界上其他有类似问题的国家敲响警钟。

从目前的形势判断，中东北非动荡可能会向两个方向发展。一种情况是叙利亚和也门的局势继续恶化，地区动荡加剧；另一种情况是民众的抗议示威的热潮逐渐消退，他们发现政权更迭不但解决不了原有的问题，而且可能带来新的混乱和动荡，因此转而要求更多的国内变革而不是将现政权推翻。不论哪一种情况出现，中东北非地区的民主政治进程都将是不可逆转的。

无论中东北非变局的最终结果如何，它必将对中东地区原有的安全和力量格局乃至国际关系产生深远的影响。土耳其、埃及、以色列和伊朗之间将会为角逐地区主导权展开新一轮的博弈。鉴于该地区极其重要的战略地理位置以及令西方国家垂涎的石油资源，西方大国也绝不会袖手旁观，很有可能会继续通过软硬两手继续干预中东事务，例如经济援助或者武力干预。此外，由于互联网时代的信息快速传播，中东北非动荡还很有可能在全球范围内产生示范效应，对此我们应加以关注。

（三）军备与裁军

受全球金融危机的影响，2010 年全球军费开支增速大大减慢。斯德哥尔摩国际和平研究所（SIPRI）最新公布的统计数据显示，2010 年全球军费开支总额达到 1.63 万亿美元，比 2009 年度增加 1.3%，与上一年度 5.9% 的增速比起来，有了较大幅度的下降。从国别来看，美国仍然是世界上军费开支最多的国家，达 6980 亿美元，占世界军费的 43%，远高于排名后九位的国家的军费开支总和；中国排名第二，军费开支 1190 亿美元，占世界军费开支的 7.3%。

由于经济不景气和债务危机，2011 年西方主要国家的军费开支继续有所下降。年初，美国政府决定在未来五年内削减 780 亿美元国防开支；2 月 14 日，美国五角大楼拟定 2012 财年的国防预算为 6710 亿美元，低于美国上年的国防开支 6980 亿美元，这也是五角大楼自“9·11”事件后首次调低国防预算。但是，相对于美国军费开支的总量来说，削减的幅度甚至可以忽略不计。这也说明，无论经济怎样不景气，债务负担如何严重，美国绝对的军事优势是不会放弃的。此外，欧洲国家的军费开支也略有下降，由于英国仅有的一艘航空母舰也将要退役，英法两国正在酝酿共用航母的计划。

出于安全考虑，一些国家大力扩充军备。2010 年，俄罗斯出台了《2009～2011 年国家武器装备计划》，计划大规模更新武器装备，实现武器装备的现代化。2011 年 3 月 6 日，印度成功进行了一次新型防空导弹系统试验，成为继续美、俄、法、以之后又一个具备这种反导能力的国家。

（四）美国军事战略调整

2011 年 2 月，美国国防部公布了新版《国家军事战略报告》，这标志着奥巴马政府对美国军事战略调整基本完成。与七年前的上一版报告相比，新报告强调了国际战略环境的新变化，制定了美国军事战略的四大目标，并提出重点发展“空海一体战”的新战略。今后美国军队的新使命和新任务主要有二：一是要确保美军在全球公地的行动自由，这是美国国家安全的核心要素，也是美军的永久性使命。二是要继续保持核威慑和常规力量的绝对优势，要具有击败侵略的战略能力。①

新报告认为，当前全球战略环境的一个重要特征是“多支点的世界”，除美国和传统的西方强国之外，一些地区大国在国际事务中也发挥着日益重要的作用，例如中国和伊朗。为了应对这些新变化，美国提出了反恐、核威慑、安全同盟和军队建设四大军事目标，并特别强调了对中国军力上升以及对亚太地区安全事务的关注。这表明，美国的军事战略重点已经从全力反恐向更加“均衡”的方向转变，以应对美国面临的多方面的安全威胁和挑战。在新报告中，美国首次提出了“空海一体战”的发展战略。如果这个构想得以实现，这将是世界军事史上现代作战空间制权理论的一大突破。

在反恐方面，2011 年 6 月，美国公布了新的《国家反恐战略》。在过去的十年中，虽然击毙了本·拉登，但美国也付出了 7000 多人死亡和近万亿美元的代价，反恐战争还远未结束。报告认为，目前美国反恐的重点是清除美国国内的恐怖主义力量，同时收缩全球的反恐战线；强调软实力在反恐作战中的重要性，认为从根本上消除恐怖主义的最好办法是输出民主和人权的价值观。从阿富汗撤军

---

① *National Military Strategy of the United States of America*, *2011*, pp. 2－4.

意味着美国安全战略的重要调整。一方面，美国会在减少对阿富汗投入的前提下确保在中亚、南亚的既得利益；另一方面，美国将会把战略重心东移、重返亚太，由此展开美国新一轮的全球战略，这必将给世界政治格局及大国关系带来持久而深远的影响。

三　非传统安全：全球问题治理

在非传统安全层面，当前困扰国际社会的全球问题主要包括恐怖主义、能源安全、气候变化以及突发灾害等。为了解决这些问题，世界各国进行了多层面的博弈，冲突中的合作仍是当今全球问题治理的主要特征。

（一）恐怖主义

2010～2011年，全球恐怖主义形势并没有因为本·拉登被击毙而有所好转，与上一年度相比，虽然死亡人数略有减少，但无论是恐怖袭击的数量还是烈度都与上年处于同一水平，形势严峻。根据美国国家反恐中心提供的统计数据，2010年共发生了11604次恐怖袭击，分布在72个国家，受害者49901人，其中13186人死亡。① 从地理分布来看，南亚和中东地区的恐怖主义活动最为猖獗，伊拉克、阿富汗和巴基斯坦排在受害者和死亡者数量的前三位。

在过去一年中，国际反恐斗争出现了一些新动向或新特点。首先，“基地”领导层虽然连受重创，但它仍旧是最具威胁的恐怖组织，其分支机构的活动能力越来越强；其次，各种小规模恐怖袭击成为恐怖主义活动的新策略，虽然破坏力和杀伤力较小，但其多发性和百变的手段却产生了极坏的影响；再次，反恐问题日趋成为国际政治博弈中的一个重要杠杆，在中东北非动荡中，不少国家政权借与西方国家合作反恐之名，希望能够获得美国等大国对政权的支持，而美国对中东国家军事干预的一个重要顾虑就是怕影响美国与这些国家此前在反恐上的合作；最后，极右翼和黑社会性质的恐怖主义有抬头的趋势，2011年7月22日发生在挪威首都奥斯陆的汽车炸弹爆炸案就是来自一个名叫“北欧人”的新纳粹论坛。

① National Counterterrorism Center, “2010 Report on Terrorism”, http://www.nctc.gov/.

2011年是“9·11”事件十周年，经过十年的国际反恐斗争，恐怖主义活动不仅没有消除或得到遏制，反而越反越恐，而国际社会却为此付出了巨大的、血的代价。打击恐怖主义，光靠武力打压是不够的，国际社会应通过不同宗教、种族和文化之间的相互包容消除恐怖主义产生的根源，摒弃对恐怖主义活动实行的双重标准，从观念和思想上摧垮恐怖主义的意识形态，达到标本兼治的目的。

展望近期的全球恐怖主义走势，国际反恐的斗争仍将是任重而道远。有几个问题值得关注：在“后本·拉登时代”，基地组织是就此一蹶不振还是会伺机再度反扑？随着美国逐渐撤出伊拉克和阿富汗，该地区的恐怖主义是否会更加猖獗？美国和巴基斯坦的关系降温会在多大程度上影响两国的反恐合作？随着中东的政治动荡，一旦也门等国家的政局发生变化，国际反恐形势将受到什么样的影响？

（二）能源问题

2011年，全球能源政治继续沿着“斗争－妥协－维持合作”的轨迹发展，但是，由于受到全球经济不景气的影响，冲突的烈度有所加大，而合作的达成难度增加。福岛核泄漏事件之后，多国对原有的核能政策进行了调整。

围绕油气资源所有权的“圈地”之争愈发激烈。在北极地区，虽然合作取得了一定的进展，2011年8月俄罗斯国家石油公司与埃克森－美孚公司达成战略合作协议，但是俄罗斯、美国、加拿大、丹麦、挪威等北极周边国家均立场强硬，对北极大陆架的主权宣示已经在某种程度上加剧了该地区的军备竞赛。在南海，近两年来，越南和菲律宾表现得最为抢眼，越南不仅引入印度石油公司对争议地区进行油气开采，菲律宾更是大肆扩充军备，2011年10月17日，约3000名美国和菲律宾海军陆战队士兵在菲律宾开始为期两周的军演，其中就包括在有争议的南沙群岛附近进行敌方海岸突袭演习。不过，由于各方均不愿以武力解决问题，发生武装冲突的可能性并不大。

在油气资源开发方面，苏丹和利比亚都出现了新的争端。2011年，南北苏丹为了争夺油气资源丰富的阿卜耶伊地区大动干戈，暴力冲突不断升级，据联合国人道主义事务协调办公室的统计数字，阿卜耶伊地区的冲突至少已造成1.5万人流离失所。在利比亚，政权更迭的同时也为西方国家带来了新的机遇。利比亚是油气资源最丰富的非洲国家，在卡扎菲时代，利比亚成功地实现了石油工业的国有化，并逐渐与西方国家在油气开采方面进行合作。随着卡扎菲的下台，利比亚的油气产业将延续“欧美公司占大头，其他国家公司占小份额”的局面。

在油气跨境运输方面，管道建设的国际合作有了较大的进展。2010 年 12 月，土库曼斯坦、阿富汗和巴基斯坦三国签署了一项政府间协议，跨阿富汗天然气管道项目正式启动；2011 年 6 月，土耳其、奥地利、匈牙利、罗马尼亚、保加利亚和德国签署了纳布科输气管道项目协议；2011 年 3 月和 9 月，俄罗斯重点建设管线“南溪”和“北溪”项目也分别取得了重要的进展；此外，中国与乌兹别克斯坦、俄罗斯、缅甸和巴基斯坦的能源管线合作也有不同程度的突破。

在油气工业的下游领域，中国能源企业对外合作势头强劲。2010 年 5 月，中石化与科威特合资的广东炼化一体化项目获批，9 月，中石化与科威特又签署了为期 5 年的投资项目，计划投资 10 亿元用于炼油厂与化工厂项目；2011 年 1 月，中石油收购了全球第三大化工公司英国英力士集团旗下的两家炼油厂，为进入欧洲油气消费市场迈出了一大步。2010 年，中国能源企业的海外并购金额接近 300 亿美元，再创历史新高，占全球同期交易额的 20%。

由于日本大地震引发的核电站泄漏的严重程度远比人们估计的严重，核能的安全问题成为 2011 年的一个新热点。核事故的发生导致全球的核能发展进程有所放缓。德国和瑞士明确表示放弃核电，其他大多数国家则认为应在保证安全的前提下发展和利用核能。与此同时，伊朗、英国和美国等国家还相继公布了新的核能发展计划，由此可见，核能的发展是不会因为一次事故而出现倒退的。

（三）气候变化谈判

2010 年 12 月，联合国气候变化大会在墨西哥坎昆落下帷幕，193 个国家通过了涵盖一揽子问题的《坎昆协议》。协议再次重申了《公约》、《议定书》和“巴厘路线图”确定的“双轨制”和“共同但有区别的责任”原则，并在落实援助资金、技术转让等发展中国家较为关心的问题上取得了一定程度的进展。但是，由于发达国家的反对，最核心的第二承诺期议题的谈判陷入僵局。尽管如此，坎昆协议的达成仍然是广大发展中国家团结斗争的结果，联合国气候谈判机制得以继续，也算是又一次渡过了危机。

坎昆会议之后，新一轮的博弈将继续围绕第二承诺期和《议定书》的命运展开。美国和欧盟等发达国家的立场仍是左右谈判进程的关键因素。美国之所以始终不愿意承担减排义务与国内政治有关。一方面，《清洁能源安全法案》虽然已经于2009年6月在美国众议院通过，但该法案正式成为法律还需要经过漫长而复杂的立法程序；另一方面，美国保守的减排目标即使提出，也达不到《议定书》规定的义务。欧盟原本是气候变化谈判的积极推动者，但是现在的立场也发生了微妙的变化。欧盟认为，减排义务应该尽可能覆盖更多的国家，尤其是美国和中国。如果不能实现这一点，欧盟自身也不情愿做出进一步的承诺。

2011年11月，下一届联合国气候变化大会将在南非德班召开，目前已经进行了三轮预备性磋商会议，制订2012年后全球新减排方案的谈判也到了最后阶段。但是从目前的进展来看，分歧依旧。在2011年6月的波恩会议上，日本、俄罗斯和加拿大明确表示将不参与《议定书》第二承诺期；"伞形国家"对《议定书》依然持消极态度，更不要说有第二承诺期；欧盟虽然表示愿意考虑第二承诺期，但条件是要将"伞形国家"和主要经济体纳入全球减排体系。与发达国家的"不作为"相比，发展中国家十分重视气候变化谈判，"基础四国"、"金砖国家"以及非洲国家都召开了专门的会议以协调彼此的立场。

作为一项复杂的国际政治经济议题，全球气候变化谈判涉及不同国家和集团的经济、政治、国家战略等诸多复杂的利益，因而谈判必将是非常艰难的。考虑到各方的立场难以调和，德班会议的前景并不乐观，即便会议不能取得重大的突破，只要各方仍然坐在谈判桌前，2012年的首尔会议上就仍有谈判的空间。因此，德班会议很有可能是各主要利益集团继续"碰撞"彼此底线的一次会议。

（四）全球灾害的威胁

近几年来，国际社会深受全球突发灾害频现的危害和困扰。从2010年10月到2011年9月的一年间，新西兰地震、澳大利亚洪灾、日本大地震和海啸、美国飓风、非洲干旱和饥荒以及中国的各类自然灾害接踵而至。突发灾害给受灾国造成了巨大的经济和财产损失。仅2011年上半年，以新西兰地震和日本大地震为代表的自然灾难造成的经济损失已达2650亿美元①（约合1.7万亿元人民

① Munich Re：*2011 Half-Year Natural Catastrophe Review.* http：//www.munichreamerica.com/webinars/2011_07_natcatreview/MR_III_2011_HalfYear_NatCat_Review.pdf.

币），使这一年度注定成为迄今为止人类历史上最为“昂贵”的灾害年。

全球自然灾害主要集中在亚洲地区，特别是东亚和东南亚地区，而这与亚洲的地理位置和自然环境有关。从受害程度来看，欠发达国家的地区和人口在突发灾害面前最为脆弱和无助，例如，日本和菲律宾两国同样受到相近程度的热带风暴威胁，但菲律宾丧生的人口数量却比日本高 17 倍。① 据 2011 年 5 月联合国发布的《减少灾难风险的全球评估报告》统计，世界上四个人口大国：孟加拉、中国、印度和印度尼西亚属于国民平均面临风险最大的国家。

除了天灾之外，人为造成的自然灾害也正在日益威胁着人类的健康。在发展中国家，由于大规模的生产活动，例如对地下水、石油和天然气的开采，引发了地面沉降、地表坍陷。据统计，全球滑坡灾害中，70% 以上与人类工程活动相关。其中，尤以饮用水污染对人类的危害最大。据统计，目前全球有 9 亿人没有洁净饮用水，25 亿人没有上厕所的条件。全球每天有多达 5000 名少年儿童因饮用水卫生状况恶劣而死亡。② 在中国，水污染形势也非常严峻，自 2005 年松花江发生重大苯污染事件以来，平均每两三天便发生一起与水有关的污染事故。

近年来全球之所以突发灾害频繁，在很大程度上是受到全球气候变暖和城市化进程加快的影响。全球持续变暖不仅会导致热带气旋增加，引发飓风，而且还会导致严重干旱、酷暑等各种极端性天气，造成山火频发，扑灭难度加大。据联合国预测，从现在起到 2080 年，全球平均气温将升高 2 摄氏度到 4 摄氏度，其结果是：有 11 亿至 32 亿人的饮用水可能遇到问题；2 亿至 6 亿人将面临饥饿威胁；每年沿海地区 2 亿至 7 亿居民可能遭受洪涝灾害。③ 另外，过快的城市化导致人口增速过猛和大规模的投资兴建基础设施，人口和经济体迅速向城市集中，也让城市变得越来越脆弱。

在全球化时代，突发灾害的风险也是全球化的。人类所面对的自然和自身造成的威胁比以往任何时期更复杂，这就需要采取全球合作的方式应对突发灾害。作为政府间组织，联合国在突发灾害管理、防灾减灾方面发挥着重要的作用；同

① http：//www. preventionweb. net/english/hyogo/gar/report/index. php？ id =9413.

② http：//www. wateraid. org/documents/plugin_ documents/wateraid_ annual_ report_ 0708. pdf.

③ http：//www. un. org/chinese/climatechange/unchronicle3. shtml.

时，以国际红十字会与红新月会（IFRC）为代表的非政府组织也发挥了难以替代的独特作用。

四　中国周边安全与外交新挑战

伴随中国的崛起以及世界政治经济格局的变化，中国与周边国家的关系在这个大背景下处于一个新的调整期。摩擦与纷争不可避免，但合作仍是主流。目前，影响中国周边安全的主要因素是：中美关系、南海问题和军事外交围堵。

（一）中国崛起与中美关系

近一年来，有关中国崛起的焦点问题是：随着中国经济的高速发展，作为世界第二大经济体的中国是否会超越美国？2011年4月，IMF报告预测，中国最早会在2016年超过美国，成为世界最大的经济体，美中两国在世界经济中所占份额届时将分别为17.7%和18%。[①] 对于这个预测，我们要问两个问题：一是这样的预测是否科学、客观，中国经济能否像一列路线已经锁定的火车一样如期抵达目的地？二是即使在总量上中国真的超越美国成为世界第一大经济体，中国就真的能成为像美国一样的超级强国了吗？

对于中国的崛起，我们应该表现得更加理性和客观。首先，利用线性方法，根据已有的发展数字来预测未来中国经济发展轨迹的方法是片面和不准确的。经济的增长涉及经济、政治、社会等诸多层面的因素，任何一个因素的改变都有可能改变经济的发展轨迹。不同的经济发展阶段，起决定性作用的因素也不同。评估中国未来的发展，应充分考虑到复杂因素作用下可能出现的不确定性。其次，即使中国经济真的在总量上超过了美国，两国经济发展的质量也是不一样的。中国幅员广阔，经济发展不平衡的现象非常严重，收入分配分化明显，随之而来的管理问题、社会问题等都会严重干扰中国的整体国力发展。况且，美国的技术创新能力、军事实力和全球影响力都是中国不可能很快赶超的。因此，仅仅比较GDP一个指标，而不考虑中国经济增长中的其他不可持续的因素还远不够。

2011年的中美关系比较平静，仍然保持着冲突与合作的双重属性。一方面，

---

① "IMF Predicts Chinese Economy to Surpass U.S. in 2016," *Fox News*, April 25, 2011.

两国经济关系日趋紧密，美国对华出口有较大幅度的增长，中国目前是美国的第三大出口市场；另一方面，两国的政治和军事往来与上年相比有所恢复。2011 年 1 月，美国国防部长罗伯特·盖茨访华，提出了中美军方交流的“六原则”。虽然受到美国 9 月份对台军售的影响，两国关系再度紧张，由于这也是中美关系中的“老插曲”了，两国间的冲突均在可控的范围内，不至于影响中美关系的大局。

（二）中国周边安全环境

2011 年，有一些新的热点事件和事态值得关注。在东北亚，朝鲜半岛局势停滞不前，中日关系因钓鱼岛归属权问题出现摩擦，但 3 月份大地震之后两国关系有所缓和；在东南亚，南海主权争端再掀波澜，菲律宾和越南对华剑拔弩张；在南亚，巴基斯坦安全不容乐观，阿富汗和平进程有望开启；其中，来自南亚和东南亚方向的安全压力有增大的趋势。随着美国重返亚太的战略部署逐渐开展，中国周边的安全局势将更加复杂难解。

近一年来，中国周边安全格局基本上没有太大的变化，但出现了以下一些新动态：

第一，领土主权之争持续升温，南海问题的紧迫性凸显。2011 年 3 月，菲律宾单方面违反《南海各方行为宣言》，擅自在中国管辖的南沙群岛礼乐滩附近海域非法进行油气勘探，菲律宾海岸警卫舰与中国巡逻船发生碰撞，随后菲军方又派出一架轰炸机和一架小型军机赶到海区进行增援。4 月 5 日，菲律宾向联合国提交照会，声称中国对南海拥有主权缺乏国际法基础。6 月 9 日，一艘中国渔船在南海中方管辖的万安滩附近海域遭到越南武装舰船的非法驱赶，事故发生后，越南公然指责中国船只在南海“没有争议”的水域挑起争端，越南总理阮晋勇更是宣称，越南对南海的主权“不容争辩”，河内街头更是连续数周爆发反华示威。

在东海海域，日本海上保安厅不断扩充对华监视力量，动用舰船、巡逻机在钓鱼岛及其附近海域对中国渔船的正常活动进行干扰和阻碍。7 月，日本冲绳县渔业协会及右翼团体派遣多艘渔船前往钓鱼岛海域进行非法作业。同月，韩国政府决定将于年内向联合国大陆架划界管理委员会提交有关东海大陆架划界的正式文件，通过以礁为岛的做法，将大陆架延伸到中国 200 海里专属经济区，甚至深入中国内海，使得东海的安全形势更加复杂化。10 月 23 日，韩国在新安郡黑山面可居岛西面 30 公里处武力扣留 3 艘中国渔船，一些中国渔民受伤。

第二，周边国家加速扩充军备，防范中国“威胁”。在东北亚，2011 年 3 月，韩国推出了《国防改革 307 计划》，重点发展高空无人侦察机和隐形战斗机。3 月，日本第二艘直升机航母“伊势号”正式投入现役，并积极引进“全球鹰”无人侦察机和自行研制“心神”隐形战机；9 月，日本完成了全天候间谍卫星网的构筑。在东南亚，东盟国家的国防预算大幅度增加，2011 年，越南国防预算约达26 亿美元，比上年增长 70%；菲律宾增至约 20 亿美元，比前一年增长 81%。在南亚，据斯德哥尔摩国际和平研究所统计，印度现已成为世界军火市场的最大买家，在过去 5 年间，印度进口武器占全球总量的 9%。①

第三，针对中国的军事部署和行动不断增加。2011 年以来，中国的军事现代化进程受到国际社会的高度关注。从 7 月份的“航母杀手”的东风 -21D 导弹，到中国多种尖端战机密集亮相，再到 8 月份中国第一艘航母“瓦良格”号出海试航，一些西方媒体认为西方国家普遍低估了中国的军事崛起速度，美国更是担心中国会威胁到美国在西太平洋的利益。因此，美国在 2011 年 2 月出台的新《国家军事战略报告》中，着力强调要加强与亚太盟国的军事合作，扩大在亚太的军事影响和存在。从行动上，美国不仅继续对华进行高频度海空抵近军事侦察，而且逐步加强在关岛基地以及驻日、驻韩美军基地的军事部署。2011 年 9 月，美国再次决定向台湾地区出售价值 58.52 亿美元的先进武器装备。在东海和南海，美国与盟国举行了多次联合军事演习，并且强化了盟国之间的多轨军事对话。

第四，周边一些国家的安全形势有可能出现较大的变化。首先是巴基斯坦的局势可能恶化，一方面，本·拉登被击毙之后，美巴关系交恶，美国继续以反恐为名，在巴基斯坦境内“越境反恐”，令巴基斯坦政府十分恼火；而另一方面，基地组织于 6 月 16 日选出了新的领导人扎瓦赫里，并在巴基斯坦境内频繁制造恐怖活动，对巴的国内安全形势造成了很大的冲击，南亚的恐怖主义形势不容乐观。其次是阿富汗战局有望趋于缓和，美国已经开始与塔利班武装和谈，奥巴马 6 月也宣布将正式从阿富汗撤军，阿富汗是否会步伊拉克后尘，其政治前景如何值得期待。此外，缅甸国内的局势也不稳定。2011 年 2 月，缅甸新总统上任以

① “SIPRI Yearbook 2011：Armaments，Disarmament and International Security，” http：//www.sipri.org/yearbook/2011/files/SIPRIYB1104 -04A -04B.pdf.

来，西方国家对新政府始终抱有敌意。近几个月来，缅甸政府军与掸邦、若开邦、克伦邦、克耶邦、克钦邦基本处于战争状态，政府军与克钦族武装在中缅边境附近交火，新难民对中缅边境的安全也带来了压力。

（三）中国的周边外交的挑战

中国的外交困境突出表现在南海问题上，美国的“撑腰”令南海争端不断升温，周边国家结盟对抗中国的局面时有出现。复杂因素的增加对主权争端的解决十分不利。

在2011年3月的菲律宾撞船事件之后，菲律宾联络他国对付中国的意图十分明显。4月9日，菲律宾总统阿基诺声称，在谈到安全和主权面临威胁时，菲律宾“没有比美国和日本更伟大的”朋友了。六天之后，菲律宾就与美国军队举行了迄今为止双方最大规模的野战训练演习。6月，菲律宾外长罗萨里奥访问美国，高调称赞美国是菲律宾最重要的战略伙伴。6月23日，美菲两国在菲律宾西南部岛屿省份巴拉望又举行了为期11天的海上联合军演。9月22日，菲律宾召集东盟10国的海事专家开会，试图单方面将南海明确划分为无争议和有争议的区域，试图以东盟为整体对抗中国对整个南海的主权要求。

在2011年5、6月间的中越争端中，越南在南海问题上的立场正日趋强硬，试图通过扩大争议、引入外部力量来制衡中国。6月18日，美国、越南在华盛顿就南海局势发表共同声明，强调“保障南中国海安全、稳定、和平与航行自由，符合国际社会共同利益”。7月15日，美国海军第七舰队的三艘军舰抵达越南岘港，与越方展开了为期七天的美越南海联合军事训练。而随着南海局势的紧张，印度与越南之间的军事外交互动也日趋频繁。5月，印度两艘军舰访问胡志明市；7月，印度“艾拉瓦特”号坦克登陆舰先后访问了芽庄、海防等越南港口；9月印度外长克里希纳访问越南，并与越南外长范平明就印度国有石油天然气公司在中越南海争议海域开采石油达成协议。10月，越南国防部部长时隔13年之后首次访问日本，与日本签署并交换了有关强化防卫合作与交流备忘录，意在对中国进行联合“反制”。

总而言之，一年多来中国的周边安全环境出现不少新的情况。中国与周边国家的紧张因素仍在发酵，但也有新的机遇。作为中国发展带来的必然反应，中国与周边国家的关系还处于“磨合期”和“矛盾凸显期”。在这个磨合期和矛盾凸显期内，中国应首先通过外交努力，纵横捭阖，尽量寻求争端解决的方案，避免争端向复杂化的方向发展。

An Overview of the 2011 Global Political Security Situation: Analysis and Prospects

Project Team for the Annual Report on International Politics and Security

Abstract: The structural shifts of power in international politics from the Western countries to the emerging countries are still subject to global changes. Despite the relative decline in its leading role in international affairs due to the rising power of the emerging powers in the governance of major global issues, the United States still enjoys an absolute advantage in world affairs and the pattern of cooperation and collaboration among the big powers still remains the mainstream in global governance. In the field of traditional security, the unrest in the Middle East and North Africa has led to armed conflicts and to civil war and international intervention in Libya. In Afghanistan, the United States finally is beginning to withdraw its combat troops from Afghanistan, moving and adjusting its global strategy by shifting its military focus eastward to the Asia Pacific. In terms of the non-traditional security fields, the threat of terrorism in South Asia and the Middle East and the deepening debt crisis in Europe remain serious. Furthermore, the 2010 climate-change negotiations in Cancun failed to resolve the fundamental differences among the member states. Finally, Chinese territorial disputes over the South China Sea have aroused increasing tensions and military interactions with neighboring countries. As a result, both the opportunities and challenges to Chinese diplomacy have been strengthened.

Key Words: International Power Structure; Middle Eastern And North African Unrest; Terrorism; Climate Change; Global Issues

大国关系与周边形势

Survey of Global Armed Conflicts

Y.2

国际金融危机与世界格局

李慎明*

摘　要： 研究国际政治，必须关注世界经济。当前正在深化的国际金融危机极可能要延续十余年之久。世界大动荡的根源是收入分配和财富占有的两极分化。美国实质上是把中国作为“战略竞争对手”，其全球战略的重心正在向东转移。

关键词： 国际金融危机　美国战略东移

一　要了解国际政治就必须了解世界经济

帝国主义不是一种政策，而是资本主义发展的一个特殊也是最高的阶段。它不仅是一个上层建筑领域的问题，更是经济基础领域的问题。列宁明确指

* 李慎明，中国社会科学院副院长，研究员。

出：必须正确“理解帝国主义的经济实质这个基本的经济问题”，“如果不研究这个问题，就根本不会懂得如何去估计现在的战争和现在政治。”① 因此，我建议研究国际政治的学者，必须关注国际经济。否则，就不可能真正懂得国际政治。当然，研究国际经济的学者，同样应懂得国际政治，否则，也根本看不清纷繁复杂的国际经济现象。当然，可以有不同的学科，但是地球只有一个，社会只有一个，不能让不同的学科，人为地把一个完整或有机联系的地球和社会分割为没有联系、互不相干的什物。各个不同学科的切入点不同，但最终指向都应该是认识事物最终的本质和发展的规律，而不应得出各自不同的结论。

二　现在是金融霸权主义时代

自由竞争资本主义时代的特点是工业资本占统治地位，主要经济资源和有决定意义的政治机构被工业资本所控制；而金融资本主义则是在国际垄断的基础之上形成的，他们不仅垄断全世界几乎所有原材料来源，而且垄断全球的主要产业，各方面的科技人才和熟练劳动力，霸占交通要冲和各种生产工具，并通过银行和各种金融衍生品以及种种股份制，支配和占有更多的资本。现在国际垄断资本主义，已经形成世界经济体系，资本的触角遍布世界每个角落，使得国际金融垄断资本和资本输入国形成最适合自己攫取最大利益的社会经济关系。西方其他发达国家和发展中国家用美元结算贸易和拥有的外汇储备等，也是国际金融垄断资本的一种表现形式。

三　世界已经步入历史的快车道

目前这场国际金融危机正在向纵深发展且远未见底。为应对这场正在深化的国际金融危机，世界各大战略力量正在合作，同时也有竞争，还有博弈，更有较量。未来二三十年，其相互合作、竞争、博弈、较量的结果会是怎样？我个人认为，还很难说一定是一个结果，各种可能性都有，其中包括中国特色社会主义的

① 《列宁全集》第22卷，第180页。

巍然屹立与世界社会主义思潮的较大复兴，当然也决不排除中国和广大第三世界的发展遇到新的更大的困难，世界社会主义步入新的更大的低潮。做出后一种判断，并非悲观。这是因为，在历史长河中，历史发展有其内在的规律，这是既定的和决不会改变的；但在一段时限内和一定条件下，世界各主要国家、各大战略集团的主观能动性的发挥和战略及其策略的制定、运用，有时往往起着重要甚至决定性的作用。因此，我们要特别注意充分发挥主观能动性，高度重视制定正确的国际战略，其中包括正确的金融战略。不管世界经济政治格局在短期或中期发展的具体结果如何，但目前有一点完全可以肯定，这就是，世界已经步入历史的快车道。从这次国际金融危机爆发开始直到21世纪前二三十年乃至上半个世纪的世界格局，都可能处于一种激烈动荡甚至跳跃的状态，这是世界各种各类重大矛盾长期累积的必然结果。

四　世界大动荡的根源是收入分配和财富占有的两极分化

冷战结束之后，原苏东地区社会主义国家全民、全面社会福利体系这一参照系的坍塌，使得资本可以放肆侵吞劳动，一家独大的美国也才能够和敢于利用其在全球的经济、政治、文化以及军事、科技等强权特别是其中的金融霸权，放手、放肆地掠夺他国，张着大嘴“巧吃”、“白吃”世界。吃得美欧等国债台高筑，也使得全球范围内极少数富人愈来愈富愈来愈少、绝大多数穷人其中包括中等收入阶层愈来愈穷愈来愈多，几乎所有国家都愈来愈穷。各国愈来愈穷的标志就是各国主权债务都在急剧增多。2007年联合国协会世界联合会在一份报告中说：现在，世界上最富有的225人的收入与最贫穷的27亿人的收入相等，相当于世界所有人口收入的40%。比尔·盖茨、沃伦·巴菲特、保罗·艾伦三人总资产比世界上最不发达的43个国家的GDP合计还多。随着各国广大民众购买力逐渐下降到一定程度，大量企业逐渐破产到一定程度，当中等收入阶层大量失业被抛入贫困行列，国家主权债务突破无法承受的极限之时，大规模的社会动荡、动乱就不可避免。这就是2011年9月17日，上千人在纽约游行示威，开展“占领华尔街”的行动，群情激昂的人们打出或喊出“现在就革命!”、“美国99%是穷人，1%是富人”、“政府应当由人民管理，而不是富人”等口号的根源。可以断言，假若世界上其他大国都能正确应对目前仍在深化的国际金融危机，美国国内外债务将会进一步加重，两极分化将会进一步加剧，各种深层次矛盾在今后一些年内必然还会大规模爆发。由于两极分化是全球范围的，所以这次经济危机也是全球性的。从发达国家到发展中国家，从欧洲到中东、北非再到亚洲、拉美，社会不安情绪弥散，广大发达和发展中国家广大民众对资本主义普遍不满，大规模街头抗议增多，极端政治事件频发，不少国家政局不稳，全球社会动荡风险明显上升，最近，连英国、以色列、德国等这样比较稳定的国家都发生了大规模的游行和骚乱。其中值得关注的亮色，就是马克思主义的学说在全球重新得到重视。全球具有相当影响力的英国著名作家、记者弗朗西斯·惠恩在2009年出版的《马克思〈资本论〉传》中说："马克思并未被埋葬柏林墙的瓦砾之下，他真正的重要性也许现在才刚开始。他可能会成为21世纪最具影响力的思想家。"①

五　当前正在深化的国际金融危机极可能要延续十余年之久

金融是国民经济和世界经济的命脉和血液，金融资本是资本最高和最抽象的表现形式，是资本对人类社会统治的最高形态。国际金融垄断是霸权主义和强权政治发展的新的最高阶段。金融是国际垄断资本玩弄的扑朔迷离、眼花缭乱的万花筒。在经济全球化甚至可以叫做金融全球化的今天，美国如同是全球金融之心脏，几乎世界各国、各个城市都布满美国吞吸其血液的大小血管。股市、期货、汇率、国际大宗商品等的价格总会涨涨落落，因为水位落差愈大，发电所得能量便愈多。而其中背后的关键，是国际垄断大资本的操纵。各种金融衍生品多如牛毛，资本不通过生产环节便能把其盘剥的触角伸往世界各国、各个城市的每一个角落直至家庭直接攫取金钱。在资本主义条件下，科学技术和金融产品的大发展，从本质上讲，只是为贫富两极分化提供便利的工具罢了。在自由市场经济条件下，消费必然决定生产。由于广大人民群众的相对和绝对贫困的不断加剧，必然使得生产相对过剩的经济危机不断出现。笔者认为，当前正在深化的国际金融

① 弗朗西斯·惠恩：《马克思〈资本论〉传》，中央编译出版社，2009，第188页。

危机是推迟多年、推迟多次不得不爆发的金融危机。尽管中间可能会出现一次又一次小的复苏，但整个危机极可能要延续十年甚至更长。从美国、欧盟、日本这三大经济板块看：美国目前国债总额又向上提高 2.1 万亿美元，将达到 16.4 万亿美元，占 GDP 比例从 2007 年的 62.2% 将上升到近 112%，接近安全线的近两倍。美军费、社保、医保、医疗救助四大支出的隐性债务已达 65 万亿美元。比全球 GDP 合计还要多。另据国际经合组织的统计数据：目前，美国政府、公司和私人累计欠债总额已高达 200 万亿美元左右，如果按照美国现有人口 3.05 亿来计算，人均欠债约为 70 万美元，每个家庭（按每户 3.1 人）欠债为 217 万美元，折合人民币每个家庭全成了千万“负”翁。美国当局放出“高额国债”这只老虎，带来的必然是美元大幅的贬值和全球急剧的通货膨胀。这在本质上是采用变相违约的办法赖债不还。欧元区、英国与日本的主权债务也都非常之高。欧盟各成员国政府债务占 GDP 的比例在 2010 年提高到 79.6%，预计 2011 年将提高到 83.8%。而欧元区 16 国当中，有 12 国到 2011 年政府债务占 GDP 的比例仍将超过规定的 60% 的红线，其中希腊、意大利和比利时高居 100% 以上。2009 年 12 月，欧盟 27 个成员国当中有 19 个国家被确认处于“过度赤字程序”状态。2010 年 7 月，英国国家统计局公布，英国国债比此前承认的高出三倍，达到 6 万亿美元，人均约合 8.6 万美元。截至 2010 年 12 月底，日本的国家债务余额已高达 919 万亿日元，比 2010 年 9 月公布的数据增加约 10 万亿，超过日本 GDP 比重的 100%。日本国民的人均债务负担已增至 721 万日元。日本财务省预计，日本公共债务相对于其名义 GDP 的占比数将由 2011 年的 217% 上升至 2012 年 232%。以上数据，可以从一个侧面说明，这场灾难还远没有完，还在演进中，甚至可能是刚刚开始，在世界范围内的更深刻更全面的经济社会危机极可能还在后头。

六　美国全球战略的重心正在向东转移

由于这些年来我国的高速发展，特别是这三年我国保增长对国际金融危机的应对，使我国的 GDP 逆势而起，高达全球第二，充分彰显着中国特色社会主义的优越性，引导着世界各国人民对资本主义政治经济制度和价值观念的反思。这是西方世界最不愿意看到的。美国实质上把中国作为“战略竞争对手”来看。

西方不少政要与学者，坚持把正在崛起的中国看做是当年的苏联，并坚持把美中之间的合作、竞争与博弈看成是“新冷战”。自小布什上台以来，美国就开始实施“海外驻军重新部署计划”。奥巴马政府加快这一步伐，进一步加强在我国周边地区的军事存在。另外，地球资源的相对匮乏也是美国战略东移、遏制中国发展的根本动因。2009年5月9日奥巴马在向全球的电视讲话中说：“如果10多亿中国人口也过上与美国和澳大利亚同样的生活，那将是人类的悲剧和灾难，地球根本承受不了，全世界将陷入非常悲惨的境地。中国人要富裕起来可以，但中国领导人应该想出一个新模式，不要让地球无法承担。”因此，一旦西亚、北非有所稳定，美国将会继续抓紧实施其“新中东”战略，并将主要采用“巧实力”达到目的。美国在“新中东”主要想干什么？一是打乱东北亚中日韩俄经济合作和东盟合作；二是利用南海、钓鱼岛等领土海洋权益之争，挑拨中国与周边国家的关系；三是主要采用接触手法，运用金融、意识形态、“街头政治”等“巧实力”遏制中国。根据瑞典斯德哥尔摩国际和平研究所的报告，2006~2010年，美国的军费开支是：2006年5287亿美元，2007年5470亿美元，2008年6070亿美元，2009年6610亿美元，2010年6980亿美元。2010年美国军费开支占全球军费开支的43%，占美国国家财政支出的22%。美国是市场经济最发达的国家，最讲求经济效益，知道投入与产出之比。其投入这么高军费，是想要高额回报的。据法国媒体披露，兰德公司已向美国防部提交了一份评估报告，评估发动一场战争来转嫁目前经济危机的可行性。报告认为，用7000亿美元救市不如用7000亿美元发动一场战争来得成效快、效果好。帝国主义鹰派主流观点甚至认为，要摆脱衰退，目前剩下的唯一办法就是军事掠夺与武装赖账。在世界格局中，一般来说，在两种情况下最危险：一是世界大国力量过分悬殊时，“弱肉强食”的“丛林法则”讲的是此时情势。二是超级大国处境极端困难时，“困兽犹斗”的“垂死挣扎”讲的是这种情况。在今后一些年内，各种国际力量特别是世界上一些大国和强国，将会围绕金融、能源、粮食、主权直至战争等根本性问题，既有多样的合作与竞争，更有着激烈的博弈和较量。所以，持有美国债券及其各种衍生品和储备美元的所有国家，对此都应有所警惕。从一定意义上讲，国际金融危机不断深化的过程，就是世界各个大国和各大战略集团相互博弈的过程。由于新一轮金融危机在未来几年内可能存在的进一步激化，新兴国家和广大发展中国家在今后几年内也都有可能面临着国际垄断资本新一轮的洗劫。新兴国家和广大发展中国家必须认真应对，才能维护自己的经济政治权益，保持本国的经济发展和政治的稳定。

The International Financial Crisis and the Global Situation

Li Shenming

Abstract: In the study of international politics, we must also pay attention to the world economy. It is very likely that the current deepening of the international financial crisis will last for more than a decade. The current global instability originated in the polarization of income distribution and wealth possession. The United States essentially regards China as a "strategic competitor," therefore its global strategic focus is now shifting toward the Asian -Pacific region.

Key Words: International Financial Crisis; U. S. Strategic Shift toward the Asian-Pacific region

Y.3 大国关系在发生怎样的变化？

李少军*

摘　要： 当今的大国关系继续处于过渡期的变化之中。与新兴大国相比，美国经济总量的领先优势在缩小，但军事实力的优势在扩大。在两场战争和金融危机的影响下，美国不得不收缩力量，把注意力转向国内。美国面对的困境和对外政策态势的改变，使得学界和媒体出现了“美国衰落论”，并使得中国的国际地位受到更多关注。尽管有多项研究预测中国 GDP 超过美国的时间，但这种单项评估意义有限。实际上，中国要成为真正的强国，还有漫长的路要走。鉴于在目前的国际结构中美国的主导地位下降，其他大国都无意承担这样的领导责任，以多国协调为特点的国际机制活跃了起来，国际关系中呈现了权力分散的趋势。这样的国际结构在一定程度上也是全球治理进程发展的结果。

关键词： 国际格局　美国衰落论　中美关系

关注大国关系，人们当下热议的问题就是美国是否在衰落，中国何时成为超级大国，以及如何看待当今的世界格局。讨论这些问题，2011 年作为一个标志性年份，刚好提供了一个进行历史回顾的契机。向前追溯 20 年，从 1991 年的海湾战争和苏联解体，到 2001 年发生“9·11 事件”和美国发动反恐战争，再到 2011 年美国深陷金融危机开始从阿富汗撤军，这两个 10 年的一系列戏剧性事件与历史性演进，构成了富有启示意义的分析对象。虽然这一历史演进还远没有结束，现在就下结论未免草率，但解读这些变化还是有重要价值的。通过了解学界和媒体的相关讨论，并从中得出进一步的推论，有助于人们更深入地认识当今的大国关系究竟发生了怎样的变化。

* 李少军，中国社会科学院世界经济与政治研究所研究员，主要研究领域是国际关系理论。

一　关于美国的衰落

一年来，美国力量下降的事实受到了世人更多的关注。从年度形势的发展看，两场（半）战争与金融危机乃是当前困扰美国的主要问题。

自2001年开始的反恐战争，到目前已持续了10年之久。对于这场付出巨大代价却不能取得胜利的战争，美国人已经厌倦了。作为超级大国，军事力量历来是美国主导世界事务的支柱，但在金融危机的影响下，美国在军事上也日益感到力不从心了。这一点从美国对北约盟国军费过低的抱怨中也可以看出来。按照美国前国防部长盖茨的说法，美国承担着北约75%的成本支出。在北约的28个成员国中，只有5个国家的防务支出达到了原本达成的协议：本国GDP的2%。显然，美国已感到自己承担的军事责任过重了。由于不想再陷入一个新的泥潭，因此2011年北约发动对利比亚的军事干预时美国拒绝全面参与，而让法国和英国担当主角，自己仅仅提供必不可少的支持。这一事实体现了美国角色的某种转换。

2011年5月，美国众议院要求奥巴马政府加速从阿富汗撤军的一项决议差一点获得通过（票数是204对215）。6月，一项直接要求美国部队从利比亚冲突中撤军的议案虽然在众议院遭到否决，但得到了148张赞成票，其中包括87名共和党人的赞成票。这种情况表明，美国国内厌倦战争的情绪在上升。由于伊拉克战争的直接投入已经超过8000亿美元，加上所有的间接投入，最终很可能会达到3万亿美元，因此国会很多议员认为美国根本不能再负担战争了。他们的理由是，一个国债超过14万亿美元的国家还是在国内投资比较好。① 2011年奥巴马政府为了削减开支，决定在今后10年削减4000亿美元的军事预算。这一重要事实表明，金融危机已经对美国的军费开支产生了直接的影响。

2011年6月，奥巴马宣布，美国将以负责任的方式从2011年7月开始从阿富汗撤军，到年底前将撤出1万人，在2012年夏天结束前，总共将从阿富汗撤出3.3万人。向阿富汗方面移交安全职责的过程将在2014年底之前完成。完成

---

① Paul Pillar, "War Fatigue in America," *The National Interest*, June 3, 2011. http://nationalinterest.org/.

撤军后，美军在阿富汗的兵力将恢复至奥巴马2009年底宣布增兵之前的规模。舆论认为，奥巴马此举是迫于财政和民意压力而急于从阿富汗抽身。美军撤离后，阿富汗安全形势的走向以及能否维持政权稳定，都是不确定的。①

对于美国军事战略的调整，英国国际战略研究所发布的《战略观察2011》(*Strategic Survey 2011*) 认为，"9·11"恐怖袭击已过去10年，眼下在关键战略问题上的国际领导出现了不确定性。美国不想出现在所有场合。从某种意义上讲西方国家正处于战略疲惫之中。国际战略研究所所长奇普曼（Dr John Chipman）指出，奥巴马总统决定从阿富汗撤军，这可能是长达10年的美国干预政策终结的标志。他指出，在对利比亚采取军事行动的问题上，美国将指挥权交给了北约，不再当头，也体现出这种外交姿态的变化。②

从经济角度上讲，2011年是美国债务危机深化的一年。英国《卫报》经济版主编拉里-埃利奥特（Larry Elliott）在2011年6月的一篇文章中说，美国的最新房价跌幅已创造了纪录，房地产价格较峰值已下跌了33%——这甚至比约翰·斯坦贝克创作《愤怒的葡萄》一书时31%的跌幅还高。尽管失业率没有退回到大萧条时期的水平，但9.1%的失业率仍足以让白宫焦虑不安。美国现在有近1/6的人口要靠政府食品券以获得足够的食物。虽然10年前政府的预算还略有盈余，但现在已达到希腊的赤字级别。最新数据显示，进行住房按揭的美国家庭，28%以上处于负资产状态。③

2011年8月5日，标准普尔（Standard & Poor's）宣布将美国长期主权债务评级由AAA下调至AA+，同时将评级的前景展望继续维持为负面。标准普尔的理由有两个：第一，尽管美国国会与政府最终就提高公共债务上限达成协议并通过了削减赤字方案，但未来10年削减2.1万亿~2.4万亿美元财政赤字的方案并不足以稳定政府的中期债务状况，与之前预期的4万亿美元减赤规模相差甚远。第二，政府与国会、民主党与共和党之间就国债上限的纷争与权力博弈，折射出美国的政策制定与政治制度的有效性、稳定性与可预测性已被显著削弱。这是美国历史上首次丧失AAA级主权信用评级，这也使得美国的主权信用评级降低至

---

① 新华网，华盛顿2011年6月22日电（记者杜静、王丰丰）。

② Dr John Chipman, "Strategic Survey 2011 - Press Statement," http://www.iiss.org.

③ Larry Elliott, "Decline and fall of the American empire," *The Guardian*, Monday, 6 June, 2011. http://www.guardian.co.uk/.

加拿大、英国、德国与法国之下。[①] 尽管标准普尔下调美国的主权债务评级有很大争议，但还是有不少人把这件事视为美国地位下降的一个标志。

由于两场半战争和金融危机的影响，美国人的心态已发生了变化。现在美国人日益感到应该把注意力转向国内了。有媒体这样形容2011年的独立纪念日，当7月4日燃起烤架并点燃孩子们手中的烟花棒时，美国人越来越没了他们的国家是世界上硕果仅存的超级大国的感觉。随着来自海外威胁的减小，美国人希望他们的领导人更加关注包括经济在内的国内难题，而少让美国纠缠于世界事务。2011年的民调显示，超过2/3的美国人认为过去10年是美国衰落的10年。党派政治小组的大多数人赞同美国"应当降低对海外问题的关注，专注于国内问题"。在美国，"管好我们自己的事情"的倾向占比处于冷战结束以来的最高水平。就连"舆论制造者"也越来越赞同美国要少发挥咄咄逼人的全球作用。皮尤研究中心（Pew Research Center）主任安德鲁·科胡特（Andrew Kohut）把这一现象看做是美国摆脱后"9·11"心态的重大转变之一。也许正是在这种背景下，奥巴马总统在6月宣布减少驻阿富汗美军数量的计划时说："美国，到了专注于国内建设的时候了。"[②]

面对种种表明美国力量下降的事实，如何从历史演进和格局演变的视角加以解释，一年来在学界和媒体引起了热议。尽管人们有不同的判断，但"衰落论"的声音似乎更大。虽然"美国衰落"的说法并不新鲜，保罗·肯尼迪二十多年前就做出过人们常常引用的预言，即"帝国的过度延伸"会导致美国的"绝对"衰落，但把近来的种种事实放到冷战结束以来的历史过程中进行讨论，人们不得不认真思考这次是不是真的发生了这样的事。一些重要的评论人士甚至在公开谈论"接班"问题。用中国的传统说法就是"三十年河东，三十年河西"。[③]

"衰落论"的依据，正是美国在冷战后历史地位的戏剧性变化。美国国务院政策计划参事室前主任、普林斯顿大学教授安妮－玛丽·斯劳特（Anne-Marie Slaughter）在回顾1990年代末的世界时认为，那时的美国是唯一的超级大国，

---

① 张明：《美国主权信用等级调降：原因、冲击与教训》，Policy Brief No. 2011.051，Aug. 8，2011。

② Howard LaFranchi, "Independence Day blues? Americans sense a decline and look inward," *The Christian Science Monitor*, July 3, 2011.

③ Lanxin Xiang, "Dangers of a fall," *South China Morning Post*, August 23, 2011.

它的庞大以及在国际体系中的主导地位是如此显而易见，以致法国外长恨恨地称之为“超强大国”（Hyperpower）。在那一段时间，美国经济在飞速增长。克林顿总统任期结束时，美国拥有可观且还在增加的财政盈余。当时欧盟刚诞生不久，欧元并不存在。“金砖四国”的说法也还没有出现。① 显然，在那一段时间，美国独一无二的强大与繁荣是没有疑义的。

伦敦经济政治学院国际关系教授迈克尔·考克斯（Michael Cox）认为，在经历了建国200年来经济最繁荣的10年之后，21世纪初的美国国力强盛，在国际体系中春风得意，自我感觉无所不能。小布什在就职时，人们大多笃信这个世界是单极的，美国将会长期占据支配地位。当时，从持批评态度的欧洲左派到美国的新保守主义右派，各个政治阵营的人士都毫无争议地认为美国与历史上的各大帝国极为相似，这个新罗马帝国在短时期内不会衰落。甚至连保罗·肯尼迪在2002年撰写的文章也带有一些诗意，谈到美国雄鹰如今飞得比以往更高，使得友邦不能不敬服。在考克斯看来，进入冷战后的第二个10年，国际格局就发生了变化。崛起的中国买下了巨额的美国债务，印度等新兴大国一路上升，而美国的实力则不断下降。虽然有些人会强调美国的重大结构优势，拥有诸多一流大学，兼具硬实力和软实力，仍然是唯一真正具有全球影响力的大国，拥有一半以上的全球最大企业，全世界的国际交易有60%以上仍然用美元结算，但人们不得不正视这样的事实，即由于乔治·布什发动考虑欠周的反恐战争，随后又于2007年陷入金融危机，美国的衰退无可避免。②

对于美国进入21世纪之后深陷战争泥潭与金融危机的事实，尽管人们有不同解释，但几乎没有人否认这导致了美国力量的下降。瑞士国际管理发展研究院教授让-皮埃尔·莱曼（Jean-Pierre Lehmann）认为，美国力量衰落是个无可争议的事实。阿富汗和伊拉克泥潭、关塔那摩基地、阿布格里卜监狱、雷曼兄弟公司破产、巨额债务以及其他一些事情大大削弱了美国的力量和威望。在全球经济中，美国的老大地位正日益受到中国的挑战。③ 美国前副国务卿阿米蒂奇（Richard Armitage）认为，近10年来，世界最显著的变化就是美国领导地位的

---

① Anne-Marie Slaughter, “Problems Will Be Global—and Solutions Will Be, Too,” *Foreign Policy*, September / October 2011.

② Michael Cox, “9/11 Anniversary: From Empire to Decline,” *The World Today*, August 2011.

③ Jean-Pierre Lehmann, “Counterpoint: Don't Write Off the U. S. ,” *New York Times*, July 14, 2011.

动摇和中国的崛起。阿富汗、伊拉克加上现在的利比亚——美国深陷战争泥潭，消耗了自我的金融经济实力，让自己对全球的领导能力发生了暂时的动摇。美国的优势地位相对来讲在慢慢退潮。[①] 托马斯·弗里德曼（Thomas L. Friedman）把这种趋势定性为“最可怕的衰落——一种缓慢的衰落”。[②]

对于美国的衰落，英国人基于自己的历史传统，更喜欢进行历史性对比。《卫报》的一篇文章认为，2011 年的美国就像公元 200 年的罗马或是第一次世界大战前夕的英国：一个处于权力顶峰但裂痕开始显现的帝国。罗马和英国的经历表明，形势一旦开始恶化就无力回天。以下是一些祸到临头的征兆：军事过度扩张、贫富分化加剧、经济外强中干、公民入不敷出靠举债度日、曾经有效的政策不再奏效等。[③]

当然，对于美国所处的困境，很多人并不持悲观态度。虽然他们肯定美国力量下降，但认为美国依然强大，而且能解决自己的问题。在“9·11”事件 10 周年前夕，日本《读卖新闻》采访了美国前国务卿基辛格。基辛格认为，美国目前的国力较第二次世界大战结束初期和苏联解体后的 20 世纪 90 年代有所下滑。但是，不论和哪个国家相比，美国仍是十分强大的，并未衰退。[④] 美国战略与国际问题研究中心专家西蒙·瑟法蒂（Simon Serfaty）认为，进入 21 世纪的第二个 10 年，美国不论与盟国还是敌国相比，都仍然享有优越地位。没有国家比得上美国国力的完整性，无论是硬实力、软实力还是巧实力，也无论是按照总量进行衡量还是人均进行衡量。[⑤] 沃尔特·米德（Walter Mead）认为，纵观世界，我们没有真正的竞争对手。美国比其他国家更有优势来完成这种变革。变革是我们的主场。[⑥]

一些人对美国前景持乐观观点的基本理由是：美国是全球最大的经济体，是唯一军事影响力遍及全球的国家，持有国际储备货币，而且还具有每隔二三十年

---

① 「朝日新聞」2011 年 9 月 8 日付　オピニオン面　「世界は変わったか」

② Thomas L. Friedman, “Win Together or Lose Together,” *New York Times*, August 7, 2011.

③ Larry Elliott, “Decline and fall of the American empire,” *The Guardian*, Monday, 6 June, 2011. http://www.guardian.co.uk/.

④ 「読売新聞」2011 年 9 月 2 日付　米テロ10 年　識者に聞く「アジア諸国と友好保て」ヘンリー・キッシンジャー氏

⑤ Simon Serfaty, “Moving into a Post-Western World,” *The Washington Quarterly*, Spring 2011.

⑥ Walter Mead, “The Future Still Belongs to America,” *The Wall Street Journal*, July 2, 2011.

就能使自己脱胎换骨重获新生的骄人纪录。美国大学教育水平一流，吸引着全球顶尖学子，同时推动了尖端技术的发展。因此，美国很可能摆脱次贷危机漫长的噩梦，并变得比任何时候都更加强大。美国企业稳健的财务状况能在未来几年掀起新一轮投资浪潮。① 用阿米蒂奇的话来讲，不久之后，我们就能重建经济，恢复美国在全球范围内的领导力。②

肯定美国恢复前景的观点，往往特别强调美国的软实力。让-皮埃尔·莱曼认为，美国的全球领导地位——特别是它的软实力——虽然被削弱，却仍然至高无上。美国仍然吸引着全球各地的人才，具备自我更新的能力。美国的大学和企业，特别是高技术企业，是全球大学毕业生都渴望去的地方。亚洲或世界上其他任何地区需要花费数十年时间，才可能抗衡麻省理工、哈佛、耶鲁及其他许多高等院校打造的巨大科学领地。美国仍然是世界的灯塔。尽管存在反美情绪，但美国却仍然吸引着人们。虽然美国在阿富汗、伊拉克的战争可能前景黯淡，但我们有理由确信，即使美国像在越南一样输掉战争，它也终将赢得和平。美国在大多数世人眼中仍然是不可或缺且不可替代的国家。③

哈佛大学教授约瑟夫·奈（Joseph Nye）是研究软权力的主要代表人物，但在分析美国地位时却特别强调了美国的军事优势的作用。他指出，当有人把中国在世界产量中份额的增长解释为全球均势的根本变化时，没有考虑军事实力。在21世纪，经济资源越来越重要，但否定军事实力的作用是错误的。正如美国总统奥巴马在2009年接受诺贝尔和平奖时所说，我们必须首先承认这个严峻的事实，即在我们的有生之年无法消除暴力冲突。有时候，各国——单独或集体行动——将发现使用武力不仅是必须的，而且也是合乎道义的。在21世纪，军事实力对于国家的功效与19世纪和20世纪不同，但它仍是世界政治中重要的实力组成部分。④ 约瑟夫·奈的意思很明确，解释权力结构的变化不能仅看经济数据，美国的军事力量仍然是无与伦比的。

---

① Larry Elliott, "Decline and fall of the American empire," *The Guardian*, Monday, 6 June, 2011. http://www.guardian.co.uk/.

② 「朝日新聞」2011年9月8日付　オピニオン面　「世界は変わったか」

③ Jean-Pierre Lehmann, "Counterpoint: Don't Write Off the U.S.," *New York Times*, July 14, 2011.

④ Joseph Nye, "Has economic power replaced military might?" CNN, June 6, 2011. http://globalpublicsquare.blogs.cnn.com/2011/06/06/has-economic-power-replaced-military-might/.

《华盛顿邮报》社论版主编弗雷德·希亚特（Fred Hiatt）认为，随着中国、印度和巴西等新兴国家的发展，美国在全球经济中的份额进一步下降，但这并不意味着美国的影响力可能会下降，正如半个世纪前我们的敌人及盟友的复苏并不意味着美国影响力下降一样。美国仍然保持着巨大优势，特别是其他国家目睹了我们推动实施的规则所带来的益处，也看到了我们实施这些规则所带来的道德权威。①

如果说以上的观点讨论主要是某种基于感觉的宏观判断，那么兰德公司国际经济学研究负责人、斯坦福大学胡佛研究所高级研究员查尔斯·沃尔夫（Charles Wolf）的研究则通过数据对比，评估了美国 2000～2010 年的演变趋势。沃尔夫认为，虽然 2001 年网络泡沫的破裂以及 2008～2009 年的大衰退造成经济严重下滑，但这 10 年美国的增长趋势是明显的。2010 年与 2000 年相比，美国的 GDP 增长了 21%。军费支出增加了 55%（达到 6970 亿美元），人口增长了 10%（达到 3.1 亿）。与其他国家相比，美国有的指标上升，有的指标下降。在经济上，2000 年美国的 GDP 相当于 G20 其余 19 国 GDP 总和的 61%，到 2010 年，这一比例下降到 42%。2000 年美国 GDP 是中国的八倍多，到 2010 年这一数字跌落至不到三倍。在军事上，2000 年美国的军费支出是北约其他所有成员国总和的 1.7 倍，2010 年是两倍多。2000 年时美国军费分别是俄罗斯的 6 倍、中国的 7 倍，到 2010 年这两项数字分别达到 17 倍和 9 倍。在人力资源方面，2000 年美国人口为 2.82 亿，占全球人口的 4.6%。到 2010 年，美国人口上升至 3.1 亿，占全球人口的比例扩大至 4.9%。2000 年时，美国人口相当于欧盟 15 个成员国人口总和的 59%，到 2010 年上升至 78%（仍以欧盟 15 国统计）。总之，虽然经历了大衰退，但从美国的 GDP、军费支出和人口的绝对值看都在增长且势头明显。②

关于美国是否在衰落的问题，结合对事实的观察和对相关观点的讨论，可以得出这样几点认识：第一，美国的经济力量的相对优势在下降，但军事力量的优势却在扩大。第二，美国的外交影响力与软权力依然强大，没有其他国家可以相比。第三，金融危机和战争泥潭确实使美国陷入困境，表现为主导世界事务的程度明显下降。第四，虽然没有国家对美国提出挑战，但美国的世界地

① Fred Hiatt, "Choosing decline," *Washington Post*, June 27, 2011.

② Charles Wolf, "The Facts About American 'Decline'," *The Wall Street Journal*, April 13, 2011.

位下降了。

判断美国地位下降，根本的理由是美国相对新兴大国而言的经济优势明显缩小。尽管美国国力具有多方面的优秀素质与潜力，可能恢复较快，但从危机中走出来毕竟需要时间而且存在很大变数。由于美国的经济状况不能支撑它像以往那样发挥老大的作用，特别是军事作用，因此尽管没有国家对它的地位发起挑战，它仍然是唯一超级大国，但它的力量与影响确实下降了。人们不能因为它今天依然强大且未来会走出危机就否认它今天的下降。

二 关于中国的崛起

正如美国地位的下降受人关注一样，中国地位的上升也受人关注。中国之所以受关注，主要是因为在全球金融危机的背景下经济依然保持了高速的增长。2009年中国GDP增长9.2%，2010年按不变价格计算增长10.4%。[①] 2011年上半年，中国出口额为8740亿美元，比上年同期增长近20%。美国环球商业信息中心提供的数据显示，在金融危机发生之前的2007年，美国16.4%的进口商品来自中国。截至2011年4月，在此前的12个月里，美国18.9%的进口商品来自中国，高于前一个12个月的18.5%。在同一时期，中国商品在欧盟进口额中占18.4%，高于此前12个月的17.7%和2007年的16%。[②]

中国在美国等西方国家深陷经济危机的情况下继续保持较快的发展，这进一步强化了人们对中国崛起的认识。事实上，中国在不断缩小与美国经济总量的差距，且已成为世界上第二大经济体的情况下，研究界和舆论不可避免地会关注中国进一步发展的结果。一些研究认为，在未来的某一时刻，中国会超过美国，成为最大的经济体。

根据IMF的数据，中国经济总量占世界经济的份额，从1978年的1.8%（全球第十位），上升到2007年的6%和2010年的约9%（第二位）。中国经济总量相当于美国经济的比重，1978年是6.5%，2001年是11.5%，2007年是23.7%，2010年上升到约40%。林跃勤、周文主编的《金砖国家经济社会发展

① 依据国家统计局数据（2011年9月7日），见http://www.stats.gov.cn/。

② Alex Frangos, "China Boosts Lead in Global Exports," *The Wall Street Journal*, July 11, 2011.

报告（2011）》认为，如果按照中国年均7%～8%的经济增速和人民币年均5%的升值，美国按过去10年的平均增速（即1.7%）计算，同时考虑美元在未来可能出现的长期贬值趋势，中国名义GDP到2015年可能达到美国经济规模的80%左右，人均GDP可能接近1万美元水平，并成为世界第一大贸易国。到2020年，中国有可能超越美国，成为全球最大经济体。①

国际货币基金组织2011年4月25日在报告中预测，按照购买力平价计算，中国最早会在2016年超过美国，成为世界最大的经济体。届时美国经济规模为18.8万亿美元，而中国经济规模将达到19万亿美元（1美元约合6.48元人民币）。美中两国在世界经济中所占份额也会发生变化。中国的比例会从现在的14%增加到18%，而美国的份额将会从现在的略低于20%下降到17.7%，稍低于中国，名列世界第二。②

关于中国经济未来增长的预测，还有其他的版本。例如，世界银行首席经济学家林毅夫2011年3月表示，中国经济有望在未来20年继续保持较高增速，可望达到8%以上。届时，按购买力平价计算，中国的经济总量有望达到美国的2倍，即使按照汇率计算，中国的经济总量也有望与美国持平。③

对于有关中国未来发展的预测怎样看，实际上涉及两个问题：一个是这样的预测有没有道理，说得确切些，即中国会不会保持这样的线性发展；二是如果中国真的实现了这样的增长，是不是就真能取得相应的强大地位。

中国社科院学者林跃勤在讨论"中国超越美国"问题时认为应适当地看待这种预测。他指出，用直线式简单推理的方法，片面地依据过去的增长轨迹预测未来的发展趋势，并假定超越者与被超越者均大致保持以往的等速是不准确的。尽管在条件不发生突变的情景下发展趋势具有相对的稳定性，但未来的发展条件和环境未必会是过去的重复或翻版。追赶者与被追赶者所处发展阶段不同，其经济增长的驱动力就会不同。按照罗斯托经济发展阶段理论，国家在起飞阶段通常增长速度较快，进入成熟阶段后经济增长速度就会明显下降。过去30年中国是借助于改革开放和高储蓄、高投资、高消耗、高出口等简单、粗放模式取得了高

① 林跃勤、周文主编《金砖国家经济社会发展报告（2011）》，社会科学文献出版社，2011。

② "IMF Predicts Chinese Economy to Surpass U.S. in 2016," Fox News, April 25, 2011.

③ 许可新：《林毅夫：2030年中国经济或为美国2倍》，2011年3月24日《第一财经日报》。

增长。随着经济体扩大、资源剧减、环境压力加大以及经济发展逐渐进入成熟阶段，外部出口潜力与风险也相应加大。高储蓄、高投资、高污染、高出口等驱动模式的不可持续性，必然导致经济增长速度下降。相反，美国作为成熟经济体和创新能力强劲的经济体，则可以保持稳定的增长水平，在一些年份甚至不排除出现较高的增长率。由于美国的增长动力主要来源于技术创新而非投资规模扩张，因此其可持续性要高出很多。林跃勤认为，谈到赶超，不能仅仅关注 GDP 一个因素，还应关注经济结构、经济效率、持续能力、收入分配、人均收入水平等方面。两个世纪前，清帝国的 GDP 占世界 1/3，远超任何一个欧洲列强，却败于经济总量小很多的英国、法国、日本等。这里的主要原因在于中国 GDP 构成是缺乏现代技术的农耕经济，而英、法等国则有基于先进技术的工业和城市经济。在知识经济时代，软元素对于经济发展、可持续性、竞争力等意义更为巨大，甚至是决定性的。①

对于中国未来发展的质量，哈佛大学教授约瑟夫·奈认为，从实力角度来说，中国肯定能够接近美国，但是中国不一定能超过美国成为最强大的国家。即便中国的 GDP 在 21 世纪 20 年代的某个时候与美国等量齐观，两个经济体在构成上也不可同日而语。中国还有很大一片欠发达的农村。假设 2030 年以后中国的增长率为 6%，而美国的增长率只有 2%，中国在人均收入上（这能更好地反映经济的发展程度）也无法赶上美国。另外，用线性的方法来预测经济增长轨迹可能具有误导性。新兴国家在经济腾飞初期往往能从技术进口中获益，而当它们达到更高的发展层次时则通常会减速。由于中国的国有企业效率低下，不平等越来越严重，社会保障体系差强人意，存在腐败和制度不完善，因此中国经济发展将会面临严重的障碍。在未来，中国几乎是发展中国家中唯一快速老龄化的国家。约瑟夫·奈认为，目前许多基于 GDP 增速所做的预测，忽视了美国在军事以及软实力上的优势，以及中国在亚洲均势内部所面对的地缘政治劣势。他的预测是，最有可能出现的情况是中国将与美国展开竞争，但是在 21 世纪上半叶中国的总体实力不会超过美国。②

吉迪恩·拉赫曼认为，中国如果在五年内成为世界第一，那就会改变超级大

① 林跃勤：《中国超越美国的 3 大追问》，《人民论坛》第 328 期，2011 年 5 月 24 日。

② Joseph S. Nye, “Is China overtaking America?” April 8, 2011. http: //english. aljazeera. net/.

国的概念。在美国雄霸世界的这一个世纪，世界已经习惯地认为最大的经济体就是世界上最富裕的国家。世界第一经济大国的人乃是世界上最富有的。然而，相比西方国家，中国既富有又贫穷。中国的外汇储备达到了3万亿美元。但以现在的汇率计算，美国人的人均财富却是中国人的大约10倍。从总体国力来讲，美国的政治支配地位可能会比其经济霸权维持更长的时间。美国在国际体系中的地位十分牢固。联合国、国际货币基金组织和世界银行都设在美国，北约也是以美国为中心。美国军队的全球实力和技术水平都是中国在短时间内无法赶超的。美国在软实力上也遥遥领先。中国目前还无法拿出能与好莱坞、硅谷或者“美国梦”相抗衡的东西。拉赫曼认为，到了某一个阶段，中国本身可能也会遇到危机，其经济和政治体系都面临着可怕的转型。中国经济不可能无限期地以每年8%～10%的速度增长下去。中国还面临着可怕的人口和环境问题。正是基于这样一些理由，拉赫曼认为，中国将成为一个奇特的超级大国。①

以上有关中国发展的评论，有很多东西是具有启示意义的。显然，评估中国的经济发展，需要有更全面、科学的眼光。第一，用线性的方式预测中国未来的发展，虽然具有可参考性，但这种预测只是一种控制了变量的研究结论，即所描述的是在所有条件都不变的情况下的一种发展。实际上，中国未来的发展是一定会遇到各种意料之外的情况的，是不可能按以往的增长率一帆风顺地发展的。评估中国未来的发展，人们可以按照线性发展预测确定性，但也要充分考虑到复杂因素作用下可能出现的不确定性。第二，中国GDP的快速增长只是国家发展的一项指标，衡量中国的发展，特别是把中国放在大国互动的环境中加以比较，必须有更全面的视角。事实上，中国有很多弱项与问题，有很多不可持续的因素。就这些因素而言，中国还远称不上是一个真正的大国。因此，即使中国的GDP在未来超越了美国，也必须保持清醒头脑，不能做拉赫曼所称的“奇特的超级大国”。

三　怎样看待格局的变化与未来的演进

在大国力量发生变化的历史背景下认识当前的格局，既涉及对事实的观察，

① Gideon Rachman, “When China becomes number one,” *Financial Times*, June 6, 2011.

亦涉及对事实的概括与解释。对于格局的判断，人们通常会关注两个方面：一是主要国家或国家集团的权力分布情况，即是否发生了权力的转移；二是在当今的世界谁在起领导作用。说得具体点，对主要大国来说，涉及的是如何认识自己的角色；对广大中小国家来说，则意味着发生问题时应给谁打电话，是美国与中国（G2）、美中欧（G3）、金砖国家（G5）、八国集团（G8）、二十国集团（G20）还是联合国（G193）？

由于美国地位下降和中国等新兴大国地位上升，一些人提出了时代变化的观点。阿米蒂奇认为，现如今的世界，正在由地中海到大西洋的“古老欧洲”时代，向“新太平洋”时代一步步转移。在这个“太平洋”世纪，世界的成长模式恐怕会出现长期性的改变。① 沃尔特·米德认为，一年来学界流行着这样的观点，即现在进入了一个美国走向衰落，出现后美国世界的时代。21 世纪将属于美国之外的国家。由于受到国内债务拖累、金融危机冲击以及中东久拖不决的战争的影响，美国巨人已回天乏力。与英国一样，美国正走进全球“退休”大国的养老院。今天的亚洲，中国在崛起，印度也在崛起。印度同样是一个拥有核武器的崛起中的大国，其人口未来将超过中国。越南、韩国、印度尼西亚和澳大利亚都是充满活力的新兴大国，而且都不甘心受中国支配。此外，日本仍然是一个强大的力量。与 1910 年的欧洲不同，今天的亚洲是一个崛起中的多极化地区，没有哪个国家（无论多大、多有活力）可以控制它。②

伴随着美国地位的下降，欧洲也陷在了各种麻烦之中。美国外交学会会长理查德·哈斯（Richard N. Haass）认为，未来几十年，欧洲对自身边界以外事务的影响力会大大降低，最为清晰地塑造并界定 21 世纪的将是其他地区，而不是欧洲。③ 观察 2011 年的形势可以看到，欧洲深陷债务危机的国家一个接一个。震撼希腊和其他欧洲国家的抗议活动似乎表明“阿拉伯之春”已经蔓延至地中海北边。愤怒的年轻人有着一种共同的看法，即现有社会结构和对其负责的领导人无法让人民的愿望得到实现。这反映了人们对现有社会制度缺乏信任。在这种情况下，欧洲政治家可能不得不与一心想通过抗议活动和与警察的

---

① 「朝日新聞」2011 年 9 月 8 日付　オピニオン面　「世界は変わったか」

② Walter Mead, “The Future Still Belongs to America,” *The Wall Street Journal*, July 2, 2011.

③ Richard N. Haass, “Why Europe no longer matters,” *Washington Post*, June 18, 2011.

街头冲突而不是通过他们的父辈所青睐的选举来改变政局的、令人厌倦的年轻人打交道。①

在2011年，欧洲在自身边界以外所做的一件令人关注的大事就是北约由法、英牵头介入利比亚内战。在这件事情上扮演领导者的法国，时常被看做一个持二等车票坐头等车厢的国家。为了自己的利益，法国的表现令人吃惊。从爱丽舍宫隆重欢迎卡扎菲访问到竭力推动国际社会进行干预，一场利比亚危机让法国瞬间成了世界舞台上一个中心角色。② 不过，法国的角色并不能改变欧洲地位下降的事实，也不能给国际权力结构与格局带来多大影响。

对于当今的世界格局怎样看？这是现在还没有清晰答案的问题。

在20世纪90年代，国际权力结构是比较清楚的。美国作为唯一的超级大国，其卓越的实力（不仅是军事上的，也是经济上和制度上的）是其他任何国家都不能相比的。美国所拥有的资源与影响力，使之成为能够在自己选择参与的任何地方或领域采取决定性行动的唯一国家。③ 在当时，"单极"是常见的字眼。在2000年初，一些美国人甚至有了"帝国"的感觉。然而，这一"时代"早已结束。现在，几乎没有人再讲"单极"了。

伴随着中国的崛起，特别是金融危机以来中国在经济上的卓越表现，一些人从国际结构的视角提出了中美两国携手应对全球事务的"两国集团"（G2）的说法。这种说法是经济学家弗雷德·伯格斯滕（Fred Bergsten）2005年首次提出的，用以概括中国与美国的非正式特殊关系。其后，这个概念得到一些人的赞同，包括美国前国家安全顾问兹比格涅夫·布热津斯基（Zbigniew Brzezinski）、世界银行行长罗伯特·佐利克（Robert Zoellick）、世界银行首席经济学家林毅夫、英国历史学家尼尔·弗格森（Niall Ferguson）等。伯格斯滕在2009年阐释了使用这一概念的理由：中国和美国是全球最大的两个经济体；在危机发生前为期4年的发展期，中美两国的经济增长之和几乎占了全球的一半；它们是最大的两个贸易国；它们是全球最大的两个排污国；它们处在全球贸易和金融失衡的两端——美国是最大的赤字和债务国、中国是最大的顺差国家和美元储备最多的国

① Bruce Crumley, "Why Greek Tumult Signals the Coming of Europe's Own 'Arab Spring'," *Time*, June 17, 2011.

② 《法国外交常以"特立独行"为特征　现在又有新变化》，2011年4月19日《人民日报》。

③ 「日本経済新聞」2011年9月9日付　社説「9.11から10年を経て"無極化"進む世界」

家；它们代表着全球两大集团——美国代表高收入的工业化国家，中国代表新兴市场及发展中国家，目前两者各占全球产量的一半。① 布热津斯基认为，G2 的架构有助于解决全球金融危机、气候变化、朝核与伊核问题等重大国际问题。从该概念提出者的解释来看，G2 与冷战时期的两极有迥然不同的内涵。它不是指国际权力结构，而主要是着眼于世界经济和全球问题的治理，强调的是中美的重要地位、作用与责任。

与 G2 的概念相近似，美利坚大学教授赵全胜提出了针对亚太地区的“双领导体制”的说法，即在经贸和金融领域，中国的发展速度远高于美国，在克服金融危机和推动世界经济复苏方面起着火车头的作用，但在军事安全领域和政治、外交影响力方面，美国则继续居于主导地位。事实上，在亚太地区，国际军事架构绝大多数是在美国的掌控之下。除美日、美韩同盟之外，美国还与菲律宾、澳大利亚、新加坡和中国台湾等亚太国家和地区保持着军事伙伴关系。赵全胜认为，这一“双领导体制”，目前只涵盖亚太地区，欧盟、俄罗斯、印度、巴西等重要的国家和地区并不包括在这个体系内。这一新体制的出现，会对世界格局的发展带来新一波的冲击，会加速世界重心从大西洋地区向太平洋地区的转移。②

上述的两种说法，阐释的是有关领导体制的构想。实际上，更多人基于形势演变的事实，认为当今世界乃是一个缺乏领导国家的时代。有人称之为多极，也有人甚至称之零极或无极。英国国际战略研究所在 2011 年 9 月发表的《战略调查报告》指出，当今世界正处于一个过渡时期，从美国作为唯一超级大国发挥作用的时代，向着有关国家根据需要携手应对的体制转变。从另一方面来说，这也是一个缺乏领导国家的时代，有利于朝鲜和伊朗等对国际社会构成威胁的国家提高相对实力。③ 瑞士安全研究中心 2011 年 3 月发布的《战略趋势》报告认为，伴随着深刻的全球和地区权力转移，一种新的多极国际秩序正逐渐显现，其标志是多样化、缺乏领导以及潜在的日益不稳定。④

---

① C. Fred Bergsten, *The United States-China Economic Relationship and the Strategic and Economic Dialogue*, Peterson Institute for International Economics, September 10, 2009. http://www.iie.com/.

② 赵全胜:《亚太浮现“双领导体制”》，2011 年 3 月 15 日《环球时报》。

③ 「日本経済新聞」2011 年 9 月 7 日付「米、介入主義終わる」英国際戦略研 11 年版「戦略概観」 安保の勢力図 新興国シフト指摘。

④ Center for Security Studies, *STRATEGIC TRENDS 2011*, ETH Zurich, 6 March 2011.

在当今的国际关系中，一个显著的特点，就是发挥重要影响的行为体在增多。德国全球与区域研究所的一项研究认为，中国、印度、巴西正成为全球行为体，力量获得相对增长。同其他地区大国一道（土耳其、南非、印尼），它们正影响着全球能源、气候、安全、贸易、货币和发展政策。另一方面，上述国家又太弱，因为它们尽管有强劲的经济增长，但不能在国内根除贫穷，并且在收入与财富分配上极端的不平衡，导致了很大的社会问题。薄弱的基础设施、滞后的技术发展以及大多数人口的低水平教育构成了其经济与社会形势的特征。它们在全球层次的有效领导是有限的，因为它们还不能提供足够的全球公共产品（安全、货币准备、发展援助）。再者，它们常常未被所在地区承认为主导大国。它们的盟友，诸如 IBSA（印度、巴西、南非）、BRICS（金砖国家）和 BRICSAM（金砖加墨西哥）显示出较低的制度化和在言语与行动之间的较大差距。此外，新地区大国在较多问题上存在不一致，因此构不成一个同西方正相反的极。①

针对国际关系中缺乏主导者的现状，有报道认为当今世界进入了一个更加“碎片化”的时代。② 欧亚集团（Eurasia Group）主席伊恩·布莱默（Ian Bremmer）率先提出了一个颇有影响的概念，即“零国集体”（G0）。他指出，自第二次世界大战结束以来，首次没有任何国家或国家集团的政治和经济杠杆能够推动国际议程。美国将继续是唯一真正的全球力量，但它越来越缺乏资源和国内政治资本扮演全球公共产品的主要提供者。没有国家已准备好替代美国的领导地位。欧洲会持续忙于拯救欧元区。日本有其自身复杂的政治和经济问题。像中国和印度那样的新兴大国因过于关注自身的发展而无暇承担新的国际责任。这一新的时代可称为 G0。面对正在出现的如此之多的政治和经济挑战，G0 的概念可以切中问题的核心，即缺乏国际领导。③

《日本经济新闻》2011 年 9 月的一篇社论从经济的角度阐释了无极世界。社论认为，“9·11”以来的 10 年，最大变化就是美国的综合实力相对下降。作为

---

① Robert Kappel, “The Decline of Europe and the US: Shifts in the World Economy and in Global Politics,” *German Institute of Global and Area Studies*, No. 1, 2011.

② DE JACQUES HUBERT - RODIER, G8, G20: quel cadre pour la gouvernance mondiale? *Les Echos*, 31 mai 2011.

③ Ian Bremmer and David Gordon, “G - Zero,” http://eurasia.foreignpolicy.com/posts/2011/01/07/g_zero.

基础货币的美元，对其他主要货币的比价平均下降了40%。美元信誉的下降象征着美国主导世界的时代即将落幕。然而另一方面，能够取代美元的货币却没有出现，能够取代美国在世界上发挥主导作用的国家也没有显现。财政危机和信誉不佳让欧盟焦头烂额，欧元贬值暴露了欧洲政治领导力的不足。中国面对世界性课题和自身的责任抱以回避的态度，而在国际贸易和决算领域，人民币也没有达到发挥巨大作用的程度。日本在泡沫经济崩溃后的20年中，始终未能摆脱经济停滞的局面，大地震以及日元升值更使其经济雪上加霜。这一切都表明，世界秩序的结构正在从冷战结束后的美国“单极化”向“无极化”转变。由于该文作者有比较明显的“霸权稳定论”倾向，因此认为由几个大国或许多大国组成的世界很可能是一片混乱，甚至是危险的。①

对于国际权力结构所发生的这种变化，约瑟夫·奈用权力转移（power transition）和权力扩散（power diffusion）的概念进行了解释。他认为，权力转移是指权力从一个支配性大国过渡到另一个支配性大国。这种变化在历史上曾发生过。在今天的国际关系中，权力扩散相对而言是一种新进程，也更难以控制。在当今这个全球化的信息时代，所有国家面临的一个共同问题就是有更多事情不在可控范围之内，即便最强大的国家也奈何不了。虽然国家今后仍将在世界舞台上占主导地位，但各国会发现，这个舞台比原来拥挤多了，也更难控制了。②

从决定世界格局的大国关系来讲，可以观察到的事实表明，一些传统强国组成的集团的支配性作用明显地下降了。在这里，八国集团是一个典型事例。这个由西方主要国家加俄罗斯组成的俱乐部，原本是一个象征性主导世界事务的论坛，每逢开会时常遭到声势浩大的抗议，但现在也冷清了。那些反全球化人士不再光顾G8峰会，说明连他们也觉得没意思了。俄罗斯在加入这个西方大国俱乐部之初曾有过一种全球大国的感觉，但如今这种感觉也越来越少了。

如何在现今的格局下建立起新的主导性结构，帕拉格·康纳（Parag Khanna）和马克·伦纳德（Mark Leonard）所提出的G3是一种有别于G2和G0的构想。他们认为，由于美国人不希望另一个对手如此迅速地和它在战略上打成平手并拥有巨大影响力，而中国人也不乐意肩负起与他们实力相称的高度责任，

---

① 「日本経済新聞」2011年9月9日付　社説「9.11から10年を経て“無極化”進む世界」。

② Joseph S. Nye, “Power Shifts,” *Time*, May 9, 2011.

因此美国和中国共管的世界（G2）大概是最糟糕和最危险的一种构想。取代成员冗多，对金融监管、气候变化和核扩散等问题都没有办法G20，以及没有明确领导者的G0，由美国、欧盟和中国组成的G3结构是一种可取的体制。这样的结构整合了美国的军力和购买力、中国的资本和劳动力以及欧洲的规则和技术，代表着全世界经济总量的大约60%和强大的管理模式，对全世界来讲是至关重要的。由于G2世界将几乎注定重演历史，会把我们引向一个和20世纪一样不稳定的新世纪，因此要想在21世纪实现管理的进步就应该更经常地召集G3会议作为开始。①

人们对当今的格局众说纷纭，在很大程度上是因为目前的国际互动还未形成任何一种成熟、稳定的权力结构与领导体制，还处于过渡期。在这个阶段，人们对大国互动的现状与走势会有不同的解释与预期，但有一点也许是共同的，即都对中美关系有较大的关注。由于美国与中国是两个最大的经济体，在一系列重大全球问题的治理上居于举足轻重的地位，再加上两者的经济力量目前正处于此消彼长的变化中，因此两者关系的演进会在很大程度上影响格局的走向。

当前人们所讲的权力转移，主要就是针对中美两国而言的。对于这样的变化，相蓝欣认为是存在危险性的。他说，一个衰落的超级大国通常需要大约30年或者更长时间，才能接受失去在世界事务中居首要地位的现实。在这一阶段，它的言谈举止好像仍是世界的统治者一样。相对国际体系而言，这可能是最危险的阶段，因为美国将会以非同寻常——甚至失去理性——的力度和敏感来捍卫自己的地位，并且常常以保持军事优势和建立新的同盟体系的理念为基础。与上一次全球权力结构的变化不同，这一次在既定的接班人与被接替者之间爆发军事冲突的危险性将有所增加。②

对于美中关系的意义，实际上双方都是心知肚明的。多年来，两国的互动早已形成某种习惯的模式与身份定位。一方面，两国在经济上以及其他全球性问题上是密切的伙伴，相互依赖日益加深。这一层次的互动构成了双边关系的“压舱石”；另一方面，两国实力接近所导致的地缘权力竞争和意识形态差异又不断引起双方的冲突。不过，由于中国并没有向美国发起权力的挑战，而美国也知道

① Parag Khanna and Mark Leonard, “Why China Wants a G-3 World,” *New York Times*, September 7, 2011.

② Lanxin Xiang, “Dangers of a fall,” *South China Morning Post*, August 23, 2011.

与中国保持合作关系更符合其利益，因此双方能够把不时发生的政治、经济、军事摩擦限制在可控的范围之内。

从一年来中美关系的发展看，双方仍然在继续这样的模式。在经济上，双方的合作在发展。据美中贸易全国委员会的一份报告公布的数字，2010 年，美国对华出口增长了 32%，速度超过了美国前五大出口目的地中的任何一个。中国目前是美国的第三大出口市场，排在美国的两个近邻加拿大和墨西哥之后。据该报告称，美国总统奥巴马 2010 年曾宣布未来五年美国的出口要实现增倍。要达到这一目标，美国的出口增长率每年要达到 15%。在该计划的第一年，美国对华出口的增长就达到了计划的两倍。①

在政治与军事关系中，双方的关系也继续时好时坏。2010 年，由于美国决定向中国台湾出售价值 60 亿美元的军火，导致中方中断了与美国的军事交流。美国国防部长罗伯特·盖茨 2011 年 1 月的“破冰之旅”，使双方的军事关系恢复了正常。美方就发展中美两军关系提出了六点原则，包括两军互相尊重对方的互敬原则，不为分歧所左右的互信原则，增进军事合作的互惠原则，照顾彼此关切的互利原则，加深沟通了解的持续对话原则，以及避免误解和误判的互相降低风险原则。盖茨认为中国和美国能够在有着共同战略利益的问题上展开合作，中国没理由成为美国的对手。② 在中国国家主席胡锦涛访美前夕，美国国务卿希拉里 2011 年 1 月表示，“零和”理论已经过时，中美关系不是非黑即白、非友即敌，中美今后还应“同舟共济”，合作迎接挑战。③ 然而，当 2011 年 9 月美国再度决定对台军售时，两国关系又再度紧张化了。对于中美互动的这种现象，美国亚特兰大卡特中心的刘亚伟认为，这是某种例行公事，所有玩家都知道自己的角色，他们只是按剧本行事。然后希望事情平息下来。④

对于中美关系，亨利·基辛格在 2011 年 6 月表示，在 21 世纪中国应该学会“自我抑制”，而美国则应该学会“重新自我定位”，以适应日渐崛起的中国。中国不会在 21 世纪取代美国成为世界最主要的强国。我们正在步入一个全新的世

① 中新社，华盛顿 2011 年 3 月 31 日电（记者吴庆才）。

② 中新社，华盛顿 2011 年 1 月 6 日电（记者德永健）。

③ 中新社，华盛顿 2011 年 1 月 14 日电（记者德永健、吴庆才）。

④ Andrew Jacobs, “Arms Sale Draws Angry, but Familiar Reaction,” *New York Times*, September 22, 2011.

界秩序，它与我们习惯的（世界秩序）有所不同”，在这个新秩序中，中国将发挥越来越重要的作用。①

实际上，无论是讨论权力结构的变迁还是中美关系的演进，有一点都是应该注意的，即在关注各个角色的变化时，必须看到世界舞台已经不同于以往了。解决日益增多的全球问题所要上演的都是大剧本，表演者不可能只有一个或几个主要大国。这些演员登台主要不是相互角力，而是要协调演出大合唱。全球问题的凸显决定了权力的分散化，决定了治理的多元化，同时也改变了大国互动的规则。从这个角度加以理解，格局的变迁才能得到更好的解释。

结　语

当前的大国关系在发生迅速的变化。从力量对比的角度讲，美国仍然是唯一的超级大国，但与中国为代表的新兴大国相比，优势在缩小。虽然美国有雄厚的基础和强大的恢复能力，但走出金融危机需要时间，而且未必一帆风顺。由于两场（半）战争和金融危机的影响，美国的对外政策行为受到了明显的影响，不得不进一步收缩力量，把关注点更多地投向国内事务。虽然美国的军力无论是与北约盟国相比，还是与新兴大国相比，优势都在加大，但美国在这方面的扩张似乎也走到了转折点，已经不堪重负。事实上，美国在全球军事互动中减少自己原本喜欢承担的责任就反映出了这种变化。

中国在金融危机的影响下继续保持经济的高速增长。不过，中国未来的发展未必会呈现线性的增长。经济结构中的问题会进一步显现出来。对于中国何时成为 GDP 世界第一的议论，人们应持适当的态度。要想到中国未来发展可能出现的问题，而且要认识到，即使中国 GDP 真的超过美国，在军事、外交乃至软实力方面仍有巨大差距。中国在未来不可能在权力政治意义上接美国的班，也不应该这样思考自己未来的发展。为了解决中国国内问题，中国还需要走漫长的路。当然，随着中国的发展，中国也需要承担起更多相应的大国责任。

当今的世界格局正处于一个变动中的过渡期。美国的领导地位明显下降，其他西方大国也无力出头，与此同时新兴大国也没有意愿出来承担领导角色。各种

① 埃菲社，多伦多 2011 年 6 月 17 日电。

国际机制在起作用，但力度都不够。这种情况一方面是权力扩散化的结果，另一方面也是全球治理的一个体现。全球问题是任何大国都不可控的，只能世界各国进行协调与合作。从未来的趋势看，人们不可能期待出现新的大国领导者，而只能进行多边外交，以期形成更有力的国际机制。大国也许会在这种合作中发挥更大作用，但极化的格局在这种治理中并不是世界各国所期待的。

主要资料来源

"IMF Predicts Chinese Economy to Surpass U. S. in 2016," *Fox News*, April 25, 2011.

《法国外交常以“特立独行”为特征 现在又有新变化》，2011 年 4 月 19 日《人民日报》。

「朝日新聞」2011 年 9 月 8 日付　オピニオン面　「世界は変わったか」。

「読売新聞」2011 年 9 月 2 日付　米テロ10 年　識者に聞く「アジア諸国と友好保て」ヘンリー・キッシンジャー氏。

「日本経済新聞」2011 年 9 月 7 日付「米、介入主義終わる」英国際戦略研 11 年版「戦略概観」　安保の勢力図　新興国シフト指摘。

「日本経済新聞」2011 年 9 月 9 日付　社説「9. 11から10 年を経て“無極化”進む世界」。

Alex Frangos, "China Boosts Lead in Global Exports," *The Wall Street Journal*, July 11, 2011.

Andrew Jacobs, "Arms Sale Draws Angry, but Familiar Reaction," *New York Times*, September 22, 2011.

Anne-Marie Slaughter, "Problems Will Be Global—and Solutions Will Be, Too," *Foreign Policy*, September / October 2011.

Bruce Crumley, "Why Greek Tumult Signals the Coming of Europe's Own 'Arab Spring'," *Time*, June 17, 2011.

C. Fred Bergsten, *The United States-China Economic Relationship and the Strategic and Economic Dialogue*, Peterson Institute for International Economics, September 10, 2009. http://www.iie.com/.

Center for Security Studies, *STRATEGIC TRENDS* 2011, ETH Zurich, 6 March 2011.

Charles Wolf, "The Facts About American 'Decline'," *The Wall Street Journal*, April 13, 2011.

DE JACQUES HUBERT - RODIER, G8, G20: quel cadre pour la gouvernance mondiale? *Les Echos*, 31 mai 2011.

Dr John Chipman, "Strategic Survey 2011 - Press Statement," http://www.iiss.org.

Fred Hiatt, "Choosing decline," *Washington Post*, June 27, 2011.

Gideon Rachman, "When China becomes number one," *Financial Times*, June 6, 2011.

Howard LaFranchi, "Independence Day blues? Americans sense a decline and look inward," *The Christian Science Monitor*, July 3, 2011.

Ian Bremmer and David Gordon, "G – Zero," http://eurasia.foreignpolicy.com/posts/2011/01/07/g_zero.

Jean-Pierre Lehmann, "Counterpoint: Don't Write Off the U.S.," *New York Times*, July 14, 2011.

Joseph Nye, "Has economic power replaced military might?" CNN, June 6, 2011. http://globalpublicsquare.blogs.cnn.com/2011/06/06/has-economic-power-replaced-military-might/.

Joseph S. Nye, "Is China overtaking America?" April 8, 2011. http://english.aljazeera.net/.

Joseph S. Nye, "Power Shifts," *Time*, May 9, 2011.

Lanxin Xiang, "Dangers of a fall," *South China Morning Post*, August 23, 2011.

Larry Elliott, "Decline and fall of the American empire," *The Guardian*, 6 June, 2011. http://www.guardian.co.uk/.

Michael Cox, "9/11 Anniversary: From Empire to Decline," *The World Today*, August 2011.

Parag Khanna and Mark Leonard, "Why China Wants a G – 3 World," *New York Times*, September 7, 2011.

Paul Pillar, "War Fatigue in America," *The National Interest*, June 3, 2011. http://nationalinterest.org/.

Richard N. Haass, "Why Europe no longer matters," *Washington Post*, June 18, 2011.

Robert Kappel, "The Decline of Europe and the US: Shifts in the World Economy and in Global Politics," *German Institute of Global and Area Studies*, No. 1, 2011.

Simon Serfaty, "Moving into a Post-Western World," *The Washington Quarterly*, Spring 2011.

Thomas L. Friedman, "Win Together or Lose Together," *New York Times*, August 7, 2011.

Walter Mead, "The Future Still Belongs to America," *The Wall Street Journal*, July 2, 2011.

林跃勤、周文主编《金砖国家经济社会发展报告（2011）》，社会科学文献出版社，2011。

林跃勤：《中国超越美国的3大追问》，《人民论坛》第328期，2011年5月24日。

许可新：《林毅夫：2030年中国经济或为美国2倍》，2011年3月24日《第一财经日报》。

国家统计局数据（2011年9月7日），见 http://www.stats.gov.cn/。

张明：《美国主权信用等级调降：原因、冲击与教训》，Policy Brief No. 2011.051, Aug. 8, 2011。

赵全胜：《亚太浮现"双领导体制"》，2011年3月15日《环球时报》。

Changes in Great Power Relations

Li Shaojun

Abstract: Today's great power relations are continuing to undergo a period of transition. Compared with the emerging powers, the lead of the U. S. economy is narrowing, but U. S. military power is still expanding. Bogged down by two wars and the financial crisis, the United States has had to reduce its power and turn its attention to the domestic situation. Due to the difficulties America is facing and the changes in its foreign policy posture, academia and the media have promoted discussions about the decline of America, leading to more attention being paid to China's international status. Even though there are a number of forecasts that predict that China's GDP will surpass that of the U. S. , there are limits to such assessments. In reality, it will be a long time before China will become a truly strong power. Given the current international situation whereby the dominant position of the United States vis-à-vis China is falling, other countries do not want to take responsibility for leadership, and multinational coordination of international mechanisms is taking shape, there is a trend toward decentralization in international relations. To a certain extent, such an international structure is also the result of the development of global governance.

Key Words: International Structure; Theory on the Decline of America; Sino-American Relations

Y.4
中国周边安全形势评估（2010～2011）

王　雷*

摘　要：随着亚太地区安全环境的急剧变化，中国与周边国家的关系正处于一个非常敏感的“磨合期”。由于目前各方对这个阶段还不适应，中国与周边国家持续出现了不少摩擦与纷争。虽然冲突并没有代替合作成为主流，但新形势下中国面临着稳定周边安全形势的挑战。这主要体现为中国与周边国家的关系同时出现波动起伏，中国在周边承受的战略压力显著增大，中国与周边国家领土海洋权益争端日益凸显，中国周边军事关系持续紧张化，以及周边一些国家政治局势的持续动荡。

关键词：中国周边安全　安全两难　战略防范　军事对抗　政治动荡

近一年来，中国周边安全形势正变得日益错综复杂。虽然在总体安全态势上依然保持相对稳定，但随着中国实力的迅速提升，国家利益的向外扩展，尤其是中国维护自身权益力度的显著增强，中国在周边面临的各种非议和猜忌正在不断增多，一些国家和人士甚至认为，随着国家实力和影响力的上升，中国正变得越来越强硬和傲慢。中国在维护领土海洋权益上的正当做法，在应对地区突发事件中的独自立场，被解释为中国在对外政策取向上“热衷于采取高压姿态”，在对外行为方式上“不遵守国际规范”。除此之外，周边各种“中国威胁论”的声调正在不断提高，中国与周边国家日益紧密的经济联系，被认为是中国试图运用经济实力加强对周边国家的控制。中国正常的军事现代化进程，被理解为中国试图打破地区军事平衡，威胁其他国家的安全和利益。由此，整个东亚地区出现了日

* 王雷，法学博士，中国社会科学院世界经济与政治研究所助理研究员，主要研究国际战略、中国外交、周边安全等问题。

益明显的“政经两分”现象。一方面，东亚国家希望在经济方面保持同中国的紧密联系，搭上中国经济崛起的快车，发展或繁荣本国经济；另一方面，东亚国家又极其担心崛起后的中国“威胁”其安全利益，因而在安全上向美国靠拢，希望通过引入外部力量来平衡中国日益强大的地区影响力。

与上述的种种判断相对应，一年来，周边国家针对地区形势的迅速变化，特别是中国的崛起明显做出了一系列的过度反应。比如，美国正在不断强化在亚太地区的军事存在，除继续维持对华高频度海空抵近侦察外，美国2011年再次向台湾大规模出售先进武器，积极涉入中国与周边国家的争端，并联合亚太盟国不断加大针对中国的战略防范与围堵；日本、印度等地区大国一方面不断针对中国扩充军备，另一方面正寻求通过多边制衡等方式加大对中国的战略牵制与外交孤立；周边中小国家如东盟成员国，虽然不愿与中国进行对抗，但仍希望依靠美国等区域外大国来平衡中国的地区影响力。

过去一年的种种事态及其影响表明，周边国家的政策与行为正在冲击中国与相关国家的双边关系，新时期中国与周边国家的关系进入了一个格外敏感的“磨合”期。由于各方对地区安全形势的这些新变化缺乏准备且很不适应，因而这个阶段中国与周边国家的关系出现波动起伏，中国在周边承受的安全压力显著增大，与周边国家的领土主权争议凸显。尽管这种变化不会改变中国与周边国家的总体合作架构，但中国当下面对着维护周边安全与稳定的严峻挑战。

一　中国与周边主要国家关系现状

（一）中美关系

中美关系的发展状况无疑是中国周边安全形势最重要和最具全局性影响的一个因素。在2010年上半年，中美关系呈现了动荡下滑之势。9月，美国总统国家安全事务副助理多尼隆和白宫国家经济委员会主任萨默斯访华，使双方关系一度出现缓和，① 但不到两个月，这种改善势头又因延坪岛炮击事件而受阻。随着

① Geoff Dyer and Kathrin Hille, "China and US likely to resume military contacts," *Financial Times*, September 8, 2010.

美韩、美日在黄海、日本海接连举行大规模联合军事演习，中美在朝鲜半岛问题上的分歧不断加剧，再加上美国不断涉入南海争端，继续维持对华高频度海空抵近军事侦察，中美关系在中国沿海一线陷入对立。这种状态一直持续到 2011 年 1 月美国国防部长盖茨访华后，才逐渐呈现缓解迹象。

2011 年 1 月，胡锦涛主席对美进行成功国事访问后，两国关系一度进入改善快车道。5 月，中美进行了第三轮战略与经济对话，两军高层互访恢复。但是双方在军事透明度、美对华高频度抵近军事侦察、人民币汇率、贸易问题上的分歧依然难以消除。6 月，美国公开介入南海争端，指责中国行为“妨碍南海航行自由”，并联合越南、菲律宾等国大搞军事演习。与此同时，美总统奥巴马不顾中方反对，又于 7 月在白宫会见达赖喇嘛。中美关系随即再次陷入新一轮麻烦。进入 8 月，在美副总统拜登对华进行友好访问后，中美两国展示了进一步加强协调与合作的意愿，但不久，美国就再次宣布对台出售价值超过 58 亿美元的武器装备，并于 10 月在参议院通过了《2011 年货币汇率监督改革法案》，旨在强行迫使人民币升值。

中美关系的起伏表明，虽然两国明显加强了在双边和多边层面的对话与协作，但是随着中美之间力量对比发生显著变化，战略猜忌、军事防范以及经济竞争态势也日渐突出。近一年来，美国亚太地区采取了“以攻为守”的战略动作。

大力改善和加强双边关系，强化地区战略存在和主导地位。自 2010 年下半年以来，美国不仅进一步强化了美日、美韩、美澳传统同盟关系，而且正在积极加强同印度、东盟的关系。2010 年 11 月，美总统奥巴马访问印度，许诺支持印度“入常”，强调通过加强经济与安全合作，推进美印两个“全球最大民主国家”的紧密关系。[①] 2010 年，美国设立了驻东盟使团，并于 2011 年 4 月任命了首位驻东盟大使戴维·卡登。此外，自 2010 年国务卿希拉里·克林顿、国防部长罗伯特·盖茨相继出席东盟地区论坛、首届东盟国防部长扩大会议后，2011 年 7 月份，美国还在华盛顿主持了第 24 届东盟与美国对话，并将于 11 月首次作为正式成员参加东亚峰会。

积极介入中国与周边国家的纷争，试图通过偏袒和激化矛盾，促成周边国家

① James Lamont and Edward Luce, “Obama calls for top Indian role at UN,” *Financial Times*, November 8, 2010.

形成“亲美疏中”的战略态势。2010年9月中日发生撞船事件后，美国为了迎合日本，无视中方抗议，多次表示钓鱼岛“属于《美日安保条约》第5条的适用对象”。[①] 在中国与东盟有关国家的南海争端中，美国也不顾基本事实，无端指责中国正当维权行为妨碍南海航行自由，并联合越南、菲律宾等国大搞联合军演，激化地区紧张局势。

大肆鼓吹中国军事威胁。2011年2月，美国军方出台了新的《国家军事战略报告》，其中明确指出美国对中国军力发展、战略意图，尤其是对中国在太空、网络空间、黄海、东海及南海的强硬态度表示担忧，强调某些国家正在发展的反介入和区域封锁能力，从战略上限制了美国在国际社会自由行动的能力。[②] 与此政策调整相对，近一年以来，美国与中国周边国家的防卫安全合作正在显著提升，由美国牵头策划、组织的联合军演在中国四邻不断增多。2011年，美国不仅继续维持对华高频度海空抵近军事侦察，而且再次决定向台湾大规模出售先进武器装备。

大力推动以美国为核心的三边防务合作。近一年以来，美日澳三国外长、防长不仅定期举行战略对话，而且三方联合军演的范围首次扩展到南海地区。朝韩半岛局势恶化后，美日韩在军事、外交和情报方面的联系迅速加强，自2010年7月日本自卫队以观察员身份参加美韩联合军演后，2010年12月，韩国国防部也派员观摩了美日联合军演。[③] 除此之外，美日印三边的二轨对话不断增多，虽然日本自卫队2011年因忙于救灾而没有按计划参加美印在冲绳海域举行的“马拉巴尔2011”海上联合军演，但据日本媒体报道，三国还将于今年10月在东京举行一次高级别的安全保障协商会议，会议讨论的一大重点将是如何应对中国海军力量增强。[④]

大力推动《泛太平洋战略经济伙伴关系协定》（TPP），意图构建一个由美国

---

① Geoff Dyer, China rebuffs US offer on disputed islands, *Financial Times*, November 2, 2010.

② “The National Military Strategy of the United States of America 2011: Redefining America's Military Leadership,” Released by The Joint Chiefs of Staff, February 8, 2011, http://www.au.af.mil/au/awc/awcgate/nms/nms.pdf.

③ “Japan's Maritime Self-Defense Force to participate in the US-ROK joint military exercise,” *Global Military*, July 23, 2010, http://www.global-military.com/tag/military-exercises.

④《日美印将开安保会议应对中国》，日本新闻网，2011年9月5日，http://www.ribenxinwen.com/html/c/201109/05-10516.html。

领导的区域合作组织。近一年以来，美国不断向日本、韩国、菲律宾、泰国等国恩威并施，[①] 鼓动这些国家加入 TPP，进而削弱中国在东亚经济合作中的主动权。

上述种种动作表明，虽然新时期中美之间仍然保持着较为积极的接触、协调与合作，但美国在调整亚太战略的过程中，明显加强了针对中国的战略防范、挤压与竞争。

（二）中日关系

菅直人政府上台后，对日本的外交政策进行了调整，重点是加强日美关系，摆出积极参与《泛太平洋战略经济伙伴关系协定》的姿态，中日之间的战略分歧与矛盾也随之凸显，日本国内“中国威胁论”声调抬头。在这一背景下，2010 年 9 月中日在钓鱼岛海域发生的撞船事件直接导致两国关系急剧恶化，中日正常的政治、经济和民间交往活动受到冲击。即便如此，从两国关系大局出发，温家宝总理当年 10 月在比利时出席亚欧首脑会议期间，以及胡锦涛主席 11 月在日本出席亚太经合组织领导人非正式会议时还是与时任首相菅直人进行了直接对话，中日关系也因此一度出现缓和迹象。

然而，两国在领土和海洋权益方面的分歧以及战略上的互相猜忌依然十分严重。过去一年双方在钓鱼岛问题上曾发生严重摩擦，在东海海域多次出现舰机对峙事件。2010 年底，日本在新出台的《防卫计划大纲》中强调要加强针对中国海空力量的警戒监视和机动作战能力。[②] 日本还显著加强了与韩国和东盟的外交攻势。2011 年 1 月，日韩双方就签署军事领域合作协定达成了共识，目前两国军事、外交情报交流日益密切。[③] 近期，日本与菲律宾、越南在南海问题上“遥相呼应”的各种动作格外引人关注。[④]

---

① 韩国已做出主动让步，与美就签署自由贸易协定达成一致，见 Charles Riley，“U. S.，South Korea reach free trade agreement，” *CNN Money*，December 3，2010；“South Korea Cannot Strengthen Korea – US Alliance by Endless FTA Concessions，” *The Kyunghyang Shinmun*，December 3，2010。

② 见“National Defense Program Guidelines for FY 2011 and beyond，” Ministry of Defense，Japan，http：//www. mod. go. jp/e/d_ act/d_ policy/pdf/guidelinesFY2011. pdf。

③ “Japan，South Korea Agree on Closer Military Cooperation，” *VOA News*，Jan. 10，2011；“Why Increase Military Cooperation with Japan?” *The Kyunghyang Shinmun*，Jan. 10，2011.

④ Christian V. Esguerra，“Philippines gets Japan's support on Spratlys dispute，” *Asia News Network*，Sep. 28，2011.

2011年3月，日本不幸遭受特大地震及其引发的海啸、核辐射事故的三重打击，中国政府和人民在第一时间对日展开援助行动。5月，温家宝总理在日本出席中日韩三国领导人会议期间，亲赴重灾区进行慰问，表达了中国政府和人民全力支持日本灾后重建，改善两国关系的真挚诚意。其后，两国关系出现了总体回暖的趋势。

不过，由于中日综合国力发生逆转，中日的结构性矛盾正在凸显。今后，日本仍将继续渲染“中国威胁论”，加强自卫队建设，强化日美同盟。在中国继续崛起导致东亚实力结构进一步发生变化的背景下，中日关系的改善前景不容乐观。

（三）中国与其他国家关系

在东北亚地区，自2010年下半年以来，中韩关系因接连受到“天安号”事件和“延坪岛炮击”事件的冲击而出现波折。由于韩国公布的“天安舰”事件联合调查报告并未得到中国认可，韩国社会出现了质疑中国包庇朝鲜的声浪。“延坪岛炮击”事件发生后，韩国外交“亲美疏中”迹象进一步明显。韩美不顾中国反对，强行在黄海及其附近海域进行大规模联合军演的做法进一步加深了中韩之间的战略猜忌与分歧。虽然2011年以来，两国外交往来有所增加，经贸文化交流未受影响，但是韩国社会“巩固和加强韩美同盟基石”、“经济上不能过分依赖中国”的论调正变得日益显著。

在南亚，中印关系自2010年以来因边界纠纷、南海能源开发、安全战略等问题一直龃龉不断，并牵扯到两国国内舆论以及民众情绪的尖锐对立。① 部分印度官员、军官和新闻媒体仍在不时炒作中印边界纷争，渲染中国军事威胁，诋毁中国在南亚大搞“珍珠链”战略。虽然某些观点和说法并不代表官方立场，但印度在边界问题、地区战略打造上始终没有放松针对中国的战略防范与制衡。然而，中印两国并无使双边关系大幅恶化的打算，并通过频繁的互访与磋商使两国关系维持稳定。2010年10月，中共中央政治局常委周永康访问印度，同年

① “Hostility runs high against China in India: state media,” *India Express*, May 23, 2010, http://www.indianexpress.com/news/hostility-runs-high-against-china-in-india-state-media/622593/0.

11 月中印进行了第十四轮边界问题特别代表会晤，12 月温家宝总理访印，两国同意建立领导人之间定期互访机制，开通总理间电话热线，建立战略经济对话机制。

在东南亚，越南、菲律宾单方面违反《南海各方行为宣言》，分别于 2011 年 3 月和 5 月在中国南沙群岛礼乐滩和万安滩附近海域非法进行油气勘探，中国渔政、海监部门依法对这一区域进行管理时，遭到两国武装力量的严重干扰。随后，菲越两国还试图通过军事演习、煽动民众反华情绪，以及引入外部势力等方式将南海争端复杂化和扩大化，中国针对这些消极行为也以系列军演的方式表明了自己的态度。直到六月，随着越南特使胡春山以及菲律宾外长德尔罗萨里奥的相继访华，以及随后中国与东盟就落实《南海各方行为宣言》指导方针达成共识，连同近期菲律宾总统阿基诺三世、越共总书记阮富仲访华后，双边在一些分歧问题上初步达成了谅解和共识，中国与东盟一些国家的紧张关系呈现缓和迹象，但目前各方在如何落实方针，解决争端的方式上仍存在众多分歧和猜忌，各种形势误判以及冒险行为正成为影响双边关系以及南海区域安全的重大隐患。

总的来看，过去一年，除北部和西部邻国外，中国在周边差不多同时遭遇了与主要邻国关系的严重抵牾和急剧波动。造成这一现象的主要原因是地区权力格局变动引发的战略猜疑、对立和竞争，它们集中体现在领土海洋权益争端升级，朝鲜半岛局势恶化等热点问题上。客观地讲，由于地区安全结构急速转型，各国对外政策、行为方式的陆续调整，这种磨合期国家间常有的碰撞与摩擦在所难免，但是双边关系这种过于频繁或急剧的波动显然加剧了各国准确判断形势、理性应对变化以及合理制定政策的难度，同样也影响了各国落实相关政策的连贯性。因此，一旦出现误判，那么很可能会对双边关系造成严重损害，此外，中国需要对与周边国家的关系同时出现麻烦这种迹象给予高度重视，应尽早做出应对，防止情况进一步恶化。

二　领土和海洋权益争端动向

近些年，中国维护和争取海洋权益的力度不断加大。但是，这种做法引发了周边一些国家的猜疑和指责，一些国家和人士片面认为中国的行动是在扩大海洋活动范围、威胁别国的权益，企图把自己侵占中国权益的行为合法化。过去一年中，随着中国维权力度的加大，中国与周边国家在领土和海洋权益问题上的摩擦显著增加。

（一）东海争端日益严峻

在东海方向，中日两国在钓鱼岛主权争议以及东海划界问题上的摩擦与对立日益加剧。在2010年的“撞船事件”后，日本继续加强在钓鱼岛海域的主权宣示与海上巡逻。2011年初以来，日本海上保安厅不断扩充对华监视力量，加大动用舰船、巡逻机在钓鱼岛及其附近海域对我渔政执法船只正常巡航护渔行动进行干扰和阻碍。7月，日本冲绳县渔业协会及右翼团体派遣多艘渔船前往钓鱼岛海域进行非法作业，日本海上保安厅的飞机和巡逻船还严重干扰中国海洋调查船在本国专属经济区的合法作业，针对日方的挑衅行为，中国外交和渔政执法部门也被迫做出了对等的回应。

另外，日本高度关注中国海军实力的增长以及在东海日益常态化的海空巡视、监测等活动，力图以各种手段监视和阻止中国维护和扩大自己的海洋权益。2010年底以来，日本官方相继出台了新的《防卫计划大纲》、《中期防卫力整备计划》（2011～2015）以及2011年度《防卫白皮书》，这些文件一致指责中国军力发展已成为地区和国际社会的“担忧事项”，强调日本未来的防卫重点将转向西南诸岛，① 要通过加深与拥有共同民主价值观的美国、韩国、澳大利亚等国的防卫合作来应对地区的潜在威胁。为了配合上述政策文件的实施，日本2011年决定在有争议的冲之鸟礁修建码头和道路，试图通过“以礁为岛”的方式抢占能源与战略要点。

2011年7月，韩国政府决定将于年内向联合国大陆架划界管理委员会提交有关东海大陆架划界的正式文件。事实上，早在2009年5月韩国就已经向大陆架划界委员会提交了相关的预备资料。这两次提交文件的主要目的都是要求大陆架划界委员会确认韩国200海里以外的大陆架划界方案。对日本而言，韩国划界方案一直延伸到了冲绳（琉球），涉及韩日共同开发区（JDZ）海域，面积达

---

① 相关文件分别参见“National Defense Program Guidelines for FY 2011 and beyond”，“Mid-Term Defense Program（FY2011 - FY2015）” and “DEFENSE OF JAPAN 2011，” Ministry of Defense，Japan，http：//www. mod. go. jp/e/publ/w_ paper/2011. html。

1.9 万平方海里。对中国而言，韩国通过“以礁为岛”的做法，将大陆架延伸到了中国200海里专属经济区内，甚至深入到了中国内海。正如一些媒体所言，韩国此举不但可能会引发日、中两国的进一步抗议，而且可能促使中、日采取类似步骤，这必然会加剧该地区划界问题的争端，使得东海形势变得更为复杂。①

（二）南海问题愈发棘手

在南海方向，中国面临的海洋纠纷更为棘手。一方面，相关国家希望趁中国尚未完全崛起之际，通过冒险行为进一步加强对所占岛礁、海域的实际控制，以及相关资源的开发力度，进而迫使中国接受既成事实。另一方面，随着中国在南海维权力度的加大，中国与相关国家的摩擦和冲突也在不断增多和加剧。除此之外，由于美国、日本、印度等国的陆续介入，南海争端正变得日益扩大化和复杂化。过去一年，这些问题在中菲、中越有关南海领土权益的外交争吵和对抗中得到集中的体现。

2011 年 3 月，菲律宾单方面违反《南海各方行为宣言》，擅自在中国管辖的南沙群岛礼乐滩附近海域非法勘探油气，中国两艘巡逻船依法执行驱赶任务时，遭到菲律宾海岸警卫舰以及军机的严重干扰和对峙。事件发生后，菲方不顾基本事实，不但指责中方行为侵犯菲律宾主权，而且还于 4 月 5 日向联合国提交照会，抗议中国宣称对包括南沙群岛在内的南海拥有主权，狡辩中国缺乏国际法基础。除此之外，菲律宾外交部、国防部和总统办公室开始使用“西菲律宾海”来取代“南海”的说法。

值得关注的是，在此次南海争端中，菲律宾积极采取了引入区域外大国抗衡中国的做法。菲律宾政府高层官员多次公开表示，在安全和主权面临威胁时，菲律宾需要美日的帮助，共同抵抗中国的威胁。2011 年 4 月 15 日，菲律宾与美国军队举行了迄今为止双方最大规模的野战训练演习，与此同时，菲律宾还追加了 1.84 亿美元用于加强在南沙群岛的海空力量。6 月，菲律宾外长罗萨里奥访美并与希拉里举行了会谈。罗萨里奥高调称赞美国是菲律宾最重要的战略伙伴。希拉里表示，美国会履行与菲律宾之间的共同防御条约及战略同盟义务，帮助菲律宾军队采取必要的自我防卫措施。② 从 6 月 23 日起，美菲两国在菲律宾西南部岛屿

---

① “South Korea to submit claim on East China Sea shelf to U. N. ,” *Reuters*, July 3, 2011.

② “US ready to arm Philippines against rise of China,” *The Telegraph*, June 24, 2011.

省份巴拉望举行了为期11天的海上联合军演。此外，菲律宾与日本近期针对南海问题的外交磋商也日益密切，菲律宾还召集东盟10国的海事专家开会，试图单方面将南海明确划分为无争议和有争议的区域，这是菲方首次尝试出台统一的地区政策，试图以东盟为整体对抗中国对南海行使主权。①

同样，2011年5～6月间，中越两国也因越方单方面在南海进行非法油气勘探活动而多次爆发对立与冲突。6月9日，中国渔船在南海中方管辖的万安滩附近海域遭到越南武装舰船的非法驱赶，其中一艘渔船的渔网与在现场非法作业的越南油气勘探船的电缆缠绕在一起，越方船只拖曳中国渔船倒行长达一个多小时。中国渔船被迫主动剪断渔网后，双方才脱离接触。事故发生后，越南竟不顾基本事实，公然指责中国船只在南海“没有争议”的水域挑起争端。当天，越南总理阮晋勇出面直接宣称，越南对南海的主权“不容争辩”，申明“越南全党、全国人民、全军有保护这个国家海域和岛屿的最强决心”。随后河内街头连续数周爆发反华示威。这些公开抗议活动一度得到了当局的默许和支持。6月13日越南在其中部海岸地区举行了海上实弹军事演习，进一步恶化了复杂局势。

越南同样通过引入外部势力来增加自己的实力“砝码”。6月18日，美国与越南官员在华盛顿举行会谈后就南海局势共同发表了声明，强调“保障南中国海安全、稳定、和平与航行自由，符合国际社会共同利益”。7月15日美国海军第七舰队的三艘军舰抵达越南岘港，双方展开了为期七天的南海联合军事训练。2011年5月，印度两艘军舰访问胡志明市。6月，印度与越南达成海军合作框架协议，越南准许印度携带导弹的驱逐舰进入芽庄和下龙港，印度则帮助越南海军建造舰船和培训海军人员。7月，印度“艾拉瓦特”号坦克登陆舰先后访问了芽庄、海防等越南港口。9月印度外长克里希纳访问越南，并与越南外长范平明就印度国有石油天然气公司在中越南海争议海域开采石油达成协议。

显然，印越关系的迅速升温，对于越南而言，不仅有望提高其在本地区的影响力，还可助其在南海问题上与中国抗衡，并可获得经济、军事等方面的合作。对印度而言，以越南为筹码，不仅可在某种程度上平衡中国的地区影响力，而且可以加快“东进”步伐，展示其在南亚、东亚地区日益重要的战略地位。尽管

---

① “SE Asia risks China’s ire to discuss sea dispute AP foreign,” *The Guardian*, September 22, 2011.

各有所图，但在制衡中国经济、军事实力上面，印越似乎找到了“共同的语言”。

（三）中印边界争端隐患明显

在过去的一年里，印度在中印边界争议地区采取了一系列激化矛盾的小动作。比如2011年2月，印度国防部长安东尼带领陆军参谋长辛格和国防秘书库马尔等人沿中印边界争议线进行了为期两天的视察。安东尼一行访问了阿萨姆邦的提斯浦尔和贾布瓦、那加兰邦的兰格伯哈尔军站、曼尼普尔邦的莱玛孔，并一度逼近至所谓的阿鲁纳恰尔邦（即中国藏南地区）的基比图，在印军第82山地旅的阵地窥探中方军事设施，并公开叫嚣印度军队要保持警戒，密切关注印度周边哪怕一点点风吹草动。①

事实上，印度近一年来一直在上述地方增加军事部署。自2010年在提斯浦尔建立了一支苏－30战机中队后，印度还将在贾布瓦部署另一支苏－30战机中队。这两个地方都正对中国，其中提斯浦尔还是印度陆军第四军的总部。另外，在第三军驻地兰格伯哈尔和曼尼普尔邦的莱玛孔，印度正在新建两个步兵山地师，在阿鲁纳恰尔邦（我藏南地区）正在建立一个新的侦察营。②

种种迹象表明，印度在边界问题上正企图通过强化占领的方式来迫使中国接受既成事实。尽管中印两国就边界问题仍在进行持续对话，但双方政治互信的显著缺失，两国民众、国内舆论对立情绪的不断加剧显然加大了这一问题的解决难度。

三　中国周边军事安全动向

一年来，中国人民解放军的军事现代化步伐得到周边国家高度关注，各类“中国军事威胁论”的声调重又显现。中国追赶世界先进军事水平的一些措施

① “AK Antony to review infrastructure projects on India – China border,” *Pakistan Defence*, Feb. 17, 2011, http://www.defence.pk/forums/india-defence/93744-ak-antony-review-infrastructure-projects-indo-china-border.html.

② “Antony to visit NE states to review security”, IBNLive, India, Feb. 17, 2011, http://ibnlive.in.com/news/antony-to-visit-ne-states-to-review-security/143567-3.html.

（研发隐形战斗机，建造航空母舰，改进导弹和潜艇技术等）被一些国家和媒体恶意炒作为意图打破地区军事平衡；中国在高新科技领域的一些重大技术进步（建立“北斗”卫星导航系统、测试深海潜水器，发射“天宫一号”轨道站等）被刻意扭曲为主要是用于军事目的。种种迹象表明，周边国家针对中国军力提升趋势存在担忧和惧怕。这种认知层面的误解和偏见已导致一些国家在处理对华军事关系上，倾向于采取对抗的姿态和动作。

（一）美国强化了在中国周边的军事存在和威慑

在过去的一年中，中美军事对话和交流取得一定进展，但美国并没有放松针对中国的军事防范与威慑，这主要体现在以下三方面：①进一步强化美韩、美日军事同盟。随着朝鲜半岛局势的恶化，美国不仅与韩国政府磋商推迟原定2012年转交的战时美韩同盟的军事指挥权，而且还计划将原来应对朝鲜“入侵”的军事作战方案“5029计划”升级为危机事态时美国和韩国对朝鲜直接的军事干预、甚至占领；[①] 钓鱼岛撞船事件发生后，美国附和日本公开宣称，钓鱼岛适用于《美日安保条约》第5条。2011年6月，美日新一轮2+2安保协商会议针对中国意图明显，提出两国新的共同战略是要“敦促某些国家不追求及部署可能给地区安全带来不稳定因素的军事力量”。[②] ②显著加强针对中国的军事部署和威慑。2011年2月，美国军方出台了新的《国家军事战略报告》，表明“为了应对中国军力的迅速扩张，美国需要在亚太地区强化军事存在和影响”[③]。与此相对，近一年来，美国不仅继续对华进行高频度海空抵近军事侦察，而且逐步加强在关岛基地，驻日、驻韩美军基地，以及新加坡樟宜基地的军事部署。2011年9月，美国再次决定向台湾地区出售价值58.52亿美元的先进武器装备。③积极在中国周边组织大规模联合军演，凸显美国的军事存在和威慑，大力推动美日澳、

① 有关“5029计划”可参考 Paul B. Stares and Joel S. Wit, “Preparing for Sudden Change in North Korea,” *Council on Foreign Relations Special Report*, No. 42 January 2009；李和远：《希拉里：韩美日外长将谈改变北韩政权问题》，2010年12月4日《朝鲜日报》中文版。

② “Toward a Deeper and Broader U. S. - Japan Alliance: Building on 50 Years of Partnership,” Joint Statement of the U. S. - Japan Security Consultative Committee, Washington, DC, June 21, 2011, http://www.state.gov/r/pa/prs/ps/2011/06/166597.htm.

③ “The National Military Strategy of the United States of America 2011: Redefining America's Military Leadership,” Released by The Joint Chiefs of Staff, February 8, 2011.

美日韩、美日印三边防务安全合作。种种迹象表明，尽管自身经济复苏面临严重困难，但面对中国实力和影响力的迅速提升，尤其是快速推进的军事现代化进程，美国明显加大了针对中国的军事部署与威慑。

（二）周边国家相继调整军事战略，快速增强军备

在东北亚地区，受到“天安舰”和“延坪岛炮击”事件的接连冲击，韩国2011年推出《国防改革307计划》，其中一个重点就是要加强高空无人侦察机和隐形战斗机的力量。3月韩国国防部长金宽镇宣布，韩国将提前采购和部署美国RQ-4“全球鹰”无人侦察机和F-35“闪电”Ⅱ等隐形战机的时间。从目前的事态来看，在遏制北方威胁的同时，韩国正在快速扩充军事实力，谋求在朝鲜半岛获得单方面军事优势。① 显然，这种趋势会进一步拉大半岛双方实力对比的差距。鉴于目前美、日、韩三方军事合作、政治同盟关系不断强化，在总体格局不断失衡的情况下，感到无安全保障的朝鲜将很难放弃拥核道路，朝核问题正变得更为复杂。

在新《防卫计划大纲》和《中期防卫力整备计划》出台后，日本快速增强军力的主要动作体现在：①针对防卫重点转向西南诸岛，日本海上自卫队不仅增加了新型军用运输机、海上反潜直升机的采购，而且决定将潜艇数量从目前的16艘增至22艘并延长原有潜艇的服役期限。② 2011年3月，随着第二艘“日向级”直升机航母“伊势号”正式投入现役，日本自卫队的两栖作战能力、军事活动范围正在大幅提升。②在高技术武器开发方面，除积极引进“全球鹰”无人侦察机外，日本正在自行研制“心神”隐形战机，并积极组建网络战部队。2011年9月，随着第六枚情报收集卫星的发射成功，日本完成了全天候间谍卫星网的构筑。③ ③试图进一步修改《周边事态法》，谋求扩大自卫队对美军的支援力度。④ 与此同时，日本还在积极争取与韩国签署军事合作协定。种种迹象表明，日本防卫政策及其相应军事部署的调整，明显具有针对中国的潜在意图。

在东南亚方向，由于南海事态日益严峻，一些东盟国家正在加速扩充军事实

① Gordon Arthur, “South Korea—Assuming Superiority in the air?” *Defence Review Asia*, Sep. 6, 2011.

② 《日本计划增加潜艇以监视中国海军动向》，日本共同社，2010年10月21日。

③ 《日本建成全天候间谍卫星网》，日本新闻网，2011年9月23日。

④ 《日本拟修改〈周边事态法〉加大对美军支援力度》，日本共同社，2011年1月20日。

力。目前，东南亚各国的国防预算正在迅速攀升：2011 年越南国防预算约达 26 亿美元，相当于其国内生产总值的 1.8%，比前一年增长 70%；[①] 菲律宾增至约 20 亿美元，比前一年增长 81%。[②] 由于在南沙群岛和西沙群岛主权问题上与中国发生激烈对峙，越南已订购了 6 艘俄制“基洛”级潜艇和 2 艘“猎豹”级护卫舰，[③] 并计划从加拿大、俄罗斯、以色列、印度等国购买水上飞机和巡航导弹。与此同时，菲律宾正在加紧购买巡逻舰艇，并计划耗资约 1.8 亿美元在以帕加萨岛（即我中业岛）为主的 9 个岛屿布署防空雷达。此外，新加坡、马来西亚、印尼等国也在追加防务预算，升级军事装备。

在南亚地区，印度扩充军备的步伐更为迅速，根据斯德哥尔摩国际和平研究所的最新统计，印度现已成为世界军火市场的最大买家。过去 5 年间，它的进口武器量占到全球总量的9%。[④] 2011 年，美印军方高层互访频繁，不仅达成了价值 41 亿美元的战略运输机采购合同，而且双方在反恐、联合军演，地区安全防务磋商方面取得了显著进展。除此之外，印度在中印边界争议地区的军事部署仍在不断强化，在南海、东海区域，印度军事活动的频率和力度正在显著加大。

（三）周边部分军演针对中国意图明显

在东北亚方向，相关演习有三个事态值得重点关注：①自“天安号”事件爆发以来，特别是“延坪岛炮击”事件后，美韩在朝鲜半岛周边明显加强了联合军演的频度和强度，甚至不顾中国反对，一度将演习区域设定在对中国极为敏感的黄海海域。中国历来主张通过对话与谈判解决分歧，动用武力频繁进行威慑和挑衅非但不能迫使朝鲜做出让步，反而会进一步激化半岛紧张局势。②2010年底，日本联合美国在日本周边海域、空域进行了两国有史以来最大规模的联合军演。值得警惕的是，这次演习的内容包括夺岛作战，即“远离日本

---

① “Vietnam's military spending to rise by 70% in 2011, Market Intelligence,” *Jane's Defence Industry*, Jan. 14, 2011.

② “Defence budget (Philippines),” *Jane's Sentinel Security Assessment—Southeast Asia*, Aug. 10, 2011.

③ 第一艘“猎豹”级护卫舰已于 2011 年 3 月正式交货，“基洛”级潜艇第一艘将于 2012 年交货。

④ “SIPRI Yearbook 2011: Armaments, Disarmament and International Security,” http://www.sipri.org/yearbook/2011/files/SIPRIYB1104-04A-04B.pdf.

本土的所属岛屿在遭受武力侵犯的情况下，日美如何共同采取行动，夺回该岛控制权。"① 鉴于中日海洋领土权益争端日益严峻，这类演习针对的目标不言自明。③自2009年美、印、日海上力量首次在日本冲绳海域举行大规模海上联合演习后，2011年，美印“马拉巴尔”联合海上军演再次挥师冲绳海域，虽然日本自卫队因忙于救灾而没有按计划参加此次演习，但种种迹象表明，美日印三国在东海区域的防务安全合作正在显著加强。②

在东南亚方向，一系列军演有两个典型特点值得关注：①大多数演习由美国牵头并主导。比如，2011年2月7～18日代号“金色眼镜蛇”的年度多边军事演习。虽然参演国家包括泰国、美国、日本、印尼、韩国、新加坡和马来西亚。但在近11000名参演军人中大约有7300名是美国军人。③ 又比如2011年5月美国与一些东盟国家进行的“卡拉特”年度系列双边军演，无论是演习的组织、设置，还是武器、装备，美军都完全居于主导地位。虽然美国与相关国家的军事交流由来已久，但在整个地区经济合作日益扩展、和平发展已成主流趋势的今天，美国在此区域仍然维持大规模、高频率军事演习，塑造潜在军事威胁的必要性和真实意图需要进一步透明化。②一些演习的时间、地点对中国非常敏感。比如当中菲、中越发生南海问题摩擦和对立时，可以相应看到2011年4月美菲进行的“肩并肩”联合军演，6月14～24日美国与东盟六国在马六甲海峡、西里伯斯海和苏禄海举行的联合军演，以及6月28日美菲将双边卡拉特军演的地点设在了巴拉望东部的苏禄海；值得关注的是，2011年7月9日美国、澳大利亚海军以及日本海上自卫队首次将演习地点设定在南海海域。④ 除此之外，7月15日美国军舰再次访问越南，并与越南海军进行了为期一周的联合海上演习。不管这类联合演习的真实动机如何，在中国与周边国家因南海问题爆发摩擦和冲突的敏感时期，这些军事活动显然不合时宜，不仅无助于缓解紧张局势，反而容易诱导相关国家误判形势，进而做出促使危机不断升级的危险动作。

---

① “Japan, U. S. cooking up island defense war games,” *Japan Times*, Oct. 4, 2010.

② Aaron M. Pineda, “U. S., Indian Navies Kick Off Malabar 2011,” *NAVY. mil*, April 2, 2011, http://www.navy.mil/search/display.asp?story_id=59568.

③ Sheldon Simon, “US-Southeast Asia Relations: Dismay at Thai－Cambodia Skirmishes,” *Comparative Connections v. 13 n. 1－US－Southeast-CSIS*.

④ Jeremy Page, “China Sea Dispute Looms Large in U. S. Visit,” *The Wall Street Journal*, July 9, 2011, http://online.wsj.com/article/SB10001424052702304793504576433843652764316.html.

四　周边一些国家的动荡局势

随着金融危机的深化、地区力量结构的变化以及各种国内因素的冲击和影响，中国周边一些国家的政治局势正在经历持续的动荡。事实表明，这种持续的不稳定正越发成为危及地区安全的重要因素，并且在一定程度上冲击着中国与相关国家的关系。

（一）阿富汗、巴基斯坦乱局与中国西北边疆安全

过去一年，阿富汗、巴基斯坦局势并未出现明显好转。在政治上，阿富汗卡尔扎伊政府体系仍然十分脆弱，虽然获得总统连任，但公信力却不断下降，阿国内军阀割据态势日益明显。巴基斯坦不仅面临严重的经济问题，而且承受着国内叛乱的重大威胁。在安全上，两国反恐形势同样不容乐观。塔利班春季攻势猛烈，爆炸袭击事件频发，虽然美国积极推行反恐新战略，但并没有取得预期的效果。在阿富汗，塔利班活动范围并没有明显缩小，恐怖袭击事件未见减少，驻阿美军伤亡人数连创新高。本·拉登在巴基斯坦被击毙后，“基地”组织马上又推出了新领导人扎瓦赫里，并随即对巴基斯坦和驻阿富汗美军展开了一系列报复行动。

阿富汗、巴基斯坦国内局势的持续动荡，导致恐怖主义势力借机不断做大，并日益向周边地区扩散。过去一年，中国新疆和田、喀什地区爆发了多起恐怖袭击事件，调查表明，从事这些不法活动的犯罪分子多在境外接受恐怖分子训练，并与有关势力相互勾结伺机潜入中国境内从事各种破坏活动。中国边疆地区的反恐安全形势正日益受到这些不利因素的直接影响，中国不得不投入大量人力、物力应对这一严峻挑战。

（二）缅甸政局持续动荡与中缅关系的潜在隐患

在东南亚方向，虽然2010年11月缅甸较为顺利地进行了大选，并在2011年2月初确认了新的国家总统，但新政府的成立并没有有效缓解国内紧张局势。在对待少数民族武装问题上，虽然新政府提出对话并出台了一些新措施，但从近几个月事态进展看，政府军与掸邦、若开邦、克伦邦、克耶邦、克钦邦仍基本处

于战争状态。对于民主反对派，虽然政府摆出了一定程度的和解姿态，但双方之间分歧与矛盾依然很深，尚未摆脱紧张对立的关系。

缅甸作为中国西南的重要邻邦，政局的持续动荡，特别是近期中缅边界地区武装冲突不断，不仅危及中国西南边境地区的安全与稳定，而且严重影响了中国在缅甸的重大投资与经济利益。近期，中国在缅甸少数民族地区投资兴建的水利项目频繁遭到当地民族武装和一些民主反对派人士的抗议。2011 年 9 月底，缅甸总统吴登盛以尊重民意为由，宣布中方在伊洛瓦底江上投资承建的密松水电站停止施工。该项目合同金额价值 36 亿美元，突然搁置显然对中方投资企业造成了严重损失。该事态表明，在缅甸政府与少数民族武装尚未在争议地区就区域管理、经济利益划分等问题达成必要妥协的情况下，中国在缅的大量经济投资，尤其是在缅甸中央政府缺乏有效控制的少数民族地区的投资必然会遇到各种干扰和麻烦。缅甸内部持续动荡的局面使中国不得不同时与缅中央政府、少数民族武装以及民主反对派打交道。在这一过程中，如何在加强与缅甸中央政府合作的同时，妥善处理与后两派势力之间的关系，是中国当前发展中缅关系不得不面对的一大挑战。

值得关注的是，近一年来，西方一些国家对缅甸态度的突然转变大多与中国有关。从 2010 年下半年起，美国的主流舆论就已经开始倾向于宣传“制裁无用论”和“中国垄断缅甸论”。2011 年，以美国参议员外交委员会东亚和太平洋事务小组委员会主席詹姆斯·韦伯为首的美国代表团，以及以欧盟外交政策主管特别顾问罗伯特·库珀为首的欧盟代表团先后访问缅甸。9 月中旬，美国缅甸事务特别代表米歇尔又对缅甸进行了长达六天的访问。这些国家积极“拥抱”缅甸的异常举动通常夹带两种目的，一方面是以解除制裁为诱饵换取缅甸发生它们期望的变化，另一方面可能意在挑拨中缅关系，以平衡所谓的“中国影响力”。

（三）“湄公河”惨案与中国维护境外权益的新挑战

近些年，随着中国与东盟国家经济交往的不断扩大，澜沧江 – 湄公河国际航运业务日益兴盛。2011 年 10 月 5 日，在湄公河通航水域泰国段，两艘内河货船“华亭号”和“玉兴 8 号”遭歹徒劫持，船上 12 名中国船员被杀、1 人失踪。10 月 29 日，此案告破，行凶者是泰国的九名军人，但行凶原因仍在调查之中。此次发生惨案的航段大约有 100 艘内河货轮及数百名中国籍船员，他们主要从事从缅甸到泰国的往返货物运输，年货物运输量近40余万吨。巨额贸易量及其可观的经济利益引来了各种“黑恶”势力的关注。近几年来，在湄公河缅甸和老挝边境，泰国清莱府清盛镇方向，北金三角水域区已发生了多起快艇持枪抢劫商船事件。由于该河道还靠近泰国、缅甸、老挝三国交界的金三角地区，随着近几年这一地区贩毒活动的死灰复燃，贩毒武装的活动也变得日益猖獗。

此次13名中国船员的遇害不仅揭露了这条黄金水道的阴暗面——贩毒、抢劫、绑架、敲诈勒索行为屡禁不绝，而且凸显了中国与东盟相关国家应对航道安全问题的显著不足。目前，由于相关国家尚未建立跨境水陆联运的协同管理机制，以及联合应急反应机制，因此一旦遭遇类似情况，中国境外公民的人身和财产安全依然无法得到有效保护，中国需要立刻加强与老挝、泰国、缅甸在此问题上的密切协调与合作，需要针对各种违法犯罪活动加大联合打击力度，为该区域的经贸活动创造安全稳定的环境。此次事件再一次表明，新时期中国在有效维护海外权益的过程中，需要应对更加复杂的问题与挑战。

五　趋势与展望

一年来的事实表明，中国与周边国家的关系正处于一个非常敏感的“磨合”期，随着中国实力和影响力的迅速提升，特别是其维护自身权益力度的显著加大，周边国家对中国的崛起及其未来的发展方向普遍感到忧虑和不安。从目前的趋势看，周边国家传出“中国威胁论”的声音在显著增大，应对中国崛起的战略围堵、军事威慑以及外交牵制动作在明显增多。与此同时，中国对周边国家对华政策和行为的突然转变，特别是一些明显针对中国的过度反应也感到难以理解和适从，不得不通过对等的方式向外界表达自己的态度与立场。

中国与周边国家的分歧、摩擦乃至冲突，虽然存在进一步激化的可能，但并不会失控，因为各方都不会听任协调合作的基本关系框架被破坏。过去一年，一些分歧与摩擦一度给双边关系带来很大麻烦，但这些问题并没有升级为国家间的冲突和对抗。我们注意到，中国与周边国家间的对话与协调也在同时增多，无论是中美、中日、中韩、中印还是中国与东盟国家的关系，摩擦发生后各方都在努力使关系恢复到常态，尽量减轻“磨合”不适造成的震荡。事实上，中国与周边国家在各个领域已成为相互依赖的整体，存在共同的利益。各方都明白，要应对目前的这些问题和挑战，最现实、有效的方式还是对话与合作。如果任由冲突发展到不可收拾的地步，各方都会付出无法承受的代价。

过去一年，周边一些国家试图通过战略围堵、外交孤立、军事威慑等方式打压中国的做法非但没有增强自身的安全感，反而导致整个地区越来越不安全。事实证明，这些消极做法只会激起中国的警惕，并被迫以相应的方式表达自己的不满。与此同时，中国的反应又往往会促使对方的行动进一步升级，从而有可能形成恶性互动。中国与周边国家深陷安全两难困扰的根本原因在于，双方始终缺乏必要的政治互信。当前，一些周边国家在处理对华关系时，热衷于采取“经济上利用中国，政治上疏远中国，安全上分隔中国”的做法显然是短视的，这不仅无助于缓解紧张局势，反而易造成对抗局面的生成。应该看到，随着经济的持续发展，中国国力的增强和利益的扩展是一个必然的结果。不管周边国家是否喜欢这种结果，都应该接受并适应这种客观变化。

总的来说，中国与周边国家“磨合”期将会持续一段时间。在此期间，中国需要调整对外政策，承担更多的地区安全责任，改善与周边国家的关系，消解这些战略围堵、外交牵制行为造成的不利影响，周边国家亦应接受并适应地区安全格局转变所带来的震荡。如果各方能够抓住机遇，尽快就地区安全机制和相应行为规范达成共识，那么中国与周边国家的“磨合”过程会显著缩短。反之，则会陷入持续的困扰与麻烦。显然，前者符合各方的利益。

参考文献

《日本计划增加潜艇以监视中国海军动向》，日本共同社，2010 年 10 月 21 日。

《日本建成全天候间谍卫星网》，日本新闻网，2011 年 9 月 23 日。

《日本拟修改〈周边事态法〉加大对美军支援力度》，日本共同社，2011 年 1 月 20 日。

《日美印将开安保会议应对中国》，日本新闻网，2011 年 9 月 5 日。

中国政府：《中国的和平发展》白皮书。

中华人民共和国商务部：《中国对外贸易形势报告（2011 年春季）》。

Aaron M. Pineda, "U. S. , Indian Navies Kick Off Malabar 2011," *NAVY. Mil.* , April 2, 2011.

"DEFENSE OF JAPAN 2011," Ministry of Defense, Japan.

"Japan, South Korea Agree on Closer Military Cooperation," *VOA News*, Jan. 10, 2011.

"Japan, U. S. cooking up island defense war games," *Japan Times*, Oct. 4, 2010.

James Lamont and Edward Luce, "Obama calls for top Indian role at UN," *Financial Times*, November 8, 2010.

Jeremy Page, "China Sea Dispute Looms Large in U. S. Visit," *The Wall Street Journal*, July 9, 2011.

"National Defense Program Guidelines for FY 2011 and beyond," *Ministry of Defense*, Japan.

"Mid – Term Defense Program (FY2011 – FY2015)," Ministry of Defense, Japan.

Simon Tisdall, China threat can heal US – Japan Rift, *The Guardian*, March 8, 2010.

"South Korea to submit claim on East China Sea shelf to U. N.," *Reuters*, July 3, 2011.

"The National Military Strategy of the United States of America 2011: Redefining America's Military Leadership," Released by The Joint Chiefs of Staff, February 8, 2011.

"US ready to arm Philippines against rise of China," *The Telegraph*, June 24, 2011.

"Why Increase Military Cooperation with Japan?" *The Kyunghyang Shinmun*, Jan. 10, 2011.

China's Border Security Situation, 2010 – 2011

Wang Lei

Abstract: With the rapid changes in the Asian-Pacific security environment, China's relations with its neighboring countries entered into a new "run-in period". Owing to the obvious unfitness of both sides at this stage, a series of frictions and conflicts emerged. However, the conflicts have not become a mainstream trend. China faces five challenges to maintain border security and stability under the new situation: fluctuations in the relationships between China and the neighboring countries; increased strategic pressures; mounting territorial and sea disputes; and strained military relations. In addition, political instability in some border countries has had a significant impact on China's security situation.

Key Words: China's Border Security; Security Dilemma; Strategic Prevention; Military Confrontation, Political Instability

国际安全

International Security

Y.5 全球重大武装冲突与军事形势评估（2010～2011）

徐 进*

摘 要： 在2010～2011年度，全球重大武装冲突的数量与上一年度相比基本持平，冲突仍然集中在中东、南亚和非洲东北部地区。令人瞩目的战争和武装冲突包括利比亚战争、伊拉克战争、阿富汗战争以及叙利亚、也门、印度、巴基斯坦、索马里等国的国内冲突。在世界军事形势方面，美国的年度军费开支继续位居世界第一，并于2011年初发布了新版《国家军事战略报告》。中国军力的迅速崛起引起了有关国家的高度关注，美国尤其关注中国反介入和区域拒止能力的进步。

关键词： 武装冲突　利比亚战争　军事战略　空海一体战　反介入/区域拒止

* 徐进，中国社会科学院世界经济与政治研究所助理研究员，主要研究领域是国际关系理论和国际战略问题。

一　全球重大武装冲突

2010～2011年度的重大武装冲突数量与上一年度相比基本持平。斯德哥尔摩国际和平研究所2011年度报告认为，在2010年，全球15个地点发生了15次重大武装冲突，在数量上比2009年少了一场。在这些冲突中，有4场冲突是为了领土，其余11场是为了争夺政权。① 德国海德堡国际冲突研究所（HIIK）的年度报告（*Conflict Barometer 2010*）认为，在2010年，全球性的严重危机和战争共计28场，其中严重危机为22场，战争为6场。与2009年相比，严重危机与战争的总量下降了3场，其中战争下降了2场，严重危机下降了1场。② 系统和平中心（Center for Systemic Peace）主任马歇尔（Monty G. Marshall）汇编的冲突报告（*Major Episodes of Political Violence 1946－2011*）认为，到2011年8月仍在延续的冲突有20场，程度大大减弱甚至停止的冲突有11场，另有17场冲突有死灰复燃的危险。③

综合看来，2010～2011年度全球重大武装冲突发生的国家或地区包括：亚洲的阿富汗、印度、巴基斯坦、泰国、柬埔寨；中东的利比亚、叙利亚、也门、伊拉克、以色列、巴勒斯坦、土耳其；南美洲的哥伦比亚；非洲的科特迪瓦、索马里、苏丹。具体情况见表1。

表1　2010～2011年度全球重大武装冲突

亚洲	中东	美洲	非洲
阿富汗（塔利班） 印度（各恐怖组织） 巴基斯坦（塔利班） 泰国－柬埔寨（边境冲突）	伊拉克（反政府武装） 以色列－巴勒斯坦（哈马斯） 利比亚（国际战争） 叙利亚（国内冲突） 也门（国内冲突） 土耳其（库尔德武装）	哥伦比亚（反政府武装）	索马里（内战） 科特迪瓦（内战） 苏丹（内战）

① Stockholm International Peace Research Institute, *SIPRI Yearbook 2010*. http://www.sipri.org/yearbook/2011/02/02A.

② Heidelberg Institute for International Conflict Research at The Department of Political Science, University of Heidelberg, *Conflict Barometer 2010*, http://www.hiik.de/en/konfliktbarometer/pdf/ConflictBarometer_ 2010.pdf.

③ 更新于2011年8月17日，http://www.systemicpeace.org/warlist.htm。

2010～2011 年度的国际安全形势有明显变化。2011 年初，西亚北非国家出现了多米诺骨牌式的政权危机，利比亚爆发了国际战争，也门和叙利亚发生了严重的国内武装冲突。目前，这三个国家的战争和武装冲突仍未结束，该地区安全格局有可能在未来发生较大变化。5 月 1 日，美军成功地击毙了隐藏在巴基斯坦的“基地”组织领导人本·拉登，取得了反恐战争的重大胜利。这一胜利给美国总统奥巴马决定于年内开始撤军提供了强有力的理由。在伊拉克，美军作战部队撤出后，4.6 万人的留驻美军仍然是伊国内反美武装的攻击目标。另外，伊国内各派武装之间以及各派武装与政府军之间的冲突依然激烈，由此造成大量平民伤亡。在东南亚，泰国与柬埔寨因柏威夏寺地区的主权归属问题爆发了武装冲突，打破了多年以来东亚地区国际性武装冲突销声匿迹的局面。在非洲，科特迪瓦两派为总统职位大打出手，而索马里政府军在与索青年党武装的战斗中取得进展，后者暂时退出摩加迪沙，解除了对首都的包围。

（一）阿富汗战争

2010 年，北约驻阿联军相继发动了“马尔贾之战”和“坎大哈攻势”两次针对塔利班“老巢”的大规模军事行动。然而，塔利班采用拖延战略和游击战术与联军周旋，使联军无法彻底瓦解塔利班的有生力量。加之美军在战后地区的民事重建进展缓慢，阿地方政府能力有限，致使塔利班重新夺回了部分地区实际控制权。奥巴马在阿战年终评估中也不得不承认，驻阿联军在阿富汗取得的成果仍然是“脆弱和可能被逆转的”。① 如表 2 所示，2010 年，北约联军共阵亡 711 人，比 2009 年多出 190 人。从 2011 年 4 月开始，北约联军的月度阵亡人数再次攀升至 50 人以上，8 月更达到 81 人之多。

3 月 22 日，阿富汗总统卡尔扎伊公布了阿国家安全部队从北约联军手中接管防务的首批地区名单，并宣布安全防务移交将从 7 月开始。阿富汗塔利班（简称阿塔）据此认为，防务移交是其卷土重来的机会，于是在 4 月底宣布，自 5 月 1 日起举行春季攻势。此后阿塔显示出“由南向北，加强东部，继续在首都制造声势”的发展势头。②

① 李青燕：《阿富汗政治和解进程荆棘丛生》，《国际问题研究》2011 年第 3 期。

② 《阿塔强悍巴塔嚣张》，2011 年 5 月 27 日第 5 版《国际先驱导报》。

表 2　阿富汗战争联军死亡人数

单位：人

时　间	1 月	2 月	3 月	4 月	5 月	6 月	7 月	8 月	9 月	10 月	11 月	12 月	总计
2001 年	0	0	0	0	0	0	0	0	0	3	5	5	12
2002 年	10	12	14	10	1	3	0	3	1	6	1	8	69
2003 年	4	7	12	2	2	7	2	4	2	6	8	1	57
2004 年	11	2	3	3	9	5	2	4	4	8	7	2	60
2005 年	2	3	6	19	4	29	2	33	12	10	7	4	131
2006 年	1	17	13	5	17	22	19	29	38	17	9	4	191
2007 年	2	18	10	20	25	24	29	34	24	15	22	9	232
2008 年	14	7	20	14	23	46	30	46	37	19	12	27	295
2009 年	25	25	28	14	27	38	76	77	70	74	32	35	521
2010 年	43	53	39	34	51	102	88	79	57	65	58	41	711
2011 年	32	38	39	51	56	66	53	81	42				458

资料来源：http：//icasualties. org/oef/。

5 月 1 日，一支美军“海豹”突击队秘密进入巴基斯坦首都伊斯兰堡附近的阿伯塔巴德市，击毙了“基地”组织领导人本·拉登，取得了反恐战争的一项重大成果。本·拉登的死使美国政府对“9·11”事件总算有了交代，使其尽快结束阿富汗战争有了较强的理由。所以尽管阿塔发动了春季攻势，但美国总统奥巴马还是在 6 月 23 日宣布了从阿富汗撤军计划：自 7 月至年底从阿富汗撤军 1 万人，2012 年夏末前撤出 2. 3 万人，2014 年底完成阿富汗安全防务移交。2012 年 5 月，美国将与北约盟国及相关国家在芝加哥举行峰会，讨论下一阶段的移交计划。① 2011 年 7 月 17 日，北约开始向阿富汗移交首批七个地区的防务。目前，巴米扬省、赫尔曼德省首府拉什卡尔加等地已完成交接，有待交接的地区包括巴尔赫省首府马扎里沙里夫、拉格曼省首府米特拉姆以及首都喀布尔周边等地。②

对美国的撤军计划，美国民众表示欢迎。民调显示，近 3/4 的美国人支持从阿富汗全部或部分撤军，连一贯支持战争的共和党人也有六成支持撤军。但美国政府内部意见不一。以副总统拜登为首的一派主张加快撤军步伐，以减轻国内财

① 《美国拉开阿富汗撤军序幕》，2011 年 6 月 24 日《人民日报》第 21 版。

② 《塔利班趁北约撤出重新布局》，2011 年 7 月 21 日《人民日报》第 21 版。

政和民意压力；国务卿希拉里、国防部长盖茨是出于“顾全大局”考虑才勉强同意；驻阿美军最高指挥官彼得雷乌斯则对此严重不满，主张“有限可控的撤军”，并尽可能保留作战部队。① 奥巴马的撤军计划显然是选择了中间道路，其撤军计划比军方要求得要快，比政治盟友要求得要慢。2012 年是美国大选之年，奥巴马深知，实现国内经济复苏和创造更多就业机会才能确保连任。②

塔利班无疑欢迎外国驻军撤出阿富汗，但不愿因此让阿富汗政府和军队的士气高涨起来。2011 年 7 月，塔利班频繁制造武装袭击。阿总统卡尔扎伊的弟弟、前乌鲁兹甘省省长以及一名国会议员相继遇害。③ 8 月 6 日，阿塔设伏击落了一架美军“支努干”直升机，造成机上 38 人死亡，其中包括 22 名美军精锐的“海豹”突击队队员，此事在美国和国际社会引起极大震动。不过，奥巴马总统在两天后发表讲话称，美军仍将向阿富汗政府移交防务重任，确保阿富汗不再是恐怖分子的天堂，美国终将在阿富汗取得胜利。④

有学者分析称，奥巴马启动撤军日程并不意味着美国将在 2014 年彻底离开阿富汗。恰恰相反，美国正投入巨资扩展以巴格拉姆空军基地为中心的五大军事基地网络，并将继续在阿富汗留驻部分军队，以期长期掌控这一亚欧大陆的核心地带。⑤

（二）利比亚战争

受突尼斯、埃及民众通过街头政治成功推翻政府的影响，利比亚民众从 2011 年 2 月开始上街游行示威，先是要求政府实施政治和社会改革，继而要求利比亚领导人卡扎菲下台。2 月 16 日之后，民众与政府的对立情绪越来越强，骚乱及流血事件不断升级。随后，利比亚政府、军队和部族发生分裂。内政部长阿卜杜勒·尤尼斯、司法部长穆斯塔法·贾利勒等 7 名驻外大使以辞职来抗议政府的镇压行动，尤尼斯还加入了反对派阵营。以苏莱曼·奥贝迪为首的一部分军

---

① 王世达：《从阿富汗撤军　美国展开新一轮全球布局》，2011 年 7 月 7 日《中国社会科学报》第 13 版。

② 《美国拉开阿富汗撤军序幕》，2011 年 6 月 24 日《人民日报》第 21 版。

③ 《塔利班趁北约撤出重新布局》，2011 年 7 月 21 日《人民日报》第 21 版。

④ 《“海豹”遭重创折射阿富汗战场新态势》，2011 年 8 月 10 日《人民日报》第 21 版。

⑤ 王世达：《从阿富汗撤军　美国展开新一轮全球布局》，2011 年 7 月 7 日《中国社会科学报》第 13 版。

人加入反对派阵营，并控制了以班加西为核心的东部地区。利比亚最重要的部族之一瓦尔法拉部族加入反对派阵营。反对派实力由此大长，他们立即以班加西为基地，开始尝试从政治和军事两方面进行推翻卡扎菲政权的斗争。

卡扎菲的不利局面在于，他在国际社会树敌多而交友少，因此西方国家看准机会，迅速强力介入利比亚政局，必欲除之而后快。虽然卡扎菲处于“内外夹击”的不利局面，但他毫不退让，誓言将战斗到“只剩最后一滴血”。战争爆发后，利比亚东部的大多数城市落入反对派之手，卡扎菲控制着首都的黎波里及附近一些城镇以及南部沙漠地区。政府军与反对派武装在石油重镇扎维耶等地发生激战。

由于反对派武装的军事素质较差，缺乏重武器和空军，因此在战斗中不敌政府军而节节败退。到3月上旬，利政府军已经深入东部地区。3月17日，利政府军开始围攻反对派的大本营班加西。一旦班加西被攻下，反对派将有被彻底围歼的可能。美英法三国立即联合向安理会施压，要求通过划定禁飞区的决议。当天晚上，安理会成员国以10票赞成、5票弃权的方式一致通过第1973号决议，其中，俄罗斯、中国、印度、德国和巴西投了弃权票。决议要求在利设立禁飞区，但不包括外国派遣地面部队占领利比亚。① 次日，西方国家对卡扎菲发出最后通牒，要求其立即下台，否则就开始军事行动。

3月19日，法、英、美等西方国家对利比亚展开了代号“奥德赛黎明”的军事行动。由此，利比亚内战升级为以卡扎菲政权为一方，以利反对派和北约联军为另一方的国际战争。从军事实力上看，卡扎菲一方处于劣势，在西方联军的空中优势面前简直不堪一击。② 北约的空中作战主要是从两个方面削弱政府军的战斗力：一是严格封锁禁飞区空中通道，防止政府军的飞机支持陆军进攻；二是摧毁政府军装甲部队和重要军事设施，为反政府武装创造“真空地带”，从战术上配合其攻势。另外，北约还对利军后勤补给线进行持续空袭，以削弱其快速机动和持续作战能力。在北约支持下，利反对派武装集结了数量众多的车载武器，集中火力快速占领政府军撤出的地带。在4月初之前，反对派武装收复了不少失地。③

---

① 新华网，联合国2011年3月17日电（记者危玮、顾震球），《安理会决定在利比亚设立禁飞区》，http：//news. xinhuanet. com/world/2011－03/18/c_ 121201515. htm。

② 宋新彬：《利比亚防空网：为何不堪一击》，《世界军事》2011年第10期。

③ 喻涛：《利比亚地面拉锯战》，《世界军事》2011年第15期。

在北约采取行动之后，由于美国无意全力卷入利比亚战事，因此把法、英两国推上前台打主力。3 月 31 日，美国将军事行动的领导权移交给北约，但仍执行后勤补给、情报侦察等支援行动。① 此后法、英两国因弹药短缺和战机不足而使空袭密度有所下降，从而给利政府军以喘息之机。另外，利政府军在 3 月底遭到重创后，迅速调整战术，隐藏坦克等重武器，大搞奇袭、夜战、近战、混战、游击战，从而使北约战机无法识别目标。而反政府武装因官兵军事素养差，故而只能在北约空军后面被动“跟随”，缺乏作战主动权。在这种情况下，利比亚战争进入僵持阶段，往往出现政府军在遭北约空袭后重新整合战力击败反政府武装的情况。②

为了提高利反对派武装的军事实力，英、法、意在 4 月相继向班加西派出军事顾问，但强调这些军事顾问不参加战斗，不训练部队，因此没有违反安理会决议。③ 5 月，法国向反对派武装空投了大批武器弹药，辩称安理会第 1973 号决议第 4 条款允许联合国成员国“采取一切必要措施，保护受到武力威胁的平民和居民区。”④ 在 4 月底，北约两次空袭卡扎菲的官邸，炸死卡扎菲的小儿子赛义夫·阿拉伯和三名孙子，但卡扎菲没有受伤。此后，北约加大了空袭力度。

8 月是穆斯林的斋月，但双方没有因此而停火。反对派在北约空军的掩护下，逐渐从东南西三面向的黎波里逼近。8 月 14 日，反对派武装攻入了的黎波里以西约 70 公里的苏尔曼和以南约 80 公里的盖尔扬。16 日，他们又攻占了的黎波里以西 40 余公里的战略重镇扎维耶，并持续给的黎波里“东大门”兹利坦以军事压力。⑤ 22 日，反对派武装控制了首都的黎波里的部分地区，双方在利比亚电视台及广播电台总部、米提加空军基地及阿齐齐亚军营等地区附近展开激烈争夺。⑥ 随后，反对派武装全面控制了的黎波里。

---

① 新华网，布鲁塞尔 2011 年 3 月 31 日电（记者张伟），《北约全部接管利比亚军事行动指挥权》，http：//news. xinhuanet. com/world/2011 -03/31/c_ 121254620. htm。

② 喻涛：《利比亚地面拉锯战》，《世界军事》2011 年第 15 期。

③ 《英法意派军官进利比亚》，2011 年 4 月 21 日《环球时报》第 1 版。

④ 《法国向利比亚空投武器　被指违反联合国决议》，http：//bnchina. news. huanqiu. com/world/roll/2011 -07/1792717. html。

⑤ 《利比亚反对派称战事走到关键阶段》，2011 年 8 月 17 日《人民日报》第 21 版。

⑥ 《利比亚战局指针拨到“关键一刻”》，2011 年 8 月 22 日《人民日报》第 21 版。

的黎波里被攻占后，忠于卡扎菲的武装被压缩在苏尔特、拜尼沃利德和塞卜哈等几个孤立的据点。利比亚战争大局已定，“全国过渡委员会”武装取得决定性胜利。9月17日，联合国大会接纳利比亚“全国过渡委员会”为利唯一合法政府代表。① 10月20日，卡扎菲被俘身亡。23日，利比亚“过渡委”宣布全国解放。

（三）也门内战

2011年1月1日，也门议会投票通过了一份宪法修正案，规定总统任期五年，且有权提名自己无限期连任。反对党对此多次表示抗议。从15日起，也门各大城市陆续爆发了大规模针对政府的游行示威。2月2日，也门总统萨利赫宣布，终止1月通过的宪法修正案，他将于2013年任期结束后离任，而且不会将政权移交给他的儿子。13日，也门反对党联盟接受萨利赫提出的政治改革提议，停止组织示威活动。② 2月21日，萨利赫突然表示，除非通过选举方式，否则他不会下台。③ 3月2日，也门主要反对派向政府提出“和平移交权力路线图”，萨利赫同反对派就他在9个月内辞职达成了初步共识。④ 但是，示威民众对萨利赫并不“买账”。3月18日，在萨那的示威者遭到枪击，据报道至少41人被打死，约200人受伤。当天，也门进入全国紧急状态。⑤ 23日，萨利赫同意反对党联盟此前提出的于2011年底和平离任的方案，⑥ 而反对派开始要求萨利赫立即辞职。4月1日，萨利赫对数万名政府支持者宣称他将与反对派战斗到底。⑦

也门政局的动荡引起海合会的高度关注，后者有意发挥调停作用。4月23日，萨利赫表示，同意海合会的最终调解协议，即他在30日内下台，反对派与

---

① 《重建正式启幕　战事仍未结束》，2011年9月17日《人民日报》第2版。

② 新华网，萨那2011年2月13日电（记者王秋韵、尹炯），《也门反对党宣布接受和谈并停止组织抗议活动》，http：//news. xinhuanet. com/world/2011－02/13/c_ 121072273. htm。

③ 新华网，萨那2011年2月21日电（记者王秋韵、尹炯），《也门总统表示只会通过选举离任》，http：//news. xinhuanet. com/world/2011－02/21/c_ 121106505. htm。

④ 《也门总统已与反对派达成共识　拟9个月内辞职》，http：//www. chinadaily. com. cn/hqgj/2011－03/03/content_ 12110722. htm。

⑤ 中新社，北京2011年3月19日电，《也门爆发大规模示威41人被打死　进入紧急状态》，http：//www. chinanews. com/gj/2011/03－19/2917097. shtml。

⑥ 新华网，萨那2011年3月23日电（记者尹炯、王秋韵），《也门总统同意和平离任方案》，http：//news. xinhuanet. com/world/2011－03/24/c_ 121223916. htm。

⑦ 新华网，萨那2011年4月1日电（记者尹炯、王秋韵），《也门总统说准备与反对派战斗到底》，http：//news. xinhuanet. com/world/2011－04/01/c_ 121259775. htm。

执政党组成联合政府，并在两个月内举行总统选举。① 5月1日，萨利赫临时变卦，拒绝签署调解协议，并出动坦克对付示威者。② 22日，他第三次拒绝签署和解协议。对萨利赫彻底丧失信心的海合会退出调停。

自3月中旬以来，萨利赫阵营内部不断发生裂变，迄今已有数十名议员、大使和高级军官相继辞职或加入反对派阵营，其中包括萨利赫的同父异母弟弟阿里·穆赫辛将军。3月21日以来，穆赫辛的部队和政府军发生了数次流血冲突。另外，由艾哈迈尔家族领导的哈希德部落也背叛了萨利赫。该部落曾是萨利赫长期依靠的对象，它的反水是对萨利赫的沉重一击。5月23日以后，哈希德部落武装在萨那与政府军数次发生激烈巷战。③ 正当萨利赫焦头烂额之时，约200名“基地”武装分子于5月29日占领了南部的阿比扬省省会津吉巴尔市，宣布在该市成立“伊斯兰酋长国”。萨利赫不得不再开辟一条战线，派兵攻打津吉巴尔。④

6月3日，也门总统府突遭火箭弹袭击，造成正在府内的总统、总理、议长等一系列高官和军官受伤。4日，萨利赫前往利雅德接受治疗，并将权力暂时移交给副总统哈迪。国际社会纷纷猜测，萨利赫的离开是否意味着他再也无法回来。⑤ 此后的一个月内，也门出现权力真空，各方势力均想趁乱抢班夺权，也门实际上处于割据状态。

7月8日，仍在沙特治疗的萨利赫提出了解决危机的新方案，即成立由反对派领导的过渡政府，在这期间他仍担任总统职务，总统大选在60天后举行。⑥ 反对派立即拒绝了这一方案。8月5日，数十万政府支持者举行集会，表达对萨利赫受伤的同情。而反对派在9日宣布将成立“全国执政委员会”，以便在过渡时期管理国家和完成政治改革。⑦ 这表明也门即将出现两个政府并立的局面。

---

① 中新网，2011年4月25日电，《也门总统宣布30日内下台　享有司法豁免权》，http://www.chinanews.com/gj/2011/04-25/2994288.shtml。

② 《也门总统食言拒签下台协议　派军队驱散示威者》，http://news.ifeng.com/world/special/zhongdongbianju/content-2/detail_2011_05/01/6102686_0.shtml。

③ 中新社，北京2011年5月31日电，《也门停火宣告破裂　进一步滑向内战边缘》，http://house.chinanews.com/gj/2011/05-31/3080646.shtml。

④ 人民网，开罗2011年5月29日电（记者李潇），《“基地”宣称占领津吉巴尔　将建“伊斯兰酋长国”》，http://world.people.com.cn/GB/1029/42361/14767195.html。

⑤ 国际在线报道（记者饶彬彬），《也门总统赴沙特治伤引发关注　未来局势波诡云谲》，http://news.xinhuanet.com/world/2011-06/08/c_121505996.htm。

⑥ 人民网，2011年7月8日电（记者安国章），《也门政府提出解决危机新方案》，http://world.people.com.cn/GB/15105208.html。

⑦ 《也门反对派将成立“全国执政委员会”》，2011年8月11日《环球时报》第21版。

9月中旬，也门局势再度激化。9月18日，也门首都萨那爆发自3月以来最大规模的流血冲突，造成26人死亡，近600人受伤。随后几天，政府军和反政府部队发生正面交火，双方动用了迫击炮和火箭弹等重型武器。① 23日，萨利赫总统突然回国，引起各方的广泛猜测。

也门政治危机的发展受到美国等西方国家的高度关注。也门是“基地”武装分子来源的大本营之一，而萨利赫却是美国的反恐盟友，因此美国一方面担心萨利赫的倒台会使极端分子势力大增，另一方面又不能公开反对也门反对派的民主要求，因此它一直在两难选择中谨慎从事，希望萨利赫能和平交权，使也门政局能迅速稳定下来。

（四）科特迪瓦内战

2010年10月，科特迪瓦举行了十年来的首次总统选举。由于没有候选人在第一轮投票中得票超过半数，因此排名前两位的巴博和瓦塔拉因进入了第二轮选举。巴博从2000年开始出任科特迪瓦总统，是人民阵线推举的候选人。曾出任科特迪瓦总理和国际货币基金组织副总裁的瓦塔拉则代表共和人士联盟参选。11月28日，科特迪瓦举行了第二轮总统选举。大选结果表明，瓦塔拉战胜了现任总统巴博。次日，这一结果得到了联合国科特迪瓦特别代表崔英镇的证实。但巴博阵营控制的宪法委员会当晚宣布瓦塔拉的党派控制的北部几个地区的选票作废，并宣布巴博获胜。12月4日，巴博举行了总统就职典礼，而瓦塔拉亦宣布自己就任总统。该国自此陷入“一国二主”的政治僵局。②

联合国、非盟、西共体、欧盟等国际组织相继承认瓦塔拉当选总统，但巴博拒绝下台。在此情况下，国际社会开始对巴博政权实施制裁。2010年12月21日，欧盟决定禁止巴博以及18名亲信入境，以示制裁。美国也要求巴博立即交权，否则将面临严厉制裁。③ 2011年1月30日，非洲联盟轮值主席、马拉维总统穆塔里卡再次呼吁巴博尊重科特迪瓦人民的意愿，承认大选结果。在巴博交权

① 《也门军队分裂，炮轰首都》，2011年9月20日《环球时报》第1版。

② 刘火雄：《科特迪瓦两“总统”大闹江湖》，http：//history. people. com. cn/GB/198819/212503/15222004. html。

③ 人民网，2010年12月21日电（记者安国章），《欧盟禁止科特迪瓦大选失败总统巴博以及亲信入境》，http：//world. people. com. cn/GB/13540519. html。

之前，非盟将中止科特迪瓦的成员资格。①

由于巴博控制着该国军队、国家电视台、总统府、重要港口以及可可和石油产区，因此瓦塔拉只得居住在阿比让的高尔夫酒店，由一支约800人的联合国维和部队担负保护之责。两派支持者的针锋相对，迅速将政治冲突演变为街头暴力，继而发展为内战。

瓦塔拉的“科特迪瓦共和军”只有1万人，而巴博的“国防安全军”有6万人。3月28日，瓦塔拉的“共和军”开始从西线、中西线、中线和东线同时对巴博控制的南方地区发起总攻。由于巴博对本国军人常欠军饷，而招募来的海外雇佣军又作战不力，因此战事甫开，“国防安全军”便全线崩溃。西线重镇迪埃奎、中西线的达洛亚，以及东线的战略要地杜库、阿本古鲁纷纷陷落。3月30日，“共和军”攻下该国政治首都亚穆苏克罗。② 当天，联合国安理会通过第1975号决议，要求巴博立即将权力交给瓦塔拉，并对巴博及其妻子和三个政治副手发出旅行禁令并冻结其财产。③ 次日，“共和军”又攻下世界第一大可可出口港圣佩德罗，并于当天深夜攻入巴博踞守的阿比让。

此时，巴博手下的高级军官纷纷倒戈，部队仅剩千余人，死守巴博官邸的只有200人左右。巴博已经陷入穷途末路。④ 此后，双方围绕总统府、电视台、军营、军火库等地展开激烈争夺。正在此时，法国驻科特迪瓦的“独角兽”部队⑤和联合国驻科维和部队站在瓦塔拉一方加入战斗，利用武器优势摧毁了巴博部队的绝大部分重型武器，致使巴博的部队彻底丧失了战斗力。联合国秘书长潘基文解释称，联合国采取军事行动并非为了向巴博宣战，而是为了防止无辜平民与维

---

① 新华网，亚的斯亚贝巴2011年1月30日电（记者梁尚刚、石序），《非盟再次呼吁巴博让出科特迪瓦总统职位》，http：//news. xinhuanet. com/world/2011－01/30/c_ 121042227. htm。

② 黄健：《科特迪瓦：15日战争》，《世界军事》2011年第11期。

③ 《联合国安理会第1975号决议》，http：//www. un. org/chinese/aboutun/prinorgs/sc/sres/2011/s1975. htm。

④ 黄健：《科特迪瓦：15日战争》，《世界军事》2011年第11期。

⑤ “独角兽”部队是法国在2002年科特迪瓦爆发内战后不久成立的，负责执行保护和撤离外国侨民、监督冲突双方停火等任务，后逐渐变成支持联合国驻科维和部队的一支快速反应部队。该部队以驻科特迪瓦布埃港的法国海军陆战队第43步兵营为基础组建，曾一度达到5000人，后随科局势缓和而减至950人。2009年6月，法国设立“独角兽”行动营，包括一个多兵种战斗营和一个联合保障基地。2011年4月，科局势再次动荡，“独角兽”部队增加至1650人。新华网，巴黎2011年4月10日电（记者李明、刘卓），《背景资料：法国“独角兽”部队》，http：//news. xinhuanet. com/world/2011－04/10/c_ 121286094. htm。

和部队遭到巴博阵营重型武器的袭击。① 4月11日，巴博与夫人、儿子在其官邸的地下掩体内被捕，持续四个月之久的“一国两主”局面终告结束。据统计，四个月的冲突造成科特迪瓦国内约一千人死亡，以及严重的人道主义危机。②

（五）印度的国内武装冲突

印度一直是恐怖组织和反政府武装十分活跃的国家。据印度内政部的数据，被政府认定的印度本土恐怖组织共有27个，活跃在该国的跨国恐怖组织有7个。这也使印度成为世界上本土恐怖组织数量最多的国家。印度安全官员透露，印度本土的恐怖组织可以归为“三股势力”：一是伊斯兰极端势力，二是极左激进势力，三是印度教的极端民族主义。最让印度头疼的是，这些势力近年来有合流的趋势。在印度东北部，几个邦的民族分裂势力与伊斯兰极端组织的结合已越来越紧密。③

如表3所示，2010年，印度军警共打死恐怖分子772人，政府军亦有371人阵亡，冲突共造成759名平民死亡。对比前几年的数字，可以看出2010年是印度近几年安全形势最好的一年。2011年前9个月，政府军击毙恐怖分子382人，而自己阵亡154人，平民则有341人死亡。预计2011年印度的安全形势将继续好转。

表3　印度国内冲突死亡人数

单位：人

年份	平民	政府军	恐怖分子	总计
2005	913	287	1319	2519
2006	1104	388	1273	2765
2007	1009	404	1185	2598
2008	1019	372	1220	2611
2009	720	431	1080	2231
2010	759	371	772	1902
2011 *	341	154	382	877

＊数据截至9月30日。

资料来源：http：//www. satp. org/satporgtp/countries/india/database/indiafatalities. htm。

① 《法国武力介入科特迪瓦内战》，2011年4月6日《环球时报》第4版。

② 新华网，阿比让2011年4月8日电（记者吴昌荣），《科特迪瓦国内冲突造成人道主义危机》，http：//news. xinhuanet. com/world/2011－04/09/c_ 121284698. htm。

③ 陈小茹：《孟买再遭连环爆炸　本土恐怖组织祸乱印度》，2011年7月15日《中国青年报》第4版。

如表4所示，从死亡人数上说，纳萨尔武装仍是印度政府面临的最大安全威胁。为了对付纳萨尔派，印度费尽心思，谈打结合，但都不见效。无奈之下，2009年6月，印度政府将纳萨尔武装宣布为恐怖组织，计划从2009年11月至2014年，投入300亿美元用于更新武器装备，历时5年对之进行清剿。这300亿美元仅仅是更新装备的预算，实际开支要远远超过这一数字。从招募、培训和派遣警察，到修复被纳萨尔派破坏的设施，再到安置因战乱逃离家园的几十万难民，都需要大量资金。将大量精力和财力用来对付纳萨尔派，不仅分散了政府发展经济的精力，而且也减少了对经济领域的投入。①

表4　2011年*印度国内冲突死亡人数

单位：人

地　　区	平民	政府军	恐怖分子	总计
阿鲁那恰尔邦	0	0	35	35
阿萨姆邦	18	14	40	72
查谟和克什米尔	32	23	98	153
中央邦	0	1	0	1
马哈拉施特拉邦	26	0	0	26
曼尼普尔邦	20	10	16	46
梅加拉亚邦	9	5	5	19
米佐拉姆邦	1	0	0	1
那加兰邦	5	0	3	8
旁遮普邦	0	0	0	0
特里普拉邦	1	0	0	1
德里市	15	0	0	15
纳萨尔武装	214	101	185	500
总　　计	341	154	382	877

*数据截至9月30日。

资料来源：http：//www. satp. org/satporgtp/countries/india/database/indiafatalities. htm。

2011年上半年印度遭遇的最大一起恐怖袭击事件是发生在7月13日的孟买连环爆炸，至少造成17人死亡、81人受伤。② 尽管目前还没有团体和个人声称对爆炸案负责，但印度警方称，从作案手法来看，这次连环爆炸案的幕后黑手很

① 时宏远：《纳萨尔武装：印度崛起之碍》，http：//www. nfcmag. com/articles/2313。

② 新华网，孟买2011年7月13日电（记者吴强、刘亚南），《印度孟买发生连环爆炸至少98人死伤》，http：//news. xinhuanet. com/world/2011 -07/14/c_ 121663902. htm。

可能是本土恐怖组织“印度圣战者”。通过策划实施闹市连环爆炸案，以最大限度地制造恐怖气氛，正是“印度圣战者”恐怖分子惯用的手段。恐怖分子不仅使用了硝酸铵，还用了霰弹，目的就是为了最大限度地造成杀伤，制造全城恐慌。为了防止恐怖袭击的范围进一步扩大，孟买的警戒水平已被升至最高，警察已经在全城进行密集搜索和临检。印度安全部队已进入孟买展开部署。首都新德里周边的班加罗尔、辛奈也已进入高警戒状态。另外，由于当天是2008年孟买恐怖袭击案唯一现场被捕疑犯穆罕默德·阿杰马勒·卡萨布的生日，亦有印度媒体和专家怀疑称这次恐怖袭击可能是巴基斯坦的恐怖组织“虔诚军”所为。①

作为印度的经济中心及人口最密集的城市，孟买似乎是恐怖分子最“喜欢”的袭击目标。孟买曾在1993、2002、2003、2006以及2008年发生多起连环爆炸案，已有数千人在各类恐怖事件中伤亡。仅2008年发生的震惊世界的孟买地铁连环爆炸案，就至少造成500人伤亡。

（六）巴基斯坦的国内武装冲突

从表5可以看出，2005～2010年，巴基斯坦的安全形势在2009年恶化到顶点，此后开始好转。2010年死于恐怖暴力的人数为7435人，相当于2009年的63%。2011年前9个月的死亡数字为4871人，预计不会超过2010年。不过，2011年死于恐怖袭击的平民和阵亡的军人超过2010年，而被击毙的恐怖分子数量大大下降，这种反差可能表明，恐怖分子更加狡猾与隐蔽，他们发起的袭击质量提高了。

表5　巴基斯坦死于恐怖暴力的人数

单位：人

年　份	平民	政府军	恐怖分子	总计
2005	430	81	137	648
2006	608	325	538	1471
2007	1523	597	1479	3599
2008	2155	654	3906	6715
2009	2324	991	8389	11704
2010	1796	469	5170	7435
2011*	2249	591	2031	4871

*数据截至9月30日。

资料来源：http：//www. satp. org/satporgtp/countries/pakistan/database/casualties. htm。

① 陈小茹：《孟买再遭连环爆炸　本土恐怖组织祸乱印度》，2011年7月15日《中国青年报》第4版。

由于巴军方的多次清剿，巴基斯坦塔利班（简称巴塔）元气大伤，虽仍有能力实施各类恐怖袭击活动，但袭击频率与2009年相比明显下降。① 2011年3月8日，巴三军情报局驻费萨拉巴德的办公室遭到巴塔实施的汽车炸弹袭击，造成25人死亡。次日，巴塔的一名“人弹”袭击了白沙瓦市近郊举行的一场有反塔利班民兵参加的葬礼，造成至少36人死亡，100多人受伤。② 4月3日，旁遮普省一座清真寺发生自杀式爆炸袭击，造成42人死亡，百余人受伤。巴塔发言人伊赫桑声称要采取更多行动，以报复政府军在西北部地区的清剿行动。③

4月初，美国发表报告，指责巴打击塔利班的行动不力。4月23日，巴陆军参谋长基亚尼反驳称，巴军已经打断了伊斯兰好战分子的“脊梁”，巴陆军完全了解本国面临的内外威胁。④ 基亚尼的话似乎并不正确，巴塔仍有实力发动相当规模的袭击。5月22日晚，6名塔利班分子仅手持步枪和手榴弹就冲进了位于卡拉奇的巴海军航空兵基地，炸毁至少两架飞机，打死13人。巴军在经过15小时的战斗后才击毙4人，竟然还让2人逃脱。⑤ 6月1日，400名巴塔武装分子从阿富汗对巴阿边境附近的沙尔塔洛村发动袭击，导致27名平民和45名武装分子丧生。巴塔二号人物法基尔·穆罕默德说，巴塔现在把重点放在发动大规模袭击上。他们对军事设施发动大规模袭击的新战略是为了打击安全部队的士气，使军人厌倦政府。⑥

自美军于5月1日在巴基斯坦击毙本·拉登后，美巴关系一度迅速降温。巴政府对美军在不事前通知巴方的情况下就展开军事行动极其不满，认为这是对巴

---

① 2007年成立的巴塔是一个松散的组织，没有领导核心。所谓“巴基斯坦塔利班运动”的最高理事会，实际上是各个相对独立的地方塔利班力量的协调机构。因此，用“军阀割据”形容巴塔地方势力并不为过。巴塔组织上的松散性、分布上的广泛性和联系上的复杂性使巴政府难以彻底铲除这一反政府组织。

② 《巴基斯坦自杀爆炸36人亡》，http：//news. xinhuanet. com/world/2011 –03/10/c_ 121169409. htm。

③ 韩梁：《巴基斯坦自杀爆炸致死42人》，http：//news. xinhuanet. com/world/2011 – 04/05/c_ 121268308. htm。

④ 《巴基斯坦高官称已打断塔利班“脊梁”》，http：//news. xinhuanet. com/world/2011 – 04/24/c_ 121341263. htm。

⑤ 《巴基斯坦塔利班突袭海军航空兵基地》，http：//news. xinhuanet. com/world/2011 – 05/24/c_ 121449602. htm。

⑥ Ali Shah, *Pakistani Taliban adopts new strategy*, http：//www. washingtonpost. com/world/pakistani – taliban – adopts – new – strategy/2011/06/03/AG7BbQIH_ story. html.

主权的藐视。为此，巴方驱逐了100名美军训练人员，巴国民众的反美情绪不断高涨。而美则辩解称这是保密需要，这一说法表明美方对巴的反恐能力高度怀疑。7月10日，美国暂停共计8亿美元的对巴军事援助。[①] 白宫办公厅主任戴利称，虽然巴基斯坦是美国的重要盟友，但“他们的一些行动让我们有理由停止提供某些军援款项”。《华盛顿邮报》评论说，这标志着奥巴马政府要采取更强硬的手段对付这个“重要但不可靠的反恐伙伴”。[②] 8月15日，美国国务院宣布将对巴基斯坦实施更为严格的安全和军事援助标准。[③] 当然，美国并不想让美巴关系受到更大的破坏，因此也在设法缓和双边关系。7月14日，美国常务副国务卿托马斯·奈兹向巴财政部长阿卜杜勒·哈菲兹·谢赫兹重申，美国将继续向巴提供民事援助。与此同时，巴三军情报局局长艾哈迈德·帕夏访美，与中情局官员商讨恢复合作关系。巴驻美大使馆官员称，这次访问使两国情报合作完全回到正轨。[④]

二　世界主要国家的军费与军备建设

根据斯德哥尔摩国际和平研究所（SIPRI）公布的数据，2010年全球军费开支总额达到1.63万亿美元，比2009年度增加1.3%。2011年的军费增速比2010年（5.9%）下降较多，部分原因可能是受世界金融危机的影响。2010年军费开支居前10位的国家的军费总和达到12178亿美元，占世界军费总额的近75%。美国仍然是世界上军费开支最多的国家，达6980亿美元，占世界军费的43%。无论是数额还是比例，美国的军费都远远高于后面9个国家的总和。在这10个国家中，军费开支占GDP比重最低的国家是日本，仅占1%，最高的是沙特阿拉伯，为10.4%。美国和俄罗斯军费开支占GDP的比重都超过世界平均值2.6%（见表6）。[⑤]

---

① 巴基斯坦每年从美国获得超过20亿美元的军事援助。

② 《美巴闹僵是中国的难题吗》，2011年7月12日《环球时报》第15版。

③ 《美调整对巴军援标准》，2011年8月17日《人民日报》第21版。

④ 新华网，华盛顿2011年7月14日电（记者冉维、易爱军），《美国称将继续向巴基斯坦提供民事援助》，http://news.xinhuanet.com/world/2011-07/15/c_121669472.htm。

⑤ SIPRI Yearbook 2011 Summary, www.sipri.org/yearbook/2011/files/SIPRIYB11summary.pdf, p.9.

表6　2010年全球军费开支前10位的国家

排　名	国　　家	军费(十亿美元)	占世界军费的比例(%)
1	美　　国	698	43
2	中　　国	(119)	(7.3)
3	英　　国	59.6	3.7
4	法　　国	59.3	3.6
5	俄　罗　斯	(58.7)	(3.6)
6	日　　本	54.5	3.3
7	沙特阿拉伯	45.2	2.8
8	德　　国	(45.2)	(2.8)
9	印　　度	41.3	2.5
10	意　大　利	(37)	(2.3)
总　计		1217.8	

注：括号内的数字为按2010年美元比价的估算值。另外，根据2011年3月公布的《2010年中国的国防》白皮书，2010年度中国的国防费预算为5321.15亿元人民币，约合782亿美元（《2010年中国的国防》，http：//www.gov.cn/jrzg/2011－03/31/content_1835289.htm）。

资料来源：SIPRI Yearbook 2011 Summary，p.9。

由于国内经济不景气和债台高筑，再加上2010年从伊拉克撤军，美国政府在2011年年初决定，在未来五年内削减780亿美元国防开支，这主要将通过减少行政开支和武器购买等“节流”途径实现，其中将包括削减购买新型两栖远征战车的140亿美元，但用于伊拉克和阿富汗战场的战争开支不会减少。另外，陆军将因此削减2.7万人，海军陆战队亦有可能削减2万人。预计未来几年美国国防预算将以3%的速度增长，到2016年停止上涨。①

2011年2月14日，美国五角大楼拟定2012财年的国防预算为6710亿美元，包括5531亿美元常规国防预算和1178亿美元战争拨款。这份预算案低于美国2010年的国防开支6980亿美元，这是五角大楼自“9·11”事件后国防预算首次下降。时任国防部长罗伯特·盖茨表示，预算所估计的战争费用为1178亿美元，比上一年少451亿美元，“降幅相当大”。当这项国防预算案提交国会讨论和表决时，众议院投票通过的预算总额却是6900亿美元，高于五角大楼提出的

① 《美防长削减总额780亿美元国防预算》，http：//military.people.com.cn/GB/13680910.html。

拨款要求。① 这表明在美国削减国防开支的阻力极大。美国民主、共和两党就国债上限争吵不休，争执的焦点之一就是国防预算的削减。美国总统奥巴马已经明确要求五角大楼在未来12年内减掉4000亿美元开支。2011年7月1日，美国新任国防部长利昂·帕内塔表示，他将削减国防经费，但保证不会因此造成美军战斗力的下降。②

根据年初美国国防部提出的2012财年军费预算案，美军将需要1130亿美元用于采购和维护无人机、新型远程轰炸机、直升机、战舰、潜艇、反导武器和其他武器。这笔庞大的预算显示了美国维护其世界唯一超级大国的意志与决心。2010年以来，美国在多项新概念武器装备研究方面取得进展，包括X－51A飞行试验机（超燃冲压发动机巡航导弹——驭波飞行器，SED－WR，Scramjet Engine Demonstrator-Waverider）③、新一代无人机X－47B④、电磁轨道炮⑤、“猎鹰”超高速无人机、X－37B轨道测试飞行器、舰载固态光线激光器攻击无人飞机等。这些新武器装备的试验表明，美军一批新概念常规武器，正在迅速实现从技术概念向作战能力的转化。

2011年以来，国际社会高度关注中国军事现代化进程，主要关注焦点是中国的弹道反舰导弹的部署、新一代战斗机的研制，以及第一艘航空母舰“瓦良格”号的改装进程。2010年12月美军太平洋部队司令罗伯特·威拉德称，东风－21D导弹已经形成初步作战能力。美国海军上校亨利·亨德里克斯和海军陆战队中校诺埃尔·威廉斯撰文指出，像东风－21D导弹这样的技术进步正让航母时代走向终结。美国《防务新闻》2011年4月25日的报道称，中国在广东清远部署被称为“航母杀手”的东风－21D导弹，将打破美国海军主导西太平洋的格局。这是中国改善其反介入以及区域拒止能力的举措之一。美国世界安全研究所的埃里

① 新华网，华盛顿2011年5月26日电（记者杜静、王丰丰），《美国众议院批准2012年6900亿美元国防预算案》，http：//news. xinhuanet. com/mil/2011－05/27/c_ 121463489. htm。

② 新华网，华盛顿2011年7月1日电（记者杜静、王丰丰），《美国新防长着眼削减国防开支》，http：//news. xinhuanet. com/world/2011－07/02/c_ 121614077. htm。

③ X－51A是“全球快速打击计划”的一部分。该计划的终极目标就是要发展一种比美国任何一种导弹的速度都要快5倍以上，可以在1小时内攻击地球任意位置目标的新式常规武器。

④ 《美国X－47B无人机》，互动百科，http：//www. hudong. com/wiki/美国X－47B无人机。

⑤ 侯亚铭：《电磁轨道炮　改写未来战争的终极武器》，http：//www. stdaily. com/kjrb/content/2011－02/15/content_ 274739. htm。

克·哈格特指出，美国海军对打破东风－21D导弹的杀伤链有信心，但其中存在很大的不确定性，没有保障。该型导弹的真正任务是让美国海军在参与西太平洋中国近海区域的活动时有更多顾虑。①

2011年春以来，中国多种尖端战机密集亮相：歼－18首飞成功，歼－20再次试飞，歼－15通过工厂测试，歼－18B交付海航。加拿大《汉和防务评论》5月号文章称，歼－20的真正作用是使本已倾斜的台海海空军优势彻底倒向大陆一边。台湾再进口66架F－16，也难重新夺回制空权。美国《防务新闻》、《防务周刊》、日本《外交学者》等杂志纷纷猜测歼－15和歼－18将成为中国第一艘航母的舰载机。②

2011年8月，中国第一艘航母“瓦良格”号出海试航。③目前国际社会的关注点集中在两个方面：一是“瓦良格”号航母的武装配备情况。美国战略之页网站称，“瓦良格”号航母安装了FL－3000N反导系统；英国《简氏防备周刊》称，“瓦良格”号将安装相控阵雷达和舰空导弹，成为一个比美国航母更加独立的作战平台。外媒还在猜测中国会选用哪种战机作为“瓦良格”号的舰载机。二是“瓦良格”号日后的作战能力与功能。外媒普遍认为，中国将利用“瓦良格”号保障海上航线、维护海洋主权和威慑周边国家。虽然真正发挥作战能力可能还需要7～8年时间，但它显示了中国成为海上强国的雄心。④

对于中国的军力建设与战略，加拿大《汉和防务评论》5月号的报道认为，西方普遍低估了中国军事技术的崛起速度，中国在总体军事建设的许多方面都超过了俄罗斯，尤其是作战飞机、舰船的基础制造工艺。因此，西方有必要重新审视中国未来20年军备建设的规模、速度和能力。⑤美国2011年发表的中国军力报告中，用一个单独的篇章讨论中国的海洋战略问题。一些美国防务界人士担心

---

① 《美刊：东风－21D让超级航母时代走向终结》，http：//news.xinhuanet.com/world/2011－07/22/c_121705657.htm。

② 《中国新锐战机的春天》，《世界军事》2011年第12期。

③ “瓦良格”号是苏联于20世纪80年代开始建造的库兹涅佐夫级常规动力航母之一。近年来，中国一直在对该航母进行改造。由于2011年该航母的改造工作即将完成，因此引起国际社会的浓厚兴趣。

④ 中国国防部发言人称，中国改造“瓦良格”号是为了科研试验和训练。《2011年7月国防部例行记者会实录》，http：//www.mod.gov.cn/affair/2011－07/27/content_4285284.htm。

⑤ 《西方低估中国军力发展速度？》，《世界军事》2011年第12期。

中国反舰导弹的发展会危及美军航线在西太平洋地区的航行安全，并使第一岛链以内海域成为中国的“内海”。对此，中国国防部发言人杨宇军明确表示，中国坚定奉行防御性的国防政策，决不会因为发展先进武器而改变，中国近海防御的海军战略也没有发生转变。①

欧洲国家2010年的国防开支比2009年小幅下降，从3860亿美元下降到3820亿美元。② 2010年10月19日，英国首相卡梅伦发布《战略防务与安全评估报告》，宣布此后四年将国防预算削减8%，裁减军事装备的计划包括：“鹞”式垂直起降战斗机和“猎迷”式海上巡逻机；坦克和重炮减少40%；“皇家方舟”号航空母舰退役；护卫舰和驱逐舰数量在2020年分别减至23艘和19艘。不过，英国政府对驻阿富汗英军的支持不会改变，所需资金仍从财政部的特别储备基金中划拨。政府还将继续建造两艘新型航空母舰、6艘45型护卫舰及“机敏”潜艇；增购12架“奇努克”直升机并添置军用通信设备。③

2011年皇家方舟号退役后，英国只剩下一艘航母“卓越”号，而“卓越”号亦将在三年后退役，在建的两艘“伊丽莎白女王”级航母要等到2020年才能服役，因此传统海军强国英国将在近十年内面临航母不足甚至无航母的窘境。为此，英国和法国正在酝酿“共用航母”。英国首相卡梅伦和法国总统萨科齐在2011年11月正式宣布此事。④

冷战结束后，俄罗斯的军费开支不断下降，维护与更新武器装备的能力严重不足。两次车臣战争和格俄战争都暴露出俄军装备型号的杂乱与信息化水平的低下。为改变这一现状，俄国防部出台了《2009～2011年国家武器装备计划》。根据这一计划，2010年俄军新增30枚陆基和海基战略弹道导弹、5套“伊斯坎德尔”战术导弹系统、300辆坦克和装甲车、30架直升机、28架战斗机、3艘核潜艇、1艘军舰和11颗卫星；空军列装苏－35战斗机、苏－34前线轰炸机、伊尔－112、伊尔－476运输机、伊尔－76MD改进型运输机，以及卡－52和米－28N直

① 《2011年8月国防部例行记者会实录》，http：//news.mod.gov.cn/headlines/2011－08/31/content_4294151.htm。

② SIPRI Yearbook 2011 Summary, p. 8.

③ 新华网，伦敦2010年10月19日电（记者郭瑞、康逸），《英国首相宣布裁军并大幅削减国防预算》，http：//news.xinhuanet.com/world/2010－10/20/c_12677954.htm。

④ 《英法计划共用两国航母以削减军费开支》，http：//gb.cri.cn/27824/2010/08/31/3525s2974810.htm。

升机。[1] 另外，俄海军准备向法国购买两艘“西北风”级直升机航母，并获得法国的 SENIT－9 作战信息管理系统和 SIC－21 联合指挥控制系统。俄海军总司令韦索茨基海军上将表示：“‘西北风’级直升机航母可作为指挥舰用于协调俄海军在世界任一海域执行维和任务和人道主义救援任务。在这方面，该型航母的性能要比俄现役舰船高出数倍。因此，它对俄海军的建设和发展具有十分重要的意义。”[2]

在积极完成现有武器更新计划的同时，俄军还着眼未来采取了一系列武器装备现代化措施。俄总理普京在 2011～2020 年国家军备计划优先发展方向工作会议上表示，俄军武器装备现代化的优先发展方向是核威慑、太空防御和防空领域，俄军将装备现代化的通信、管理和侦察系统，推进第五代战机的生产，并研制新式海军战舰。到 2015 年，现代化武器装备所占比例应不少于 30%，到 2020 年不少于 70%。[3]

近年来，日本在国防开支和军备研制上的变化主要在于防卫目标和重心的转移。2010 年 12 月 10 日，日本防卫省公布了新修订的《防卫计划大纲》，提出了构建“机动防卫能力”新概念。大纲将“中国急速军事扩张”视为“令地区和国际社会担忧的事项”，并强调日本将削减本土防卫力量，以大力加强对“西南海域”的防卫，“对抗中国”的倾向明显。为此，日本要向一些没有自卫队驻守的离岛派遣最低限度的部队。防卫省计划扩编陆上自卫队，并在今后 5～8 年中，在宫古岛或石垣岛上部署数百人的陆上自卫队警备部队。另外，在与那国岛也将部署约 100 人的陆上自卫队。这些部署主要是针对与西南诸岛最邻近的中国大陆与台湾。[4] 2011 年 5 月 8 日，日本防卫大臣北泽俊美在访问冲绳县宫古岛时表示，防卫省将对陆上自卫队驻守这些岛屿的可能性展开调查，2011 年度的国防预算已经为此拨款 3000 万日元用于调研。[5] 从这些举措可以看出，日本对中国

---

① 马建光、张明：《向着“新面貌”军队稳步迈进：盘点俄罗斯 2010 年军事改革进程》，http：//military. people. com. cn/GB/8221/51756/207161/13888806. html。

② 《法国将向俄转交“西北风”级战舰的敏感技术》，http：//www. knowfar. org. cn/ezine/c_ 2011－06－28. htm#content536。

③ 马建光、张明：《向着“新面貌”军队稳步迈进：盘点俄罗斯 2010 年军事改革进程》，http：//military. people. com. cn/GB/8221/51756/207161/13888806. html。

④ 孙晔飞：《新防卫计划大纲加速推动日本防卫政策转向》，http：//zqb. cyol. com/content/2010－12/17/content_ 3464411. htm。

⑤ 中新网，2011 年 5 月 9 日电，《日本将在宫古岛部署特殊部队加强对西南诸岛防卫》，http：//www. chinanews. com/gj/2011/05－09/3026459. shtml。

海军实力的发展以及未来突破第一岛链的可能性正在给予高度关注。

印度的年度国防开支虽然排名世界第九，且绝对数额不算太高，但一直以维持（南亚）地区一流军队为目标。2011 年印度陆军实施了装甲技术兵器大规模改进计划。除研制新一代坦克和供应“阿琼”、T－90S 坦克外，印度陆军打算改进 2000 辆 T－72 坦克。① 印度海军 2010 年斥资 10 亿多美元从美国采购了四架 P－8I 远程海上飞机，2011 年又耗资 35 亿美元购买船坞登陆舰（LPDs），用 65 亿美元建造隐身驱逐舰，花费超过 100 亿美元在全球范围采购 6 艘常规潜艇。② 印度还大力发展反导能力。2011 年 3 月 6 日，印度成功进行了一次先进防空导弹系统试验。据印度媒体称，印度已经完全掌握了距地 5 万米以下空域拦截弹道导弹的技术，成为继美、俄、法、以之后，又一个具备这种反导能力的国家。③

三　美国军事战略的调整

2010 年上半年，美国政府先后出台了《四年防务评估报告》、《核态势评估报告》和《国家安全战略报告》。这三份报告确立了奥巴马执政时期的美国国家安全战略的基本框架。2010 年 5 月 18 日，美国战略与预算评估中心公布了《空海一体战的初步构想》，吹响了美国军事战略调整的号角。2011 年 2 月 8 日，美国国防部时隔七年后公布了新版《国家军事战略报告》（以下简称新版报告），标志着奥巴马政府对美国军事战略调整基本完成。④ 新版报告是落实《国家安全战略报告》和《四年防务评估报告》思想，指导美军建设和战略部署的指针性文件。与 2004 版的《国家军事战略报告》相比，新版报告除继续强调保持美军领先优势、对抗暴力极端主义之外，在战略环境的认知、军事理念、关注重点等

① 《印度国防部打算大规模升级坦克》，http：//www.knowfar.org.cn/ezine/c_ 2011－05－31.htm#content493。

② 《印度军方担心海军舰艇退役速度高于采购》，http：//news.xinhuanet.com/mil/2011－05/25/c_121456810.htm。

③ 张奇、林利红编译《外媒评析印度反导能力》，《世界军事》2011 年第 9 期。

④ *National Military Strategy of the United States of America, 2011: Redefining America's Military Leadership*，http：//www.jcs.mil//content/files/2011－02/020811084800_ 2011_ NMS_ －_ 08_ FEB_ 2011.pdf。根据美国法律规定，《国家军事战略报告》每两年发布一次，但是如果没有重大变化可不作实质性内容更新。上一版有内容更新的《国家军事战略报告》发布于 2004 年。

方面均有明显变化。

新版报告在全球战略环境评估上有新认识。新版报告认为，权力分配的变化导致了一个“多支点世界”的出现。这个世界的主要特征是“固定的安全联盟之间的竞争已不复存在，各国往往根据外交、军事和经济利益的不断变化结成联盟”。全球性和地区性强国越来越展示其自信。亚洲地区出现两大全球性力量中心，以及诸多地区性强国，对地区稳定构成挑战。此外，新军事战略报告多次强调太空、海洋、网络空间等“全球公地”问题，指出美军在全球公地的自由行动越来越受到国家和非国家行为主体的挑战，美国在这些公地内的战略利益受到越来越大的威胁。今后军队的新使命和新任务，一是要确保美军在全球公地自由地进入和调动，这是美国国家安全的核心要素，也是美军的永久性使命。二是要继续保持核威慑和常规力量的绝对优势。[①] 报告提出了美国军事战略的四大目标：一是对抗暴力极端主义，击败、瓦解盘踞在南亚地区的“基地”组织及其分支。二是保持威慑和击败侵略，继续倚重核威慑，保持常规力量威慑，发展在太空、网络空间等领域的威慑手段以适应“21 世纪的安全挑战”。三是强化国际和地区安全，以北约作为同盟体系基础，强化与日、韩、澳同盟关系，发展与中东、非洲、东南亚、南亚地区新伙伴的安全合作。四是塑造未来的军队，加强各军种“全频谱”作战能力建设。[②]

新版报告对华战略部分的阐述相对其他主要国家明显占据更大篇幅。报告重申“寻求与中国建立积极、合作且全面的关系，欢迎中国承担负责任的领导作用”，称希望深化两军关系，“扩大拥有共同利益且互惠互利的领域，加强了解，减少误解并防止误判”，在打击海盗、防止大规模杀伤性武器扩散、维持朝鲜半岛稳定等方面进行合作。同时，报告也显示了对中国军力发展的一系列担忧，包括中国军力发展及对台海军事平衡的影响，中国军事现代化的程度和战略意图，以及“中国在太空、网络空间、黄海、东海及南海的强硬态度”。报告以不点名的方式称“某些国家正在发展反介入和区域拒止能力，从战略上限制美国在国际社会自由行动的能力”，警告称“美国会时刻准备展示决心并投入资源应对”。[③]

① *National Military Strategy of the United States of America*, *2011*, pp. 2 – 4.

② *National Military Strategy of the United States of America*, *2011*, pp. 4 – 20.

③ *National Military Strategy of the United States of America*, *2011*, pp. 13 – 14.

新报告强调了全球公地问题，表明美国政府认识到，美国面临的威胁是多方面的，反恐虽然是当前的重要任务，但视野不应再局限于反恐领域，而应面对世界出现的各种挑战。美军需要逐渐超越反恐战争，开始筹划其未来军力发展与布局。“9·11”事件以来，美军进行了长达10年的反恐战争，耗资巨大却仍未见到胜利曙光，被迫逐步从伊拉克和阿富汗撤军。长期的反恐战争还使部队训练、装备采购等事项以反恐为导向，传统军力相对其他大国的领先优势在缩小。过度聚焦反恐，也使美国忽视了在亚太这一地缘政治重要性日渐增强地区的军事布局。新版战略报告的出台，表明美国军事战略正逐渐回归“平衡”。这种平衡表现为美国要在打赢当前战争的同时，也强调要做好应对其他挑战的准备。

从战法上来讲，空海一体战（Air Sea Battle）概念的提出是美国军事战略调整的一个重要内容。2010年2月，美国防部在新版《四年防务评估报告》中声称，美国空军和海军正在共同开发联合空海一体战概念，目的是打败包括拥有尖端“反介入”和“区域拒止能力”在内的所有对手。2010年5月，战略与预算评估中心发布的报告《空海一体战的初步构想》,① 将“空海一体战”划分为夺取主动和打赢持久两大作战阶段，并明确了四种作战模式：航天作战、网络战、远程精确打击、海上封锁。这是继20世纪70年代末“空地一体战”（Air-Land Battle）理论后，美军又一个以军种联合为特征的作战理论。其基本构想是：将美国空军、海军的传感器系统、打击力量、防御力量和支援力量更加紧密地融合在一起，密切协同，提供一个安全的作战区域，抵消对手日益增强的反介入/区域拒止能力，确保美军力量投送能力，使后续部队安全进入，开展大范围的作战行动。这是一种有可能将现代作战空间制权理论发挥到极致的理论构想。

“空海一体战”的直接目标是中国和伊朗。《为何采取空海一体战》报告的第二、三章分别阐述了中国和伊朗的反介入和区域拒止能力，并认为这对美军在西太平洋和波斯湾的空、海军基地和驻军等前沿军事力量以及美军的力量投送能力构成巨大的现实威胁。一旦发生冲突，美军将付出惨重的代

① Jan van Tol, *Air Sea Battle: A Point-of-Departure Operational Concept*, http://www.csbaonline.org/wp-content/uploads/2010/05/2010.05.18-AirSea-Battle.pdf.

价。报告特别指出，西太平洋和波斯湾的战场环境特点要求美军将空军和海军的这两个原本隔阂很深的军种实现资源整合，形成高度一体化的联合作战能力。[①]“空海一体战”理论注重依赖美军军事力量的同时，强调发展和依靠盟友的军事力量共同作战。明确指出美军要大力发展导弹防御系统、定向能武器、超远程无人潜航器、隐形轰炸机、远程精确弹道导弹等，也强调日本和澳大利亚、韩国等要发展和部署先进的第五代先进战机、反舰巡航导弹等。

2011 年 6 月，美国发布了新版《国家反恐战略》，对十年美国的反恐行动进行了回顾与反思，提出了“后拉登时代”反恐的主要原则与战略目标。[②] 报告认为，10 年来，美国防御恐怖主义的力量得到显著增强，已经构建起稳固的反恐国际联盟。美国已连续清除了包括本·拉登在内的多名“基地”组织领导人。不过，新战略也承认美国面临的反恐形势仍然严峻，最重要的安全威胁仍来自“基地”组织，恐怖分子现在表现出了更大的灵活性和更强的适应力。美国的恐怖威胁来源已经部分转向阿富汗和巴基斯坦的外围地区，包括中东、中亚、东南亚、东非、马格里布和撒哈拉地区。

新战略提出了美国未来反恐作战的四个核心原则：突出美国的核心价值观、加强与其他国家和国际机构的合作、合理使用反恐手段和反恐能力，建立美国的弹性文化。新战略指出，打击美国本土的恐怖分子，成为反恐的重中之重。这表明，美国要收缩全球反恐战线，放弃小布什时代的单边主义做法，减少打击面，让其盟友承担更多的反恐责任。另外，新战略继续强调，反恐既是一场武力较量，也是一场观念之战。因此，输出民主和人权观念和推翻专制政权是从观念上根除恐怖主义的终极手段。

四　小结

西亚北非政治动荡和美国从阿富汗撤军是 2011 年国际安全领域的两件大事。

① Andrew F. Krepinevich, *Why Air Sea Battle*? p. 37.

② *National Strategy For Counterterrorism*, http://www.whitehouse.gov/sites/default/files/counterterrorism_strategy.pdf.

从2010年底至今，西亚北非多个国家爆发了政权危机，利比亚、叙利亚和也门陷入了战乱。联合国、阿拉伯国家联盟、非洲联盟、海湾合作委员会、北约等多个国际组织都介入到这场地区危机之中。美国等西方国家更是积极参与利比亚战争。这场政治动荡存在爆发更多战争的危险。

2011年是“9·11”事件后美国进行反恐战争的10周年。虽然本·拉登被击毙具有重要的象征意义，但美国的反恐战争并没有打胜，伊拉克和阿富汗在很大意义上说都还是个“烂摊子”，而美国及其反恐盟友已经为此付出了7000多人死亡和近万亿美元的代价。美国从阿富汗撤军标志着美国安全战略的重要调整，以及美式反恐战争趋向终结。美国从阿富汗撤军的实质是要甩掉沉重的“反恐战争包袱”，开启美国全球战略的崭新局面。

从美国的战略走向看，一方面会在减少对阿富汗投入的前提下确保在中亚、南亚的既得利益。例如，通过与卡尔扎伊政府签署美阿《战略伙伴关系协定》，维系2014年后在阿富汗的合法军事存在；维持“北方通道”（美国为缓解驻阿部队后勤压力而开辟的从波罗的海经俄罗斯、中亚进入阿富汗北部的补给通道）运营，保留在中亚的军事基地；在对巴基斯坦政府施加更大压力的同时继续提供经济援助，增强自身影响力。另一方面，美国已表现出战略东移、重返亚太的态势，通过加大对东亚事务的干涉，正提升自身影响力。美国上述政策的核心是防止亚洲出现能与美国抗衡的强国，继续维护美国的超强地位。美国以反恐战略调整为先手的新一轮全球布局已经展开，这必将给世界政治格局及大国关系带来持久而深远的影响。

The World's Major Armed Conflicts and Assessment of the Military Situation: 2010 -2011

Xu Jin

Abstract: The world's major armed conflicts from 2010 to 2011 basically remained the same as those in previous year. The Middle East, South Asia, and Northeast Africa were the scenes of the majority of the armed conflicts. The war in Iraq, Afghanistan, Libya, and the civil wars or armed conflicts in Syria, Yemen,

India, Pakistan, and Somalia have attracted global attention. The United States is still No. 1 in the world in terms of annual military expenditures. The United States and China's neighbors are concerned about the PLA military build-up. The latest volume of the *National Military Strategy of the United States* 2011 and the *Air Sea Battle Concept* express America's uneasiness about the development of the PLA's anti-access/area denial capabilities.

Key Words: Armed Conflicts; Libyan War; Anti-Access/Area Denial

Y.6

中东北非变局（2011）

郎　平*

摘　要：中东北非变局从突尼斯开始，迅速蔓延到埃及、利比亚、也门、叙利亚、伊朗等多个国家。在政治对抗、暴力冲突乃至国际干预下的内战中，有些国家发生了政权更迭，有些国家危机重重，动荡不止。这些国家发生的政局动荡，源于经济全球化背景下暴露的民生危机，以及政府腐败、社会不公和两极分化所激起的广大民众对民主与平等的追求。此次事件不仅造成阿拉伯国家的政权危机，而且冲击了该地区原有的安全和力量格局。无论未来形势如何演变，这一事件都将给国际关系带来深刻的影响。

关键词：中东北非变局　阿拉伯之春　美国中东战略

一　波及多国的政局动荡

从2011年初开始，中东北非的示威狂潮席卷多个国家，频频发生暴力流血事件，在一些国家爆发了武装冲突，在利比亚甚至形成了国际干预下的内战。从局势发展看，有些国家已经发生政权更迭，基本大局已定；有些国家的局势仍处于动荡之中；还有些国家虽然出现了反政府抗议示威，但现政权依然能掌控局势。在这些国家中，突尼斯、埃及、利比亚、也门、叙利亚、巴林六国的情况比较典型。

（一）突尼斯

2011年伊始，突尼斯政局突变。由于国内持续月余的骚乱愈演愈烈，1月

* 郎平，中国社会科学院世界经济与政治研究所副研究员，主要研究领域是国际政治经济学和当代全球问题。

14 日，突尼斯总统本·阿里突然宣布解散政府并提前举行大选，突尼斯全国进入紧急状态，总统本·阿里被迫放弃总统权力，并于 1 月 15 日出走沙特阿拉伯。突尼斯一向被认为是非洲和阿拉伯国家中最稳定、经济最具活力的国家，2007 年还被世界经济论坛评为非洲大陆经济竞争力第一的国家，总统本·阿里已经执政 23 年。然而，就是在这样一个貌似稳定、繁荣的国家中，一个街头小贩的自焚事件却引发了一场令世界瞩目的革命。因为茉莉花是突尼斯的国花，这场革命也因此被称为“茉莉花革命”。

2010 年 12 月 17 日，在突尼斯中部城市阿布宰德市，一位名叫布·阿齐兹的大学毕业生因失业靠当街头小贩贴补家用，遭城管警察驱赶殴打，布·阿齐兹一怒之下选择自焚，虽被送往医院急救，但终因伤势过重离世。阿齐兹的死激发了突尼斯部分民众、特别是就业艰难的大学生群体长期以来积聚的愤懑。政府腐败、物价上涨、失业和贫困令民怨沸腾，抗议和示威游行迅速向全国蔓延。在此后一个月中，暴乱蔓延到突尼斯几乎所有大城市，据报道有 70 多人被警察枪杀，数百人受伤。①

由于事态持续恶化，总统本·阿里于 2010 年 12 月 29 日宣布改组内阁，并表示政府将努力创造工作机会，但并没有平息事态。2011 年 1 月 14 日，上万名示威者聚集在首都突尼斯市中心内政部前抗议示威，他们的口号从最初的“反贫穷、反失业”，发展到要求政府下台，高喊“要面包、水，不要本·阿里”，“抗议示威直至政权垮台”。当天晚间，总理穆罕默德·加努希在国家电视台宣布，由他代理总统职务，本·阿里流亡国外。17 日，总理加努希宣布突尼斯民族团结政府正式成立，新政府和各政党将集中精力着手对突尼斯的政治、经济和社会进行人民期盼已久的全面改革。② 但是，突尼斯政治生活的“新一页”却并未就此掀开。20 日，原执政党宪政联盟宣布解散。2 月 27 日，总理加努希宣布辞职，贝吉·凯德·埃塞卜西被任命为新总理。3 月 7 日，突尼斯第三届临时过渡政府正式成立。突尼斯将于 10 月 23 日举行制宪议会选举。

---

① 吴文斌：《突尼斯总统弃国出走去向不明，全国进入紧急状态》，人民网，喀土穆 2011 年 1 月 14 日电。

② 康新文：《突尼斯民族团结政府正式宣布成立》，新华网，突尼斯 1 月 17 日电。

突尼斯政局动荡伊始，美欧等西方国家对此并无心理准备，除美国以外的西方领导人都保持了旁观者的沉默。美国谨慎地表达了对突尼斯革命者的褒扬。[①]欧盟虽然口头上表示“支持与欣赏突尼斯人民和他们对民主的追求，民主应以和平的方式取得”，但在突尼斯爆发抗议活动的一个月时间里，法国外交部长甚至为突尼斯政权出谋划策，镇压抗议活动。当然，由于本·阿里的迅速弃职，西方国家并未直接出手干预事态的发展。

（二）埃及

突尼斯的政局动荡是倒下的第一块多米诺骨牌，它在中东北非国家中引发了一连串的“蝴蝶效应”，紧随其后的就是埃及。

2011 年 1 月 25 日，在埃及首都开罗、亚历山大和苏伊士等地，数千埃及居民举行名为“革命和自由”的示威游行，抗议国内普遍存在的腐败、失业率高涨，要求总统穆巴拉克下台。[②] 开罗出动了两三万警力，仍未能阻挡游行队伍。其后的一周内，埃及多个城市有超过 20 万民众上街，多地发生骚乱。[③] 埃及政府随后展开一系列努力，试图恢复稳定。1 月 28 日，“穆斯林兄弟会”5 名领袖和十几名成员被逮捕，开罗等三个大城市实施宵禁。29 日，穆巴拉克要求纳齐夫政府辞职，并任命情报局长苏雷曼出任副总统，前民航部长艾哈迈德·沙菲克为新政府总理。2 月 1 日，穆巴拉克总统宣布不再谋求连任。5 日，执政党民族民主党总书记谢里夫及执行委员会集体辞职，但穆巴拉克留任党主席。6 日，埃及政府与反对派就修宪、提前大选以及结束紧急状态等政治改革问题达成广泛一致，但政府代表拒绝了“将穆巴拉克的权力移交给副总统”的要求。[④]

穆巴拉克的上述努力并未得到民众的理解。2 月 8 日，埃及开罗解放广场 25 万名示威者集会，要求穆巴拉克下台；11 日，穆巴拉克被迫辞职，将权力移交给武装部队最高委员会。13 日，埃及军方宣布解散协商会议和人民议会，中止现行宪法，6 个月后举行总统和议会选举。3 月 19 日，埃及就宪法修正案举行全民公决，结果以 77% 的支持率获得通过。3 月 30 日，埃及公布过渡时期的“政

---

① 《外媒：突尼斯乱局震动阿拉伯世界》，新华网，2011 年 1 月 17 日。
② 《埃及群众集会要求总统下台，警民冲突 3 人亡》，中新网，2011 年 1 月 26 日电。
③ 李来房、冯康：《埃及发生大规模反政府抗议活动》，新华网，开罗 2011 年 1 月 26 日电。
④ 黄培昭：《埃及政坛多派角力》，人民网，开罗 2011 年 2 月 7 日电。

治路线图”，埃及军方宣布将于2011年9月举行议会选举，最晚在11月举行总统选举。①

但是，穆巴拉克下台以及埃及军方的政改努力未能稳定埃及的局势。4月8日，开罗爆发“百万人大游行”，示威者要求“清算穆巴拉克”，并呼吁军方首脑坦塔维辞职。许多埃及人认为“革命并没有成功”，穆巴拉克一手提拔和任命的军事将领仍在执政。4月16日，埃及最高行政法院裁决解散民族民主党，并没收其所有资产。24日，穆巴拉克及其两个儿子被控蓄意谋杀抗议者并且滥用权力谋取私利。② 6月28日夜，开罗再次发生严重流血冲突，示威者打出“打倒武装部队最高委员会”的标语。从7月8日开始，全国有百万人上街游行，呼吁加速改革进程，限制军队权力，并尽快审理前总统穆巴拉克。埃及军方再次让步。③ 8月3日和15日，穆巴拉克两次躺在铁笼中出庭受审，但他否认了控其谋杀罪和贪污罪的全部指控。

埃及作为阿拉伯世界的大国，是美国在中东的可靠盟友之一。埃及政局发生动荡之后，美国就忧心忡忡地关注着形势的发展。美国希望埃及变局不要影响美埃友好，而且绝不希望穆斯林兄弟会等极端组织借机上台。为此，美国保持了谨慎的态度。

（三）利比亚

2011年2月，示威浪潮蔓延到了利比亚，大量民众走上街头，要求政府实施政治和社会改革，继而要求利比亚领导人卡扎菲下台。2月15日夜，在利比亚第二大城市班加西，数百名反政府示威者与亲政府人士爆发冲突，造成38人受伤。从16日开始，包括首都的黎波里在内的多个城市出现抗议活动，要求政府下台。游行示威者与安全部队发生冲突，流血事件不断。16日，卡扎菲发表全国电视讲话，明确表示宁愿牺牲性命，也不会辞职和离开国家，将会强硬对付示威者。截至2月20日，利比亚政府军的武力镇压造成300人死亡、逾1000人

① 黄培昭：《埃及公布过渡时期“政治路线图”：最晚11月总统选举》，中国网，2011年4月1日。

② 冯康、李来房：《埃及检察机关将前总统穆巴拉克及两个儿子送交法院审判》，新华网，开罗2011年5月24日电。

③ 《埃及总理改组压力下住院，新内阁推迟就职》，中新社，北京7月19日电。

受伤。

与对突尼斯、埃及的态度不同，利比亚的政治危机开始不久，西方国家就采取了干预行动。2月25日，美国关闭了其驻利比亚大使馆，并冻结了卡扎菲家族以及利政府在美的一切资产。欧盟各国亦就对利实行武器禁运、旅行禁令和冻结资产达成一致。2月26日，联合国安理会通过决议，要求卡扎菲停止镇压民众，并对他及5个子女和10名高官实施制裁。决议还要求设立一个常设战争罪法庭，以便就卡扎菲是否犯有反人类罪进行调查。①

在政局动荡中，利比亚政府、军队和部族发生了分裂。2月22日，利比亚驻外大使纷纷请辞，强烈谴责利比亚政府野蛮屠杀人民的罪行。利比亚司法部长贾利勒借前往班加西与反对派谈判之机，脱离卡扎菲政权，并于3月5日当选为利比亚反对派领导机构“全国过渡委员会”的主席。内政部长阿卜杜勒·尤尼斯也加入了反对派阵营。以苏莱曼·奥贝迪为首的一部分军人加入反对派阵营，并控制了以班加西为核心的东部地区。利比亚最重要的部族之一瓦尔法拉部族也加入了反对派阵营。反对派力量以班加西为大本营，开始与卡扎菲争夺政治和军事控制权。在武装冲突中，东部的大多数城市落入了反对派之手，卡扎菲控制着首都的黎波里和附近一些城镇以及南部沙漠地区。

3月8日，反对派成立的临时过渡政府利比亚“国家委员会”向卡扎菲发出最后通牒，要求卡扎菲在72小时内下台，否则将面临人民的审判。10日，法国正式承认利“全国过渡委员会”是该国唯一合法政府，成为世界上首个承认利反对派政权的国家。17日，安理会成员国以10票赞成、5票弃权的方式一致通过第1973号决议，要求在利设立禁飞区，但不包括外国派遣地面部队占领利比亚。18日，西方国家对卡扎菲发出最后通牒，要求其立即下台，否则就开始军事行动。3月19日，多国军事干预利比亚，法、英、美等西方国家对利比亚展开了代号“奥德赛黎明”的军事行动，利比亚内战也由此升级为以卡扎菲政权为一方、以利反对派和北约联军为另一方的国际战争。

在此期间，外交斗争与斡旋仍在继续。4月10～11日，非盟调解代表团分别同卡扎菲和反对派举行了会谈。卡扎菲接受了非盟提出的停火“路线图”计划，而反对派则要求以卡扎菲下台为接受该计划的先决条件，致使调停无果而

① 孙宇挺：《联合国安理会一直通过决议制裁卡扎菲》，中新社，联合国2011年2月26日电。

终。5月31日，南非总统祖马代表非盟斡旋，再次以失败告终。对立双方仍然在卡扎菲去留问题上无法达成一致意见。美国和北约声称，卡扎菲下台是任何解决利比亚危机方案的前提条件。俄罗斯原本反对西方国家军事干涉利比亚，但5月在八国集团峰会上转变态度，声称卡扎菲政权已经丧失合法性，他最好流亡国外。

此后数月，双方僵持不下，到7月份战争出现转折，反对派攻势逐渐占了上风。8月23日，利比亚反对派武装攻入卡扎菲大本营阿齐齐亚兵营，占领了卡扎菲在兵营内的住处，卡扎菲去向不明。31日凌晨，数万名利比亚群众聚集在位于的黎波里市中心的绿色广场（现更名为英雄广场），人们挥舞着象征独立的红黑绿三色旗帜，手举各种标语，欢庆胜利。至此，利比亚反卡扎菲武装在战争中取得了决定性的胜利。

截至2011年8月24日，已经有包括美国、英国、法国、德国、日本、土耳其、阿联酋、卡塔尔等40余个国家承认了利比亚反对派政权。① 9月12日，中国宣布承认利比亚“国家过渡委员会”。10月20日，利比亚新政权的军队夺取了卡扎菲的家乡苏尔特，卡扎菲被捕后伤重身亡，利比亚战事基本结束。

（四）也门

也门的游行示威源于2011年1月1日议会通过的一份宪法修正案，它规定总统任期五年，且有权提名自己无限期连任。此修正案一出，遭到反对党的强烈抗议。从1月15日起，也门各大城市陆续爆发了大规模的游行示威。迫于压力，2月2日，也门总统萨利赫宣布终止该宪法修正案，并表示将于2013年任期结束后离任，政权也不会移交给他的儿子。2月15日，约1000名示威者在也门首都萨那举行示威游行，要求总统及其家人离开也门。防暴警察和政府支持者与游行示威者发生冲突。16日，也门其他几个城市也发生反政府示威游行。2月21日，萨利赫声称除非通过选举方式，否则他不会下台。此举彻底激怒了反对派。②

3月18日，也门进入全国紧急状态。反对派要求萨利赫立即辞职。也门形

① 《40多个国家承认利比亚反对派政权》，中新网，2011年8月24日电。

② 《也门总统指责美国煽动骚乱　旨在摧毁阿拉伯世界》，中国日报网，2011年3月2日。

势骤然紧张。经海合会的调停，4 月 23 日，萨利赫同意在 30 日内下台，但随后又拒绝签署调解协议，并出动坦克对付示威者。6 月 3 日，也门总统府突遭火箭弹袭击，包括总统、总理、议长等一系列高官在内的多人受伤；萨利赫前往利雅德接受治疗，并将权力暂时移交给副总统哈迪。萨利赫的离开给也门留下了权力真空，各方势力均想趁乱夺权，也门实际上处于割据状态。

7 月 8 日，在沙特治疗的也门总统萨利赫提出解决危机的新方案，成立由反对派领导的过渡政府，在这期间他仍担任总统职务，总统大选在 60 天以后举行，但遭到反对派的拒绝。① 9 日，反对派宣布将成立“全国执政委员会”，以便在过渡时期管理国家和完成政治改革，这意味着也门出现两个政府并存的局面。

进入 9 月份以后，也门各地多次爆发大规模的示威游行，要求总统立即下台。9 月 2 日，也门数万反政府示威者在萨那变革广场和第六十大街进行集会游行。18 日，十多万名反政府示威者在首都萨那与政府安全部队发生冲突，导致至少 31 名示威者死亡、300 多人受伤，这也是近几个月来也门政府安全部队与反抗示威者之间最为激烈的一次对抗；25 日，萨利赫发表电视讲话，表示接受主张他下台的一项调解方案。同一天，数以万计的抗议者走上萨那街头，要求萨利赫为其数十年间犯下的罪行接受审判。

也门政治危机的发展受到美国等西方国家的高度关注。由于也门是“基地”武装分子来源的大本营之一，而萨利赫是美国的反恐盟友，因此，也门危机开始时，美国担心萨利赫的倒台会使极端分子势力大增，但是美国又不能公开反对也门反对派的民主要求，因此它一直在两难选择中谨慎从事，希望萨利赫能和平交权。②

（五）叙利亚

作为阿拉伯世界的重要一员，叙利亚同样没有逃过西亚北非局势动荡的大潮。2011 年 3 月 18 日，叙利亚南部城市德拉的 15 名小学生在公共场所涂写反政府标语遭到逮捕，学生家长上街抗议，当地警方的暴力压制激起当地民众的强烈不满。21 日，叙政府以德拉市非法武装分子在奥马里清真寺藏匿武器弹药并绑

① 安国章：《也门政府提出解决危机新方案》，人民网，2011 年 7 月 8 日电。

② 《也门：多方搅动，局势难平》，2011 年 9 月 13 日《人民日报（海外版）》。

架儿童为由，派军队袭击清真寺，打死15人，逮捕数百人。25日，叙利亚反对派在全国各地发起名为“尊严日”的示威活动，要求政府推动改革，改善民生，创造就业机会，取消紧急状态法；27日，骚乱蔓延到被视为“阿拉伯复兴社会党”主要“堡垒”的城市利塔齐亚。随后，示威活动在全国多地演变成暴力冲突，数百人伤亡。为了安抚社会不满，叙利亚内阁于29日集体辞职。同一天，叙利亚民众在首都大马士革以及多个省份举行游行，支持巴沙尔以及政府的改革计划，呼吁维护国家稳定，反对外部势力破坏叙利亚的安全与稳定。30日，巴沙尔总统在人民议会发表全国讲话，承认叙利亚改革滞后，并承诺加快改革步伐。

然而，巴沙尔的改革承诺并未能阻止示威抗议的继续蔓延，叙利亚流血冲突不断升级，安全形势持续恶化。4月8日，叙利亚爆发大规模抗议游行示威活动，造成至少20人死亡。① 在强大的政治压力下，巴沙尔被迫做出让步。4月14日，叙利亚宣布组成新一届内阁，前农业部长阿迪尔·萨法利出任政府总理。19日，巴沙尔取消了自1963年开始实施的紧急状态法，废除国家安全法庭，允许公民进行和平示威；但这些有限的让步不能满足示威民众的要求。22日，叙利亚多省市出现了大规模的游行示威，冲突造成百余人伤亡。25日，叙利亚军队坦克开进德拉市，与民众和武装分子交火，有100余人在冲突中丧生。

此后，为了稳定全国的局势，叙利亚政府一方面宣布与反对派进行对话，另一方面逐步推进政治改革。5月13日，叙利亚宣布军队将从各热点地区撤离，并进行全面民族对话以恢复稳定。31日，巴沙尔颁布大赦令，释放所有的政治犯。6月1日，叙利亚成立全国民族对话委员会，负责制定民族对话基础、确定对话工作机制和时间表。6月8日，叙军警在叙土边界的吉斯尔·沙古尔市遭到反政府武装的伏击，阵亡120人，伤数十人。叙军随后调兵展开大规模军事行动，直到13日才勉强恢复当地秩序。西方媒体称，这一伏击标志着叙利亚很可能陷入内战。②

进入7月份以后，尽管叙利亚政府推动了多项政治改革，但政府与反对派之

---

① 拱振喜：《叙利亚爆发大规模抗议游行示威至少20人死亡》，新华网，大马士革2010年4月8日电。

② 《叙利亚局势陡然恶化》，2011年6月8日第15版《环球时报》。

间的对峙仍然十分紧张。叙利亚主要反对派均拒绝参加政治和解进程。7 月 31 日晚，叙军警进入哈马和代尔祖尔两市，与武装分子发生交火，造成至少 140 人死亡。8 月 21 日，巴沙尔表示，全国的安全局势开始好转，叙利亚将继续推进政治改革。

8 月 23 日，叙利亚反对派在土耳其伊斯坦布尔宣布成立全国委员会，其目标是推翻并取代叙利亚总统巴沙尔·阿萨德现政权。9 月 2 日，叙利亚重新爆发了大规模的反政府抗议示威，要求巴沙尔·阿萨德下台，并呼吁国际社会干预，以保护抗议者的安全。

在利比亚战事大局已定的情况下，叙利亚成为国际社会关注的焦点。和利比亚相似，叙利亚也曾被美国列为“邪恶轴心”和“流氓国家”。叙利亚与伊朗的密切关系令美国芒刺在背。不过，由于叙利亚在中东地区的战略平稳中扮演着重要角色，与以色列、黎巴嫩、伊朗、巴勒斯坦的哈马斯都有着错综复杂的关系，因此美欧均不敢轻易插手。因此，在叙利亚危机中，美欧仅通过表态、制裁和喊话的方式推波助澜，声援反对派的“民主夺权”运动。4 月 29 日，美国政府决定对叙利亚进行经济制裁。7 月 11 日，美国国务卿希拉里公开指责巴沙尔政权失去了“合法性”。① 8 月 18 日，针对叙利亚镇压示威者事件，美欧首脑分别发表声明，呼吁阿萨德“面对现实”。② 尽管有分析认为美国和欧洲大国可能会进行伊拉克、阿富汗、利比亚之外的“第四次战争”，叙利亚或将沦为下一个“利比亚”，③ 但这种军事干预的可能性不大。

（六）巴林、约旦、阿尔及利亚、伊朗

除了上述几个政局动荡的国家之外，中东北非的其他国家也程度不同地受到了这场风潮的波及。

在巴林，2011 年 2 月 14 日发生了反政府抗议示威，占人口多数的什叶派穆斯林对掌握政权的逊尼派的政策不满，要求现政权进行政治和社会改革。17 日，警方与示威民众爆发冲突，造成至少 4 人死亡，数十人受伤。④ 反对派提出，除

① 《美从暧昧到谴责引叙不满》，2011 年 7 月 13 日第 2 版《环球时报》。

② 《欧美促叙利亚总统下台》，2011 年 8 月 19 日《联合早报网》。

③ Ribal Al-Assad, “Is Syria the Next Domino?” *Project Syndicate*, March 2, 2011.

④ 《小国巴林钻进风暴眼》，2011 年 2 月 18 日第 1 版《环球时报》。

非首相（国王的叔叔哈利法）和国王下台，否则不同意与政府进行对话，被巴林王室拒绝。

3月15日，巴林宣布进入为期三个月的紧急状态，同时请求海湾阿拉伯国家合作委员会成员国出兵协助稳定局势。在海合会的支持下，科威特、沙特和阿联酋派出海军部队和军警进驻巴林。此后，巴林社会秩序逐步恢复正常。6月1日，巴林撤销了紧急状态法令。哈马德国王表示愿意与国内所有派系讨论改革问题。但是，巴林最大什叶派反对党维法格党以政府没有诚意为由退出了对话，并继续领导反政府示威游行。

由于巴林是美国海军第五舰队司令部所在地，因此美国政府大力支持巴林王室，不希望中东出现第二个什叶派政权。2月19日，美国总统奥巴马只是温和地谴责了巴林政府18日的镇压行动。① 3月23日，美国国务卿希拉里表示，向海合会请求安全支援是巴林的正当权利。她警告伊朗不要干涉巴林和海合会国家的内政。考虑到国内和国际的各种因素，巴林反对派尚不至于对现政权形成根本的威胁。

在约旦、阿尔及利亚、伊朗，也都发生了抗议示威。1月28日，约旦多个城市的民众走上街头，抗议物价上涨和严重的失业问题。在首都安曼老城，5000多名示威者要求首相里法伊立即辞职并解散议会。2月12日，阿尔及利亚数千名民众示威要求总统布特弗利卡下台，被防暴警察驱散；14日，数百名阿尔及利亚青年在示威中与该国安全部队发生冲突，数十人受伤。2月14日，伊朗爆发了大规模的反政府示威，导致2人死亡，多人受伤；16日，伊朗最高领袖哈梅内伊表示，伊朗伊斯兰革命胜利33年来，一直坚强挺立，不断取得前进，是中东地区乃至世界的样板；伊朗永远不会被打倒。由于上述几个国家的现政权对国内局势的控制以及政府应对危机的改革举措，因此这些国家的局势基本上仍在可控的范围之内。

二 导致局势动荡的主要原因

此次中东北非事件既不同于传统的革命，也非普通的骚乱。运动中虽然没有

① 李弘敏、陈依秋：《奥巴马谴责巴林也门利比亚三国武力镇压示威》，凤凰网，2011年2月19日。

强大的阶级力量、组织严密的政党，甚至也没有一个高瞻远瞩的明确的斗争纲领，但在全球化背景下，借助信息化的有利条件，却能够形成群众广泛参与、要求改变民生、实现民主政治的政治变局。此次政治动荡的形成，并不是某一个因素导致的，也不是短期内的突发事件，而是多种因素经过长时间发酵的结果。

（一）衰退、失业、民生

近几年来，美国次贷危机引发全球经济形势恶化，阿拉伯国家纷纷陷入经济衰退，失业、贫困是大部分阿拉伯国家面临的重大社会问题。根据国际劳工组织2011年公布的数据，年轻人失业率最高的地区是中东和北非，两地的失业率均在24%上下，年轻人的失业率可能是成年失业者的3倍。在埃及，占总人口70%的年轻人面临失业的危险，甚至受过高等教育的人也很难找到工作。联合国的一份有关阿拉伯国家发展的报告称，2005年阿拉伯国家总体失业率高达14.4%，远高于同期全球6.3%的平均水平。特别是青壮年失业率居高不下，成为部分阿拉伯国家经济安全的最大威胁。由于人口增长迅速，到2020年，阿拉伯国家需要创造5100万个新的工作机会，届时阿拉伯国家的青年失业率将为全球平均失业率的一倍。① 据埃及国家统计局最新统计显示，埃及2009年第一季度的失业人口为234.6万，失业率达9.4%。②

经济衰退造成的通胀加剧、物价飙升、货币贬值，使得人民的生活困苦不堪。据埃及2008年7月发布的数字，当年6月份的城市通货膨胀率由5月份的19.7%升至20.2%，为近20年来的最高水平。③ 有报道说，阿拉伯国家的贫困率普遍居高不下。黎巴嫩和叙利亚的贫困率在28.6%～30%之间，埃及为41%、也门高达59.9%。据此推算，大约有6500万阿拉伯人生活在贫困状态。④ 民众生活困苦，看不到前途，自然会“穷则思变”。失业率攀升和贫困是广大民众走上街头示威的直接原因。

---

① 《阿拉伯国家面临的三大威胁——失业、贫穷和经济衰退》，中国商务部网站，2011年1月27日。

② 陈公正、王薇：《埃及失业率上升至9.4%》，新华网，开罗2011年5月5日电。

③ 余忠稳：《埃及通货膨胀率创下近20年来新高》，新华网，开罗2008年7月11日电。

④ 《阿拉伯国家面临的三大威胁——失业、贫穷和经济衰退》，中国商务部网站，2011年1月27日。

前IMF首席经济学家、哈佛大学经济学和公共政策教授肯尼思·罗格夫（Kenneth Rogoff）认为，失业高企、触目惊心的不平等以及一飞冲天的基础商品价格是导致此次动荡的重要原因，而社会不平等是令未来十年不可知的最重要的因素。① 虽然有一些国家例如埃及和突尼斯的教育程度较高，许多年轻人能享受大学教育，但毕业后往往很难找到工作。由于阿拉伯国家年龄中位数②大多在25岁上下（最高的巴林为30.4岁，最低的也门仅为17.9岁），因此年轻人的就业问题对于社会稳定来说已变得至关重要。一个突尼斯年轻人的自焚之所以会在整个中东北非地区燃起动荡之火，原因就在这里。

表1　中东北非国家政治社会概况

国　别	总统/国王	年龄（岁）	掌权时间（年）	年龄中位数（岁）	2010年全球腐败指数排名	动乱指数
突尼斯	本·阿里	74	23	29.7	59/178	49.4
埃及	穆巴拉克	82	30	24	98/178	67.6
利比亚	卡扎菲	68	42	24.2	146/178	71
叙利亚	阿萨德	45	11	21.5	127/178	67.3
也门	萨利赫	64	33	17.9	146/178	86.9
巴林	哈马德	61	12	30.4	48/178	37.7
约旦	阿普杜拉二世	49	12	21.8	50/178	50.3
伊朗	内贾德	54	6	26.3	146/178	—
沙特	阿普杜拉	87	6	24.9	50/178	52.8
阿尔及利亚	阿普杜勒阿齐	73	12	27.1	105/178	51.3

注：腐败指数排名越靠前，腐败程度越低；动乱指数越高，国家越不稳定。

资料来源：世界银行、美国中央情报局、英国《经济学人》杂志、透明国际。转引自《凤凰网》，http：//news.ifeng.com/world/special/zhongdongbianju/。

（二）贪污腐败、两极分化、民怨沸腾

如果说对民生的诉求是导致政局动荡的社会条件，那么社会的不公平和不公正所激起的民怨则是民众抗议的直接动因。由于这些国家的领导人长期执政，政

① Kenneth Rogoff, "The Inequality Wildcard," *Project Syndicate*, Feb. 4, 2011.

② 年龄中位数指将全体人口按年龄大小的自然顺序排列时居于中间位置的人的年龄数值，它是一种位置的平均数，它将总人口分成两半，一半在中位数以上，一半在中位数以下，反映了人口年龄的分布状况和集中趋势。

治体制僵化，缺乏民主，因此政府腐败、盛行裙带关系、利益集团和社会分配不公等成为普遍现象。这些国家的特权阶层利用手中的权力和对经济资源的垄断，从经济全球化中获得了巨大的利益，导致贫富悬殊，两极分化，这使得民众存在普遍的不满。

以埃及为例。占埃及总人口20%的富裕阶层，占有社会财富的55%；占人口20%的中产阶层，占有社会财富的27%；占人口60%的低收入和贫困阶层，只拥有社会财富的18%。[①] 在埃及，贪污受贿、收回扣、要小费是司空见惯的事情。普通埃及人的工资很低，然而，一些中高级公务员却有着可观的月收入。埃及的社会结构就如同著名的金字塔一样，社会财富越来越集中在少数富人手里。

在发生政局动荡的这些国家，领导人大多执政多年。82岁的穆巴拉克执政30年，74岁的本·阿里执政23年，而68岁的卡扎菲已掌权42年。长期在位而缺乏有效的制度监督和改革的动力，腐败滋生是必然的。在这样的政治体制下，民众的不满无处发泄，他们不能像民主国家那样通过完备的政治体制去表达诉求，向政府施压，而只能诉诸推翻政府的方式来改变现状。

（三）战略环境、民主化浪潮、政权合法性

从国际环境来看，冷战结束后外部安全威胁的下降弱化了西亚北非国家的政权合法性。冷战时期，该地区国家面临的主要威胁来自西方和以色列，维护国家安全和主权成为这些国家政权合法性的重要基础之一。来自外部的威胁掩盖了阿拉伯国家内部的社会矛盾，民众基本上是支持本国政府的。冷战结束后，越来越多的阿拉伯国家效仿埃及，放弃了反美反以政策。2004年，甚至卡扎菲都放弃了核计划，与美国改善了关系。也门更是成为美国反恐的重要合作伙伴。阿拉伯世界与美国和以色列关系的改善，使得原本被压制的国内问题逐渐暴露出来，民众对政府的诉求也从安全问题转向发展问题。

全球民主化思潮的传播对阿拉伯国家民众的意识形态也产生了较大的冲击。阿拉伯国家的政体主要分为君主制和共和制两种。君主制国家的合法性来自于伊斯兰主义＋王族的历史，而共和制国家的合法性则是建立在伊斯兰主义＋民族主

① 《阿拉伯世界“政治地震”频发的背后》，2011年2月26日《瞭望》。

义之上。随着这些国家年轻人构成社会民众的主体，国家的社会意识开始发生变化。与老一代相比，新一代人受教育程度更高，对于西方价值观的接受程度也更高。于是，在这些阿拉伯国家中，西方民主思想开始与穆斯林传统分庭抗礼，尤其是在阿拉伯共和制国家中这种情况更为明显。

在国家安全和意识形态两个政权合法性基础均遭弱化的情况下，阿拉伯国家的政府要建立新的合法性就需要实现经济和社会的发展以获得民众的认同。然而，多数阿拉伯国家在面对经济衰退、权力腐败、社会两极分化等多重挑战的情况下，根本无力解决这些问题，因而也不能建立新的政权合法性。从观念的层面看，这么多民众之所以敢于走上街头，正是因为他们对于政府合法性的认识已发生了变化。随着民怨的逐渐累积，一旦遇到类似突尼斯小贩自焚这样的导火索，普遍的社会不满就会演变成广泛的社会抗议运动。“阿拉伯之春”就是因此形成的。

对于这次动荡，有观点认为美欧等国家的推波助澜也是重要原因。但事实显然并非如此。从埃及到利比亚、也门，这些国家都与美国政府保持着良好的合作，尤其是埃及。美欧国家的摇旗呐喊以及对利比亚的军事干预，充其量只是加剧了动荡的蔓延，影响了战争的进程，却并不是引发动荡的根源。正如美国前副国务卿阿米蒂奇所说：“从某种程度上说‘阿拉伯之春’实际上是一种水到渠成，机会成熟的必然结果。与美国的介入无关。”①

另外，互联网的作用的确不可小觑。突尼斯、埃及等国家的动乱，动员令都是通过互联网和微博网站发布和传播的，推特、脸谱等是“功不可没”的。不过，互联网毕竟只是传播的工具，没有互联网，这场骚乱也可能不会蔓延得如此快速，但只要那些内因存在，骚乱迟早都会爆发，至多只是表现形式有所不同。总之，这些外因有作用，但并不是根本动因。

三　中东北非变局的影响

在中东北非地区的政局动荡中，突尼斯、埃及和利比亚三国已发生政权更迭，叙利亚、也门动荡加剧。从发展趋势看，在近期该地区的经济形势和安全形

① 「朝日新聞」2011年9月8日付　オピニオン面　「世界は変わったか」。

势有可能进一步恶化，地区力量的格局或将面临重新洗牌，美欧等大国将围绕地区主导权展开新一轮博弈。

（一）加剧经济衰退

从历史上看，中东北非国家因为长期受外国干预，经济结构单一，石油资源的出口严重依赖国际市场，在经济全球化进程中处于边缘化地位。冷战结束，美国在中东北非地区只手遮天，埃及、沙特、巴林、约旦等国形成了严重依赖美国的“依赖经济”。在2007年国际金融危机发生之后，这种畸形的经济结构终于无法为继，最终引发了政治动荡。但是，政治动荡、政权易主却并不意味着革命的原因就消失了，如果经济问题不解决，社会就难以稳定，而新政权更不可能稳固。

从目前的形势来看，持续数月的政治动荡使该地区的经济形势进一步恶化，多国股市大跌，投资大量撤出。埃及、也门、约旦、巴林、突尼斯和利比亚原本是社会比较安定的国家，如今这些国家的经济因政治动荡遭受了巨大的冲击。据初步估算，突尼斯全国直接经济损失达30亿第纳尔（约合21.4亿美元），全国40%的企业停工减产，甚至被抢被焚。旅游是突尼斯经济的支柱产业，每年产值约占国民经济的5.5%，外汇收入占全国外汇总收入的19%。有200万突尼斯人直接或间接靠旅游业生活，约占全国人口1/5。自政局发生变化以来，该国的外国游客锐减了1/3。在埃及，2009年的沿海旅游以及古迹旅游收入达到110亿美元，占GDP的10%。动荡发生后，2011年2月份，埃及三大产业受损严重，其中旅游业损失高达70亿埃镑，仅在1月最后一周，就有21万外国游客离境，直接导致了1.78亿美元的损失，而2月份取消酒店预订的损失高达8.25亿美元。埃及经济专家纳齐夫教授表示，假如埃及的经济增长率下降到3%，失业率将会上升1个百分点，达到9.5%，全国的失业人口将达到245万，这将给政府增加新的巨大压力。①

政治动荡还引发了严峻的社会安全问题，社会秩序受到破坏。在也门，示威者和政府支持者曾多次发生冲突，甚至有个别人开枪，一些沿街店铺被迫关门，学生不敢去上学。② 在突尼斯，近万名囚犯在局势动荡期间越狱，恐怖分子也趁

① 黄培昭、焦翔：《中东北非动荡负面效应凸显》，人民网，开罗2011年2月20日电。

② 《中东北非百姓深受动荡之苦》，2011年3月2日《参考消息》第11版。

机在民众中制造恐慌，绑架事件时有发生，不少地方还出现了“泄私愤、报私仇”现象，严重影响了突尼斯的社会稳定。在埃及，极端分子趁机发动袭击，2月5日北部阿里什一天然气管道被炸，同时一座基督教堂被投掷炸弹。

对中东北非国家来说，经济结构转型和经济发展是需要稳定的政治和社会环境的。就目前的情形而言，且不说处于动荡中的叙利亚和也门，即便是“革命”已经成功的突尼斯和埃及，街头政治仍在继续，短期内很难形成一个稳定的政府，更不要说提出一套可行的发展战略。以埃及为例，埃及新政府很可能要包括三派力量：“穆斯林兄弟会”是一个带有深厚伊斯兰色彩的政党，代表着该国的宗教势力；军方是国家权力中的实力派，目前临时掌握国家权力；此外，还有数十个世俗政党。这三股力量的实力基础、权力来源、执政理念和行为模式都大不一样，要将它们纳入一个新的政治框架不是容易的事。利比亚、也门等其他国家的情况也是一样，因为各派势力的相互斗争，这些国家将很有可能陷入长期的部族纷争，甚至是内战。目前，利比亚反对派中包含了五支政治力量，它们能否在推翻卡扎菲之后建设一个民主的国家，还面临着诸多挑战。如果不能实现国家的稳定，不能获取民众的一致支持，不能解决严峻的社会问题，那么动荡的局面就有可能继续下去。①

（二）引发地区安全的新威胁

中东北非作为一个盛产石油和具有重要地缘战略位置的地区，长期以来有复杂的宗教民族矛盾，在内外部因素的相互影响下，历来就是一个火药桶，问题重重。此次中东北非事件毫无疑问会再度加剧地区局势恶化，让和平可望而不可即。

首先，它有可能制造新一轮的难民潮，影响欧洲的安全和稳定。据联合国难民署统计，自2011年初该地区出现动荡以来，抵达意大利的难民人数已达到5.2万余人，其中有超过2.7万人来自利比亚。8月16日联合国难民署发表通报称，大批来自利比亚和突尼斯的民众由于种种原因仍在继续出逃，冒着生命危险经海路前往欧洲寻求机会，至今已有超过1500人因此在海上丧生。② 据意大利

---

① Leila Fadel, “In Libya, the Peril of Being Black,” *Washington Post*, September 9, 2011.

② 《联合国称中东北非大批难民出逃 逾1500人已遇难》，中新网，2011年8月17日电。

相关结构估计，中东北非动荡将可能导致一百万难民涌向欧洲邻近国家，威胁到欧洲国家的安全和稳定。鉴于该地区的动荡局势仍在持续，难民危机对欧盟的团结是个严峻的考验。

其次，恐怖主义势力在该地区有可能重新抬头，影响到整个国际反恐的态势。中东北非地区向来是恐怖主义和伊斯兰激进分子的温床，为了打击恐怖主义，美国与利比亚、也门等国家的政府达成了反恐合作。但是，在此次国家动荡中，这些国家原有的政权已经或者即将发生更迭，而伊斯兰激进势力和民族主义浪潮的再度兴起，意味着支持恐怖主义或恐怖主义势力、伊斯兰教激进派势力可能在一些国家掌权，从而可能对美国所领导的国际反恐合作产生颠覆性影响。

再次，该地区的武装冲突有可能会增加。这主要表现在三个方面：一是目前处于政治动荡中的国家如利比亚、也门、叙利亚，仍在持续的军事冲突有可能演变成持久的内战。二是持续多年的阿以冲突有可能在该地区民族主义情绪上升和一些国家政权更迭的情况下再度激化。例如，埃及新政府就改变了对以政策，使哈马斯与埃及从敌手变为合作伙伴，巴勒斯坦的反以势力得到增强。三是伊朗核问题可能再度升级。利比亚放弃核计划后在北约的军事打击面前束手无策，使得伊朗会坚定发展核武器的决心。这些变数和挑战都将加剧中东北非地区的动荡局势。

（三）推动地区力量格局的改变

从民族属性来看，中东地区的政治格局有四极，即阿拉伯人组成的阿拉伯世界，波斯人为主体的伊朗，突厥人构成的土耳其以及犹太人建立的以色列。这几大力量的互动，在冷战后形成了埃及、土耳其、沙特和伊朗主导地区事务的格局。此次中东北非政治动荡，民族主义情绪上升，政权更迭，使得地区力量有可能出现新的结构。以色列海尔兹利亚国际问题研究中心主任 Barry Rubin 认为，中东的地区格局所受到的巨大冲击，堪与 30 多年前的伊朗革命的冲击相比。[①] 还有学者认为，中东的地缘格局就如同棋局，即便只拿走一个小卒，也不可避免地会改变所有其他棋子间的关系。[②] 经过此次动荡，原有几大力量的地位与影响

① Alistair Lyon, "Special Correspondent Analysis: Egypt Unrest Shakes Arab World," *Reuters* BEIRUT, Jan. 31, 2011.

② Ribal Al-Assad, "Is Syria the Next Domino?" *Project Syndicate*, March 2, 2011.

都有变化。

（1）土耳其大国地位凸显，欲争当“新中东”的领导者。加入欧盟受阻后，土耳其转而向东发展，希望依托中东实现地区大国的梦想。此次中东北非事件为土耳其扩大在中东地区的影响提供了难得良机。在经济上，作为G20和展望五国（越南、印尼、南非、土耳其和阿根廷）的成员，土耳其经济发展势头良好，2010年上半年经济增长率在20国集团中排名第二。在政治上，对身处民主化旋涡的阿拉伯国家来说，既实行民主政治的同时又保持传统价值观的“土耳其模式”有着巨大的吸引力。为了赢得阿拉伯国家的支持，土耳其数月以来加强了反以论调，公开支持巴勒斯坦入联。2011年9月12日，土耳其总理埃尔多安15年来首访埃及，并对突尼斯和利比亚进行了巡回访问，表示将与阿拉伯国家的新政府保持友好关系。一些专家预测，土耳其希望取悦阿拉伯国家民众和新精英，以便成为他们即将进行的改革的“指导者”。①

（2）埃及从原有的亲美立场后退，“去穆巴拉克化”非常明显。动荡之后，埃及原有的特殊地位和影响力大大削弱，但是埃及又不甘心地区领导地位被他国取代，因此积极调整了对外政策。一方面，埃及缓和与伊朗的关系，允许伊朗两艘军舰通过苏伊士运河。埃及外交部发言人明确表示：“前政权一直将伊朗视为敌人，但我们打算实行不同的对伊政策”。另一方面，调整了与哈马斯和以色列的关系。在埃及的调解下，4月27日，巴勒斯坦法塔赫和哈马斯在开罗草签了“巴勒斯坦民族和解初步协议”。埃及外长表示，埃及准备永久开放拉法口岸，使得货物和人员可以不再受以色列的监督，能够自由进出加沙地带。在中东，美国一向视伊朗为其在中东最危险的敌人，视哈马斯为恐怖主义组织，埃及改善与伊朗和哈马斯的关系，无疑令美国和以色列处境尴尬。此外，针对土耳其9月提出的以土埃“民主轴心”为基础建立新中东的设想，埃及反应冷淡。有分析认为，“埃及是一个骄傲的国家，自认为是领袖，它不会甘心让土耳其篡夺原本属于它的领导权”。②

（3）沙特阿拉伯在中东的影响力受到牵制。从目前的局势来看，沙特国内

---

① Anthony Shadid, “Turkey predicts alliance with Egypt as regional anchors,” *The New York Times*, Sept. 18, 2011.

② Guy Taylor, “Turkey's ‘Axis of Democracy’ is not an easy sell in Egypt,” *World Politics Review*, Sep. 21, 2011.

虽然也出现了一定程度的社会动荡，但是沙特人民没有要求国王下台，而只是要求更大的政治自由及提高财政透明度。为了顺应变革的浪潮，沙特阿拉伯9月25日宣布首次赋予妇女投票权，并允许女性进入“协商会议”。虽然这个世界上最大的产油国发生政治动荡的可能性并不大，但随着埃及政权易手和新政府外交政策的调整，沙特与埃及之间原有的良好战略关系即使不发生逆转，也会大不如前。失去了埃及这个伙伴的支持，沙特在中东的影响力可能会有所下降。

（4）伊朗的局势是喜忧参半。自内贾德上台以来，依托丰富的石油储量，伊朗竖起民族主义的大旗，致力于成为地区大国。此次中东动荡主要冲击的是亲美反伊的国家，伊朗作为该地区的反美斗士，无疑受益于此次危机。埃及政坛更替，沙特等海湾国家忙于自保，美国在中东精心构建的“反伊统一战线”不攻自破，伊朗的外交空间进一步拓展，生存环境较之前有了较大的改善。不过，伊朗在阿拉伯世界的主要盟友叙利亚也深陷危机，一旦叙利亚政权被推翻，亲美的反对派上台，伊朗精心构筑的战略缓冲区将不复存在，这对伊朗十分不利。因此，伊朗能否实现中东的“大国梦”还有着不确定性。

（5）以色列的国际环境恶化。在过去20年，以色列在中东的地缘政治态势基于两大地区联盟：与埃及的悄然合作以及对土耳其的公然支持。此次动荡令以色列的国际环境发生重大变化，在中东地区面临被完全孤立的风险。2011年9月2日，土耳其外长宣布将土以两国外交关系“降至二等秘书层次”。9月6日，总理埃尔多安宣布中止与以贸易、军事和国防工业关系，并有意在地中海部署军舰，以对抗以色列的“侵略”。9月15日，埃及总理埃萨姆·谢拉夫公开声称，当年埃以签订的戴维营协议“并非圣书”，暗示可能重新修改。以色列专栏作家本·卡斯皮特在以色列《青年报》上撰文指出：“9月份以色列没有了土耳其的支持，又险些失去埃及的支持，现在约旦因害怕而陷入瘫痪，欧洲则非常敌对，美国几乎是漠不关心。以色列在全世界的形象降至最低点。最糟糕的是，其最好的朋友都开始对其失去兴趣。”①

（四）西方大国中东战略的调整

中东事务从来都少不了美国的参与。在中东，美国的利益关切主要是石油、

① Joshua Mitnick, “Isreal arrives at a tough diplomatic intersection,” *The Christian Science Monitor*, Sep. 12, 2011.

以色列、反恐和遏制伊朗。从美国的利益出发，就不难理解美国在此次动荡中为何会对不同国家采用不同的政策，对亲美政权是旁观甚至支持，对反美政权则是武力干预，民主大旗的挥舞是服从美国的利益需要。对于伊朗，奥巴马鼓励抗议者“鼓起勇气，从而表达自身对进一步的自由和更具代表性的政府的渴望”，但对巴林这个美国海军第五舰队的驻扎地，奥巴马却站在了政府的一边出谋划策。①

受金融危机和两场战争的影响，以及美国战略重心东移的牵制，奥巴马政府对中东北非事件的政策在原则上是“多说少做”，目的是避免让美国再陷入另一场冲突。对美国来说，这实际上是一个两难境地，一方面不能放弃中东的战略利益，包括地缘政治利益、能源利益与反恐利益，另一方面又要维护自己的支持民主的形象，不得不听任原本对其有利的政权的倒台。美国是在实行双重标准，但中东新秩序的重建却未必能如其所愿。

对利比亚的军事干预，美国实行了“新形式介入”。就如何应对利比亚危机进行商议之始，奥巴马就明确表示：如果美国必须牵头，他不希望使用武力。只有在其他国家牵头并且得到联合国安理会授权的情况下，美国才会参与军事干预行动。奥巴马政府似乎有意不过快采取行动，也不单独展开行动，强调攻击利比亚是“国际行动”，美国是与“广泛的联盟”共同行动，包括欧洲和阿拉伯世界的伙伴。② 这种安排意味着一个新模式，即美国不必指挥每一次行动或者领导每一次进攻。

中东北非政局动荡发生之后，美国在中东地区的影响力在一定程度上受到削弱。在政局动荡国，阿拉伯国家的民族主义情绪上升，反美声音渐强。在这些国家，反对华盛顿插手本国事务成了获取政治支持的可靠基础。美国社会学家、历史学家伊曼纽尔·沃勒斯坦认为，美国是此次阿拉伯起义的大输家，即使是那些喜欢并且依赖于美国干涉的人也发现，继续这样的立场也是很危险的。③ 事实

---

① Mark Landler and David E. Sanger, “U. S. Follows Two Paths on Unrest in Iran and Bahrain,” *The New York Times*, Feb. 15, 2011.

② Adam Entous and Laura Meckler, “Libya raids show Obama doctrine in action,” *The Wall Street Journal*, March 20, 2011.

③ Immanuel Wallerstein, “The second Arab revolt: winners and losers,” *Agence Global/Middle East Online*, Feb. 1, 2011.

上，埃及等阿拉伯国家已在重新评估与美国的关系。即便是反对派上台的利比亚，也未必会与美国走得很近。

从国际关系来讲，美国在中东地区的传统盟友土耳其和以色列关系交恶，让美国十分为难。土耳其对于华盛顿的重要性是显而易见的，它是北约成员国，在阿富汗驻军，与伊拉克北部有着密切的经济联系，是美国的反恐伙伴，并在2011年9月刚刚加入北约导弹防御系统。如今，以色列在中东四面楚歌，埃以关系和土以关系都倒退了。9月23日，巴勒斯坦主席阿巴斯正式向联合国提交入联申请，巴以关系又面临着新的变数。一旦埃及宣布修改或废除戴维营协议，阿以关系将再度陷入动荡；一旦巴以冲突再起，美国的中东战略布局就会被搅乱。华盛顿国际危机组织的资深分析员罗伯特·马尔利表示，这个地区已经崩溃，美国过去的手段现在都已经没有作用了。这场喧嚣给美国带来了诸多挑战和糟糕透顶的局面，而这在过去几乎是不可想象的。①

当然，此次中东乱局给美国以及西方国家也带来了一些机遇。借此次中东示威狂潮之机，美国和欧盟等西方国家终于成功地将西方民主化的浪潮引入了中东，打破了该地区原有的“文化例外论”。美国《外交政策》杂志的一篇评选认为，“阿拉伯之春”促成了阿拉伯世界的民众从“例外论”中觉醒，是近十年中比“9·11”事件更重要的历史机遇。②

在政权变更中，美国和西方国家如愿以偿地将利比亚卡扎菲政权赶下了台，除去了一个眼中钉，并且将叙利亚的政局推到了危险的边缘。此次西方国家干预利比亚，法国和英国领导人在说服美国获得联合国授权方面起了重要的推动作用，而利比亚干预的成功也给这三位国内政绩不佳的首脑带来了一些好处。

为了推动阿拉伯世界的民主化，西方国家进一步加强了对该地区的经济援助。2011财政年度，美国对中东援助将达到70亿美元，受援国包括以色列、埃及以及约旦、巴勒斯坦和黎巴嫩等。9月29日，欧盟与突尼斯新签署了一项数十亿欧元的援助协议，帮助突尼斯实现平稳过渡。英国《泰晤士报》的文章

① Steven Lee Myers, “Tumult of Arab Spring Prompts Worries in Washington,” *The Washington Post*, Sept. 18, 2011.

② David J. Rothkopt, “The Black Hole of 9/11,” *Foreign Policy*, Aug. 29, 2011.

称，在阿拉伯国家起义的历史性时刻，西方国家应该效仿第二次世界大战后美国支持欧洲重建的马歇尔计划，勇敢采取行动向阿拉伯改革者表明，他们冒的风险将迅速得到回报，而西方国家也可以通过较小的成本确保他们在该地区的利益。①

四　小结

在总体上，这场席卷阿拉伯世界的民主运动将会重组中东的地缘政治格局。但是，因为动荡尚未结束，局势变幻莫测，它将以何种方式冲击原有的格局以及塑造未来的格局都还存有很大的不确定性。一些资深分析人士认为，这场运动应该有一个更中立的名称，例如“不确定的阿拉伯过渡”，以传递没人能够预测这场运动将走向何方的事实。② 美国前驻以色列大使塞缪尔·刘易斯（Samuel Lewis）声称，这是1967年以来中东最大的一场运动，而没有人能够真正看到其最终的结果。③ 中东北非乱局最终走向何方，还需要时间来检验。

1963年美国气象学家爱德华·罗伦兹在阐释“蝴蝶效应”时说过这样的话：“一只南美洲亚马逊河流域热带雨林中的蝴蝶，偶尔扇动几下翅膀，就可以在两周以后引起美国得克萨斯州的一场龙卷风。”这次，一个突尼斯小贩的自焚所引发的中东北非多个国家的政治动荡，至今仍看不到终点。如果动荡长期持续，蝴蝶效应会持续发酵，它不仅会严重冲击中东北非地区的政治经济格局，而且会经由粮食和石油市场等机制传导至世界经济与政治层面，最终带来的影响难以预料。

展望中东北非事件的近期走势，我们可以做出如下判断：无论是已经实现了政权更迭的突尼斯、埃及和利比亚，还是仍处于动荡之中的叙利亚、也门，无论是街头政治还是议会政治，一旦打破了原有的桎梏，国内各派力量之间的冲突和争斗将被释放，会长期干扰这些国家的政治、社会稳定，经济形势更是难以在短时期内好转。从这个角度来看，政权更迭并不代表着问题的解决，但会在一定

① Glenn Hubbard, “A Marshall Plan for the Middleeast,” *The Times*, Feb. 21, 2011.

② David Ignatius, “An uncertain Arab transition,” *The Washington Post*, Aug. 19, 2011.

③ Uriel Heilman, “News analysis: Arab unrest alters power balance in as yet unseen ways,” *Jewish Telegraphic Agency*, March 1, 2011.

程度上降低动荡的传播烈度和广度。尤其是对政权比较稳固的国家而言，在动荡的高峰期过后，政府只要能够迎合民意做出积极改革的努力，政权危机就可能避免。但是，无论过程如何痛苦，阿拉伯国家的政治转型已经是大势所趋，不可逆转。

主要资料来源

The Washington Post.

The Wall Street Journal.

The Christian Science Monitor.

The New York Times.

Reuters.

Project Syndicate.

The Times.

Agence Global/Middle East Online.

《联合早报网》。

《环球时报》。

《中国日报》。

人民网，http：//www. people. com. cn.

凤凰网，http：//www. ifeng. com.

新华网，http：//www. xinhuanet. com.

新浪网，http：//www. sina. com. cn.

中新网，http：//www. chinanews. com.

The Arab Spring and Unrest in the Middle East

Lang Ping

Abstract: During the past several months, the uprising in Tunisia rapidly spread to Arab countries in North Africa and the Middle East: Egypt, Libya, Yemen, Syria, and other countries are all facing varying degrees of unrest. At present, there has already been regime change in Egypt and Libya, and anti-government protests are starting or continuing in other states. The Arab unrest began due to the livelihood crisis whereby the people suffered job losses, poverty, and injustice. However, the street demonstrations soon evolved into political movements calling for liberty, democracy, and equality. Also known as the Arab Spring, this movement not only caused a political crisis in this region, but also affected the existing security patterns in the region. Given the current situation, the unrest in the Middle East and North Africa is likely to continue for the foreseeable future.

Key Words: Middle East; North Africa; Arab World; Unrest; Uprising

全球问题与全球治理

Global Issue and Global Governs

Y.7

全球恐怖主义与反恐怖斗争（2010～2011）

邵　峰*

摘　要： 2010～2011年度的全球恐怖主义活动在数量上和烈度上与上一年度大体处于同一水平，对国际安全的威胁仍然比较严峻。威胁主要来自宗教极端型恐怖主义、民族分离型恐怖主义、极右翼恐怖主义和其他各种极端的反政府武装。“基地”领导层虽然连受重创，但由于该组织呈现碎片化、网络化、本土化和意识形态化等趋势，仍旧是最具威胁的恐怖网络，并且其分支机构的活动能力越来越强。2011年，反恐问题作为国际政治斗争中的博弈因素作用更为明显，极右翼恐怖主义大有抬头的趋势。在“9·11”事件10周年之际，国内外学者对恐怖主义的发展趋势、反恐的成效与影响以及反恐的经验教训进行了深入的反思。

关键词： 恐怖主义　反恐斗争　“9·11”事件

* 邵峰，中国社会科学院世界经济与政治研究所研究员，主要研究领域为国际反恐、核扩散问题和中国的对外战略。

2011 年是“9·11”事件 10 周年。伴随着美国从伊拉克和阿富汗的撤军，反恐战争的历史阶段正在过去。在这一具有历史意义的年份，虽然美国击毙本·拉登成为反恐斗争取得成果的一个标志性事件，但频发的恐怖主义袭击表明全球反恐形势依然严峻。挪威发生的奥斯陆爆炸枪击惨案，凸显了西方国家面对着新的威胁。

一 全球总体形势评估

（一）从统计数字看全球反恐形势

从总体形势来看，2010～2011 年度的全球恐怖主义活动与上一年度相比，无论是在数量上还是烈度上，大体上处于同一水平。

美国国务院 2011 年 8 月 18 日发表的《2010 年度国家反恐报告》（*Country Reports on Terrorism 2010*）①，以对美国的安全威胁为视角，对 2010 年度全球的恐怖主义形势进行了系统阐述和分析。报告认为，“基地”组织（Al－Qa'ida）仍旧是对美国安全威胁最大的恐怖组织。虽然“基地”组织的核心在巴基斯坦被削弱，但仍然具有发动地区和跨国攻击的能力。虔诚军（Lashkar-e Tayyiba）的危险性、“基地”与巴基斯坦塔利班（Tehrik-e Taliban Pakistan）和哈卡尼网络（Haqqani Network）之间日益增加的资源共享对南亚地区构成高度威胁。“基地”的分支机构已经越来越强。2010 年，“基地”组织阿拉伯半岛分支创办了第一个英文网络杂志《激励》（*Inspire*）。一种令人担忧的趋势出现了，讲英语的激进分子通过网络平台互相交流、鼓励、协调彼此的暴力活动。在“基地”领导层持续呼吁打击美国本土和欧洲的同时，各种各样的恐怖袭击显示了“基地”与不同的地区恐怖组织之间利益的融合和能力的共享。“基地”组织阿拉伯半岛分支（AQAP）继续展示其日益增长的野心和一种对本地区之外的目标实施攻击的强烈愿望。宣称已归顺“基地”组织的索马里青年党（Al-Shabaab）力量得到壮大，并且在 2010 年实施了第一次在索马里境外的大规模恐怖袭击。青年党不断

① United States Department of State，“Country Reports on Terrorism 2010”，http：//www. state. gov/s/ct/rls/crt/2010/index. htm.

扩大活动范围及其吸引西方激进分子的能力使之构成对美国在非洲利益的持续威胁。

根据美国国家反恐中心提供的数据，2010年在72个国家发生了11604次恐怖袭击，受害者49901人，其中13186人死亡。虽然恐怖袭击的次数比前一年增长了约5%，但死亡数字减少了12%，这是连续第三年下降。①

从地区分布来看，南亚的情况最糟，南亚连续第二年发生恐怖袭击最多、连续第三年受害者人数最多。超过75%的恐怖袭击和死亡发生在南亚和近东地区，遭受了8960次袭击，导致9960人死亡。在阿富汗和伊拉克，2010年恐怖袭击数字有所上升，全球几乎1/4的恐怖袭击发生在伊拉克。在非洲，形势稍微好一些，尽管恐怖袭击数字从2009年的853次增加到2010年的878次，但死亡数字下降超过30%，从3239人下降到2131人。索马里占据重大恐怖袭击（导致10人以上死亡）次数的首位，紧随其后的是巴基斯坦。从国别来说，受害者和死亡者数量占据前三位的是伊拉克、阿富汗、巴基斯坦。这与前几年的情况完全一致。

从恐怖活动的形式来看，2010年武装袭击仍然是最盛行的方式，占恐怖袭击总数的1/3以上。而爆炸包括自杀式袭击更具有致命性，致死人数占总数接近70%。尤其是自杀式爆炸继续是最致命的恐怖袭击模式，其致死人数占总数的13.5%。不过，自杀式袭击的次数连续第二年略有下降，从2009年的299次下降到2010年的263次，占所有恐怖袭击次数不到2%。

从袭击者的身份来看，逊尼派极端分子实施了全世界几乎60%的恐怖袭击，导致了大约占总数70%的死亡，这个数字比2009年的62%有较大增长。逊尼派极端分子发动了93%的自杀式恐怖袭击。

2011年截止到6月30日，上半年全球共发生了5420起恐怖袭击，死亡6400人。上半年的情况与2010年基本持平，总体发展趋势没有发生大的变化。②

---

① 美国国务院的报告使用的是约数，这几个精确的数字来自 National Counterterrorism Center, "2010 Report on Terrorism", http://www.nctc.gov/。后面的数据和形势判断仍然来自美国国务院《2010年度国家反恐报告》。

② 2011年的数据来自 National Counterterrorism Center, Worldwide Incidents Tracking System (WITS), http://wits.nctc.gov/FederalDiscoverWITS/index.do? N=0。

重点国家遭受恐怖袭击次数和死亡人数统计

国　家	2010		2011	
	恐怖袭击次数	死亡人数	恐怖袭击次数	死亡人数
伊拉克	2687	3363	1116	1561
阿富汗	3346	3205	1451	1518
巴基斯坦	1332	2153	809	1227
印度	861	811	367	224
索马里	589	1353	340	626
以色列	150	2	112	4
泰国	418	265	169	147
俄罗斯	396	314	158	114
哥伦比亚	270	230	208	161
菲律宾	260	176	76	76
刚果民主共和国	98	348	47	93
阿尔及利亚	46	67	11	15
也门	196	178	70	86
苏丹	56	136	21	176
伊朗	21	118	8	12

注：2011 年数据截至 6 月 30 日。

资料来源：根据 National Counterterrorism Center，Worldwide Incidents Tracking System（WITS）数据库整理。

欧洲刑警组织 2011 年 4 月发表的 2011 年度《欧盟恐怖主义形势和发展趋势报告》指出，2010 年，恐怖主义仍然构成对欧盟国家的严重威胁，导致 7 人死亡，数十人受伤。报告认为恐怖主义对欧盟的威胁的范围和影响都在多样化。宗教极端恐怖分子对欧盟的威胁维持在高位，179 人因与宗教极端恐怖主义犯罪有关而被捕，这个数字比 2009 年增加了 50%。宗教极端恐怖组织的人员构成和领导层正在发生变化，来自欧盟外部的指挥控制正在减少，而拥有欧盟公民身份的极端分子更多地卷入恐怖活动。极右翼极端组织在宣传上的专业化，显示出他们希望扩大和传播其意识形态，对欧盟构成安全威胁。[①] 2011 年 7 月的奥斯陆惨案发生后，欧洲的反恐形势显得更加严峻。

① Europol, *EU Terrorism Situation and Trend Report 2011* (*TE-SAT 2011*), http://www.europol.europa.eu/latest_publications/2.

印度的冲突管理研究所（The Institute for Conflict Management）的一份评估报告认为，与麻烦不断的局势相反，关于南亚政治暴力运动的信息令人吃惊。南亚地区死于恐怖主义和政治叛乱的总人数自2005年开始持续上升的趋势在2010年得到扭转，从顶峰2009年的29638人一下子降到了9431人。其主要原因在于，2009年5月，斯里兰卡反政府武装泰米尔伊拉姆猛虎解放组织被政府军彻底消灭，斯国内局势恢复和平状态，死于与恐怖主义相关的人数出现了戏剧性变化，2010年为0，而2009年是15565人。[①] 根据该研究所网站提供的数据，2011年截至10月2日，南亚地区死于与恐怖主义相关的人数为5845人，局势继续向好发展。巴基斯坦2010年死亡人数为7435人，比2009年的11704人明显减少；2011年截至10月2日，死亡人数为4911人，下降趋势得以保持。印度2010年的死亡数字为1902人；2011年至10月2日为止是898人，趋势略有好转。[②]

（二）2010~2011年度的三大焦点

在2010~2011年度，有三方面的重要事实值得关注：一是美国作为反恐的主角，以斩首行动连续击毙“基地”组织头目，取得了引人注目的成果；二是极右翼恐怖主义大有抬头的趋势；三是美国实施从伊拉克和阿富汗撤军举步维艰。

1. 美国击毙多名“基地”组织头目

2011年5月1日清晨，美国军方派出20多名“海豹”突击队成员携带先进战斗装备，乘坐多架“黑鹰”直升机从阿富汗飞抵巴基斯坦首都伊斯兰堡以北50多公里的北方城市阿伯塔巴德，突袭了一个独立的大院，将“基地”组织头号人物——“9·11”事件元凶本·拉登当场击毙，另有3名成年男子丧生，其中一人为本·拉登的儿子。随后美国动用航母将拉登葬于北阿拉伯海。击毙本·拉登，可以说是美国和国际社会反恐斗争的重要胜利。奥巴马说：“这个晚上，让我们对那些因‘基地’恐怖分子而失去亲人至爱的家庭说，正义终于得到了伸张。”美国前总统小布什闻讯后发表声明，将这一事态发展称为“重大成就”。

① The South Asia Terrorism Portal, *South Asia Assessment 2011*, http://www.satp.org/satporgtp/southasia/index.html.

② The South Asia Terrorism Portal, http://www.satp.org/satporgtp/southasia/datasheets/Fatalities.html.

从美国首都华盛顿到纽约世贸遗址，许多美国民众闻讯后走上街头庆祝。

2011 年 8 月 22 日，美国无人机在巴基斯坦靠近阿富汗的边境部族地区实施轰炸，炸死“基地”组织二号人物阿提耶·阿布德·拉赫曼。拉赫曼生于 1977 年，利比亚人，炸弹制作专家，被外界评价为“基地”的“首席执行官”。早在原头目本·拉登 2011 年 5 月被美军打死前便成为承担“基地”恐怖袭击操作层面的指挥官，在艾曼·扎瓦希里出任“基地”新头目后升任二把手，是核心圈中的核心人物之一。

2011 年 9 月 30 日，“基地”组织阿拉伯半岛分支重要头目安瓦尔·奥拉基（Anwar al-Awlaki）在也门被美方无人机击毙。奥拉基在美国出生并在美国生活多年，拥有美国和也门双重国籍。他精通西方文化，能为在西方社会受教育而又对西方文明极度不满的穆斯林青年人“指点迷津”。他呼吁也门人民选择穆斯林圣战者来统治他们的国家，并称其“已经具备了政治、经济、军事和安全方面的能力来统治、发展和保卫这个国家”。奥拉基在网络上具有强大的影响力，美国情报人员怀疑他已成为“阿拉伯半岛基地组织”的战略指导者兼军师。奥拉基一直躲藏在也门东南部舍卜瓦省的边远山区，他也是中央情报局追捕名单上的第一名美国公民。

情报显示，“基地”组织炸弹专家易卜拉欣·阿西里在空袭中与奥拉基一同毙命。阿西里 1981 年出生于沙特，也门和沙特阿拉伯都将其列为恐怖分子名单上的头号通缉人物。阿西里与安瓦尔·奥拉基关系密切。美方认定阿西里制造了 2009 年圣诞节“内裤炸弹”和 2010 年 10 月“硒鼓炸弹”事件。有专家认为，阿西里对“基地”来说非常重要，消灭他，其意义超过击毙奥拉基和萨米尔·汗。

在美国空袭行动中，与奥拉基同时被击毙的还有“基地”组织英文网络杂志《激励》（*Inspire*）编辑、巴基斯坦裔美国人萨米尔·汗。萨米尔·汗来自美国北卡罗来纳州，通过《激励》杂志传播“基地”组织思想，鼓动袭击美国目标。他利用《激励》杂志指导“独狼”即单身行动的恐怖袭击者如何在家制造炸弹。美国官方认为，一次性“定点清除”多名“基地”重要人物成为美国迄今最成功的一次无人驾驶飞机空袭行动。

一些美国官员认为，本·拉登和拉赫曼的相继死亡表明，反恐战争已实质性地重挫“基地”组织，甚至推断“基地”的行动力暂时“完结”。2011 年 7 月，美国国防部长莱昂·帕内塔在上任之初便公开称，美国已“战略击败”了“基地”组织，这一组织的10~20名重要成员眼下已被美国锁定，地点分别位于巴基斯坦、也门、索马里等地。

2. 极右翼恐怖主义大有抬头趋势

近些年，尽管威胁国际安全的主要是以“基地”组织为代表的宗教极端型恐怖主义和民族分离型恐怖主义，但其他形式的恐怖主义，例如极左翼恐怖主义、极右翼恐怖主义、单个问题恐怖主义、黑社会性质的恐怖主义、邪教性恐怖主义等，实际上并未销声匿迹。伴随着国内国际形势的变化，这类恐怖主义有死灰复燃的趋势，在一些国家构成了新的安全威胁。

2011年7月22日下午3点26分，32岁的极右翼分子安德斯·贝林·布雷维克引爆了停放在奥斯陆市中心挪威政府大楼门前的一枚汽车炸弹。炸弹威力使附近建筑物的玻璃全部被震碎，首相办公室所在的政府办公大楼严重受损。爆炸至少造成7人死亡。幸运的是，挪威首相斯托尔滕贝格躲过一劫。奥斯陆的人们还没有缓过神来，下午5点，布雷维克已经顺利脱身。他身穿警服，出现在距离奥斯陆30公里以外的于特岛。当时，挪威工党青年团正在岛上举行夏令营。布雷维克召集营员到营地总部集合，谎称要调查2小时前发生的奥斯陆的爆炸案。当大部分营员集中后，他便开始举枪扫射，于特岛瞬间变成了冷血杀手杀戮的孤岛。由于奥斯陆警力当时都投入到政府大楼爆炸案中，反恐特警因为找不到船，在接到报警40分钟后才登岛，布雷维克的冷血屠杀足足持续了一个半小时。晚上6点35分，挪威特警赶到现场将他包围，布雷维克没进行任何反抗便投降。两次袭击事件中的死亡人数达91人。这是自第二次世界大战结束以来挪威境内发生的最为严重的暴力袭击事件。挪威警方将此次爆炸枪击案定性为国内恐怖袭击，与外国恐怖组织无关。

据报道，布雷维克是瑞典一个名为“北欧人”的新纳粹论坛的成员。这个论坛注册成员有2.2万人，讨论内容“经常呈现种族主义性质”。布雷维克耗费3年时间，用英语完成一份文件，篇幅超过1500页，取名“欧洲独立宣言”。他宣称，西欧有15~80名像他一样的“骑士”。这些人单独行动，“完全不为敌人所知”，发动袭击可以“出其不意”。布雷维克仇视多元文化，把不少欧洲国家政治人物、政党、媒体和记者列入袭击目标“清单”，号称要杀死数万人，甚至想获取核武器。“宣言”不少篇幅谈论袭击策略和方法，包括“声东击西”。

挪威自2001年起多次被联合国评为最适宜居住的国家，被誉为“人间天堂”。在挪威，人人享有“从摇篮到坟墓”的高福利，教育和医疗都免费，94%的挪威人对生存环境感到满意。但是奥斯陆惨案突然使挪威被恐怖阴霾所笼罩，而极右势力的蔓延更为欧洲安全敲响了警钟。如此一个富裕、和平和开放的社会，为何也会有恐怖主义？首先，移民问题激化了社会矛盾。近年来挪威移民数量不断增长，社会犯罪率呈逐年上升趋势。在刑事犯罪活动中80%以上的作案者有移民背景。同时移民更加重了“福利国家”重负。其次，极右翼政党助推民族仇视。由于坚持民族主义、排外主义理念，极右翼政党对欧盟的建立和扩大一直持反对和消极的态度，挪威至今未加入欧盟。再次，多元文化之间的冲突在欧洲也日益增多。2009年，瑞士全民公决反对新建清真寺宣礼塔。2010年4月，比利时禁止在公共场所穿着遮蔽全身的服饰。2009年8月，法国大规模驱逐罗姆人。最后，挪威对极端暴力防备不足。社会裂痕逐步放大，却未引起挪威政府的足够重视。①

惨剧震惊了整个欧洲。无论凶手出于什么动机，奥斯陆的这场劫难已经改变了人们对于欧洲安全的认知。分析人士认为，右翼势力崛起为欧洲敲响警钟，欧洲人需要关注国内的“恐怖势力”。令欧洲安全官员忧心的是，奥斯陆惨案发生后几天，已经有越来越多的欧洲网民声称，他们属于凶手布雷维克所在的极右组织。英国广播公司说布雷维克这样的极右分子还有很多，由于欧洲经济的持续低迷，失业率增高，种族主义、排外主义思想在民间越来越活跃。挪威屠杀惨案让欧洲各国警察提高了对右翼极端主义的警惕，欧盟意识到防范区域内极端主义活动已经箭在弦上。

3. 美国从伊拉克和阿富汗撤军举步维艰

2011年以来伊拉克安全局势较前几年有所改善，但近几个月来暴力事件呈现回潮态势，尤其是针对伊拉克安全部队和政府官员的袭击明显增加。伊拉克安全部队屡屡受袭，让人们对其能否自主承担安保职责产生质疑。按照美国和伊拉克2008年签署的驻军地位协定，美军应于2011年底前从伊拉克全部撤出。伊拉克方面此前表示，愿意与美国就保留少数美军训练伊拉克安全部队展开磋商，但相关讨论至今尚未取得进展。

① 杨冉冉：《挪威“天堂屠杀”：欧洲从梦中惊醒》，2011年7月30日《工人日报》。

2011年6月22日，奥巴马在白宫发表讲话，宣布他从阿富汗撤离美军的“三步走”计划——7月将有1万名士兵返美；2012年夏天之前，3.3万名作战部队撤离阿富汗，驻阿美军的任务从作战转为提供支持；撤军行动将在2014年结束，阿富汗人民将对自己的安全负责。然而，阿富汗不仅安全局势动荡，现政权的领导人也处在危险的氛围当中。2011年10月5日，阿富汗国家安全局宣布，挫败一起企图暗杀总统哈米德·卡尔扎伊的阴谋，逮捕6名嫌疑人，包括卡尔扎伊的一名保镖。6名嫌疑人与“基地”组织成员哈吉·比拉勒存在关联。比拉勒同时加入了与塔利班关系密切的“哈卡尼网络”武装组织。

2011年，卡尔扎伊身边人士接连遇害。7月12日，卡尔扎伊同父异母的弟弟、坎大哈省议会议长艾哈迈德·瓦利·卡尔扎伊在家中遭保镖杀害；7月17日，卡尔扎伊的高级顾问、前乌鲁兹甘省省长贾恩·穆罕默德汗位于喀布尔的住宅遭塔利班袭击，穆罕默德汗遇害；阿富汗高级和平委员会主席、前总统布尔汉丁·拉巴尼9月20日晚在家中遭自杀式爆炸袭击者刺杀身亡，阿富汗方面指认“哈卡尼网络”是幕后黑手。

从这两国的形势看，美国要按期撤军，保持伊、阿两国的政局稳定，同时还要保持执政者亲美的倾向，这实在是一项困难的工作。

总结一年来的形势发展，可以看到，尽管国际社会的反恐取得进展，但恐怖袭击的总体水平没有显著变化。“基地”组织的领导层虽然连受重创，但仍旧是最具威胁的恐怖组织，并且其分支机构的活动能力越来越强。全球的恐怖主义威胁主要还是来自于宗教极端型恐怖主义和民族分离型恐怖主义，但极右翼恐怖主义和其他各种极端势力的恐怖威胁有所上升，值得密切关注。从地域上看，南亚、中东地区仍然是重灾区，而也门和索马里的局势发展则越来越令人担忧。

二　反恐与国际政治

反恐是主权国家与恐怖主义组织之间的关系，但与国家间关系和国家的对外政策密不可分。自2010年12月开始的中东北非政局动荡，就与全球反恐问题交织在了一起。在这个大变局中，反恐成为中东北非地区政治强人维护个人统治地位的手段，同时也成了以美国为首的西方国家在判断和介入相关国家的政治进程时畏首畏尾、投鼠忌器的牵绊。

以倡导民主自由自居的美国一向对“独裁”政权出现街头暴动兴高采烈，然而对突尼斯和埃及事件，美国却首鼠两端。本·阿里和穆巴拉克是美国的穆斯林盟友，突尼斯和埃及是美国中东反恐的后花园。美国一直担心极端的伊斯兰组织在这些国家上台主政。如果革命引发多米诺骨牌效应，让君主体制的铁杆盟友科威特、沙特、阿联酋卷入其中，那美国的中东战略和反恐大计就会受到直接影响。因此，在利比亚问题上，美国的做法显得含蓄而又无奈。

一直以来，美国在中东的利益，主要是依靠一批名声不佳的政权来维系。美国要这些政权维系的利益现在主要反映在两方面：在经济方面主要是石油利益，在国家安全方面主要是反恐。又要维护美国的利益，又要推行民主，以确保美国的道德形象，一直是美国外交政策中的一个两难命题。中东的主流民意由于受其宗教信仰的影响，经济上反感美式资本主义的物欲生活方式，同时在社会规范上也拒绝自由主义的生活形态，这使得一些极端主义抬头。于是，这些政权纷纷看到了一条挟持美国的管治之道：通过确保美国的石油利益及为美国打击国内的“恐怖主义”势力，换取美国对其政权的支持。①

卡扎菲在利比亚政治动荡初期，曾经希望通过把这场国内政治斗争定性为反恐战争以要挟国际社会保持中立。法国《星期日报》2011 年 3 月 6 日刊登了一篇对利比亚领导人卡扎菲的采访。卡扎菲在采访中表示，利比亚目前进行的是一场反恐战争，“基地”组织是利比亚乱局的幕后黑手，他对于缺少国际社会的帮助表示失望。在局势动荡的叙利亚，阿萨德政府一直称反对派武装力量和叛变的政府军为“武装恐怖分子”，其目的也是以此回避和缓解来自国际社会的压力。

也门的政局演变在这个问题上表现得最为突出。自 2011 年 1 月爆发反政府示威以来，也门安全形势持续恶化，“基地”分支在多个省份趁火打劫。奥拉基 9 月 30 日上午遭“定点清除”。奥拉基毙命前一周，也门总统萨利赫突然回国。9 月 29 日，萨利赫在总统府接受美国《华盛顿邮报》和《时代》杂志采访，暗示只有他能从“基地”手中“拯救”也门，呼吁美国政府对他多些耐心。这难道真是一种巧合？英国学者沙尚克·乔希 10 月 1 日在英国《独立报》发表评论认为，萨利赫有意纵容“基地”扩张地盘，似向美国警告：必须支持他继续执政，一旦他下台，局面难以收拾。奥拉基之死对萨利赫政治生命的意义或许甚于

① 陈永杰：《中东“起义”非美国之福》，2011 年 1 月 18 日《21 世纪经济报道》。

对“基地”的打击。萨利赫或许希望以消灭“基地”阿拉伯半岛分支主要头目为筹码，换取美国减少要求自己下台的压力。一些分析人士认为，萨利赫可能与美国、沙特做成某种“大交易”。奥拉基毙命或许会使华盛顿降低指责萨利赫政府的调门，甚至回到先前对也门政局的“沉默”态度，相当于“无声”地支持萨利赫。①

对于中东北非的乱局，国际社会一直非常担心导弹甚至核材料落入非法武装分子和恐怖组织手中。利比亚“全国过渡委员会”负责武器管理的官员穆罕默德·阿迪亚2011年10月1日说：“大约5000枚萨姆－7型（便携式）防空导弹丢失……不幸的是，其中一些可能已经流出利比亚。”北约担心这些导弹落入非法武装分子之手，这些导弹将对民用飞行器构成严重威胁。北约对利比亚军事行动发言人罗兰·拉瓦9月27日说，利比亚执政当局“全国过渡委员会”目前已控制了在利比亚中部和南部存储的化学武器和核材料，至此国际社会才稍稍感到一丝安慰。

美国《国家利益》杂志发表一篇文章认为，西方国家对利比亚的军事干涉滋长了恐怖组织的发展。从各方面来看，对利比亚的军事干预不利于反恐战争的进行。第一，在卡扎菲政府执政时期，利比亚政府与美国合作，严密监视着该地区恐怖组织的动向，现在这一切都已经不复存在了。第二，利比亚的局势还产生了示范效应，给了其他国家以相应的启示。考虑到卡扎菲政府在8年前曾与英国和美国达成协议，宣布放弃恐怖主义，而结果却是被英美军事干涉所推翻，因此其他国家不会再轻易相信美国的空话，不会轻易放弃恐怖主义或者其他相关的东西了。第三，大量武器流向恐怖组织。由于战争期间失去政府控制，大量可携式防空导弹被洗劫一空。另外，其他各种武器也在战争期间不知去向。长期以来，可携式防空导弹由于具有强大的打击空中能力，一直是反恐领域最让人头疼的武器。②

在南亚，美国与巴基斯坦的合作一直是反恐的重要一环，但反恐也导致这两国龃龉不断。2011年5月初，美军在巴境内击毙“基地”组织头目本·拉登，巴方对美国这一单边行动表示强烈不满。美方则指责巴方打击恐怖组织不力，这一事件

---

① 《英媒：萨利赫或以奥拉基为筹码换取美方减轻对其压力》，2011年10月2日《解放日报》。

② Paul R. Pillar, “The Terrorist Trifecta in Libya,” *The National Interest*, July 16, 2011.

令两国关系恶化。美国已经表示将减少对巴军事援助，以惩罚其反恐不力。

9月13日，美国驻阿富汗大使馆和北约驻阿部队总部遭袭。美方认为“哈卡尼网络”以在巴基斯坦境内的庇护所为基地，实施袭击，因而敦促巴方立即对其采取行动。但巴方对此断然否认并表示强烈不满。“哈卡尼网络”成立于20世纪80年代，在阿富汗抗击苏联军队，得到美国和巴基斯坦的支持。苏军撤离后，“哈卡尼网络”与塔利班合作。美方认为，2001年塔利班政权被推翻后，“哈卡尼网络”多数成员逃到巴基斯坦西北部。

2011年9月22日，美军参谋长联席会议主席迈克·马伦在出席美国参议院军事委员会的听证会时明确指出，9月中旬“哈卡尼网络”在美国驻喀布尔大使馆和北约驻阿富汗总部附近策划的两起爆炸案都得到了巴基斯坦三军情报局的暗中帮助，巴基斯坦情报部门扮演了“直接的角色”。他表示，对激进组织提供支持是巴基斯坦国家政策的一部分。“哈卡尼网络”是巴基斯坦情报部门“名副其实的工具”。巴基斯坦政府应该为其帮助“哈卡尼网络”的行为受到制裁。美国国防部长帕内塔也表示，巴基斯坦激进组织进入阿富汗袭击美国军队，巴基斯坦政府不但没有阻止袭击，还顺利地帮助他们逃回巴基斯坦躲避。美参议院军事委员会委员、共和党议员林赛·格雷姆随后宣称，巴基斯坦必须在“哈卡尼网络”和美国之间做出选择，并立即放弃支持恐怖主义的政策。

巴基斯坦政府对此强烈不满并做出强硬回应。巴基斯坦内政部长拉赫曼·马利克22日发表声明称，巴基斯坦三军情报局并没有参与恐怖袭击，也没有帮助“哈卡尼网络”。相反，“哈卡尼网络”还是巴基斯坦政府的反恐目标，巴政府会不遗余力地与其斗争。巴基斯坦总理吉拉尼25日对美方的发难进行了公开反击，并下令正在访美的外长希娜中止访问，立即回国。

舆论普遍认为，马伦的言论是美国向巴基斯坦施压努力的一部分。不过，此番指责是继阿富汗战争爆发以来的10年间，美对巴最严重的指责，这注定会让动荡的美巴关系进一步恶化。其实，从美国特工枪击巴基斯坦人、美无人机越境打击致巴基斯坦人员死亡，到美“擅自”在巴境内击毙本·拉登，美国2011年以来的一系列举动早使巴基斯坦人伤透了心。马伦的指责只不过是让已经急剧恶化的两国关系雪上加霜。国内高涨的反美情绪和美国长期以来的“不信任”和“不知感恩”使得巴基斯坦当局面对美国此次的横加指责态度强硬。巴基斯坦外长表示，如果美国继续对巴基斯坦在反恐行动中的表现进行指责，美国将失去巴基斯坦这个盟友。

面对分歧不断扩大、关系频繁紧张的美巴同盟，《萨克拉门托蜜蜂报》的评论入木三分："这也许是一个没有爱情的婚姻，但双方都知道如果失去对方将更糟。"对美国而言，一方面它仍需要依靠巴基斯坦的力量打击恐怖势力、维持阿富汗撤军过程中阿富汗局势的稳定，另一方面印巴分治后开启的美巴合作对于美国在南亚的利益也有重要影响。而巴基斯坦政府在财政援助、应对国内伊斯兰极端势力威胁等问题上对美国存有依赖。①

三　"9·11"事件10周年的反思

震动世界的"9·11"事件标志着一段历史开始。10年反恐，两场旷日持久的战争，不仅让美国付出了高昂代价，也改变了国际关系的进程。经过全球反恐斗争，世界到底是更危险了还是更安全了？美国的反恐战争对国际关系有怎样的影响？反恐有哪些经验教训？这些问题很难给出简单的答案。

（一）恐怖主义威胁的趋势与特点

经过国际社会的10年努力，反恐战争取得一些成果，本·拉登被击毙，"基地"组织屡遭重创。然而，恐怖活动并未因此销声匿迹，恐怖主义威胁依然存在，全球反恐之战远未取得最终的胜利。

多数专家认为，10年前"基地"组织有能力对美国发动大规模的袭击，目前它已丧失了这样的能力，变得更加弱小、更加碎片化、隐蔽化。从这个意义上讲，世界变得安全了。"9·11"事件使全世界意识到了恐怖主义的危害，世界主要国家组成了反恐联盟。但是，一些对"基地"组织的同情者也结成了"恐怖联盟"，这些人分布广泛，行踪隐秘，更不易防范。今天的世界，尤其是美国等西方国家，依然处于忐忑不安之中，从这个意义上讲，世界变得更不安全了。②

从10年来的恐怖主义活动的情况看，呈现以下几个趋势与特点。

① 以上评论引自《巴基斯坦总理召回访美外长抗议美国指责》，中新网，2011年9月26日电，http：//news. sina. com. cn/w/2011－09－26/182423220058. shtml。

② 中外专家访谈：《"9·11"事件十周年：反恐合作需要全方位推进》，2011年9月9日《人民日报》。

1. 恐怖主义的意识形态在扩散

"9·11"事件后，本·拉登也成为全球恐怖主义的"精神导师"和"形象代言人"。他曾说过，"基地"组织最重要的任务并非战斗，而是鼓动穆斯林参加防御性"圣战"，帮助培训并领导那些挺身而出的人。他强调："我必须说，我的职责只是唤醒穆斯林。"[①] 被捕的本·拉登的前保镖、"基地"组织在也门恐怖网络领导人纳西尔·艾尔·巴赫里在接受伦敦的一家阿拉伯文报纸采访时透露"基地"组织的斗争策略时说道："'基地'组织从一开始就采取一种意识形态斗争的策略，那就是要在美国和伊斯兰世界之间制造一种对立。"[②] 许多新生的恐怖集团是自发形成的，而将这些人凝聚在一起的便是"圣战"（Jihad）意识形态。"圣战"一词被一些伊斯兰极端主义组织用来作为恐怖主义宣教的工具。那些被边缘化的群体和涉世不深的青少年，就极易受"圣战"理论的诱导走火入魔。

2. 国际恐怖主义活动正日益呈现分散化、网络化、本土化的趋势，并由此获得新的生存方式与新的生存条件

所谓"网络化"，一是国际恐怖主义组织结构的网络化。某一个节点被破坏或某一个头目被消灭并不影响整个恐怖主义网络的运转。即使摧毁了"恐一代"，还会产生"恐二代"、"恐三代"。与传统的组织形式相比，恐怖主义网络具有较强的生存能力与再生能力。在一些军事观察家看来，尤其是本·拉登死后，恐怖组织指挥系统将从"金字塔状"变成"蜂窝状"和"网状"，从而锻造出恐怖组织更强的再生能力。二是通信联络技术的网络化。所谓本土化，是指在极端宗教原教旨主义和"圣战"思想对西方国家的渗透下，这些国家内部滋生出恐怖主义势力。[③] 近年来发生的许多恐怖袭击，都是由土生土长的恐怖分子策划实施的。欧洲学者发现，欧洲的"基地"组织成员正在本土化。其中的原因，与意识形态化趋势密切相关，也有技术性因素。"9·11"事件后，国际社会在反恐情报交换、监控人员和资金的跨国流动、交通枢纽的安全检查等方面的合作大大加强。在这种情况下，国际恐怖势力的跨国联络和作案更困难，因而本土恐怖分子成为恐怖袭击的主力。

---

① 石刚：《"基地"风向标》，《世界知识》2007年第16期。

② 《拉登前保镖披露基地新策略：用意识形态斗垮美国》，中国新闻网，2004年8月23日电，http：//news. 163. com/40823/1/0UFFIG070001121S. html。

③ 《评论称恐怖组织建网状指挥体系　再生能力更强》，2011年9月5日《南方日报》。

美国“两党政策中心”（Bipartisan Policy Center）的一份报告显示，在“9·11”袭击事件过去9年后，美国正面临越来越多从其本土萌芽的武装分子的威胁，而“基地”组织领导人也呈现“美国化”趋势。与9年前不同，“美国目前几乎和欧洲一样，国内受到移民、土生土长的穆斯林民众，或者皈依伊斯兰教者的恐怖主义威胁。”报告称，“基地”组织和其位于巴基斯坦、索马里和也门的分支机构已在美国建立了“萌芽状态的”招募基地。① 近年来，美国接连遭遇本土恐怖分子的未遂恐怖袭击。2011年6月29日，美国政府公布《国家反恐战略》，将反恐重心定位在打击“基地”组织以及防止本土恐怖分子威胁国土安全上。在宣布这一战略时，美国总统奥巴马的国土安全及反恐事务顾问约翰·布伦南说，这一战略标志着美国首次将本土作为反恐努力的最重要“战场”。②

3. 当代国际恐怖主义的袭击范围和对象在不断地扩大

袭击范围和对象呈现从象征性转向泛化的特点，也就是既包括原来的具有政治象征意义的目标，同时也可能随意选择那些防范措施薄弱的一般民用目标。这是一个极为危险的趋势。恐怖袭击的地点选择由攻击“硬目标”转向攻击防范薄弱的“软目标”。近期的很多恐怖事件多发生于一些普通交通工具、商业居民区、群众聚集地等民用设施。他们抛却了传统的恐怖活动尽量不伤及一般平民的顾忌，大规模杀伤愈演愈烈。

4. 规模较小的恐怖主义袭击事件有所增多

虽然规模较小的恐怖主义袭击破坏力和死亡人数没有达到令人震惊的效果，但对各国正常的社会生活秩序造成了极坏的影响，达到了小投入、大效果的战略目的。法里德－扎卡里亚把这类袭击称为微恐怖主义（Microterrorism）。这种恐怖主义的成本可能只需要几百或者几千美元，但是要彻底防范这些袭击却需要投入数以亿计的美元，长此以往，任何政府都会陷于财政负担过重的困境。按照《激励》杂志的说法，即我们不需要进行大规模打击，打击敌人是为了让敌人失血而亡。这就是所谓的“千刀战略”。③

① 《美国面临恐怖主义本土化威胁》，路透社，华盛顿2010年9月10日电，http://cn.reuters.com/article/CNTopGenNews/idCNCHINA－2997920100913。

② 《美国公布国家反恐战略》，新华网，华盛顿2011年6月29日电，http://news.xinhuanet.com/world/2011－06/30/c_121602630.htm。

③ Fareed Zakaria, “The Year of Microterrorism?” *TIME*, December 27, 2010.

5. 恐怖分子袭击手段更趋灵活

他们擅长于就地取材，制造并灵活使用简易爆炸装置。2011 年 1 月莫斯科多莫杰多沃机场抵达大厅的行李提取处发生自杀式炸弹爆炸，9 月阿富汗前总统布尔汉丁·拉巴尼在喀布尔家中遭自杀炸弹袭击身亡，都表明了恐怖分子袭击手段的变化。在巴基斯坦和阿富汗，自杀式袭击在 2005 年前极为罕见，但随后几年里，自杀式袭击和汽车炸弹案件猛增，成为恐怖分子惯用手段。值得注意的是，近几年来，恐怖分子发动的袭击有演变成小型军事冲突的趋势，而且这种对抗摆脱了过去单一的袭击模式，转而采取的是综合化的立体式攻击。如 2008 年 11 月 26 日孟买恐怖袭击案，恐怖分子使用机关枪、手榴弹等直接攻击多处目标，还使用炸药爆炸袭击、劫持人质等手段，多头行动，与军警对峙交火。

6. 高科技与恐怖主义的结合对国际社会构成严峻挑战

恐怖主义组织利用高科技设备进行恐怖活动有进一步发展之势。例如，在孟买袭击案中，恐怖分子利用 GPS 系统和高清晰卫星图像，从海上进入孟买港，并使用它们在孟买市区导航，确定方位和行进方向。随着计算机技术的普及，网络正成为恐怖组织的主要信息来源和活动平台之一。1998 年被美国认定的恐怖组织网站只有 18 个，到 2007 年激增到 5000 多个。美国陆军首席信息官鲍特尔将军认为，恐怖组织正“将战争从现实空间转移到网络空间”。

7. 恐怖组织获取、制造、使用大规模杀伤性武器的危险进一步增大

奥巴马政府 2010 年 4 月发布《2010 年核态势评估报告》就强调要“阻止核扩散与核恐怖主义”。① 2010 年 4 月在华盛顿召开的首届核安全峰会就核恐怖主义威胁、各国和国际社会的应对措施达成共识：核恐怖主义已不只是对个别国家的威胁，而是对全球的威胁，对国际安全最具挑战性。实际上，恐怖分子的核威胁并不是杞人忧天。2009 年 10 月，法国特工逮捕了一名在瑞士日内瓦的欧洲粒子物理研究所工作的阿尔及利亚裔法国科学家，一同被捕的还有其 25 岁的弟弟。他们涉嫌向伊斯兰马格里布基地组织提供了一系列可供恐怖袭击的核设施目标清单。这重新引起了人们对“基地”组织可能会对欧洲核设施发动恐怖袭击的担忧。

---

① U. S. Department of Defense, “Nuclear Posture Review Report”, http://www.defense.gov/npr/docs/2010%20Nuclear%20Posture%20Review%20Report.pdf.

（二）反恐战争的影响

“9·11”事件发生以来的10年，美国进行的反恐战争对于国际关系，特别是它本身，产生了重大影响。

有专家认为，“9·11”事件对世界产生了系统的影响，世界因此向多极体系演变。有两个方面引人注目：美国因忙于反恐和深陷两场战争而日感力疲，而新兴大国则在经济的迅速发展中国际地位不断上升。有人把二者联系起来，认为美国忙于反恐给了中国一个战略机遇期，给了发展中国家一个发展空间。英国专家奈杰尔·英克斯特认为，从短期来看，“9·11”事件的影响十分重大而显著，它决定了美国的外交和安全政策的整体方向。从长期来看，“9·11”事件可以被视为美国单边主义走向尽头的一个征兆。而它比许多人预想的要来得快，世界格局力量对比再次出现了重新平衡和调整。①

在这个变化过程中，西方暂时失去了在国际体系重组、全球治理等领域的霸权。金砖国家在社会经济甚至政治上的崛起，极大影响了贸易关系乃至战略关系。美国逐渐回到多极化世界中的国际合作，中国等新兴大国在多极化世界中崛起，并准备在全球及地区范围就重大挑战展开合作。有专家认为，“9·11”事件后，国际战略力量结构正发生着变化。在某种程度上，各国更加看重非传统安全领域博弈的复杂新局面已经出现。②

“9·11”以来的10年历史表明，美国以战争手段反恐，贸然深入文化传统迥异的主权国家，用现代化的战争机器与“基地”组织开展一场“猫捉老鼠”游戏，并不是一个明智的决策。单纯使用硬杀伤手段，不仅难以根除恐怖主义，相反会越反越恐。美国反恐十年虽然取得一些战术性成果，但却严重透支了美国的战略资源，损害了美国的道德形象，耗费了美国的时间成本，美国如日中天的全球霸权地位由此而出现衰落的迹象。③

“9·11”事件10周年纪念日，美国总统奥巴马发表演讲称，美国人的生活

---

① 蒋国鹏：《“9·11”：改变世界的一天?》，新华网，2011年9月10日，http：//news.shangdu.com/301/20110910/12_432468_1.shtml。

② 中外专家访谈：《“9·11”事件十周年：反恐合作需要全方位推进》，2011年9月9日《人民日报》。

③ 彭光谦：《美国反恐采用多重标准助长恐怖主义发展》，2011年9月9日《环球时报》。

发生了很大改变，国家陷入了战争，经历经济衰退。2011 年 6 月 29 日，美国布朗大学（Brown University）沃森国际研究所发表《战争的代价》报告说，对阿富汗与伊拉克的两场反恐战争代价巨大：从人员损失来看，10 年来，两场反恐战争导致了 22.4 万到 25.8 万人直接死于战争（其中包括 6000 余名美军士兵），同时更多人间接死亡，原因从缺乏清洁饮用水、医疗到营养，另有 36.5 万人受伤，还有 780 万人失去家园；从美国的战争支出来看，高达 3.2 万亿～4 万亿美元。这项研究还指出，美国纳税人为阿富汗和伊拉克战争最终支付的开支可能要远远超过国会和联邦政府提出的总预计额度，因为上述数据的统计口径太小，不能反映美国政府为阿富汗战争所付代价的真实成本。①

反恐给各国的财政增加了严重负担，尤其是进行伊拉克、阿富汗两场战争，直接给美国带来巨大的经济负担。正如英国《经济学人》杂志原总编辑比尔·艾默特所言，“9·11”恐怖袭击最大、最深远的后果，是使美国和欧洲深陷经济困境。可以看到，“9·11”直接导致了美国债务状况的恶化。眼下美国国债达到 14 万亿美元，未来 10 年，美国都将在高额政府债务的陷阱中难以自拔。②

从政治与社会影响来讲，民众长时间处于深重的恐惧疑虑中难以自拔，个人自由空间因反恐需要而受到压缩，对西方一直奉行的自由、人权价值观造成冲击。美国目前主张减少卷入国际事务的内向化声音上升，保守主义情绪上扬，“茶党”异军突起冲击现有民主与共和两党主导的政治格局，中下层民众对政府和社会的不满增多。整个社会政治生态的脆弱性增大。在国际关系层面，反恐战争扩大了伊斯兰世界与西方的隔阂，美国的国家形象和影响力等软实力也遭到削弱。美国盛极一时的权势地位相对下滑，所发挥的“全球领导作用”受到的制约日益增多。美国从起初与主要大国合作反恐，到大行单边主义发动伊拉克战争，再到寻求与各国共同反危机抗衰退，以及如今注重发挥自身“巧实力”，一边强化与欧日等西方盟友传统关系，一边增加对中印等新兴大国的借助以维护其在地区和全球范围内的“领导地位”，就反映了其自身实力与地位的变化。这一

① Watson Institute for International Studies, “The Costs of War since 2001: Iraq, Afghanistan and Pakistan”, http://costsofwar.org/.

② 周子勋：《“9·11”十周年　美国反恐斗争何去何从》，2011 年 9 月 12 日《北京青年报》。

变化表明，世界主要力量开始重新洗牌，相互关系重组明显加快，竞争与合作都在呈现新的特点。①

反恐斗争对各国人民的生活方式和世界观产生的影响是深远的。“9·11”事件之后，各国都改变了原有的安全观和安全政策，这也引起了许多问题。人们似乎越来越习惯于在监控、盘查下生活，抛开自由，被迫接受“被控制”的城市文化。不断出现的新技术被引入安全保障措施，对公民的个人权利造成较大的损害，因此争论持续发酵。美国进步中心举行的相关研讨会关注“9·11”事件对美国“千年一代”的影响。“千年一代”指出生于1978～2000年的美国孩子，“9·11”事件带给他们的共同反应是恐惧和困惑。调查显示，85%的“千年一代”相信终其一生恐怖袭击都是威胁。②

四　结语

10年来美国围剿和打击恐怖主义分子并没有达到预期的目标，也没有从根本上消除产生恐怖主义的根源。多数反恐措施都是“军事性”和“反应型”的，并不具有综合性与战略性。埃及学者赛义德·穆斯塔法·卡梅尔指出，美国没有看到的是，“9.11”事件实质上是对美国对外政策的一种抗议。除非美国调整其对外政策，否则它仍有可能遭受更多攻击。肯尼亚学者维鲁·马查理亚认为，美国近年来的反恐政策越发倾向于依赖军事实力强行打压极端主义和恐怖主义。然而，这种以暴制暴的手段反而催生了极端主义和恐怖主义的扩张，越来越多的激进分子加入实施武力袭击的行列。恐怖主义就像弹簧，“针尖对麦芒”的对抗模式必然解决不了问题。阿富汗政治分析家阿卜杜拉·库阿姆·塞贾德指出，伊斯兰思想和意识不是反对西方文明，而是反对全球政治中的霸权主义、垄断和不公正行为。要结束不同文明间的冲突，西方必须做出调整，因为它们是冲突的推手。③

国际社会多数国家和有识之士已认识到，在反恐问题上，必须走出“以暴

① 高祖贵：《反恐十年反思录：十年反恐促使世界主要力量重新洗牌》，国际在线专稿，2011年9月8日。

② 《美国纪念9·11十周年活动启幕　释放信心反思反恐》，2011年9月11日《人民日报》。

③ 蒋国鹏：《“9·11”：改变世界的一天?》，新华网，2011年9月10日，http：//news. shangdu. com/301/20110910/12_ 432468_ 1. shtml。

易暴”的怪圈，要标本兼治、综合治理。改变不公正的国际秩序，大力改善有关国家的民生状态，促成其经济发展和持久政治社会稳定，这是治本的重要途径之一。反恐斗争不能与任何特定宗教和民族挂钩，军事打击要避免伤及无辜。“9·11”事件使人们更加清醒地认识到宗教、种族、文化等相互包容的重要性。恐怖活动不是单纯的暴力反抗，它涉及民族情感、文化传统、价值观念和社会环境等众多的复杂因素，不可能通过以暴制暴手段来彻底解决。西方应对外来文化持宽容和开放的态度，使多元文化和睦相处。

为了消除恐怖主义，除了“强力手段”之外，采取行动消除其意识形态的吸引力应是未来反恐战略的核心内容。恐怖主义作为一种国际现象，乃是意识形态的产物。① 正是这种意识形态，使恐怖主义者把袭击平民目标作为表达其诉求的最有效手段，认为自己是在进行一场具有充分合理性的正义、神圣的事业。俄罗斯国家反恐委员会主席帕特鲁舍夫指出，“与恐怖主义作斗争，不仅需要用强力手段，而且需要去消除它的意识形态。国内和国际的经验都表明，强力手段能降低恐怖主义威胁的程度，但是，只要恐怖主义基础结构再生的体系首先是意识形态还存在，这种威胁就仍将存在。”在当今这个世界上，在反对恐怖主义的领域内，“意识形态之战”已经是不以人们的意志为转移的客观事实，是必须全力应对的当务之急。武器和强力不能完全决定反恐斗争的最后胜利。反恐斗争的胜利在很大程度上将取决于反对恐怖主义意识形态的决心和行动。②

展望未来，有四个主要问题需要重点关注：其一，本·拉登被击毙后，“基地”组织如何发展？全球反恐形势能否有所改善？其二，美国能否按计划在2011年底体面地完成从伊拉克撤军，伊拉克的局势如何演变？其三，美国和巴基斯坦的关系如何演变及其对国际反恐斗争的影响怎样？其四，也门和索马里的恐怖主义组织是否继续坐大，红海这条世界经济的大动脉能否保持畅通？尽管2011年度本·拉登和“基地”组织多名头目被击毙是反恐取得进展的标志，但是国际社会面临恐怖主义严峻威胁的局面在未来仍然难以根本扭转，国际社会反对恐怖主义的斗争还要长期坚持下去。

---

① 陈锴：《“愤青”与恐怖主义——试析青年参与恐怖活动的意识形态因素》，《当代青年研究》2010年第7期。

② 闻一：《俄罗斯反恐有新招　消除“意识形态”根治恐怖主义》，2008年6月3日《环球时报》。

参考文献

United States Department of State, "Country Reports on Terrorism 2010".

National Counterterrorism Center, "2010 Report on Terrorism".

National Counterterrorism Center, Worldwide Incidents Tracking System (WITS).

Europol, *EU Terrorism Situation and Trend Report* 2011 (*TE-SAT* 2011).

The South Asia Terrorism Portal, *South Asia Assessment 2011*.

Fareed Zakaria, "The Year of Microterrorism?" *TIME*, December 27, 2010.

Paul R. pillar, "The Terrorist Trifecta in Libya", *The National Interest*, July 16, 2011.

U. S. Department of Defense, "Nuclear Posture Review Report".

Watson Institute for International Studies, "The Costs of War since 2001: Iraq, Afghanistan and Pakistan".

Global Terrorism and Anti-Terrorism: 2010 -2011

Shao Feng

Abstract: The global terrorism situation in 2010 -2011, both in terms of quantity and intensity, remained serious, generally at the same level as that in the previous year. The threats of terrorism come mainly from religious extremists, ethnic separatists, and far-right and other extremists anti-government militants. Although Al-Qaeda's leadership was hard hit by successive blows because of its fragmentation and networking, including localization and ideological trends, it remains the world's most threatening terrorist network and the ability of its branches to engage in activities is becoming stronger. In 2011, the effects of counter-terrorism as a factor in international political struggles became more obvious, and there was a trend in extreme-right terrorism. On the 10th anniversary of the "September 11" attacks, scholars both at home and abroad reflected on the trends, effects, and influence of terrorism, as well as on the experiences and lessons of anti-terrorism.

Key Words: Terrorism; Anti-terrorism; September 11 Attacks

Y.8

全球气候谈判进程：通往德班的路

王　东*

摘　要： 2010 年 12 月在坎昆召开的联合国气候大会就《京都议定书》第一承诺期于2012 年底到期后的减排安排，以及援助资金、技术转让等发展中国家较为关心的问题进行谈判，最终在取得部分成果的基础上以妥协的方式签署了坎昆系列协议。由于在《议定书》第二承诺期议题上的谈判未能取得进展，到 2013 年 1 月前的时间所剩不多，因此联合国主导下的全球气候谈判面临着巨大压力，通往德班的谈判路程既坎坷又充满了不确定性。

关键词： 气候变化谈判　坎昆气候会议　德班气候会议

联合国气候变化谈判机制是在全球气候极端变化已危及人类生存的情况下，在联合国主导下形成的谈判机制，“共同但有区别的责任”原则是谈判机制的基本原则，谈判机制的初衷是推动世界各国共同采取切实行动应对气候变化，拯救人类赖以生存的气候环境。

依据“巴厘路线图”的设想，《京都议定书》（以下简称《议定书》）的谈判将在2013 年 1 月前达成新的后续协议而告结束。自“巴厘路线图”确立以来，从哥本哈根会议到坎昆会议，谈判年复一年进行了多轮，在通往德班（Durban）的道路上艰难前行，有进展也有阻力。虽然 2010 年的坎昆谈判取得了一定阶段性的进展，但由于发达国家在《议定书》延续的核心问题上制造种种障碍，《议

* 王东，中国社会科学院世界经济与政治研究所助理研究员，主要从事全球问题研究。

定书》第二承诺期减排安排问题暂且被搁置了下来，《议定书》未来的命运和联合国气候谈判机制面临着严峻考验。坎昆会议后，制定2012年后全球应对气候变化战略规划的谈判时间所剩无几，在前期谈判取得阶段性进展和共识的基础上，世界各国需要做出的抉择迫在眉睫。2011年底的德班会议该如何收场，特别是最现实的《议定书》第二承诺期减排安排能否确定下来，保障《议定书》的延续，显然是德班会议要达到的目标。与此同时，《联合国气候变化框架公约》（以下简称《公约》）能否有效约束所有缔约国，不折不扣地贯彻“共同但有区别的责任”原则和保障谈判的“双轨制”不被破坏，能否制定出未来全球应对气候变化的战略行动方案，处在风口浪尖上的联合国气候谈判机制将面临怎样的挑战，无疑也是各界关注德班会议的看点。

一　坎昆会议的成果与重要意义

坎昆会议是《公约》和《议定书》签署以来各缔约国就应对气候变化之责任和义务而进行谈判的延续，世界各国再次就《议定书》第一承诺期于2012年底到期后如何安排，以及落实援助资金、技术转让等发展中国家较为关心的问题进行了谈判。全球气候谈判启动以来，为加大应对气候变化措施力度和寻找各方利益的平衡点，有关各国进行了艰难的协商和激烈的辩论，希望在2013年1月前确定后续减排方案，最终完成未来应对气候变化切实采取全球行动的使命，但在《议定书》第二承诺期议题上的谈判迟迟未能取得实质性进展。随着《议定书》第一承诺期到期的临近，谈判进入了关键的实质性阶段。虽然哥本哈根谈判取得了一定阶段性进展，但因最终未能达成具体协议而令很多人失望，“使全球关心气候变化和生态环保问题的人们普遍产生了严重的悲观情绪”，① 特别是由于在《议定书》第二承诺期核心议题的谈判阻力重重，各界期待的应对气候变化的全球行动计划一拖再拖，许多难题留给了坎昆会议谈判，联合国对《议定书》第二承诺期谈判陷入僵持局面深感担忧。对此，坎昆会议前联合国秘书长潘基文一再表示，发达国家和发展中国家之间存在某种信任缺口，这是应对气

① 中国代表团副团长苏伟在坎昆举行的联合国气候变化会议开幕式后接受媒体采访时的表态，新华网，2010年11月29日，http：//news. xinhuanet. com/world/2010 -11/29/。

候变化问题谈判未能取得良好进展的原因，呼吁各国“本着妥协、折中和尊重常识的精神协调合作”，并誓言：“坎昆会议必须取得进展”。①

2010年11月29日至12月10日，《公约》第16次缔约方会议暨《议定书》第6次缔约方会议在墨西哥的坎昆如期举行。坎昆会议主要围绕三个方面的议题展开谈判和辩论：一是《议定书》第二承诺期减排问题。由于2009年哥本哈根会议上做出的减排承诺并不足以遏制全球变暖的进程，而且没有达成具有约束力的全球性国际协议，因此《议定书》第二承诺期减排安排是谈判不可或缺的核心议题，辩论的焦点是《议定书》的存废和是否有第二承诺期减排计划。二是发展中国家较为关心的援助资金、技术转让落实问题。2009年的哥本哈根会议承诺提供300亿美元资金帮助发展中国家缓解气候变化效应，但在援助资金、技术转让问题上没有得到具体落实，因此坎昆会议将就全球气候基金（或称为绿色基金）资金从何而来、如何发放以及受益国等问题进行讨论。三是在其他问题上取得进展。

经历了2009年哥本哈根会议波折后，由于各方在限制温室气体排放等核心问题上依然存在着严重的分歧，达成应对气候变化的全球性协议既不成熟也不现实，坎昆会议要取得成果显然也需要在其他问题上达成共识，因此各界希望在坎昆会议上签署一项推行“减少毁林和森林退化所致碳排放”计划的全球性协议，或许发达国家和发展中国家可以在这个问题上达成共识。为此，气候变化委员会的安娜·塞西莉亚·孔德认为，“因为让各国减少工业排放希望渺茫，至少我们可以努力让大家保护自己的森林，森林是世界上最大的二氧化碳吸收地”。② 同时，在谈判进程中起着十分重要的作用的《公约》长期合作行动特设工作组会议和《议定书》特设工作组，在坎昆会议期间按照惯例还要举行工作组会议，分别向大会提交报告，以便全会审议和通过有关文件。

此外，坎昆会议的重要意义也在于，坎昆会议的成功与否关系到联合国气候变化谈判机制的有效性，关系到联合国主导应对气候变化采取全球行动的权威性。因此，有评论认为：“坎昆会议的目标，与其说是挽救气候，不如说是挽救联合国谈判机制，挽救联合国。”③ 同时，国际舆论普遍认为，尽管坎昆会议不

① 新华网，2010年10月31日南京电，http：//news.xinhuanet.com/world/2010-11-04/。

② 新华网，2010年11月29日，http：//news.xinhuanet.com/world/2010-11/29/。

③ 曹荣湘：《坎昆会议，救气候还是救联合国?》，人民网-国际频道，2010年12月3日，http：//world.people.com.cn/GB/13389022.html。

可能彻底解决当前各国在气候变化上遇到的一些难题，但有望在一些重要问题上取得进展，为2011年的南非德班会议取得新的突破奠定基础和做好前期铺垫。

2009年的哥本哈根会议是在激烈辩论和冲突中以必要的妥协结束的，各界希望在坎昆会议上国际社会能够消除分歧，避免重蹈哥本哈根的覆辙。但事与愿违，坎昆会议伊始各方围绕在《议定书》第二减排承诺期上的交锋和争论迅速展开，因少数国家立场上的倒退而导致会议激烈辩论和冲突随即升温。坎昆会议开幕式结束后便开始了决定全球未来命运的气候谈判，各国气候谈判官员竞相陈述了各自的论点，在陈述中发达国家的表态和立场依然如故，不愿意为应对气候变化牺牲更多的经济增长空间，不肯做出更多的温室气体减排承诺；而发展中国家特别是贫困国家希望从发达国家那里获得资金、技术支持的同时，强烈要求发达国家减少温室气体排放，做出减排承诺。当会议进入实质性谈判阶段，不可回避的《议定书》第二减排承诺期问题再次提上议程时，日本代表团首先在事前没有任何“铺垫”的情况下出人意料地突然宣称，“永远”不会对《议定书》第二承诺期做出减排承诺，随后俄罗斯也表示了同样的立场，从而使谈判节外生枝，为谈判再添波澜。日本等少数国家之所以不再顾忌国际舆论的谴责，而公然拒绝对《议定书》第二承诺期做出减排承诺，其主要原因是由于发达国家和发展中国家之间形成的僵局没有打破的迹象，日本等少数国家则为自身的利益借题发挥，以此逃避对《议定书》第二承诺期减排承诺。日本、俄罗斯等国在原有立场上的严重倒退，引起轩然大波，各国代表团纷纷指责这是对《议定书》的离经叛道，是在对坎昆会议能够取得阶段性成果制造麻烦。“77国集团+中国”发言人、也门代表阿卜杜拉·阿萨德斥责：延续《议定书》是以往谈判的“既有决议”，在《议定书》第一承诺期到期后的任何空白都将产生“严重后果”，不但损害谈判进程，还将危及“地球母亲”。如果日本不放弃这一立场，坎昆大会就不会成功。[①] 中国首席谈判代表苏伟表示：日本坚决反对《议定书》第二承诺期减排的强硬态度，这对坎昆会议取得阶段性成果造成非常大影响，因此各国代表团对这个问题反响强烈。[②]

欧盟在《议定书》第二减排承诺期问题上的态度和立场则十分暧昧，耐人

---

① 新华网，2010年12月5日，http：//news. xinhuanet. com/world/2010－12/05/。

② 新华网，墨西哥坎昆2010年12月2日电，http：//news. xinhuanet. com/world/2010－12/03/。

寻味。欧盟首席谈判代表阿图尔·伦格－梅茨格表示，《议定书》减排安排所覆盖的国家有限，这不足以应对气候变化；① 作为欧盟代言人的比利时代表团称：欧盟国家和政府首脑更倾向于单一的具有法律约束力的文本，但也考虑《议定书》第二承诺期作为包括主要经济体在内的全球结果的一部分。② 从欧盟的表态和这一立场看，无疑是在向发展中国家进一步施压，试图在减排问题上变相与“共同但有区别的责任”原则脱钩，另辟途径以取代“巴厘路线图”确定的谈判“双轨制”，将谈判进程纳入“单轨制”。为此，玻利维亚代表巴勃罗·索隆指出，我们坚持《公约》和《议定书》的双轨制谈判，不允许任何方面忽视或否认《公约》和《议定书》，不允许任何一项文案代替《议定书》。③ 这一表态得到了非洲和亚洲等发展中国家的广泛支持。另外，欧盟在谈判过程中和在《议定书》第二承诺期问题上与态度消极的美国等发达国家保持有“距离”的相对一致。欧盟一方面强调美国需再次确认其在《哥本哈根协议》中做出的减排承诺，否则欧盟也不会认真对待减排议题；另一方面反而要求中国、印度、巴西、南非等广大发展中国家承担超出历史责任、自身能力及发展水平的减排义务。

美国的气候变化特使托德·斯特恩（Todd Stern）通过媒体强调：在坎昆大会上应达成涵盖所有核心问题的一揽子协议，包括减缓、透明、资金、技术、适应和森林问题，否则美国就不会接受。④ 以美国为首，包括加拿大、日本、澳大利亚、新西兰等国在内的“伞形国家”，打算在“第一个承诺期后的全面的气候变化框架”下做出减排承诺。媒体对美国的表态和所持的立场一针见血地指出，美国言论的潜在含义是“主要发展中国家也要承担强制性减排义务”，⑤ 这是要强加给发展中国家承担额外义务，显然与“共同但有区别的责任”原则背道而驰。而“伞形国家”则“打算在第一个承诺期后全面的气候变化框架下做出减排承诺”，在这背后隐秘着对谈判“双轨制”的否定。同时，美国又要求在短短的会期内完成气候谈判涉及的所有问题并达成一揽子协议，这一主张显然是极不

① 新华网，墨西哥坎昆2010年12月3日电，http：//news. xinhuanet. com/world/2010－12/。
② 中国新闻网，2010年12月8日，http：//www. chinanews. com/cj/2010/12－08/2707194. shtml。
③ 新华网，2010年12月5日，http：//news. xinhuanet. com/world/2010－12/05/c_ 12849606. htm。
④ 新华网，墨西哥坎昆2010年12月3日电，http：//news. xinhuanet. com/world/2010－12/04。
⑤ 新华网，2010年12月5日，http：//news. xinhuanet. com/world/2010－12/05/。

现实的，是在以不可能完成的方式为坎昆谈判设置更多的障碍。

为保障会议顺利进行，使坎昆会议能够有一个像样的结果，会议期间《议定书》工作组进行了多次非正式磋商和协调，力求为《议定书》第二期承诺问题上的争执找到一个各方都能接受的平衡点。由于以日本、俄罗斯等为代表的国家坚持拒绝支持《议定书》第二期承诺立场，加上以美国为首的发达国家采取消极态度和少数国家在立场上的倒退，导致坎昆会议一度陷入僵持局面，"成果草案"面临难产的境地。发达国家不仅不做出应有的减排承诺，还为谈判提高了"门槛"，这种做法遭到发展中国家的强烈反对。在坎昆分组谈判和高层会议发言中，非洲国家代表纷纷表示，必须坚持《公约》及其《议定书》的根本原则，通过"双轨制"开展谈判，这是会议取得成功的最重要前提，甚至警告说，"扼杀《议定书》就是扼杀非洲大陆"。① 为抗议一些发达国家代表企图否定《议定书》的打算，非洲国家和其他发展中国家代表一度退出谈判。在会议僵持不下和辩论纷争难解的情形下，谈判各方意识到无休止的极端争论只能导致谈判或是破裂或是无果而终，这是与会各国和联合国都不愿意看到的结果。

在经过了为期 13 天的艰难谈判和斡旋之后，坎昆会议终于在当地时间 2010 年的 12 月 11 日凌晨落下帷幕，大会分别在《公约》和《议定书》下通过了涵盖一揽子问题的坎昆系列协议，这是除玻利维亚外 193 个缔约方达成的共识，最终通过的《坎昆协议》（*The Cancun Agreements*）挫败了一些发达国家否定《议定书》的企图，在 2009 年哥本哈根气候变化大会基础上向前跨进一步，也为通往德班的路铺设了道路。

坎昆会议达成的两项决议分别是《议定书》（附件一）缔约方进一步承诺特设工作组决议，以及《公约》长期合作行动特设工作组决议。此外，各方还决定设立绿色气候基金，用以帮助发展中国家适应气候变化。具体内容有四个方面：①同意《议定书》工作小组应"尽早"完成第二承诺期的谈判工作，以"确保在第一承诺期和第二承诺期之间不出现空当"。②巩固了各国在哥本哈根承诺的减排目标。③规定发达国家改善其排放量和减排行动的报告（包括每年提交排放清单，报告援助发展中国家减排的资金情况等），同时也规定发展中国家每两年进行一次排放和减排报告。④关注到发达国家集体承诺提供新的和额外

① 新华网，墨西哥坎昆 2010 年 12 月 3 日电，http：//news. xinhuanet. com/world/。

的资金，在2010～2012年间启动300亿美元的快速启动资金，该资金将优先用于生态最脆弱的发展中国家。在长期资金问题上，决定“按比例增加、新的额外的、可预期的以及足够的资金应该提供给发展中国家”，并承认发达国家应在2020年联合募集1000亿美元用于发展中国家。① 协议还包括建立一项新的《坎昆适应框架》（*Cancun Adaptation Framework*），通过更多的资金和技术支持，鼓励发展中国家更好地规划实施适应项目，包括继续开展气候变化带来的损失和毁坏的适应工作。

由于坎昆会议再次重申了气候谈判的“双轨制”和“共同但有区别的责任”原则，因此在某种意义上保住了“巴厘路线图”，还没有使《议定书》中途夭折，维护了联合国气候谈判机制，保留了谈判的空间，向通往德班的道路迈出了一步。

《坎昆协议》强调，在应对气候变化问题上，经济和社会发展以及减贫是发展中国家最重要的方面，提高发展中国家适应气候变化的行动需要全面考虑，对那些发展中国家的迫切愿望和直接需要充分考虑到。协议强调，需通过国际合作来减轻气候变化对发展中国家中特别脆弱国家带来的冲击，以帮助发展中国家适应气候变化的行动。② 同时，《坎昆协议》还强调了《公约》各缔约方应进一步加强合作，促使全球和各自的温室气体排放尽快达到峰值。决议也认可发展中国家达到峰值的时间稍长，经济和社会发展以及减贫仍是发展中国家最重要的优先事务。

坎昆大会主席、墨西哥外长埃斯皮诺萨表示，《坎昆协议》标志着坎昆气候大会的成功；③ 联合国秘书长潘基文通过其发言人发表声明说，坎昆气候大会取得了“世界急需的巨大成功”，各国政府为了共同的事业和共同的利益走到了一起，并就进一步应对我们当今面临的巨大挑战达成了协议；④ 欧盟委员会主席巴罗佐（Jose Manuel Durao Barroso）表示，《坎昆协议》标志着向全面和具有法律

---

① 《坎昆大会“加时赛”后落幕诸多难题留下次会议》（记者薛松、毛玉西），2010年12月12日《广州日报》。

② 见 *Cancun Adaptation Framework*, United Nations Framework Convention on Climate Change (UNFCCC), http://unfccc.int/adaptation/cancun_adaptation。

③ 中国新闻网，2010年12月13日，http://www.chinanews.com/ny/2010/12-13/。

④ 中工网-国际频道，2010年12月12日，http://world.workercn.cn/c/2010/12/12/。

约束力的全球气候行动框架迈出重要一步；① 中国代表团团长解振华代表中国政府发言时也表示，虽然这两份决议还有不足，但中方对此表示满意，赞成大会通过这些文件。②

如果说《哥本哈根协议》是在激烈的争吵中仓促做出的决议，不具有法律意义上的约束力和可操作性，那么《坎昆协议》则前进了一步，在资金、技术支持等问题上得到落实。但另一方面，由于少数国家坚持反对《议定书》第二承诺期，偏离了"巴厘路线图"，再加上发达国家的不作为和从中作梗，导致国际社会普遍关注的第二承诺期议题的谈判不仅没有进展，而且《议定书》面临着被肢解的危险。虽然《坎昆协议》表述的"及时确保第一承诺期与第二承诺期之间不会出现空当"显得有些含糊其辞，给以后的谈判留下了一个模糊不清的空间，但总算为《坎昆协议》的最终形成和会议能够"体面"落幕找到了解决办法，也为联合国气候大会挽回了一些颜面，没有使联合国秘书长潘基文会前的言论全部落空，与会者和各代表团带着有限的成果和一份遗憾离开了坎昆。

总体来看，坎昆会议一方面取得一定的阶段性成果，另一方面却没能达成具有法律约束力的最终协议，全球应对气候变化中涉及减排等的一些关键性问题仍然悬而未决。从根本上说，各国在共同合作应对全球气候变化的大理念上并没有根本分歧，但在涉及具体的减排义务和责任分担，以及落实资金、技术支持和转让、谈判机制等问题上则存在着严重的分歧，其中减排义务和责任分担的确认是谈判的焦点问题，确定《议定书》第二期具体的减排承诺是谈判的核心议题。由于各国都意识到气候谈判的重要意义，不愿背上导致气候谈判最终失败的罪名。因此，在坎昆会议上各国力求在世界共同利益和本国利益之间寻找利益平衡点，在此基础上保障谈判有始有终，避免谈判破裂，这也就是坎昆会议能够取得一定阶段性进展的根本原因。

值得一提的是，无论是在哥本哈根会议还是坎昆会议上，包括中国在内的发展中国家的推动作用不可忽视。通过发展中国家代表的艰苦谈判和积极斡旋，多次阻止了一些发达国家否定《议定书》的企图，维护了"共同但有区别的责任"原则。另外，发展中国家在全球气候谈判中的发言权也得到了一定提升，全球

---

① 新华网，2010 年 12 月 12 日，http：//news. xinhuanet. com/world/2010 - 12/12/。

② 新华网，2010 年 12 月 7 日，http：//news. xinhuanet. com/world/2009 - 12/07/content。

多边谈判的“双轨制”也得到了肯定，联合国气候谈判机制一次又一次渡过了危机。

二　坎昆会议后有待解决的问题

坎昆会议虽已尘埃落定，并取得了部分积极成果，但坎昆会议存留的核心问题——即《议定书》第二期具体减排承诺议题和《议定书》命运的争论，反映出《议定书》面临被肢解的危险。2011 年 7 月 21 日，联合国秘书长潘基文在接受媒体采访时，将气候变化问题提升到了世界和平与安全的高度。①

在《议定书》第二承诺期问题上，哥本哈根会议争论的焦点主要围绕在有关条件问题上，而到了坎昆会议则上升到了第二承诺期废存问题上。目前，《议定书》第二承诺期问题的谈判十分艰难，少数国家执意试图颠覆《议定书》，反悔“巴厘路线图”确定的第二承诺期减排义务。导致这种局面的原因是，美国等发达国家作为世界上主要经济体和排放国家，一方面在全球气候变化大会上始终扮演着“不作为”角色，态度消极；另一方面，这些国家在围绕减排问题的谈判过程中又充当了“绊脚石”，一直不情愿承担应有的减排义务。由于美国等发达国家的“不作为”和阻碍，不仅导致多轮全球气候变化谈判进展和成果低于各界预期值，而且使《议定书》第二承诺期处于“难产”的尴尬境地，《议定书》存废问题的争辩成为坎昆会议后各界关注的热点，也是今后全球气候大会需要明确的重要议题和谈判各方交锋的“碰撞点”。

从美国方面看，作为世界最大的经济体和排放国，美国在气候变化会议上采取“抵触”情绪，答案并不难找。虽然奥巴马政府曾多次明确表示愿意采取应对气候变化的行动并支持全球气候变化谈判，《清洁能源安全法案》也于 2009 年 6 月底在美国众议院获得通过，但该法案在美国正式生效还需要经过漫长而复杂的立法程序，因此美国能够采取的应对气候变化行动显然遥遥无期。另外，由于《法案》中提出的中期减排目标过于保守，即使该《法案》能够得以通过，也不能得到大多数其他国家的认可。由于美国保守的减排目标达不到应有义务所

① “UN Secretary-General Ban Ki-moon calls climate change ‘a very credible threat to peace and security around the world’”, New York, USA. 21 July 2011, http: //unfccc. int/press/news.

需要的程度，因此无法满足大多数国家的期望值，从而难以改变减排谈判的僵持局面。另外，在应对气候变化全球行动和谈判中，由于美国的态度和立场有着举足轻重的影响，因此美国应对气候变化行动的迟缓拖了全球行动计划展开的后腿，并导致谈判至今成果平平。为此，《公约》秘书处执行秘书克里斯蒂娜·费卡洛斯（Christiana Figueres）针对美国长期在气候谈判中的消极和偏执态度，直言不讳指出："20 年来，世界一直在等待美国对气候变化有所行动"。①

与此同时，在应对气候变化行动和履行《议定书》第一承诺期中表现一贯积极的欧盟，在《议定书》第二承诺期问题上的态度和立场发生了细微变化。导致这种变化的主要原因是，由于美国始终未能承诺具体的减排义务且态度消极，这在一定程度上打击了欧盟的积极性，从而导致了欧盟态度和立场的微妙变化，甚至倒退。同时欧盟提出，《议定书》的减排安排应覆盖更多的国家，否则欧盟也不会考虑《议定书》第二承诺期问题。这一立场的目的是在《议定书》减排安排上将美国、包括中国在内的新兴经济体和发展中国家捆绑起来一并考虑。欧盟态度和立场的变化使《议定书》第二承诺期问题更加错综复杂，气候谈判更为艰难。

从包括中国在内的"基础四国"和发展中国家方面看，对气候变化问题和全球气候大会的高度重视程度显然高于发达国家，态度积极，立场明确，在谈判过程中始终坚持"双轨制"谈判机制，维护了"共同但有区别的责任"原则。同时，在援助资金、技术转让问题上希望能够取得实质性的进展，要求发达国家能够兑现其承诺；在减排安排上希望发达国家确实依照"巴厘路线图"各缔约方的约定完成谈判，真正"确保第一承诺期与第二承诺期之间不会出现空当"，使《议定书》能够善始善终。

坎昆会议后，各界人士指出，尽管《坎昆协议》的通过向国际社会发出了积极信号，使得联合国关于应对气候变化的多边谈判机制得以延续，但坎昆大会没能完成"巴厘路线图"的谈判。《坎昆协议》在最关键的《议定书》第二承诺期问题上采用了模糊的措辞，这意味着今后的谈判将十分艰巨。完成"巴厘路线图"授权的谈判任务，需要各方拿出高度的政治意愿，付出更多的努力，发

① 见《公约》秘书长克里斯蒂娜·费卡洛斯在 2010 年 10 月天津气候会议上的表态，http://world.people.com.cn/GB/13389022.html。

达国家和发展中国家存在的严重分歧也需要弥补。由此可见，2011 年的南非德班大会如想在《议定书》第二承诺期，以及在建立有效支持发展中国家应对气候变化的资金、技术转让、适应等机制安排等各项悬而未决的问题上取得突破性进展，依然需要经过艰巨的谈判。

由于发达国家在《议定书》第二期承诺议题上的消极和不配合态度，以及在“责任”和“义务”问题上的纠缠不休，导致坎昆会议留下了“后遗症”。坎昆会议后气候变化谈判存留的难点问题有不同类型：其一是由来已久的老问题。例如，在减排问题上围绕“共同但有区别的责任”原则的争论，哥本哈根会议上部分发达国家就试图将《公约》和《议定书》谈判合而为一，以推卸《议定书》为其确立的减排责任，改变“共同但有区别的责任”这一气候变化谈判的最重要原则。其二是老问题近期演绎出的新问题。例如发达国家对“巴厘路线图”的“叛离”以及个别国家在《议定书》第二承诺期立场上的倒退，公然逃避减排义务。

如果发达国家始终不能改变其立场和态度，应对气候变化谈判取得最终成功的希望将十分渺茫。从《议定书》的签署到“巴厘路线图”、《哥本哈根协议》、《坎昆协议》，美国不仅拒绝参与《公约》和《议定书》约束下的全球行动，而且在历次谈判中设置障碍，并对各国的指责置若罔闻。日本则不仅迟迟没有具体行动，而且到了坎昆会议立场却出现了倒退。欧盟虽基本履行了《议定书》第一承诺期的承诺，但欧盟减排的完成绝大部分是通过在发展中国家实行“清洁发展机制”（CDM）完成的，[①] 并非完全意义上的自行减排。而且，欧盟在“共同但有区别的责任”原则上一直态度暧昧，此立场与美国保持着相对一致。发达国家或是在减排问题上推卸义务、逃避责任，或是淡化“共同但有区别的责任”原则的做法，给全球减排进程造成了严重障碍。

在全球气候谈判中，存在着三类典型的国家气候变化价值观和利益的选择，其中主要包括：以美、欧、日等为代表的发达国家；以中国、巴西等为代表的“基础四国”；以及发展中国家，尤其是那些遭受气候变化冲击最显著也最需要

① “清洁发展机制”（CDM）是《公约》发达国家缔约方为实现其部分温室气体减排义务与发展中国家缔约方进行的减排交易方式，核心内容是允许发达国家和发展中国家进行项目级的减排量抵消额的减排转让与获得。

援助的贫困国家。这三类典型国家气候变化价值观和利益的选择和存在的分歧影响着气候变化谈判的进程，是谈判进展缓慢和成果有限的症结所在。从前景看，如果《公约》和《议定书》各缔约方的严重分歧得不到有效弥合，在《议定书》第二承诺期议题上的谈判僵持不下，今后的谈判将困难重重。因此，坎昆会议后的谈判是否顺利，联合国气候大会能否“善终”，在很大程度取决于《议定书》的存废和个别国家能否回归到“巴厘路线图”上。同时，出于各自利益和价值观的考量，在不违背“共同但有区别的责任”原则和谈判“双轨制”条件下，在一些问题上以求同存异的方式取得成果，以推进谈判进程，这对所有国家来说也是十分必要的。

三　德班会议前的主要谈判和协调

坎昆会议结束后，制定2012年后全球新的减排方案谈判到了关键的最后阶段。

德班会议前，有关预备性磋商会议在按部就班地悄然进行着。2011年4月，《公约》长期合作行动特设工作组会议在泰国曼谷举行了德班会议前的首轮谈判，就德班谈判议程进行讨论，但谈判过程并不顺利。发展中国家代表坚持按照“巴厘路线图”和《坎昆协议》的原则来相应确定德班的议程方案，希望德班讨论包括减排、适应、资金、技术和能力建设等在内的议题。而多数发达国家的代表则不情愿接受这一方案，表示只是有选择地讨论《坎昆协议》中的部分问题，不愿意涉及“巴厘路线图”问题。经过反复讨论和磋商，曼谷会议勉强就德班谈判议程达成一致而结束。尽管有关“巴厘路线图”议题是否能够进入德班谈判议程没有得到体现，但发展中国家所表达的一致和一贯立场没有改变。中国气候谈判代表团团长苏伟在接受媒体采访时表示，中方认为会议通过的谈判议程比较平衡，它以“77国集团+中国”提出的建议为基础，反映了“巴厘路线图”的授权，也反映了2010年坎昆气候变化大会所形成的共识。①

2011年6月6~17日，德班会议前的第二轮谈判在德国波恩举行，其主要任务是讨论未来国际气候协议的架构，为南非德班召开的联合国气候变化大会做准

① 新华网，曼谷2011年4月8日电，http：//news.xinhuanet.com/world/2011-04/09/。

备。这是继曼谷谈判后的又一次重要会议，虽然会议在碳交易机制、分享绿色技术机制、气候基金管理、帮助贫穷国家适应气候变化影响等问题上取得了一定进展，但各方分歧依然严重，在《议定书》第二承诺期存续等核心问题上依然没有打破僵局。在波恩会议上，日本、俄罗斯和加拿大明确表示将不参与《议定书》第二承诺期；“77 国集团 + 中国”要求维护“巴厘路线图”及《议定书》第二承诺期，要求发达国家做出量化减排承诺；“伞形国家”对《议定书》依然持消极态度，更不要说有第二承诺期；欧盟虽然表示愿意考虑第二承诺期，但条件是要将“伞形国家”和主要经济体纳入全球减排体系；中国代表团则坚持认为，发达国家应该承担历史和现实责任，做出大幅量化减排的承诺，而发展中国家是气候变化的主要受害者，发达国家有责任向发展中国家提供资金和技术，帮助发展中国家适应气候变化带来的影响，对发展中国家来讲，应遵循《公约》和《议定书》“共同但有区别的责任”原则，在消除贫困和可持续发展的条件下，采取适当的自主减缓行动。

波恩会议后，《公约》秘书处执行秘书克里斯蒂娜·菲格雷斯在新闻发布会上说，波恩会议为定于 2011 年 11 月 28 日至 12 月 9 日在南非德班召开的联合国气候变化大会取得进展奠定了基础，同时表示解决《议定书》前途问题是德班的核心任务，需要高级别领导层的参与。

10 月 1 ~7 日，各国代表聚集巴拿马，举行了波恩会议后的又一次气候变化谈判会议。这是在南非德班气候大会前的最后一次正式谈判会议。尽管《公约》执行秘书菲格雷斯呼吁各国利用这次会议提高对德班大会可能达成成果的预期，但国际社会对此次会议的看法并不乐观。在巴拿马谈判中，焦点问题之一是涉及法律形式方面的讨论。一些发达国家提出开启一个新的、有法律约束力条约的谈判，强调发达国家和新兴经济体国家都要承诺强制性的减排义务。发展中国家则认为，《公约》和《议定书》都是有法律约束力的文件，没有必要用新的强制性条约取而代之。

在巴拿马会议上，发达国家和发展中国家之间的分歧仍十分明显，尤其是在《议定书》第二承诺期的存续问题上，双方态度依旧，互不相让。美国坚持不让的态度和立场遭到 77 国集团代表的强烈抨击，欧盟征收航空碳税的计划也遭到了大多数发展中国家的反对。欧盟等国家则仍然坚持，对《议定书》第二承诺期的承诺条件是美国、中国、印度等排放大国要承担具有法律约束力的减排义务。

另外，坎昆会议后，为评估应对气候变化的政策和协调谈判立场，2011 年 2 月 26～27 日，由巴西、南非、印度和中国环境部长参加的第六届“基础四国”气候变化部长级会议在印度首都新德里举行。会议邀请了阿根廷、阿尔及利亚和马尔代夫的部长级高官，作为“77 国集团”、“非洲联盟”和“小岛国集团”的代表也应邀参加会议。这是坎昆会议后召开的首次以“基础四国”为核心的主要气候变化国际协调会议，会议的目的是通过谈判维护发展中国家的利益，以推动应对气候变化的谈判，发挥积极建设性作用，协调、统一和加强发展中国家的立场，希望在德班会议上能完成哥本哈根和坎昆会议没能完成的任务。

新德里会议后发表的联合声明强调，德班会议应讨论《议定书》第二承诺期，保证第一和第二阶段之间的衔接。印度环境和森林国务部长拉梅什代表“基础四国”介绍联合声明称，与会各国欢迎《坎昆协议》，认为这是气候谈判向前迈进的积极的一步，为解决存在的政治分歧提供了一个舞台。声明表示坚信《坎昆协议》不能代替“巴厘路线图”。“巴厘路线图”中的一些问题没有在《坎昆协议》中得到反映，尤其是公平、知识产权和贸易这三个对四国很重要的问题，四国将尽一切努力使这些问题重新成为主流讨论内容。①

尔后，“基础四国”气候变化部长级会议又于 2011 年 5 月 28～29 日在南非德班举行，除“基础四国”外，“77 国集团”的代表再次应邀参加了会议。会后发表的联合声明重申“基础四国”将继续努力加强“77 国集团 + 中国”的团结，也强调了重建互信和加强多边体制的重要性。与会各方还重申，达成《议定书》第二承诺期协议对德班会议取得成功是绝对重要的。声明指出：考虑到发展中国家——特别是小岛屿国家、最不发达国家和非洲国家——在适应气候变化方面迫切需要支持，在适应和减缓气候变化之间必须保持平衡。不采取行动的代价将是巨大的，气候变化的冲击将更严重地影响到穷国和贫困阶层。适应气候变化必须与减缓气候变化一样成为谈判的核心问题，而且必须反映到正在规划的资金和技术转移支持安排中。同时，会议还提议“基础四国”设立气

① 新华网，新德里 2011 年 2 月 27 日电，http：//news. xinhuanet. com/world/2011 - 02/28/c_121127590. htm。

候变化研究基金，“基础四国”、“77国集团+中国”的有关机构可就其可行性进行分析。① 德班谈判前“基础四国”会议的召开具有十分特殊的意义，既协调了发展中国家的谈判立场、平衡了内部关系，也体现了“基础四国”在全球气候谈判中的重要性和影响力。

此外，2011年4月14日“金砖国家”领导人第三次会晤在中国的海南省三亚市举行，会议发表的《三亚宣言》提到：气候变化是威胁公众和各国生计的全球性挑战之一。中国、巴西、俄罗斯、印度赞赏和支持南非主办《公约》第17次缔约方大会暨《议定书》第7次缔约方会议。《三亚宣言》表示支持《坎昆协议》，愿与国际社会共同努力，推动德班会议按照“巴厘路线图”授权，根据公平和“共同但有区别的责任”原则，就加强《公约》及其《议定书》实施达成全面、平衡和有约束力的成果。②《宣言》表示“金砖国家”将就德班会议加强合作。

与此同时，非洲国家为协调德班谈判立场和表达其意愿也在积极行动，部分非洲国家领导人5月在开普敦举行的世界经济论坛非洲会议上呼吁，非洲国家应当团结合作，在2011年底举行的南非德班大会上采取统一的立场。南非、肯尼亚等领导人在论坛上发表讲话强调，在德班会议上非洲国家领导人将保持一致立场，用一个声音说话，使德班会议能成就一个符合各方利益的有法律约束力的协议。非洲国家领导人还决定在环境治理方面加强非洲国家之间的内部协商，并与其他大陆加强协调，力争在联合国气候变化谈判中有所作为。③

德班会议前的三轮预备性磋商会议，是为德班会议能够顺利进行协调立场和确定谈判议题的会议，这三轮预备性磋商会议确定的德班谈判议题依然没有脱离《议定书》第二承诺期和如何落实援助资金、技术转让等坎昆会议遗留的问题。遗憾的是，各方在此议题上存在的分歧仍难以消除，这为德班会议的结果留下许多不确定性和悬念。为了在德班会议上用一个声音说话，在两次“基础四国”气候变化部长级会议和海南“金砖国家”领导人会议，以及开普敦世界经济论坛非洲会议上，新兴经济体和发展中国家达成了充分的共识，协调了在德班会议上的谈判立场。

---

① 新华网，2011年5月30日电，http：//news. xinhuanet. com/world。

② 新华网，2011年4月14日，http：//news. xinhuanet. com/politics/2011 - 04/14/c_121304907. htm。

③ 新华网，开普敦2011年5月5日电，http：//news. xinhuanet. com/world/2011 - 05/06/c_121383840. htm。

四　国际社会对德班会议的预期和看法

经历了2009年和2010年哥本哈根和坎昆会议的波折，人们仍然对2011年底的德班气候大会寄予期望。联合国秘书长潘基文在一次联合国安全理事会会议上强调，气候变化“对世界和平与安全是毋庸置疑的威胁”。[①] 秘书长呼吁联合国会员国在解决气候变化问题上拿出诚意。2011年底，各国家和地区的代表再次聚集南非德班，参加联合国气候变化《公约》第17次缔约方会议暨《议定书》第7次缔约方会议，这是继哥本哈根和坎昆会议之后全球为应对气候变化举行的又一次高级别会议。

德班会议是《公约》和《议定书》缔约方谈判的延续，与哥本哈根会议和坎昆会议相比，德班会议有其更重要、更特殊的意义。德班会议是在临近各国约定《议定书》第一承诺期结束后启动第二承诺期谈判期“大限”前的为数不多的全球大会，需要完成哥本哈根和坎昆会议没能解决的问题，是决定2013年能否如期启动第二承诺期的会议。因此人们预期，德班会议对今后应对气候变化全球行动的走向将产生决定性影响。为了促进德班谈判取得积极的进展，本届联合国气候大会主办国南非政府给予了高度重视，提出了“共同努力，我们可以做更多”的口号。同时，为了进一步警示气候急剧变化对人类带来的严重后果，本届联合国气候大会确定的主题是：“共同努力，拯救明天（Working Together：Saving Tomorrow Today）”,[②] 这一主题与南非政府提出的口号有机地联系了起来，表明德班会议要取得积极的成果不仅是主办国的责任，也是所有与会国和各界的共同的国际责任。

从德班会议前几轮谈判的结果看，还没有任何征兆可以判断德班谈判能够取得突破性进展，也没有任何迹象可以保证德班会议能够形成《议定书》第二期承诺协议。德班会议在减排问题上的谈判是否会步坎昆会议后尘，这是国际社会

---

① “UN Secretary-General Ban Ki-moon calls climate change ‘a very credible threat to peace and security around the world,’”, New York, USA, 21 July 2011, http：//unfccc. int/press/news.

② 德班会议主题语的“拯救明天（Saving Tomorrow Today）”，与南非“因达罗叶图（Indalo Ythu）”的主题相同，“因达罗叶图（Indalo Ythu）”是南非恩古尼语——“我们的环境”。“非因达罗叶图（Indalo Ythu）”是2002年在南非召开的联合国可持续发展全球峰会的遗产项目，2006年被南非环境部正式认定为促进绿色环保和生态平衡的品牌活动。

和各界普遍关心的问题，也是德班会议能否有突破性进展的关键和成功与否的重要因素。事实上，《议定书》第一承诺期到期后出现的任何“空白”都将给谈判进程带来严重后果，如果发达国家不改变立场，个别国家又在《议定书》第二承诺期上出现倒退，坚持极端态度，德班会议取得实质性进展的希望仍然渺茫。因此有舆论认为，如果没有《议定书》第二承诺期，德班谈判很难达成一揽子平衡协议，《议定书》将被废除或是名存实亡，应对气候变化谈判和全球行动战略的制定也将无限期地拖延下去。

另有一部分舆论认为，联合国框架下的气候谈判机制面临着严峻考验，德班会议能否挽救这一谈判机制，《公约》和《议定书》缔约方会议能否延续下去，都有着许多的不确定性。《议定书》第一承诺期期限将至，然而看起来最终谈判达成各方都同意的《议定书》第二承诺期约定十分艰巨，甚至不能排除出现“空白”。但另一方面，少数发达国家拒绝支持第二承诺期也不是一道迈不过去的“门槛”，谈判的最后阶段出现峰回路转的可能性也不是没有，不可过于悲观。毕竟，一旦《议定书》第二承诺期谈判上“无果而终”，应对气候变化将有可能形成“一盘散沙”的局面，因此各方都不敢怠慢，寻求新的途径或以过渡方式维系谈判走下去的可能性极大。由此，对 2011 年德班谈判最终结果的预测无非有两种可能：或是达成一个折中和留有余地的过渡性协议，以填补“空白”；或是延缓谈判进程。

德班会议前，媒体及各界的主流看法是，德班会议的关键与核心议题仍是要明确是否有一个《议定书》第二承诺期，即便谈判不能有一个令人满意的结果，起码也要给国际社会和各界一个“说得过去”的交代。毕竟应对气候变化是大势所趋，联合国谈判机制需要维护，治理和改善环境也是世界各国共同的承诺。综合德班会议前各界对谈判前景进行的预测看，大致有两种论点：即便会议取得成果的可能性再大，谈判破裂的可能性始终存在；即便会议不能取得重大突破，但谈判还会延续下去，德班会议依然能够为 2012 年首尔会议提供一定的谈判空间。①也有评论认为，随着谈判渐入“深水区”，谈判中的核心争议问题在德班谈判中已无法回避。目前看，前景并不容乐观。②

目前，发达国家在测试发展中国家的容忍度，发展中国家则不会轻易放弃

① 综合新华网相关内容。

② 黄惠康：《通往德班之路：气候变化谈判前景》，《外交季刊》2011 年第 2 期。

《议定书》。发展中国家意识到，在技术和资金支持等问题上，仍需要在已达成协议的基础上从细节入手落实实施方案，避免以往发达国家承诺对发展中国家进行援助时有协议而无行动的情况出现。《议定书》的减排一期承诺截止于2012年，如何保证第一承诺期结束后人类减排温室气体的努力不会中断，德班会议受到国际社会广泛关注。

2011年既是全球气候谈判的关键之年，也是中国实施“十二五”规划的开局之年，中国在气候谈判和应对气候变化行动中的立场和影响备受国际关注。中国作为一个发展中大国，一方面需要和发达国家加强广泛合作与协调；另一方面要为发展中国家争取更多的发言权；国际社会也希望中国能够在应对气候变化谈判中发挥更大的作用和影响力。不仅美国等西方国家明确表示，希望中国作为“负责任的利益相关者”与美国和其他国家加强国际合作与协调，共同应对严峻的全球性挑战，而且广大发展中国家和新兴经济体国家也表示，希望中国作为“一个负责的大国”，能够维护发展中国家和新兴经济体国家在应对气候变化全球行动中的权益。可见，中国在全球气候谈判和国际协调中具有举足轻重的地位，同时中国所承受的国际责任压力也越来越大。

中国已经承诺到2020年单位国内生产总值二氧化碳排放比2005年降低40%～45%，而且把应对气候变化作为重大战略纳入了“十二五”规划，中国应对气候变化的总体构想和规划为未来全球行动做出了表率。在谈判中，坚持“双轨制”谈判机制和“共同但有区别的责任”原则，协调与平衡好各方利益，避免谈判重蹈屡陷困境的覆辙，保障应对气候变化全球行动顺利展开，这仍是中国在气候谈判中的主线，也是中国应对全球气候变化的国际定位。在德班会议举行前，中国政府表示，“中方愿与各方一道推动德班国际气候会议取得积极、全面和平衡的结果”。①

结　语

无论全球气候谈判进程多么艰难和坎坷，唯一的路径就是通过协商谈判达成必要的妥协。虽然发达国家在《议定书》第二承诺期问题上态度消极，但目前

① 新华网，北京9月28日电（记者孙奕、曹欣阳），《外交部：愿与各方推动德班国际气候会议取得积极成果》。

也还没有到公然撕毁《公约》的地步，联合国主导下的气候谈判机制还没有任何一种谈判渠道所能取代，达成协议的希望始终存在。德班或许不是达成一揽子最终应对气候变化全球行动协议的地方，但谈判各方还是有可能以妥协或过渡，以及暂时搁置的方式对待《议定书》第二承诺期问题。

无论是哥本哈根会议、坎昆会议还是德班谈判，或是放眼未来，都绕不过《议定书》。各方都希望就未来《议定书》减排承诺问题谈判中所涉及的领域以及达成最后协议的时间取得共识。虽然各界并不看好德班会议，会前很长一段时间，舆论对德班会议的渲染远不及哥本哈根和坎昆会议。但是，国际社会和各界又一次将应对气候变化全球行动的希望寄托在德班会议上以及后续的谈判，期待德班会议能够取得成果，为后续的首尔会议提供更多谈判空间。

参考文献

新华网，http：//news. xinhuanet. com。

中国新闻网，http：//www. chinanews. com。

中工网－国际频道，http：//world. workercn. cn。

联合国网，http：//www. un. org/。

联合国气候变化官方网站，http：//unfccc. int。

曹荣湘：《坎昆会议，救气候还是救联合国?》，人民网－国际频道，2010。12月3日，http：//world. people. com. cn。

黄惠康：《通往德班之路：气候变化谈判前景》，《外交季刊》2011年第2期。

Cancun Adaptation Framework, United Nations Framework Convention on Climate Change (UNFCCC) http：//unfccc. int/adaptation/cancun_ adaptation.

Negotiations on Climate Change: On the Road to Durban

Wang Dong

Abstract: The United Nations Climate Change Conference (COP－16) held in

Cancun, Mexico, from 29 November to 10 December, focused on negotiations on emission reduction after expiration of the "Kyoto Protocol" commitment at the end of 2012 as well as on issues related to developing countries, such as financial assistance and technology transfer. Based on compromise, the 193 parties reached a package of agreements to make efforts to cope with climate change and to lay a foundation for talks at the next conference in Durban, South Africa, to be held at the end of 2011. The Cancun conference failed to make substantial progress on a second commitment period to the Kyoto protocol. Because the time left before 2013 is limited, the UN climate negotiations are under great pressure. The negotiations leading to the Durban conference are full of ups and downs and uncertainties.

Key Words: Climate Change Negotiations; Cancun Climate Conference; Durban Climate Conference

Y.9
全球能源政治（2010～2011）

薛 力*

摘 要： 2010～2011 年的能源政治表现为：油气工业的上游，围绕油气资源所有权的争端有的加剧（如在南北极与南海），有的缓解（如在南苏丹）；中游既往的争端或淡化或消弭，取而代之的是一些重大项目上的合作进展；下游领域则继续既往的合作势头。中国在上游的争端与下游的合作中都是一大主角，而查韦斯患癌症导致委内瑞拉在国际能源政治中的作用下降。福岛核泄漏则使得核电成为国际能源政治的新热点。未来能源政治中值得注意的两点是：能源所有权争端的持续发酵可能会导致小规模军事冲突，新兴经济体将进一步强化其在能源领域的地位与作用。

关键词： 能源政治 争端 合作 核电

2010 年全球政治与经济形势总体向好。2011 年这一良好势头未能继续，虽然新兴经济体总体经济形势不错，但全球政治热点频发伴随着武装冲突的增加、欧美日经济形势恶化并导致社会动荡乃至日本的政府更替。

在上述背景下，石油与天然气作为全球能源政治的主要物质基础，围绕它们的国际合作与斗争继续沿着“斗争－妥协－维持合作”的轨道前行，但斗争的烈度有所增强，妥协的难度加大，合作的维持伴随着损益方的转换。而福岛核泄漏作为大地震引发的次生灾害，导致全球主要核能使用国核能政策的大争论，一些国家陆续调整了能源发展政策。

下文沿用上年的惯例，先按照上中下游分析油气方面的国际合作与斗争，再

* 薛力，法学（国际政治方向）博士，中国社会科学院世界经济与政治研究所国际战略室副研究员，主要研究领域：能源政治、东亚整合（近期关注的重心是南海问题）。

分析核能政治、委内瑞拉的能源外交等。上游指油气勘探与开发；中游指油气的集输与储运；下游指炼油与化工，也包括批发与零售终端。由于热点的转换，对部分案例进行了调整。

一　上游领域的纠纷与合作

油气工业上游的纠纷与合作通常围绕着两个主题展开：油气资源的所有权的争夺，以及油气资源开发而发生的纠纷与合作。

（一）围绕油气资源所有权的领土主权之争

油气属于不可再生资源，增加油气资源储量的方式有两种：应用新技术手段发现新储量，在尚未勘探的地区进行地质勘探。由于新技术的发明与实用化需要较长的周期，在未勘探地区寻找油气资源就成了现实的选择。不过，全球地质条件与气候环境比较好的地区日益减少，油气公司的目光逐渐转向气候环境恶劣的地区，北极就是一个典型的例子。而南沙油气争端已经成为另一个能源政治热点。

1. 南北极地区的能源纠纷

北极被重视主要是两个原因：油气资源储量估计占全球总量的1/4左右；西北航道与北方航道（又叫东北航道）将大大缩短现有的全球货运“南方航线”，如上海到汉堡的轮船如果改走北方航道其行程将缩短45%。北极航道离真正商业化运行还要至少20年，油气开采也仅仅限于北极边缘的某些地区，但30年来北极冰盖缩小一半，而这一进程依然在持续，这无疑让各国意识到在北极地区“未雨绸缪以占得先机”的重要性。其结果是，过去一年多，合作的一面虽然也有一些进展，如2011年8月俄罗斯国家石油公司与埃克森－美孚公司签署战略合作协议，内容就包括投资32亿美元勘探黑海油气资源以及喀拉海（在北极圈内）的三个区块。[①] 2011年5月，第七届北极理事会外长会议签署了首个具有法律约束力的协议《北极搜救协定》，就各成员国承担的北极地区搜救区域和责任进行了规划。但竞争的一面表现得更为明显，对北极的“圈地运动”已经导致

① 俄新网，莫斯科8月31日电，《俄石油公司将同埃克森美孚进行战略合作》，http://rusnews.cn/xinwentoushi/20110831/43136927.html。

了这一地区的军备竞赛，连一贯以和平国家形象立世的挪威也积极行动起来。

20多个国家有开发北极的计划，但俄罗斯、美国、加拿大、丹麦、挪威等北极周边国家的行动尤其引人注目。

俄罗斯的胃口比较大，要求得到北冰洋200海里专属经济区以外120万平方公里（约占北极圈面积一半）的大陆架，以及北极矿产资源的2/3。为此，俄罗斯自然资源部2010年9月宣布，2039年之前将在大陆架开发上投入3460亿美元，其中大部分投向北极地区。2011年7月，俄罗斯副总理伊万诺夫表示，2012年将向联合国提交具有科学依据的申请，以拓展俄罗斯位于北极的大陆架边界。为此，俄罗斯将启动新一轮考察。① 同月，俄罗斯确定向北极派遣两个摩托化步兵旅，已经订购必要的御寒衣物与装备，并拟在年底形成战斗力。俄海军总司令维索茨基把此举归因于北约将北极视作势力范围。此外，为了主导舆论，俄罗斯从2010年开始，每年秋季举办一次国际北极论坛，第二届会议的主题为"北极——对话的领土"，会议于2011年9月下旬在靠近巴伦支海的阿尔汉格尔斯克召开，400多名来自20多个国家的政府官员、科学家、实业界代表与会。②

加拿大在北极问题上的立场也比较强硬，坚持西北航道属于其国内航线而不是美国所说的国际航线。2011年8月，总理哈珀对北极地区进行第六次年度视察并对正在进行军事演习的官兵讲话。这是加拿大在北极举办的最大规模的军事演习，有来自海陆空、海岸警备队与政府部门的1100多人参加，显示加拿大日益重视在北极的军事存在。

丹麦武装力量中，有专门的"格陵兰岛司令部"负责格陵兰岛等地。2011年8月公布的《2011～2020年丹麦王国北极战略》宣布，将于2014年12月之前向联合国提交延伸大陆架200海里的申请，鼓励私人投资与国际公司参与北极油气开发。格陵兰岛给11家公司发出了17个开发岛上西海岸地区的勘探许可证，英国的Cairn能源公司正在进行测试性钻探。格陵兰岛还计划在2012年和2013年，对气候条件更为恶劣的东海岸进行招标。③

---

① 赵嘉麟：《会发生北极战争吗?》，http：//scitech. people. com. cn/GB/15198253. html。

② 国际在线报道（驻俄罗斯记者燕玺），《第二届国际北极论坛在俄罗斯开幕》，http：//news. cntv. cn/20110922/100630. shtml。

③ 《多国加入北极油气资源博弈　能否绿色开发遭质疑》，http：//news. xinhuanet. com/world/2011-09/13/c_ 122023978. htm。

美国为了展示自己在北极的存在，把原先没有明确的北极圈内军事任务划归北部方面军管辖。于2010年3月派出两艘核潜艇在距阿拉斯加普拉德霍湾以北的一处临时营地进行演练，加拿大与英国也派出军官协助。挪威计划把主要军事基地迁往北极，并投入巨资研发新型军事设备，包括打造5艘顶级护卫舰。

目前并没有证据表明任何国家的大陆架延伸至北极。依据《联合国海洋法公约》，北极地区是全人类的共同财富。但环北极国家坚持自己在北极地区的主权与主权权利。依据他们的主张，北极将只有1/9的面积为人类共有。这些国家主张通过“内部商议，外部排除”的方式解决北极的主权与利益争端。① 两个典型例子是，2011年6月，俄罗斯和挪威首次交换了巴伦支海和北冰洋划界及合作条约批准文件，确定两国争议地区86万平方公里水域归俄罗斯，51万平方公里归挪威，两国还计划在17.5万平方公里范围内的北极大陆架开发油气田。但据俄罗斯媒体报道，俄罗斯并不想与中国分享北极“蛋糕”。②

由于美俄等大国置身其间主导游戏规则的设定，现有关于北极的游戏规则明显有利于环北极国家，由八个成员国组成的北极理事会规定，希望成为观察员的国家必须承认八个成员国对北极的主权，却只能享有科学考察、技术支持等有限的权利。

当然，这并不意味着其他国家就没有权利与不能从北极资源开发中获得利益。北极地区的能源开发通常会以多方合作的方式进行，有技术、资金、市场等优势的国家都有希望参与其间。2011年1月，挪威外交大臣斯特勒就表示，“北极国家需要找到合适的途径与中国对话、合作”。③ 丹麦也支持中国成为北极理事会的永久观察员。

值得一提的是，虽然《南极条约》禁止各国在对南极提出主权主张和在2048年前开发资源，但各国对南极的关注也在不断上升，尤其是南极周边国家。如智利设立南极局，总统皮涅拉访问南极；澳大利亚安全问题专家纷纷建议政府制定南极政策并扩充设备。

---

① 国际在线报道（记者国宇翔），《加拿大在北极巨型军演宣示主权》，http：//gb.cri.cn/27824/2011/08/25/3245s3349393.htm。

② 《多国加入北极油气资源博弈　能否绿色开发遭质疑》，http：//news.xinhuanet.com/world/2011－09/13/c_ 122023978.htm。

③ 钱亚平：《中国离北极有多远》，http：//news.xinhuanet.com/tech/2011－07/20/c_ 121694947_ 2.htm。

2. 南海能源纠纷

近些年来，南海争端的重心是能源，尤其是南沙油气资源。南沙争端事涉“六国七方”：中国大陆、中国台湾、越南、菲律宾、马来西亚、文莱，以及虽然没有占领南海岛屿、但其专属经济区部分进入九段线的印尼（下面把后五国简称为“东盟五国”）。南海尚未进行全面的油气储量勘探。从地质结构上分析，南海有八个含油盆地，因此，南海油气可能大部分在南沙海域。

南沙海域中国大陆与台湾在南沙海域一直没有开发油气资源。但东盟五国则大力开采南海油气资源。一家国际知名能源研究机构的研究数据显示，到2008年，东盟五国已从许多国家招来200多家公司，钻探了1824口油气井，油气年产量为8400万吨油当量，其中九段线内为5242万吨油当量。这已经高于大庆油田近几年4000万吨的年产量。

2009年以来，南海油气资源争端加剧。东盟五国中，菲律宾与越南的表现尤其“突出”。上半年越南行为抢眼，下半年菲律宾风头更劲。是否两个国家在时间段上进行了某种分工，有待于进一步观察。

菲律宾1970年代初开始对南沙岛礁的主体提出主权要求，并将之命名为“卡拉延群岛”（意为“自由地群岛”），包括60个岛礁滩沙与64976平方海里（折合120336平方公里）水域，这些岛礁包括了南沙主要岛礁（除了南威岛，现为越南占领）。为了“巩固主权”并获取收益，菲律宾采取了多种措施：陆续派兵占领中业岛、南威岛、南钥岛等9个岛屿，修建机场，大量驻军（1978年驻军达上千人）；行政上把卡拉延群岛当做巴拉望省的一个镇级（poblacion）单位；开发资源；宣布建立专属经济区（卡拉延群岛在其内）；每年与美国进行军事演习；与越南轮流举办体育比赛。①

缺乏油气资源的菲律宾对南沙油气开发非常重视，除了与壳牌、谢弗隆等合作开发马兰帕亚－卡马戈油气田外，2009年8月，菲律宾政府批准与英国Forum Energy公司合作勘探中国南沙礼乐滩附近的油气田。2011年3月又派出勘测船在礼乐滩一带进行勘测。② 9月下旬，菲律宾召集东盟10国海事专家召开会议

① 吴士存：《南海争端的起源与发展》，中国经济出版社，2010，第124～126页。

② 谭利娅：《菲律宾在南海部署2架战机　防中国巡逻船“骚扰”》，http://news.xinhuanet.com/world/2011-03/04/c_121149576.htm。

（柬埔寨与老挝没有派代表出席），建议将南海明确划分为无争议区域和有争议区域，无争议区由“独有主权国”直接开采，有争议区由几个声索国合作开发。菲律宾在建议中将礼乐滩乃至专属经济区都归为非争议区。总统阿基诺三世9月底的访日议程中也包括南海问题。[①] 作为南沙开发政策的一部分，菲律宾计划从美国购入两艘汉米尔顿巡逻舰，其中一艘已在2011年8月投入使用。2011年9月，菲律宾宣布将把马兰帕亚油气田49.5亿比索（约合1.17亿美元）开采许可费用于军备升级，包括购买直升机、军舰及修建雷达站。

越南把南海（越南称“东海”）列为国家发展战略的一个重心，在南海争端中大下工夫。其购买大批武器装备以提升海上作战力量的做法已经众所周知。2010年以来，连续两年与美国合作进行军事演习；利用担任东盟主席国的时机，大力推进南海问题的国际化，如举办南海问题国际会议、促成美国国务卿希拉里做有利于越南的表态（“南海航行自由事关美国的国家利益”）、声称中国船只两次剪断其勘测船的电缆等。2011年9月，更宣布引入印度国有油气公司ONGC开发争议海域（即所谓“第127号”与“第128号”区块）。

南海油气开发首先是政治与战略问题，其次才是经济与技术问题。中国在南海问题上的立场是：中国对南海诸岛及其附近海域拥有无可争辩的主权，并对相关海域及其海床和底土享有主权权利和管辖权；[②] 通过双边谈判和友好协商，和平解决南海争议；[③] 搁置争议，共同开发南海油气资源。东盟五国的立场是：赞成南海争端通过和平手段解决，但要求在声索国全部参与的情况下谈判解决；以“大陆架”与“专属经济区”为由，单边开发油气资源，实际上抵制与中国共同开发；引入区域外大国势力以“平衡中国”；在争议区块引入尽可能多的国际石油公司尤其是欧美公司，以“消解”中国的反对意见；强化海军力量。

东盟国家的立场存在差异：东盟五国中的越南与菲律宾试图把南海问题尽可能国际化，为此希望把南海问题变成东盟国家的共同问题，并拉拢美国与印度等区域外大国力量介入；马来西亚与文莱的立场相对温和，行事低调；印尼不认为

---

① 汪析等：《菲律宾一厢情愿分南海》，2011年9月26日《环球时报》。

② 中新社，北京4月14日电（记者张蔚然），《中国对南海诸岛及其附近海域拥有无可争辩的主权》，http://news.cntv.cn/20110415/109820.shtml。

③ 邢世伟：《外交部回应菲“划分南海”主张：须双边谈判解决》，http://news.cntv.cn/china/20110924/100814.shtml。

自己是南海争端的当事方，也反对把南海问题变成东盟成员国共同的问题。老挝、缅甸、柬埔寨的立场接近印尼。

六国七方都无意以非和平手段解决南海争端。但各方转圜的空间越来越小，摩擦在增加。这不利于本地区的和平、稳定与发展。因此，需要当事方发挥创造性智慧，就油气开发达成各方都能接受的协议，并付诸实施。

中越双方最近在南海问题上取得了一定的进展。2011 年 10 月 11 日，在中共中央总书记胡锦涛与越共中央阮富仲总书记的见证下，中越双方签署了《关于指导解决中华人民共和国和越南社会主义共和国海上问题基本原则协议》，协议第五条提出，要“稳步推进北部湾湾口外海域划界谈判，同时积极商谈该海域的共同开发问题。积极推进海上低敏感领域合作，包括海洋环保、海洋科研、海上搜救、减灾防灾领域的合作。努力增进互信，为解决更困难的问题创造条件”。胡锦涛在会谈中指出，“从政治和战略高度及时指导海上问题的妥善处理”，“双方应积极研究和商谈共同开发，尽快迈出实质性步伐”。[①] 这有助于南海局势的稳定，而且，双方可能首先选择合作勘探与开发西沙海域的油气资源。

（二）围绕油气资源开发的纠纷与合作

油气资源开发上的纠纷与合作，可以分为国家间与国家内两个层次。尼日利亚与玻利维亚的油气争端趋于缓和，但苏丹油气争端又以新的形式出现。而利比亚政局的变化，又上演了油气资源开发的新剧目。

1. 苏丹与南苏丹的能源纠纷

根据 2005 年签署的《全面和平协定》，苏丹南部地区 2011 年 1 月举行公投，结果赞成独立者占有效票的 98.83%。7 月 9 日，面积与法国相仿的苏丹南部宣布正式独立，取国名为南苏丹，并在当月 15 日成为联合国第 193 个成员国。苏丹第一个承认南苏丹，总统巴希尔参加了南苏丹独立庆典。苏丹人民解放运动（苏人解）成为执政党，其主要成员来自南部第一大族群丁卡族（Dinka-Ngok）。

两国边界主要根据 1956 年苏丹从英国和埃及获得独立时存在的南北界线，但部分地段的归属存在争议，尤其是阿卜耶伊（Abuyei）地区。因此，绵延多年

① 新华网，北京 10 月 11 日电（记者刘东凯），《胡锦涛同阮富仲举行会谈》，http://news.xinhuanet.com/politics/2011-10/11/c_122144648.htm。

的能源纠纷，从国内层次的争端变成了国家间争端。而以亚洲能源公司为主的国际能源公司也面临着如何适应新环境的挑战。

苏丹原油 API 度为 33～42，含硫量仅 0.5%，属低硫轻质原油。所产原油约一半（1000 多万吨）出口中国，其余出口日本等国。2010 年日产量为 48.6 万桶，[①] 其中 78%（37.5 万桶）产自南苏丹。根据苏丹政府的意愿，大部分原油通过 1500 公里的管道（由大尼罗河石油作业公司建设与运营）输送到位于北方的苏丹港出口，少量输送到喀土穆炼油厂。石油收入的绝大部分为苏丹政府掌握，[②] 北部地区尤其是首都喀土穆的发展远远好于南苏丹。750 多万南苏丹人[③] 并没有从石油收益中获得好处，长期处于极度贫困的状态。南苏丹要求独立的主要原因有两个：南部黑人（大部分信仰原始宗教与拜物教，少部分信仰基督教）与北部阿拉伯人（绝大多数信仰伊斯兰教）之间的族群矛盾；[④] 石油收益分配不公。

苏丹境内有三个含油气盆地：穆格莱德（Muglad）盆地、喀土穆（Khurtum）盆地和麦卢特（Melut）盆地，其中穆格莱德盆地勘探程度较高，是苏丹原油主要产地。已经招标的有七个区块。第 5 区块由法国、瑞典、澳大利亚等国的能源公司单独或合作开发，其余均由四国合资的大尼罗河石油作业公司（GNPOC）或其成员公司开发。[⑤] 主要油田有：班提乌（Bentiu）油田、马拉卡尔（Malakal）油田、穆格莱德（Muglad）油田、团结（Unity）油田及黑格利

① *BP Statistical Review of World Energy*, June 2011, p. 8.

② 根据双方达成的协议，南方可以获得石油收益的 45%，但苏丹政府明显低报年度收益，并拖欠支付。参见曾兴球《苏丹南北分离考验中国企业应对挑战的能力》，《国际石油经济》2011 年第 3 期。

③ 也有数据提到为 820 万。在目前形势下很难进行人口统计，这里以新华网数据为准。

④ 南苏丹独立前，苏丹人口为 3915 万，其中黑人占 52%，阿拉伯人占 39%。苏丹 70% 以上的居民信奉伊斯兰教。5% 的人信奉基督教，多居住在南方和首都喀土穆。苏丹南部地区面积约 65 万平方公里，人口约 750 万，南方居民多信奉原始部落宗教及拜物教。据此推算，北部大约有 1200 万黑人信仰伊斯兰教，参见 http：//news.xinhuanet.com/ziliao/2002－06/19/content_447263.htm；http：//baike.baidu.com/view/5209982.htm。

⑤ 该公司的股份构成为：中国石油天然气集团公司（CNPC）占 40%，马来西亚国家石油公司（Petronas）占 30% 的股份。印度石油与天然气公司（ONGC VIDESH）占 25%，苏丹国家石油公司（Sudapet）占 5%。中方人员出任总经理。南北争议区所处位置、各个区块的开发商等信息请参见曾兴球《苏丹南北分离考验中国企业应对挑战的能力》，《国际石油经济》2011 年第 3 期。

(Heglig) 油田。[1] 后两个油田分别属于第1、2区块，区块大部分处于有争议的阿卜耶伊地区。

阿卜耶伊地区总面积10400平方公里，人口约15万~20万，其中丁卡人占2/3，属于阿拉伯游牧民族的米塞里亚人（Misseriya）占1/3。该地区包括苏丹主要7个产油区中的1、2和4区块，2009年日产原油18万桶（2006年曾达到27万桶）。拥有5万人口的阿卜耶伊镇是该区的行政中心。[2] 按照2005年的《全面和平协议》，阿卜耶伊地区也应该通过当地居民的公决来决定归属。但在如何举行公决上存在争议。为此，2009年国际法院裁决：将阿卜耶伊地区东部边界向西移后，阿卜耶伊北部、东部和西部共约8000平方公里的土地划归苏丹北方中央政府管理；阿卜耶伊其余部分作为一个整体，由该地区居民在2011年1月9日（南部公投当天）举行公民投票，决定该地区归属北方或南方。[3] 应该说，这一裁决是建设性的，既有利于南方争取独立的历程，也顾及到南方独立对苏丹经济的巨大影响。因此，当时双方都表示接受这一裁决，但后来并没有执行。南方坚持米塞里亚人不属于当地居民，只有在当地放牧的权利，并制造动荡造成大批米塞里亚人逃离。苏丹政府则认为必须考虑当地两族人的利益，只有达成一个为当地两族人所接受的协议后，该地区才能与苏丹南部地区同时举行公投。[4]

双方互不妥协的结果，阿卜耶伊地区的公投没能进行，而冲突则不断发生。2011年前四个月，已经有大约200名当地人在冲突中丧生。5月19日，由联合国驻苏丹特派团部队护卫的北方车队途经阿卜耶伊地区时，遭到南部一伙武装分子的袭击。作为回击，北方政府军随即在阿卜耶伊地区展开武装行动。经过两天激战，政府军21日占领了阿卜耶伊地区，并把南方军队赶出了该地区，但当地局势并未就此平静，在双方不断交火的过程中，不少商铺、民房遭洗劫并被烧毁，又有大批当地民众出逃。联合国人道主义事务协调办公室5月24日表示，阿卜耶伊地区的暴力冲突升级已造成至少1.5万人流离失所。

---

① 张迎新：《苏丹油气资源形势》，《国土资源情报》2003年第3期。

② *Chinadaily* 4月21日苏丹阿卜耶伊报道，《阿卜耶伊：悬而未决的迷局》，http://www.chinadaily.com.cn/zgrbjx/2011-04/21/content_12365435.htm。

③ 中国新闻网，2011年2月12日，《苏丹一分为二难算账　阿卜耶伊或成冲突“火药桶”》，http://www.chinanews.com/gj/2011/02-12/2837950.shtml。

④ 新华网，喀土穆10月4日电（记者邵杰），《苏丹副总统提出在争议地区阿卜耶伊举行公投的条件》，http://news.xinhuanet.com/2010-10/05/c_12630671.htm。

原苏丹的石油储量为67亿桶，按照日产48.6万桶计算，储采比达到37.9年，略低于利比亚的42.4年。而这些储量的70%在南苏丹地区。因此，南苏丹肯定不愿长期做苏丹的原油供应商，而会兴建炼油厂并建设通往东非港口的输油管线。首选的出海口是肯尼亚的拉穆港，输油管线的长度大约1400公里。次选为先修建200公里的输油管到肯尼亚的基苏木。基苏木到蒙巴萨已经有输油管道。①

由中方人员任总经理的大尼罗河石油作业公司在苏丹能源开发中占绝对优势地位，为苏丹建立起勘探、开采、输送、炼油、销售等一条龙的石油工业体系，并开发原苏丹的大多数招标区块。苏丹已探明石油储量与石油产量超过70%来自南苏丹地区，而美欧日能源公司与肯尼亚都对南苏丹的油气勘探与开发有强烈的兴趣。大部分非洲产油国的油气开发都是竞争性的，一个公司独家垄断的情况比较少见。从长远看，独立后的南苏丹，其石油工业也会转向多家公司竞争的局面。大尼罗河公司现有的绝对优势地位很可能被削弱，但保持最大开发商地位是有可能的，如果能制定出南北苏丹都能接受的开发方案的话。苏人解总书记帕甘·阿蒙2011年10月21日访问中国时也表示，南苏丹百废待兴，愿意与中国加强在经贸、资源开发等领域的合作。②

2. 利比亚油气纠纷与合作

始于2011年初的北非与中东政局变化无疑是国际能源政治的一大热点，利比亚更是其中的代表。利比亚的油气资源居非洲首位，其石油储采比达42.4年。冲突持续的时间超出了大多数人的意料。

利比亚石油主要分布在中北部的锡尔特、东南部的库弗拉、西南部的木祖克和西部的古达米斯以及西北部的皮拉吉安等5个盆地，其中苏尔特盆地产量占全国的2/3。③ 由于在石油开发上采取“细水长流”的战略，利比亚石油产量并不高，2000年以来一直居非洲第3～4位。2010年利比亚日产原油165万桶，④ 其中一半产自利比亚本国的石油公司。其620万人口的日均石油消费量大约为30

① 吴文斌等：《外媒称中日美争修南苏丹新油管引各方关注》，2011年7月22日《环球时报》。

② 中新社，北京10月21日电（记者张朔），《李长春会晤南苏丹执政党总书记：加强各领域互利合作》，http：//china. huanqiu. com/hot/2011－10/2106390. html。

③ 梁海峰等：《利比亚战乱对油气产业的影响》，《国际石油经济》2011年第4期。

④ *BP Statistical Review of World Energy*, June 2011, p. 8.

万桶，大致等于国内炼油厂的产量。原油大部分出口，其中79%出口欧洲，主要是意大利、德国、法国、西班牙、奥地利、爱尔兰与瑞士。

客观而论，卡扎菲时期，利比亚成功地实现了石油工业的国有化，继之而来的油气开发相当有序，成果也可观，1970年曾创下原油日产300万桶的最高纪录。基础设施、经济环境、政策环境等均相当不错，在最具投资机会和吸引力的国家中多次名列全球首位。由于洛克比空难事件，西方从1986年起对利比亚实行制裁，其石油日产量下降至100万桶左右。从2000年起恢复增长。2003年起利比亚逐步修复与西方的关系，美国也在2004年放宽并最终解除了对利比亚的经济制裁。这为美国及其他石油公司进入利比亚铺平了道路，利比亚的石油业也因此迎来新的发展契机。利比亚也加大了天然气资源的开采力度。

2006年9月4日，利比亚成立石油和天然气事务理事会，全面负责石油、天然气事务，主要包括审议和评估油气开采计划，研究与外国公司的合作机制，就石油和天然气产量、价格以及合理开采和维护石油和天然气资源等向内阁提出建议。利比亚国家石油公司则代表利比亚与外国公司进行具体的合作，合作方式是不同版本的勘探和产量分成合同制（EPSA）。其下属的14家公司则分别从事勘探、开采、炼油、技术服务等。

解除制裁后，利比亚政府在2005～2007年举行了4次油气区块的招投标，均采用第四版的勘探和产量分成合同制（EPSA-IV）：招标和谈判相结合，中标公司通过谈判达成最后的协议，可以只用谈判的方式决定中标公司（液化天然气、大型天然气项目均通过与目标公司谈判来达成合作协议）；为了更好地把握油气开采的主动权，通常限制一个公司所获区块的数量。这四轮招标吸引了全球几十家能源公司，最后中标的公司来自美国、加拿大、欧洲、日本、印度、阿联酋、澳大利亚、巴西、阿尔及利亚等石油公司。美国油气公司在这几轮招标中斩获颇丰，一些公司获得多个区块，显示利比亚“在市场多元化的过程中拉拢美国”的意图。欧洲油气公司一直在利比亚油气市场中占有主要的份额，在这几轮招标中也有不少收获。[①] 其他国家的能源公司收获有限。

---

① 在利比亚比较活跃的欧洲公司有：意大利的埃尼（Eni）、法国的道达尔（Total）、西班牙的雷普索尔（Repsol）、德国的温特索尔（Wintershall）、挪威国家石油公司（Statoil）、奥地利石油天然气公司（OMV）、皇家荷兰壳牌公司（Shell）与英国石油公司（BP）等。美国石油公司有马拉松、西方、赫斯、康菲、埃克森－美孚等，但产量明显小于欧洲石油公司。

中国石油天然气勘探开发公司在第二轮招标中中标皮拉吉安盆地海上 17－4 区块，实现了中国石油公司在利比亚的突破。但分成比例高达 28.5%，为所有公司中最高者。中国公司通过分包等方式已经获得一些能源合同，从事输油管线承建、油田技术服务业务等。

2011 年 2 月中旬，利比亚政局陷于动荡之中。欧美石油公司在 2 月下旬纷纷停止了在利比亚的勘探与开发业务，并撤出工作人员。[①] 产量占一半的利比亚本国石油公司产能也急剧萎缩。利比亚石油出口陷于停顿，这成为 2011 年上半年国际油价上涨的推动因素之一。

随着 2011 年 10 月 20 日卡扎菲被杀，利比亚进入后卡扎菲时代。法国国防部长声称，利比亚新领导人知道欠法国很多，因此，法国应该在利比亚重建中居主导地位。这显示欧洲大国已经开始要求“分享红利”。很可能，未来利比亚的油气产业将延续“欧美公司占大头，其他国家公司占小份额”的局面。

二　中游领域的纠纷与合作

石油与天然气工业中游的纠纷，2011 年以来较少出现。这是一个可喜的现象，说明原有的争端趋于缓和，合作的势头在增长，尤其是在管道建设方面。

俄罗斯天然气储量与出口量全球第一，产量居第二（2009 年起被美国超过），其天然气出口主要通过管道进行，需要经过多个国家，其管网也是中亚国家天然气出口的主要通道。因此，俄罗斯多年来一直是中游领域能源纠纷的第一主角，与白俄罗斯、乌克兰、欧盟、土库曼斯坦等均出现了纠纷。

一年来的情况与过去不同。俄罗斯与白俄罗斯、欧盟、土库曼斯坦均没有再发生纠纷。亚努科维奇 2010 年 2 月就任乌克兰总统后，注意稳定乌克兰与俄罗斯的关系，虽然批评季莫申科 2009 年签订的十年天然气合同价格高过一些欧洲国家，但一直希望这一问题能在双边框架内谈判解决。[②] 由于俄罗斯不肯妥协，乌克兰尝试从土库曼斯坦进口天然气，但没有再采取“断气”、截流过境天然气

---

① 冯迪凡、张丛博：《欧洲石油公司纷纷撤离　利比亚经济再遭重大打击》，2011 年 2 月 24 日《第一财经日报》。

② 《俄乌天然气争端再起》，2011 年 9 月 6 日《国际金融报》。

等激化矛盾的措施。乌克兰意识到前几年的做法不妥。

总体而言，中游领域的合作已经完全压过了纠纷。许多重要管线的进展验证着这一点。

第一，命运多舛的纳布科管道建设又有新进展。2011 年 6 月，土耳其、奥地利、匈牙利、罗马尼亚、保加利亚和德国在土耳其中部开塞利市签署了纳布科输气管道项目支持协议。这是 2009 年 7 月签署的纳布科输气管道建设政府间协议的补充协议。同月，纳布科国际财团表示，为了应对建造成本不断增加，正在寻找新的合作伙伴来分摊建造成本，接触的对象有 BP 公司、壳牌公司、阿塞拜疆国家石油公司、挪威国家石油公司、法国天然气苏伊士集团和道达尔公司。该项目将在 2017 年建成投产，比预计时间推迟了两年。①

第二，2010 年 10 月，俄罗斯和土库曼斯坦表示，鉴于欧洲天然气市场需求增长缓慢，决定冻结跨里海天然气管道项目。但同时，土库曼斯坦表示将继续建设“东－西”天然气管道。该管线从土库曼斯坦东部天然气田至里海沿岸，年运输量 300 亿立方米。

第三，2010 年 12 月，土库曼斯坦、阿富汗和巴基斯坦三国总统在阿什哈巴德签署一项政府间协议，这意味着跨阿富汗天然气管道项目的正式启动。土库曼斯坦将通过这一管道向巴基斯坦和印度提供天然气，以满足这两个国家不断增长的需求。

第四，南溪与北溪项目是俄罗斯重点建设的对欧洲供气项目，旨在增加对欧洲的天然气供应能力并降低白俄罗斯、乌克兰等国家在天然气过境中的地位。两个项目建设均有新进展。

（1）2011 年 3 月，德国化工巨头巴斯夫决定加入南溪项目。9 月，俄罗斯、意大利、法国和德国的四家能源公司签署“南溪”项目股东协议，确定俄罗斯天然气工业股份公司、意大利埃尼公司、法国电力公司、德国巴斯夫集团分别拥有“南溪”天然气管道项目 50%、20%、15%、15% 的股份。该管道从俄罗斯经黑海海底到保加利亚上岸，然后通过两条支线分别通达奥地利、意大利等国家。管道年输气能力为 300 亿～630 亿立方米，将于 2015 年底前建成。

---

① 新华网，土耳其开塞利 6 月 8 日电（记者郑金发与王秀琼），《土耳其等 6 国签署纳布科输气管道项目支持协议》，http：//news. xinhuanet. com/world/2011－06/09/c_ 121509933. htm。

（2）2011 年 9 月，俄罗斯总理普京在彼得格勒州维堡附近的“波尔托瓦亚”天然气压缩站点击电脑控制板阀门，标志着俄罗斯北溪管线启动。北溪天然气管线将通过波罗的海海底直接将天然气输往西欧，通过德国输往丹麦、荷兰、英国、法国等国。北溪线为并行的双线管道，第一条线 2011 年 10 月正式输气，年输送能力 275 亿立方米；输送量相同的第二条线 2012 年输气。项目总投资 110 亿美元，由俄罗斯天然气工业公司控股 51%，德国的 E. ON Ruhrgas 和温特斯哈尔持股 15. 5%。

第五，2000 年以来，中国石油消费年增 6% 左右，而天然气消费年均增长率达 16%，2010 年达到 1070 亿立方米，比 2000 年增长 4. 4 倍。[①] 因此，非常重视油气管网的建设，不论是国内线还是国际线。国内管线方面，截至 2010 年底，中国油气管线中长度为 7. 8 万公里，其中天然气管道 4 万公里，原油管道 2 万公里，成品油管道 1. 8 万公里。[②] 国际线方面，中缅油气管线正在施工中，预计 2013 年建成。

（1）2011 年 4 月，乌兹别克斯坦总统访华期间，签署了中亚天然气管道 C 线建设协议，项目总投资 22 亿美元。项目建成后，乌兹别克斯坦输往中国的天然气将达到每年 250 亿立方米。这距离中亚天然气管线 B 线开通才 6 个月。[③]

（2）中俄原油管线 2010 年 9 月建成后，两国能源管线合作的新重点是两条天然气管线。规划中的西线从阿勒泰进口，年输气量为 300 亿立方米。东线年输气量为 380 亿立方米。双方争议的核心是价格。俄罗斯要求中国预先付款，并参照每千立方米 350 美元的欧洲价格。中国则出价 235 美元，这接近中国的液化天然气平均价与煤层气价格，也接近俄罗斯 2010 年卖给前苏联地区国家的平均价 231. 7 美元。中国目前从中亚进口的天然气每千立方米 165 美元。从澳大利亚进口液化天然气相当于每千立方米不到 180 美元。[④]

中国在天然气消费方面总体上还处于市场培育期，消费者对价格比较敏感，因此进口天然气一直按照国内市场定价。国家发改委 2010 年确定国产陆上天然

① 徐永发：《天然气大发展价改是关键》，《中国石油石化》2011 年第 15 期。

② 张起花：《冲不破的“安全魔咒”》，《中国石油石化》2011 年第 15 期。

③ 《中国 - 中亚天然气管道》，中国驻乌兹别克斯坦共和国大使馆网站，http://uz. mofcom. gov. cn/aarticle/jmxw/200912/20091206674970. html。

④ 李静：《中俄天然气谈判停滞　双方报价差千亿美元》，2011 年 6 月 27 日《瞭望东方周刊》。

气出厂基价（不包括管道输送费）为每千立方米1177元（折合170美元）。据此测算中石油进口中亚天然气业务处于严重亏损状态。显然，垄断管道天然气进口业务的中石油断难接受俄罗斯的报价。对他们来说，那还不如进口液化天然气。

中俄两国的能源多元化战略决定了这两条管线迟早要修建。双方因此一直保持沟通，也取得了一些进展：2010年初确定先修建西线；双方在价格上的差异明显缩小。两个原因决定了价格差距会继续缩小：2006年以来，国际天然气市场处于供大于求的状态；① 中国人均收入增长的速度可能加快，居民天然气价格上调是趋势。

俄罗斯总理普京2011年10月11日访华时也表示，双方仍在寻求妥协性解决方案。而2010年引发争议的管道原油结算价格问题，也在此次得到了解决。

（3）巴基斯坦非常希望与中国在油气管道建设上进行合作。2011年8月，有报道称巴基斯坦正争取中国出资修建伊朗至巴基斯坦的天然气管道，并把这一管道进一步向东延伸到中国境内。天然气来自伊朗的南帕尔斯油气田。② 此外，2006年2月，时任巴基斯坦总统的穆沙拉夫就提议修建瓜达尔港－新疆石油管线。

这两条管线需要横穿巴基斯坦全境，并通过克什米尔地区（或者穿越阿富汗的瓦罕走廊）。管线将弥补中国油气进口管线布局中西部偏南方向的缺口。修建油气管线通常遇到的难题如技术、资金、油气来源等在上述管线中都不存在问题，主要障碍是管线安全：巴基斯坦政治局势长期动荡，政府对许多地区的控制力很弱，克什米尔属于争端区域，瓦罕走廊属地势险要、阿富汗政府无力管辖地带。因此，近期具有可操作性的是中国参与修建天然气管线的伊朗到巴基斯坦段。

三　下游领域的纠纷与合作

油气工业的下游领域包括炼油、石油化工、天然气化工、原油销售（批发与零售）、成品油输送与销售、天然气输送与销售等。这方面过去一年多没有出

---

① *BP Statistical Review of World Energy June 2011*, pp. 22－23.

② 张美奇：《外电：传中国将修建伊朗－巴基斯坦－中国天然气管道》，http：//www. chinadaily. com. cn/micro－reading/fortune/2011－08－02/content_ 3378533. html。

现大的纠纷案例，但在合作上有一些项目值得注意。这些项目多数与中国有关。

（1）2010年5月，中国国家发改委核准中科合资广东炼化一体化项目。这是目前最大的中外合资项目，总投资约600亿元，由中国石化行业的龙头老大中石化公司和科威特合资建设。最终确定的地址为湛江东海岛，而非广州南沙。这显示地方政府“GDP主义”在这一方面遇到了居民的强烈反对，因而成为中国能源政治中不可忽视的一章。

中国与科威特的能源合作并不是一个项目“单兵突进”。2011年9月，中石化与科威特签署为期5年的投资项目，计划投资10亿元于炼油厂与化工厂项目。

（2）2011年1月，中石油与全球第三大化工公司英国英力士集团签署协议，出资10.15亿美元收购其旗下的两家炼油厂，中石油分别获得股权51%和49%。6月，欧盟批准了中石油的收购要约。[①] 这是中国石油公司在下游领域走向国际过程中的重要一环。中石油在发达的欧洲油气消费市场有了一个可靠的落脚点，并为下一步在欧洲拓展市场奠定了基础。

（3）能源公司之间的项目并购无疑是能源合作的重要一环，涉及能源业的上中下游。2009年以来能源并购的特征有：并购交易数量平稳增长、交易金额扩大，如埃克森－美孚2010年6月以410亿美元的价格收购XTO能源公司；非常规资源并购渐成热点，涉及页岩气、油砂的项目明显增加；天然气并购受到关注，XTO公司的主业就是天然气勘探与开采；公司并购成为油气并购的主要形式。[②]

就中国能源企业海外并购而言，2010年是大举发力的一年，海外并购金额接近300亿美元，再创历史新高，占全球同期交易的20%。中国企业约有八成油气并购案发生在美洲地区，并购金额占中国企业全部海外油气并购金额的90%。深水、非常规气和油砂资产等非常规油气资源占并购总金额的80%以上。

（4）2010年以来，一个引人注目的现象是页岩气开发对天然气行业与国家间关系的影响。长期以来，作为非常规能源的页岩气仅占天然气产量的很小部分。由于页岩气开采技术的突破，美国从2009年起取代俄罗斯，重新成为全球

---

① 李毅：《收购英力士资产获批　中石油欲建欧洲油气中心》，http：//www.chinanews.com/ny/2011/06－15/3112044.shtml。

② 罗佐县等：《当前全球油气并购趋势分析》，《化学工业》2010年第11期。

天然气产量第一大国。美国很可能因此从天然气进口第一大国变成出口大国，天然气化工在美国也出现复兴势头。这大大增加了其他国家开发页岩气的信心。美国能源信息署2011年4月公布了全球14个地理区域页岩气资源初步评估，显示全球技术可采页岩气资源总量为187万亿立方米，全球天然气资源总量因此增加40%。①

由于各个国家地质条件与投资环境差异甚大，其他国家难以照搬美国经验，但长远而言，中国与欧洲将减少对进口天然气的依赖。页岩气将有力地推动中国能源消费结构的调整。俄罗斯在外交中喜欢打能源牌，尤其是在普京时期，因此，减少对俄罗斯天然气的依赖有助于加强欧洲在对俄外交中的地位。

从中近期看，加拿大、澳大利亚、印尼、马来西亚、特立尼达和多巴哥、卡塔尔等天然气出口大国对天然气进口国的重视度明显上升，尤其是对中国、印度等新兴经济体。加拿大就是一个典型的例子。受到国内强大压力的哈伯政府2009年以来明显地调整了对华政策，淡化分歧强调共同利益：2009年12月哈伯总理访问中国，2010年10月加拿大隆重庆祝中加建交40周年，2011年7月遣返赖昌星。这为中国加大对加拿大的投资创造了有利条件，单单是2009年7月到2010年5月这11个月，中国对加拿大能源业就进行了100多亿美元的投资，其中5个项目的投资总额就达到100.8亿美元。②

四　其他能源纠纷与合作

有些能源政治案例涉及石油与天然气工业的上游、中游与下游，如委内瑞拉能源外交与全球气候政治。2011年全球能源政治的一大热点是福岛核泄漏事故引发的全球核电大国能源政策大辩论。

（一）委内瑞拉的能源外交

查韦斯主政下的委内瑞拉一直是国际能源政治舞台上一个活跃的角色。但其

① 方小美、陈明霜：《页岩气开发将改变全球天然气市场格局——美国能源信息署公布全球页岩气资源初评结果》，《国际石油经济》2011年第6期。

② Jiang Wenran, "*The Dragon Returns: Canada in China's Quest for Energy Security*", China Papers No. 19, CIC, October 2010.

石油产量却相当不给力：从2005年开始持续下降。2010年这一势头得到阻止，日产量从上一年的243.8万桶微升至247.1万桶。[①] 这对于查韦斯是个喜讯。但他身患癌症的事实却抵消了这一喜讯。人们一直对委内瑞拉能源政策的稳定性抱有疑虑，主要就是其过于强烈的查韦斯色彩。这种疑虑现在获得了强有力的证据。他手术后四次化疗的效果并不理想，第四次化疗后出现了脸部浮肿、发黄等通常不会出现的症状。与前几次化疗后马上露面不同，此次化疗后他深居简出，伊朗总统内贾德原定从9月24日开始的委内瑞拉之行也被搁置。委内瑞拉执政党内目前没有可以取代查韦斯的人选。查韦斯目前的支持率为50%左右，而选民中有40%属于“中立阵营”。反对派有可能赢得2012年的大选，从而改变现行的能源政策。美国已经在考虑如何应对后查韦斯时代。[②]

查韦斯上台后大幅度调整了能源政策，西方能源公司或者撤离或者停止了追加投资，中国、俄罗斯等新兴经济体则大幅度增加对委内瑞拉的能源投资。委内瑞拉石油储量最新评估数据为2970亿桶。这意味着委内瑞拉超越沙特阿拉伯，成为全球石油储量最多的国家。但委内瑞拉石油中绝大部分是重油，其开发技术要求高于一般原油。进口这类原油必须兴建专门的炼油厂。因此，如何减少在委内瑞拉的投资风险，对于中国、俄罗斯、西班牙等国能源公司与银行业是一个亟须解决的问题。

与以前相比，中国能源公司已经积累了一些应对海外能源投资风险的经验。厄瓜多尔近几年频繁调整能源政策，中石油与中石化比较好地适应了这些变化，开发的项目获得了相应的利润，并扩展了业务。[③] 这有助于中国能源公司应对委内瑞拉的形势变化。比较明确的一点是：无论哪个人执政，委内瑞拉都不大可能放弃与中国的能源合作。

（二）核能政治中的斗争与合作

福岛核泄漏以及由此引发的全球影响，无疑是2011年全球能源政治中极为耀眼的一章。核能发展遇到了26年来最大的冲击，导致的主要后果有两个：核

① *BP Statistical Review of World Energy*, June 2011, p. 8.

② 邹志鹏、陶短房：《查韦斯反击病危传言》，2011年9月27日《环球时报》。

③ 张兴、万学鹏：《海外并购项目的风险识别与规避》，《国际石油经济》2011年第8期。

电安全标准的提高与核能发展的减速。

核电占日本能源消费比重的11%，占发电量的26.7%（与气电的26%、煤电的28%相近），并计划在2030年提高到50%~60%，成为比重仅次于法国的核电消费大国。2011年3月，受大地震影响的核电机组有14个。到6月份，关停状态的核电机组装机容量占日本核电能力的一半以上。① 其中部分机组经检修后即将或已经恢复了供电，但对日本发电能力的影响确然无疑。更为重要的是，日本乃至全世界都将面临这样的拷问：本国的核电站能确保在9级大地震下不发生核泄漏吗？在没有把握之前，是否暂缓乃至放弃核电更为明智？一些国家的初步反应正是如此。

1. 主要经济体对核泄漏事件的反应

5月份，时任首相菅直人表示，日本将放弃2030年核能目标，为降低对化石燃料和核能的依赖程度，日本将积极推动可再生能源的发展，争取2030年代把可再生能源发电比例提高至20%。8月22日，他主导日本内阁通过的五年科学与技术新计划中，删去了草案中促进下一代核技术的内容。日本可以很容易地用火电、企业发电完全取代核电，因此，从技术的角度看，日本放弃核能完全可行。②

核电提供德国用电量的23%，但德国的反核力量在欧洲名列前茅。默克尔总理3月14日在柏林宣布，2010年通过的延长核电站运营期限计划暂停执行3个月，以便对境内所有17座核电站的安全性进行彻底检查。德国原子能安全委员会5月17日发布的核电站评估报告显示，德国核电站总体上安全可靠，但应对来自空中的恐怖袭击的能力不足。5月30日德国政府宣布，将于2022年前关闭所有核电厂，且不会恢复运转在日本核灾后关闭的8座反应炉。德国成为首个放弃核能的主要工业大国。

5座核电站提供了瑞士40%的电力，但瑞士依然在5月份作出决定，永久性禁止新核电站审批，并在2034年完全放弃核电。

3月16日，中国总理温家宝主持召开的国务院常务会议决定：用最先进的

① 徐永发、单卫国：《“3·11”日本大地震对能源市场的影响》，《国际石油经济》2011年第6期。

② 李众敏：《后震灾时代的日本能源政策》，中国社科院世界经济与政治研究所国际金融研究中心，工作论文No. 2011.061，第10页。

标准对所有在建核电站进行安全评估，存在隐患者坚决整改，不符合安全标准的立即停止建设；严格审批新上核电项目；抓紧编制核安全规划，调整完善核电发展中长期规划；在核安全规划批准前，暂停审批核电项目包括开展前期工作的项目。

3月21日，美国核管理委员会开始重新审核美国12家企业提交的20多座核电站执照申请。一贯坚定支持发展核电的参议员约瑟夫·利伯曼也认为，在搞清楚核泄漏给日本带来的影响之前，应该对修建核电站踩刹车。多家美国主要媒体均认为美国核能产业的复苏将因此停止。

法国严重依赖核能，58座反应堆提供了法国78%的电力，但是，3月底，法国社会党放弃了几十年来支持核能的立场，转而呼吁在20～30年里退出核能。一些团体要求就核能存废举行全民公决。9月12日，法国南部马库勒核电站附属设施一座处理核废料的炉子发生爆炸，造成1人死亡、4人受伤。又一次引发人们对法国核电站安全的担心。

2. 对核电利弊的理性评估

现代生活主要依赖石油、天然气与煤炭等化石能源，环境政治已经成为全球政治的重大议题，节能减排成了全球趋势。问题是，在可预见的未来，能够取代化石能源的其他能源理论上有很多种类，但技术成熟、长期总体成本低于化石能源、能提供大规模稳定能源者寥寥无几。在清洁能源中，只有核电达到这一标准。水电在稳定性方面存在不足，而且在发达国家中继续开发的潜力很小；近年发展势头很猛的风能与太阳能都无法做到（由于价格、政策、电网承受力等原因，中国大部分风电项目建成后的利用率非常低，几大公司发展风电主要是为了“增加清洁能源的装机容量”）；生物质能源中，大规模使用粮食存在与人争粮的道德风险，非粮食类生物质能源成本居高不下。①

核电发展的主要障碍与其说是安全性问题，毋宁说是公众因不了解情况而导致的恐惧心理。核电固然有核辐射、核废料后处理困难等问题，但总体上依然是利大于弊。对中国这样高度依赖煤炭的能源消费大国来说，更是如此。人类对能源的利用不存在完美的方式，只能是仔细权衡后选择相对合适的能源。大量使用煤炭对中国环境的副作用、对经济的不利影响、对居民健康与寿命的损害等，总

① 薛力：《福岛核泄漏不会改变全球核能发展趋势》，2011年3月31日《中国社会科学报》。

体而言远远大于核电。核电的平均成本为每度电 0.3 元，明显低于火电（主要依靠核电的法国，电力价格明显低于周边国家），如果征收环境税或碳税（这很可能是个趋势，因为它是中国调整能源消费结构的最佳手段），核电的价格优势将更加明显。中国调整能源、消费结构的步伐缓慢，这固然有利益集团的原因，但认识上的片面性也不可忽视。许多行业的能源问题专家，对其他种类能源的利弊认识不深，在建言献策时缺乏总体观，片面强调某一类能源的优点并淡化其局限与弊端，而没有意识到：中国调整能源消费结构的现实途径为大力提高提升天然气与核能的比重。全球天然气资源可以满足未来 100 年的需要，在 2050 年之前，天然气很可能超过石油成为全球第一大能源。①

3. 各国理性反应的例证

在核泄漏发生后各国对核电的反应难免过度。这种倾向在一定时间后将会改变。

2011 年 9 月，伊朗布什尔核电站启动。这是伊朗建成的首座核电站，由俄罗斯帮助建造。在启动仪式上，俄罗斯能源部长什马特科表示，俄罗斯将帮助伊朗建造更多核电站并提供核燃料。伊朗例子有一定特殊性，一些核能大国的近期表现更能说明问题。

菅直人的下台与核泄漏事故有关，他也认为日本应该“脱核电依存”。有趣的是，他的继任人野田佳彦则主张“更安全地用核电”，他在竞争激烈的党首竞选中公开表示，核电站至少可以再使用 30 年，并对输出核电技术持积极态度。9 月底，野田在联合国总部核能安全峰会上表示，日本将把核电站安全性提升至“世界顶尖水平”，并推进核电站出口和向各国提供核能技术。

3 月底，英国副首相与能源大臣均表示英国不会再建核电站，但到了 7 月初，英国政府正式宣布了 8 座新核电站的具体修建地点，并认为这是对福岛核泄漏事故理性且恰当的反应。英国新任能源大臣亨德里强调：核能是最廉价的低碳电力来源，可在省钱的同时满足用电需求；核能复兴可带来广泛的经济效益，包括创造 4 万个就业岗位，带动国内供应链发展、吸引大量的外来投资。

法国拥有欧洲 1/3 的核电站，绝大多数法国人居住在距核反应堆 300 公里以内的地区，但公众长期支持核能。民意调查显示，对核电的支持率最低时依然达

① 张卫忠：《世界天然气发展趋势》，《国际石油经济》2011 年第 6 期。

到52%。福岛核泄漏事件反而成为法国人推广其新一代“欧洲压水堆”（EPR）的契机。

奥巴马曾在2011年2月签署拨款80亿美元支持两个核电站建设。随后发生的福岛核泄漏事件并没有动摇其“核电复兴”能源战略，表示将按原定计划进行新核电站建设。① 同时强调，会从福岛核泄漏事件中吸取教训，以确保美国安全且负责地利用核能。

五　总结与展望

2010年我们曾指出，新兴经济体新兴国家在全球经济政治中的地位日益上升，会在能源领域扮演更重要的角色。全球政治经济形势的新变化为此提供了有力的佐证。一年多来，全球能源政治表现出以下几个趋势。

在油气工业的上游，围绕油气资源的主权争端有升级的趋势，有关国家纷纷采取新措施以强化自己的主权存在，增加自己的话语权，但不排斥选择性的合作。在油气勘探与开发方面，出现了一些合作的案例，但纠纷的案例更为引人注目。

在油气工业的中游领域，纠纷比上年明显减少，原有的争端趋于缓和，合作的势头在增长。在油气工业的下游领域，合作的势头更是盖过了纠纷，中国在这方面表现抢眼。委内瑞拉能源外交的进攻性减弱，其能源政策可能出现变数。

核能问题取代气候变化问题成为全球能源政治的新热点。福岛核泄漏事件导致核电国家反思自身的核能政策，结果是，全球核能发展步伐变缓，少数国家（如德国、瑞士）确定放弃核电，其他国家则认为，应该在提高核能安全性的前提下，保存并发展核电。

展望未来，总体上，能源上中下游的开发将以和平、合作的方式进行，但围绕能源所有权的争端中有一些会继续发酵，不排除在个别地区出现小规模军事冲突的可能。由于发达国家经济持续不景气，新兴经济体在国际能源政治中的作用与地位将进一步提升。

---

① 日本共同社3月16日电，《美国总统奥巴马称将按原计划进行新核电站建设》，http://www.chinadaily.com.cn/hqgj/2011-03/16/content_12180471.htm。

参考文献

BP Statistical Review of World Energy, June 2011.

Jiang Wenran, "The Dragon Returns: Canada in China's Quest for Energy Security", *China Papers* No. 19, CIC, October 2010.

李众敏:《后震灾时代的日本能源政策》，中国社会科学院世界经济与政治研究所国际金融研究中心，工作论文 No. 2011. 061。

梁海峰等:《利比亚战乱对油气产业的影响》,《国际石油经济》2011 年第 4 期。

罗佐县等:《当前全球油气并购趋势分析》,《化学工业》2010 年第 11 期。

徐永发、单卫国:《"3·11" 日本大地震对能源市场的影响》,《国际石油经济》2011 年第 6 期。

曾兴球:《苏丹南北分离考验中国企业应对挑战的能力》,《国际石油经济》2011 年第 3 期。

张卫忠:《世界天然气发展趋势》,《国际石油经济》2011 年第 6 期。

张兴、万学鹏:《海外并购项目的风险识别与规避》,《国际石油经济》2011 年第 8 期。

张迎新:《苏丹油气资源形势》,《国土资源情报》2003 年第 3 期。

新华网，http://news. xinhuanet. com。

环球网，http://china. huanqiu. com。

中国日报网，http://www. chinadaily. com. cn。

中国网络电视台，http://news. cntv. cn。

中国新闻网，http://www. chinanews. com。

美国能源信息署网站，http://www. eia. gov。

Global Energy Politics: 2010 – 2011

Xue Li

Abstract: Global energy politics (GEP) since 2010 has been characterized by the following: in the upstream oil and gas industry, in some cases such as the Arctic and the South China Sea, international disputes over "sovereignty" claims have been upgraded, while in other cases such as South Sudan, they have been mitigated; in the midstream industry, many disputes have been alleviated or terminated and some significant projects have been promoted; in the downstream industry, the trend in win-win cooperation is continuing. China is playing a prominent role in both the upstream and downstream Industries. Venezuela attracted less attention in GEP due to the illness of Hugo Chavez. Because of the Fukushima nuclear accident, nuclear power has become a hot topic in GEP.

Key Words: Energy Politics; Disputes; Cooperation; Nuclear Power

Y.10
全球灾害与治理（2011）

王鸣鸣*

摘　要： 2011年，灾害造成的经济损失创历史最高，欠发达国家贫困人口仍是受灾主体。在各类灾害中，一些地方的极端气候持续时间长，呈常态化趋势。日本地震海啸引发的核事故和东非干旱饥荒最为引人注目。从趋势上看，洪水和风暴潮导致的生命风险逐年减少，财产风险持续上升；低概率的新型灾害（如核电站事故、火山喷发大面积阻断空中交通、太阳磁暴等）风险增大；干旱出现在全球几乎所有地区。2011年兵库框架下的全球减灾行动取得进展，更多的国家参与到减灾工作评估体系中，评估的得分高于上一评估期。亚太地区减灾行动进展显著，地区合作有声有色。今后全球减灾合作的重要课题之一是应对饥荒和营养不良。

关键词： 财产损失　极端气候　核事故　饥荒　兵库行动框架　减灾评估

在人类社会的发展历程中，所面临的最大威胁非突发的自然灾害莫属。① 在全球化时代，突发灾害的风险也在全球化。人类所面对的自然界和自身所造成的威胁比以往任何时期都更复杂。2011年前六个月，以新西兰地震、澳大利亚水灾、美国飓风和日本海啸为代表的自然灾难造成的经济损失就已经达到2650亿

* 王鸣鸣，中国社会科学院世界经济与政治研究所副研究员，主要研究外交政策分析。

① 联合国秘书长全球减灾事务特别助理，减灾战略秘书处主任玛格丽特·瓦尔斯特伦女士2010年8月在北京指出："灾害不是自然的，灾害是不恰当的社会经济发展政策和实践的后果。"实际上，只有当自然界的非常态现象对人类的生产生活造成大的负面影响时才是"灾害"。例如，发生在青藏无人区的地震与发生在四川的地震就是非灾与灾之别。而众多（战争冲突以外的）对人类造成重大伤害的事件却不是"自然的"。因此，联合国减灾机构现在已经很少使用"自然"（natural）灾害的概念。

美元①（约合1.7万亿元人民币），使这一年度注定成为迄今为止人类历史上最为“昂贵”的灾害年。事实表明，只有以全球合作的方式应对突发灾害，才可能在这个充满风险和变数的世界上生存和发展。2011年5月，联合国国际减灾战略署（UNISDR）提出“投资今天，共筑更加安全的明天”（Invest Today for a Safer Tomorrow），倡导通过更加明智地分配资源，提高地方社区的抗灾能力，实现全人类“免于风险”的发展。

一　2011年全球灾害及特点

2011年，灾害在全球范围内造成的经济损失前所未有，欠发达国家贫困人口仍是受灾主体；在各类灾害中，一些地方的极端气候持续时间长，呈常态化趋势；最引人注目的灾害事件是日本地震海啸引发的核事故和东非干旱造成的上千万人食品短缺、上万人饿死的严重人道主义危机。

（一）发达国家经济损失创历史最高纪录

2010年1月海地超强地震和7月巴基斯坦的大洪水所造成的损失表明重大灾害所造成的人员伤亡与贫穷息息相关，而2011年的情况则显示灾害所造成的财产损失与富裕又是何等地紧密相连。

自2010年12月25日起，澳大利亚1/5的面积陷入百年一遇的洪灾。热带低压“塔莎”（Tasha）为澳大利亚东北部地区带来持续强降雨，并引发洪水。其中昆士兰州受灾最为严重，当地日降雨量竟达到270毫米，两周造成的经济损失达10亿澳元，② 灾情是近50年来最严峻的一次。

2011年2月22日，新西兰第二大城市克莱斯特彻发生里氏6.3级地震，造成180余人死亡、数千人受伤，数千栋房屋被毁，道路扭曲、供电供水中断。克莱斯特彻市“2·22”地震导致严重人员和财产损失，主要是缘于震源浅、震中靠近市中心和正处中午就餐时间。国际货币基金组织估计，震后重建大约需要花

① Munich Re：*2011 Half-Year Natural Catastrophe Review.* http：//www.munichreamerica.com/webinars/2011_ 07_ natcatreview/MR_ III_ 2011_ HalfYear_ NatCat_ Review.pdf.

② 李景卫：《澳大利亚昆士兰州洪水肆虐损失严重》，人民网国际频道，2011年1月3日，http：//world.people.com.cn/GB/13641605.html。

费150亿新西兰元（约合773亿元人民币），这笔开支相当于新西兰GDP的7.5%，远超1995年的日本神户大地震和2010年智利地震。①

2011年3月11日，日本东北部地区地动山摇，巨浪滔天，随即拉开了21世纪地震所引发海啸带给人类的最惨重灾害的序幕。当日，位于日本本州岛附近的海域发生了里氏9.0级大地震，这是有史以来极为罕见的强烈地震。日本东部沿海地区随之而来的海啸上演了一场“桑田变沧海”的悲剧，造成的遇难和失踪人员的总数已经超过了1.5万，另外还有数千人受伤。第二天下午15点零6分，福岛县第一核电站1号机组发生爆炸，接着核燃料发生泄漏。此后，核辐射灾害愈演愈烈，进而使尚未从地震海啸的噩梦中惊醒过来的日本民众，顷刻间又陷入了核辐射的危机当中。天灾人祸的双重打击，使得整个日本岌岌可危。

美国中部北美大平原有一条狭长地带，素有“龙卷风走廊”之称，2011年初截至5月22日，形成1168个龙卷风，并惊现夏季才有的特大龙卷风。这里往年同期平均形成龙卷风水平是671个，只有2011年的一半多。8月27日，飓风“艾琳”自北卡罗来纳州登陆美国。随后，飓风一路北上，至28日上午，飓风已导致至少8人死亡，全国约9000个航班取消，约400万家庭和工商企业、机构断电。“艾琳”飓风所经之地已导致多处洪水和各种损失。除纽约地铁关闭外，纽约三大机场也已关闭。预计将有6500万人受到这场飓风灾难影响，这是美国历史上影响人口最多的一次飓风灾难。

2011年澳大利亚洪水、新西兰地震、日本地震、海啸及其引发的核事故和美国龙卷风和飓风所造成的破坏警示世人，突发灾害所造成的财产损失与国家的富裕程度密切相关。2011年全球自然灾害的一个突出特征是灾害所造成的经济损失创历史新高，其主要原因是地震、海啸和超常频率的飓风分别发生在几个经济最发达的富裕国家（见表1）。而这种突发地质气象灾害集中发生于最发达国家的年份在历史上并不多见，使2011年突发灾害所造成的全球经济总损失成为历史最高。

① 《中国日报》国际在线专稿，《IMF称新西兰地震损失高达GDP的7.5%超过日本强震》，2011年5月10日，http://www.chinadaily.com.cn/hqsj/ssrd/2011-05-10/content_2566069.html。

表1　2011年1～6月全球主要突发灾害及人员财产损失前三名状况

日期	灾　害	国　家	死亡人数(人)
死亡人数最多的突发灾害			
3月11日	地震/海啸	日　本	15500(仍有数千人失踪)
1月12～16日	滑坡/瞬间洪水	巴　西	1350
4月22～28日	龙卷风/暴雨	美　国	350
财产损失最大的突发灾害			
日期	灾　害	国　家	财产损失(亿美元)
3月11日	地震/海啸	日　本	2100
2月22日	地震	新西兰	200
4月22～28日	龙卷风/暴雨	美　国	75

资料来源：慕尼黑再保险公司，《2011年上半年全球自然灾害回顾》。Munich Re: *2011 Half-Year Natural Catastrophe Review*, p. 25. http://www.munichreamerica.com/webinars/2011_07_natcatreview/MR_III_2011_HalfYear_NatCat_Review.pdf。

表2　各年1～6月灾害数量和人员财产损失历史比较

	2011	2010	2001～2010年平均	1981～2010年平均	1981～2010峰值年份
灾害数量(次)	355	480	390	310	2007
财产损失(亿美元)	2650	972	474	364	1995(日本神户地震)
人员伤亡(人)	19380	230300	52900	42700	2010(海地太子港地震)

资料来源：慕尼黑再保险公司，《2011年上半年全球自然灾害回顾》，第30页。

表2说明，虽然2011年上半年的突发灾害死亡人数大致相当于2010年的1/10、过去10年均值的1/3和30年均值的1/2，但财产损失却大致是2010年的3倍、过去10年均值的5.6倍和30年均值的7.2倍。足见2011年突发灾害所造成的财产损失金额之异乎寻常。

究其原因，2011年世界主要突发自然灾害的发生地集中在4个发达国家（日本、新西兰、澳大利亚和美国）和一个准发达国家（巴西）。其中，日本损失占了总额的80%，达2100亿美元。这主要是由于日本地震海啸的烈度历史罕见，对日常生产生活的破坏严重，以及日本各类资产价值位居全球最高之列。例如，东京曾被评为全球风险指数最高的城市，是第二名指数的3.5倍，[①] 原因之

① Munich Re: "Statistics and Natural Hazard Risk for 50 Selected Megacities," January 2005. http://www.munichre.com/app_pages/www/@res/pdf/media_relations/press_releases/legacy/pm_2005_01_11_01_en.pdf.

一是东京的财产价格高企。而2011年对于世界最发达国家美国来说可谓是多灾之年，从年初的暴风雪、龙卷风到高温天气、干旱，再到7月的森林火灾，损失异常惨重。

从历史上看，在灾害中人员损失和财产损失与经济发展程度一直有着明显的关系。从表3可以看出，人员死亡最惨重的地震灾害绝大部分发生在低收入国家，经济损失金额最高的灾害一定都发生在高收入或中等收入国家。

表3　百年来人员和财产损失前5位地震灾害

单位：人，百万美元（原值）

年份	影响国家	死亡人数	年份	影响国家	财产损失
1920	中国	273400	2011	日本	210000
1976	中国	242800	1995	日本	100000
2010	海地	222570	2008	中国	85000
2004	印尼	220000	1994	美国	44000
1923	日本	142800	2010	智利	30000

资料来源：慕尼黑再保险公司，《2011年上半年全球自然灾害回顾》，第34页。

（二）欠发达国家仍是突发灾害的主要受害者

2011年突发灾害所造成的人员死亡在欠发达国家明显减少，包括热带风暴和洪水频发的东亚和东南亚，尽管暴露在这种灾害危险下的人口数量一直在升高。这得益于经济快速发展、贫困人口减少和社会福利的增加。但财富的增加也增加了灾害对财富的威胁程度。

虽然欠发达国家遭遇突发灾害的财产损失绝对值远低于发达国家，但从财产价值损失占国内生产总值的比重看，欠发达国家无疑远高于发达国家。例如，南亚国家发生水灾的绝对损失远低于经合组织国家，但相对损失是它们的15倍。① 此次日本地震、海啸、核事故造成的创纪录财产损失也只占到其前一年度GDP的3.8%左右，而1972年的尼加拉瓜里氏6.2级地震，造成的经济损失占到全国GDP的40%；1986年萨尔瓦多里氏7.5级地震造成的经济损失占到全国GDP的

① UNISDR：*2011 Global Assessment Report on Disaster Risk Reduction*, p. 6. http：//www.preventionweb.net/english/hyogo/gar/2011/en/home/index.html.

30%，2010 年海地地震更是将该国 50% 的 GDP 化为乌有。所以，虽然发达国家在自然灾害中的经济损失增长很快，但这些损失对整个经济的威胁远小于欠发达国家。

即使对于发展中大国来说，自然灾害所造成的损失对经济发展的影响也十分可观。中国自古以来就是一个自然灾害频发的国家，随着经济的发展，自然灾害给中国带来的损失也越来越大。中国 70% 以上的大城市、半数以上人口、75% 的工农业产值，分布在气象、地质和海洋灾害严重的地区，灾害对社会经济发展的制约非常严重。国内外经验表明，随着经济社会快速发展，生产和生活设施密度持续增加，灾害造成的损失也随之增大。有资料显示，从 20 世纪 90 年代开始，伴随着中国经济新一轮的高速增长，灾害造成的损失金额也快速增加，平均损失比 20 世纪 80 年代高出 40%。年均直接经济损失超过 1000 亿元人民币，比 80 年代同期高 200%。① 2010 年我国自然灾害所造成的直接经济损失为 5339.9 亿元，② 仅次于 2008 年，占当年 GDP 的 1.34%。

（三）各种极端天气常态化

2011 年，小规模、多发性的与气候有关的灾害占到灾害总数的 90% 以上，并呈现不断增长和常态化趋势。这些灾害造成的人员死亡数量较少，但财产损失累计巨大。

以美国为例，除了龙卷风外，2011 年上半年共发生气象类灾害 98 次，包括风暴、洪水、森林火灾等，经济损失达 270 亿美元（约合 1748 亿元人民币），是过去十年平均值 118 亿美元（约合 764 亿元人民币）的两倍还多。③ 从芝加哥的暴风雪，南部的龙卷风、热浪和洪水到烧毁得克萨斯州一千多间房屋的森林大火，美国 2011 年一直遭受着极端天气的困扰。气候专家指出，这并不是由于运气坏、年头不好，而是因为气候变化造成的自然变异，而且像 2011 年这样的坏天气可能在未来几十年会成为美国常态。

受 2010 年特大洪灾影响的巴基斯坦南部的家庭需要三到四个种植季节的恢

---

① 谢耘耕：《突发事件报道》，上海交通大学出版社，2009，第 201 页。

② http://news.xinhuanet.com/2011-01/14/c_12981783_2.htm.

③ Munich Re, "2011 Half-Year Natural Catastrophe Review", p. 6. http://www.munichreamerica.com/webinars/2011_07_natcatreview/MR_III_2011_HalfYear_NatCat_Review.pdf.

复期，然而2011年8月中旬开始的季风性强降雨又摧毁或破坏了信德省受灾地区73%作物和67%的粮食库存，并导致近78000头牲畜死亡。① 对巴基斯坦南部的许多社区来讲，2010年的洪水迟迟不退，影响了冬季播种，而新一轮灾害进一步加剧了洪灾损失。

2011年7月中旬开始直至10月中旬，50年一遇洪水已在泰国肆虐3个多月，造成77个省中的55个受灾，200多人死亡，② 120万公顷粮田和数百座历史古庙被淹，10月中旬首都曼谷洪水围城。在相邻的柬埔寨、越南、老挝，有数百人死亡，数十万家庭的房屋被毁、近百万稻田受灾。预计，此次洪水无可避免地会造成2011年底和2012年上半年东南亚稻米产量锐减，或致全球稻米价格飙升。

2011年，南半球也遭遇了极端天气。通常情况下，7月和8月应该是澳大利亚最为寒冷的季节。但是在7月底，澳大利亚许多地方的天气却出奇的暖和，一些地区的气温甚至创下近百年来的最高纪录。首都堪培拉的日最高气温超过15摄氏度；澳大利亚第二大城市墨尔本，日最高气温更是达到19摄氏度。与澳大利亚遭遇暖冬相反，同处南半球的智利，2011年经历了几十年以来最为寒冷的严冬。被称为全球最干旱的智利阿塔卡马沙漠，竟遇大规模暴风雪。

中国2011年也遭遇极端天气，7月份，全国平均降水量为105.8毫米，为近11年来最少。但部分地区如北京、南京等出现频繁强降雨，大大超过历史同期。据不完全统计，全国共29个省市区遭受风雹袭击。③

科学家一直避免将单一的极端天气事件与气候变化联系在一起。然而面对近来频繁的气候灾害，越来越多的科学家准备接受两者的“亲属关系”。据英国《独立报》报道，“气候相关事件成因”组织正在撰写一份研究所有极端天气事件的报告，以确定过去一个世纪以来不断上升的全球气温是否与其相关。英国埃克塞特气象局哈德利中心首席气候学家彼得在接受采访时表示：“我们正面临气候变化中湿气增多的现象。这有可能导致更为猛烈的风暴和强度更大的降雨。”④

---

① 联合国粮农组织：《巴基斯坦南部地区农民面临比去年更严重的洪灾》，2011年9月23日，http：//www.fao.org/news/story/it/item/89858/icode/.

② UNISDR："Bangkok Prepares for the Worst," Oct 12, 2011. http：//www.unisdr.org/archive/22719.

③ http：//www.china.com.cn/news/2011－08/01/content_23116535.htm.

④ 中国新闻网，《2011成史上“最昂贵”灾害　年极端天气或成为主因》，http：//www.chinanews.com/fortune/2011/07－14/3183747.shtml。

（四）地震海啸造成的核事故前所未有

2011年，日本9级大地震导致福岛核电站发生爆炸和泄漏辐射事件，引起全球对核电安全的高度关注。如何面对重大自然灾害之后的核事故，成为全人类的共同问题。根据国际原子能机构对核电站运作的要求，反应堆的冷却系统必须具有高度的稳定性和抗震性。此次日本地震震级达到里氏9级，出事的核电站采用的是第二代核电技术，遇紧急情况停止作业后，向冷却系统供电的各套设施被海啸冲毁，导致熔堆，引发核泄漏和污染。

日本经济产业省原子能安全保安院2011年4月12日把福岛第一核电站核泄漏事故等级由原先确定的4级和后来确定的5级提升至7级。政府官员解释，事故升“级”缘于核泄漏释放总量达到并超过国际原子能机构界定的最高一级标准。海水中的核辐射物质于4月初达峰值水平之后，人们曾预料来自福岛的放射性物质碘、铯、钚大多将迅速消散在太平洋中。然而事实并非如此，6个月后的10月初，福岛第一核电站附近海域中的核辐射仍然处于很高的水平。日本东京电力公司2011年10月1日报告，福岛第一核电站险情仍未排除，如果现在停止注水冷却，燃料棒将在38小时内熔化，会导致放射物质进一步泄漏。日本政府已经考虑在核电站周边设立“预防行动区”。一旦核电站发生事故，区域内居民应立即撤离。日本政府定于10月底公布该区域的大致范围。

正当1986年发生在苏联（现乌克兰境内）的切尔诺贝利核事故留下的创伤渐渐愈合之时，日本福岛核危机又一次使核阴云笼罩在全人类上空。这两场核事故是史上仅有的最高级别的核事故，造成的经济损失和环境破坏难以估量。切尔诺贝利事故已过去25年，因此带来的损失已达2000亿美元，现今的乌克兰政府和人民还在为此支付人身健康和环境修复的费用。日本福岛危机尚未得到完全解决，长期的经济损失可能会远远超过1986年的那场核灾难。世界银行预计，此次灾难对日本造成的损失金额将在1220亿~2350亿美元之间，相当于日本GDP的2.5%~4%的水平。而国家用于重建的财政预算将达到120亿美元。①

（五）中国迎来连续第三个干旱之年

2011年已是中国连续第三年出现长时间、大面积旱灾。干旱连着干旱已注

① http：//news.xinhuanet.com/fortune/2011-04/26/c_121350477.htm.

定是未来中国的基本国情，中国要抗的不仅是2011年的干旱，很有可能是21世纪的干旱。

2011年4月份以后，中国长江中下游地区降水量与多年同期相比偏少4~6成，为1961年以来同期降水最少年份。受其影响，长江中下游主要江河累计来水量较常年同期偏少1~7成。据江苏、安徽、江西、湖北、湖南5省民政厅报告，截至5月27日，共有3483.3万人遭受旱灾，423.6万人发生饮水困难，506.5万人需救助；饮水困难大小牲畜107万头（只）；农作物受灾面积3705.1千公顷，其中绝收面积166.8千公顷；直接经济损失149.4亿元。①

不仅长江中下游地区春夏之交出现严重旱情，2010年第四季度到2011年9月，北至内蒙古南达广西，东部沿海各省到西部的陕西、甘肃、四川、云南都先后出现灾情。北方冬麦区出现41年以来最严重的秋冬连旱，内蒙古、甘肃、宁夏等地发生春夏连旱，西南三省经历夏秋连旱。截至9月，2011年中国旱灾造成的直接经济损失占全部自然灾害总损失的30%以上，饮水困难人口达3100余万人次。② 民政部先后6次因旱灾严重而启动四级救灾应急响应机制。

中国的淡水资源占全球的6%，仅次于巴西、俄罗斯和加拿大居世界第四位，但人均淡水资源仅为世界平均水平的1/4，是全球13个人均水资源最贫乏的国家之一。20世纪80年代以前，由于工农业生产力水平和生活水平的低下，干旱和缺水并非常态。随着经济的持续发展，生产和生活用水的需求成倍增长。近些年来，多数地区正常年景尚且缺水，天气干旱就一定成灾。而过去几十年无论由于全球气候变暖还是区域水循环中的蒸发量锐减，降水的总趋势是递减的。中国的地理位置、人口规模、经济发展方式和速度都预示着21世纪会是中国历史上“最干旱”的世纪，缺水或许将成为中华文明的头号挑战。

（六）灾害性气候造成粮价大幅上涨

联合国粮农组织、农发基金和粮食计划署2011年10月10日发布《2011年世界粮食不安全状况》报告，报告称粮食价格在过去11个月里已经上涨9倍，

① http://news.xinhuanet.com/politics/2011-05/28/c_121467708.htm.

② 民政部、国家减灾委：《2011年1~9月份全国自然灾害特点》，2011年10月10日，http://www.mca.gov.cn/article/zrzh/images/201109td.html。

主要原因是干旱和洪水的影响。另据世界银行统计，2010～2011 年期间，粮食费用上涨使近七千万人陷入极端贫困。在极端天气、投机资金和生物燃料等多重因素的影响下，2008 年的世界粮食价格指数升至30 年新高，国际粮价在2011 年初又冲破2008 年的高点。①

2011 年，澳大利亚、俄罗斯、美国、加拿大产粮区的灾害性天气引发人们对粮食供给的担忧。而美国是全球最大的玉米、大豆和小麦出口国，因此市场对于美国今年粮食产量尤为关切。数据显示，芝加哥期货交易所玉米价格在过去的一年中飙升了77%，大米上涨39%，原糖价格大涨64%。2011 年6 月10 日，芝加哥期货交易所玉米期价一度触及历史新高，玉米市场交投最活跃的7 月合约收于每蒲式耳 7.87 美元，较上年同期增长一倍左右。②

粮食价格的波动，尤其是上扬，受影响最大的是世界各地的贫困人口和灾民。2011 年，非洲之角遭遇60 年罕见的干旱和饥荒，干旱和饥荒已经严重影响到吉布提、埃塞俄比亚、肯尼亚和索马里的1330 万人口，上万人死亡，32 万人挣扎在死亡边缘。美国一名官员 8 月 3 日说，过去 90 天内，饥荒已导致索马里南部2.9 万多名 5 岁以下儿童死亡。美国国际开发署官员南希·林德堡垒说，这一数字依据疾病控制和预防中心提供的当地儿童营养状况和死亡率调查结果得出。至9 月初，饥荒已经遍及南索马里8 个区中的6 个，尽管援助已经开始，仍有75 万人面临断粮威胁，每天有上百人被饿死，其中有一半是儿童，占索马里南部6 区人口的万分之二。③

由于饥荒，在索马里的达达布，这个建于 1991 年、设计承载容量9 万人的难民营却已成为近40 万难民逃离家园后的最终目的地，这一数字已相当于肯尼亚第三大城市基苏木的人口总数。而尽管如此，到 2011 年9 月底，每天仍有约千名新难民到达。根据联合国难民署统计，整个难民营90%是索马里人。该署官员2011 年9 月1 日表示，明年收获季节到来之前，这里的缺粮现象会越来越严重。④

① 参见联合国粮农组织网站，http：//www.fao.org/isfp/isfp－home/zh/。

② 回旭：《自然灾害影响粮食收成　国际粮市弥漫悲观气氛》，2011 年7 月1 日《国际商报》，http：//www.chinanews.com/cj/2011/07－01/3150929.shtml。

③ http：//www.trust.org/alertnet/news/hundreds－dying－daily－as－famine－spreads－in－somalia－un/.

④ http：//www.trust.org/alertnet/news/somalia－famine－yet－to－reach－its－peak－un/.

世界银行索马里问题经济学家沃尔夫冈·冯格勒告诉记者，粮食危机是人为的，“旱灾经常发生，只有加上政策因素才能导致饥荒”。由于对食品市场的管制，东非地区的玉米和谷物价格明显高于世界其他地区，更高于美国和澳大利亚。在肯尼亚，如今谷物的价格高出世界平均价的60%～70%，原因是少量农场主控制了整个市场。

2011年10月16日是世界粮食日，“粮食价格——走出危机走向稳定”（Food Price：from crisis to stability）成为今年世界粮食日的主题，显示了国际组织和各国政府对食品价格高企状态下的全球弱势群体的关注。

二　全球灾害趋势

进入21世纪以来，人类所面临的灾害风险表现出一些趋势。认识这些趋势并且在各国政府、非政府组织和政府间国际组织的协调合作下，制定出相应的对策措施，采取实际步骤进行全球治理，是人类应对生存和发展挑战的唯一选择。

根据2011年和过去数十年的全球灾害情况，世界各国人民所面临的灾害风险有如下几个趋势。

（一）洪水和风暴潮造成的生命风险减少财产风险上升

洪水和风暴潮一直是全球非地质类灾害中对人类生命财产威胁最大的灾害。过去10年，这类灾害造成的死亡人数已经大大少于20世纪70～90年代。在风暴潮发生概率最高的亚太地区，人们面对风暴洪水的死亡风险仅是1980年代的1/3。[①] 这种趋势是在洪水和热带风暴的数量并未减少，风险人口持续增长的情况下出现的，说明有关国家和社区在保护居民生命免于洪水和强热带风暴伤害的能力有所提高。

1970～2010年间，世界人口增长了87%（从37亿增加到69亿）。同期，易受洪水威胁的人口增加了114%（从3250万增加到6940万），易受热带风暴影响的人口增加了三倍。说明沿江沿海地区的经济发展和城市化的提高速度很快。

---

① UNISDR：*Global Assessment Report on Disaster Risk Reduction 2011*. http：//www.preventionweb.net/english/hyogo/gar/2011/en/what/chapter2_2.html#tip10.

全球大约有一半的热带风暴影响东亚、太平洋岛国和发达国家中的日本、美国，同时全球90%以上易受水灾的人口居住在南亚、东亚和太平洋地区（见表4、表5）。

表4　洪水易发地区人口变化

单位：百万人/每年

地　　区	1970年	1980年	1990年	2000年	2010年
东亚和太平洋	9.4	11.4	13.9	16.2	18.0
欧洲和中亚	1.0	1.1	1.2	1.2	1.2
拉美和加勒比	0.6	0.8	1.0	1.2	1.3
中东和北非	0.2	0.3	0.4	0.5	0.5
发达国家（OECD国家）	1.4	1.5	1.6	1.8	1.9
南亚	19.3	24.8	31.4	38.2	44.7
撒哈拉以南非洲	0.5	0.7	1.0	1.4	1.8
全　　球	32.4	40.6	50.5	60.5	69.4

资料来源：UNISDR：*Global Assessment Report on Disaster Risk Reduction 2011*，http：//www.preventionweb.net/english/hyogo/gar/2011/en/hfa/viewer.html.

表5　热带风暴易发地区人口变化

单位：百万人/每年

地　　区	1970～1979年	1980～1989年	1990～1999年	2000～2009年
东亚和太平洋	36.6	42.2	44.3	53.7
拉美和加勒比	1.1	1.6	1.2	5.2
中东和北非	0.0	0.0	0.0	0.1
发达国家（OECD国家）	26.2	27.2	39.7	53.2
南亚	1.5	7.8	11.1	7.6
撒哈拉以南非洲	0.5	0.9	1.5	2.7
全　　球	65.9	79.8	97.8	122.5

资料来源：UNISDR：*Global Assessment Report on Disaster Risk Reduction 2011*。

从人口、风险和脆弱性关系来看，洪水和热带风暴易受灾人口的数量（暴露性）一直呈上升状态，但他们的风险和脆弱性在经历1980年代和/或1990年代同步上升后，过去十年一直呈下降趋势（见图1、图2）。

与居民生命损失降低相反，洪水和热带风暴所造成的财产损失在全球所有地区都在上升（见表6）。说明经济的发展提高了各地保护人民生命的灾害预防、救助救护能力，也说明保护生命能力提升的同时，经济发展所带来的更多的固定财富暴露在风暴潮风险之中。

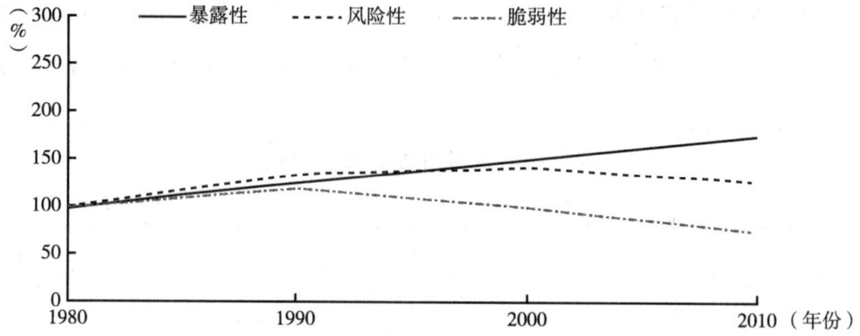

图1　过去30年易受洪水灾害人口的数量（暴露性）、风险和脆弱性变化（以1980年为基线）

资料来源：UNISDR：*Global Assessment Report on Disaster Risk Reduction 2011*。

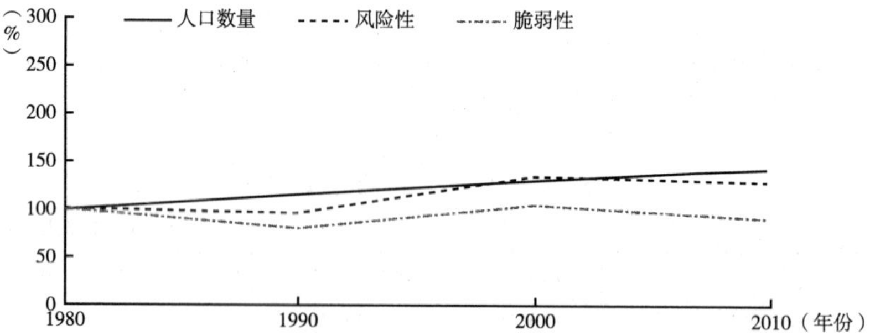

图2　过去30年易受热带风暴灾害人口的数量（暴露性）、风险和脆弱性变化（以1980年为基线）

资料来源：UNISDR：*Global Assessment Report on Disaster Risk Reduction 2011*。

表6　全球易受洪灾影响的国内生产总值

单位：十亿美元/每年

地　　区	1970～1979年	1980～1989年	1990～1999年	2000～2009年
东亚和太平洋	2.8	5.1	10.2	21.5
欧洲和中亚	2.2	2.7	2.7	3.1
拉美和加勒比	2.5	3.2	3.9	5.4
中东和北非	0.3	0.4	0.6	0.9
发达国家(OECD国家)	24.1	32.8	43.5	52.9
南亚	3.9	5.4	8.7	15.4
撒哈拉以南非洲	0.4	0.5	0.6	0.9
全　　球	36.2	50.0	70.2	100.1

资料来源：UNISDR：*Global Assessment Report on Disaster Risk Reduction 2011*。

表 7　全球易受热带风暴影响的国内生产总值

单位：十亿美元/每年

地　　区	1970 ~ 1979 年	1980 ~ 1989 年	1990 ~ 1999 年	2000 ~ 2009 年
东亚和太平洋	16.0	25.3	39.5	90.2
拉美和加勒比	2.3	4.9	3.7	24.3
中东和北非	0.0	0.0	0.0	1.0
发达国家（OECD 国家）	506.6	665.1	1247.1	1455.0
南亚	0.3	2.6	4.2	4.3
撒哈拉以南非洲	0.6	1.1	1.3	1.7
全　　球	525.7	699.0	1295.8	1576.5

资料来源：UNISDR：*Global Assessment Report on Disaster Risk Reduction 2011*。

热带风暴所带来的经济损失风险在所有地区都在增加。过去 30 年，发达国家增加了 256%、撒哈拉以南非洲增加了 181%。在东亚和太平洋地区以及南亚，热带风暴的财产风险增加 150% 以上。财产风险增加的原因是脆弱性降低的速度远不及经济发展所导致的暴露在风险之中的财富膨胀速度。也就是说，经济实力的增强未能减低财产损失的风险。

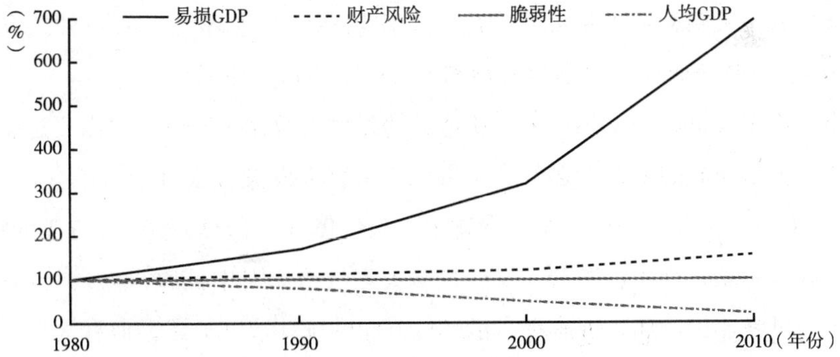

图 3　面对热带风暴东亚和太平洋岛国人均 GDP、易损 GDP、财产风险和脆弱性之间关系

资料来源：UNISDR：*Global Assessment Report on Disaster Risk Reduction 2011*。

在东亚，人均 GDP 增加了 6 倍（703%），超过了暴露在风险中的 GDP（易损 GDP）的增长。因此，相对于人均 GDP 来说，预期财产损失风险有所降低。

但在所有其他地区，暴露性和预期财产损失风险的上升速度超过人均 GDP 的增长，即热带风暴有关的财产损失风险超过了财富本身的增长。①

（二）频发灾害已是人类物质财富的主要威胁

频发（extensive）灾害是相对于重大（intensive）灾害而言的。联合国国际减灾战略秘书处对二者的定义如表 8 所示。

表 8　多发灾害与重大灾害

事件性质	重大灾害	频发灾害	日常风险
频率	偶发(有可能间隔 50 ~ 100 年)	频发(通常是季节性的)	每日
程度	重大或有可能变成重大:10 人以上死亡,100 人以上重伤。	3 ~ 9 人死亡,10 人以上受伤。	1 ~ 2 人死亡,1 ~ 9 人受伤。
对非正常死亡、重伤或疾病的影响	对于具体地点/时间来说是灾难,但影响时间短。	或许影响时间长,但往往被低估。	非正常死亡和重伤的重要因素。
多发或者重大	重大灾害	频发灾害	

资料来源：联合国国际减灾战略秘书处，《2011 年全球降低灾害损失风险评估报告》，http://www.preventionweb.net/english/hyogo/gar/2011/en/what/extensive.html.

频发和重大两种灾害都源自家庭、工作场所和其他环境中的三种致灾因子（hazard）：生物病原体、化学污染物和致人伤亡的物理外力。

重大灾害（intensive disaster）所造成的死亡人数在一定时间段内要远多于频发灾害，但从长时间看，大多数非正常死亡来自多发灾害或日常风险（extensive disaster/risk），主要是空气、水、食物中的病原体（细菌/病毒）所造成的疾病。在中低收入国家，相当比例的多发或日常灾害会造成对中低收入者的身体伤害。如洪水、风暴、传染病、事故等。虽然这方面的统计数字缺乏，但有大量证据表明由于生活质量和工作环境的恶劣所导致的对贫困人口生命、健康、财产的威胁源于频发灾害。

根据 20 个国家所报告的过去 40 年间近 20 万次灾害，频发灾害所造成的损失大致为：大约 9.2% 的因灾死亡人数，一半以上的房屋损坏和 80% 的受灾人口。

① 参见 http://www.preventionweb.net/english/hyogo/gar/2011/en/what/chapter2_2_4.html。

表9　联合国国际减灾战略秘书处对过去40年29个国家20余万次灾害损失的统计

灾害性质	灾害种类	报告灾害次数	占比（%）	死亡人数（万人）	占比（%）	毁房数量（万间）	占比（%）	损房数量（万间）	占比（%）
频发	气象	188236	96.3	5.99	9.2	109.69	18.3	567.41	50.1
频发	地质	5565	2.8	0.286	0.4	10.45	1.7	43.16	3.8
重大	气象	1293	0.7	18.272	27.9	307.98	51.3	380.64	33.6
重大	地质	464	0.2	40.832	62.5	171.74	28.6	141.04	12.5
合计		195558	100	65.38	100	599.86	100	1131.9	100.0

资料来源：联合国国际减灾战略秘书处，《2011年全球降低灾害损失风险评估报告》。

虽然多发灾害所造成的人员死亡比例很低，但造成的财产损失可观，如对学校、医院、基础设施，特别是穷人的生活设施的损毁。许多国家已经建立了灾害损失报告体系，但并未将日常灾害包括在内。进而造成许多国家在考虑灾害风险管理投资时，有意或无意忽略了对日常风险的投入。而这些日常风险的诱因恰恰以人为因素为主，如无序的城市化、环境恶化、贫困，等等。与重大灾害不同，频发灾害并不完全取决于是否处于地震带或飓风线路上。以中美洲哥斯达黎加、圣萨尔瓦多、危地马拉和巴拿马为例，它们都不处于这两种区域却频发灾害不断，这些灾害与人类的经济活动对环境的影响直接相关。

此外，频发灾害常常预示着某种重大灾害的临近。例如1897年南亚发生迄今该地区最严重地震（8.7级），造成达卡市大面积建筑物损毁。当时达卡市人口只有不到10万，现在是1500万。达卡市周边是洪水多发地区，原来有各种各样的河湖沼泽等天然水体，这些水体所在地现在被不断涌入的居民占领。不仅抗洪的功能大大退化，大量的房屋建在原来的湿地、河床，而且大部分是从设计、材料到施工都无严格质量控制监督的砖混结构楼房。一旦达卡地区再次发生高烈度地震，酿成大灾不可避免。

根据21个国家报告的数据，在过去20年中，频发灾害致房屋损坏数量增加了600%。在日常灾害管理能力较差的国家，频发灾害死亡人数甚至也在增加，比如玻利维亚、莫桑比克、尼泊尔、也门。

（三）低概率的新型灾害增多

新型灾害风险（emerging risks）主要指事故、火山喷发、外太空环境异动，以及一些由于现代社会对科学技术的依赖而产生的新的脆弱性带来的风险，如影响能源系统、电子通讯、银行金融系统、运输、水、医疗的各种意外事故。

2011 年 3 月的大地震和海啸袭击日本，导致该核电站发生重大核泄漏事故，造成人员伤亡、电站报废和环境污染。整个日本处于太平洋火山地震带，过去 400 年中该区域曾发生过四次 8 级以上强震。2004 年苏门答腊海域发生地震引发的海啸袭击了印尼和印度洋周边许多国家，印度南部一核电站被淹，当时就曾引发人们对日本 55 座核电站的担心。

自从 1951 年美国在加利福尼亚州海边建成世界上第一座试验性核电站以来，核能发电的发展速度一直很快。60 年后的今天，核电已成为 30 多个国家能源组成中不可或缺的部分。全世界正在运行的核动力堆已超过 440 座，总装机容量超过 387 千兆瓦。上述运行的核电站中，美国 103 座，法国 59 座，日本和俄罗斯也都在 30 座以上。现在，许多国家都在新建核电站，除印度的 8 座之外，依次是俄罗斯 4 座、中国 3 座、乌克兰和保加利亚各 2 座，可以说核电作为新型的能源正在迅速地发展。

灾害性核电站事故的发生频率很低，50 年内真正能称得上核灾害的只有 1979 年美国的三里岛、1986 年苏联的切尔诺贝利和此次日本福岛 3 次。而正是由于发生频率很低，人们对核电站事故的认识水平和应对手段不足。而核灾害一旦出现，其对人类环境的影响达数十年或更长。福岛核事故发生后，奥地利等本来就反对核电的国家更坚定了反核主张；德国、瑞士等已经拥有核电的国家宣布“弃核”计划；意大利政府关于重启核电的方案也在全民公投中被否决。

除核事故外，火山喷发也是近年来低概率灾害影响人类活动的现象之一。2010 年 4 月 14 日，冰岛埃亚菲亚德拉冰盖火山开始爆发，喷出的火山灰导致欧洲空域暂时关闭七天，迫使 10 多万个航班取消，影响约 1000 万名旅客，使欧洲的商业损失达到 33 亿美元。同年 5 月 19 日冰岛埃亚菲亚德拉冰盖火山喷发，使刚见好转的欧洲空中交通再度告急，多个国家政府宣布延长机场和领空关闭时间。2011 年 5 月，冰岛格里姆火山喷发，当局将火山方圆 220 公里的范围划分为禁航区。今天人们对航空运输的依赖程度已经远高于 20 年前，欧洲地区更是如此。目前世界上有 550 座活火山，1990 ~ 1999 十年间有 154 座喷发。欧洲有 10 座活火山，直接威胁着附近大约 870 亿美元的财产和数万居民。公元 1600 年秘鲁怀依纳普提娜火山喷发是过去 1000 年全球最大规模的火山喷发之一，大量的火山灰甚至改变了北半球的气候。根据《见闻杂记》和明清地方志，1601 年中国长江下游地区夏季降雪，异常寒冷，与欧洲历史文献所记载的和北半球树轮序列所体现的气候异常相一致。①

空间天气灾害是另一种低概率风险，比较有代表性的就是太阳电磁风暴。太阳风暴、地球空间磁暴都是人类社会发展到一定阶段所面临的新挑战。以太阳风暴为例，它其实是太阳因能量的增加而使得自身活动加强，从而向宇宙空间释放出大量带电粒子所形成的高速粒子流。2010 年 6 月，美国宇航局（NASA）提出警告称，2013 年地球可能遭遇强烈的太阳风暴。② 如果“超级太阳风暴”抵达地球，额外电流将穿过地球上的电网，成千上万个变压器上的铜线都将快速加热并熔化，从而导致多数电网陷入瘫痪状态，人类将重回“黑暗时代”。更为可怕的是，现代社会的银行、金融、运输、交通、供水等等都离不开电力网络的正常运转，一旦电网崩溃，社会的混乱程度可想而知。1989 年和 2000 年加拿大魁北克地区电网两度因太阳风暴几近瘫痪，数百万人无电可用。虽然我们还不能肯定未来的太阳风暴会强到什么程度，但可以肯定的是，越发达的社会，在承受这种空间天气灾害面前就越显得脆弱。

（四）干旱出现在全球几乎所有地区

与飓风、洪水不同，人们对干旱的认识和数据的收集十分不足，对旱灾所造成的损失和影响还没有一个成熟的全球标准。因此，迄今还没有一个公认的全球干旱风险模型问世。现有研究表明，干旱只能部分地归因于降水的不足或不规律，另一部分原因则是包括贫困、农村的脆弱性、城市化造成的用水量激增、环境污染、全球气候变化等，使干旱的结果和原因相互交织。

有三种相互关联的干旱：气象的、农业的和水文的。气象性干旱是指在一定时间内降水不足；农业干旱是指土壤湿度不足以生长谷物和牧草；水文干旱是江河湖水库等地表水体低于正常值，影响到人们的非农活动，如旅游、休闲、城市供水、能源生产、生态保护等。

---

① 费杰、张志辉：《公元 1600 年秘鲁 Huaynaputina 火山喷发与长江中下游地区的气候异常》，中国科技论文在线，www. paper. edu. cn/index. php/default/. . . /feijie102989 - self - 201108 - 2。

② http：//www. chinanews. com/gj/gj - sjkj/news/2010/06 - 17/2348303. shtml.

根据紧急状态管理数据库的资料，1900～2009年全球因旱灾死亡人口约1000万，有20亿人受灾。然而有关旱灾的数据十分不准确，因为旱灾所造成的损失可见度不高，间接损失巨大且不易统计，旱灾与饥荒的相关度时高时低。由于数据的缺乏，全球旱灾趋势和损失的评估现在还不太可能。21世纪以来，旱灾连年不断。2002年澳大利亚大旱，造成损失23.4亿美元，其中2/3是农业损失，该财政年度GDP降低0.5个百分点。2002年印度旱灾造成粮食减产3000万吨，占到上一年产量的14%。2008年，美国东南部大旱甚至造成24个核反应堆冷却水缺乏。2003年欧洲大旱和高温造成法国核电减产15%达5周时间。2007～2009年的大旱造成叙利亚一百多万农民移民城市。墨西哥20世纪一半人口离开农村进入城市与持续干旱有一定关系。干旱还会造成政治上的动荡，中国历史上多次农民起义都是以旱灾为契机的。1910年的墨西哥革命、1980年摩洛哥政局动荡、1991年厄立特里亚脱离埃塞俄比亚都是在大旱情况下发生的。①

2009年，世界气象组织公布标准降水指数（SPI）作为观测气象干旱的全球标准。SPI一般需要比较20～30年的降水数据，来对干旱进行监测。由于气象干旱是一种气候现象而不是致灾因子（hazard），还需要其他数据来认定和测量干旱的致灾因子。专家达成的一致是农业型干旱要考虑降水、土壤湿度、温度、土壤和作物种类、径流、地表蓄水、融雪等因素。

干旱的成因是多种多样的。第一，全球性气候变化使降雨减少。第二，贫困和农村的脆弱性，例如现代灌溉手段的缺失、抗旱作物良种的匮乏，等等。第三，城市化和工业化对水的需求。第四，缺乏对土壤和水的管理。例如，孟加拉国一些发生旱灾的地区的平均年降水量达到2300毫米，老挝的一些地区达到3200毫米。但是，这些地区水利设施不足，蓄水能力低下，造成季节性旱灾。

世界气象组织指出，气候变化政府间专门委员会的报告显示，过去25年中，地球变得更趋于干旱，同时，气候预测表明，未来发生旱情的频率将增加，因此，国家抗旱政策就显得十分必要。2011年7月14日，世界气象组织召集来自各国国家气象和水文局、气候和农业研究机构、大学以及决策机构的专家们进行为期两天的会议，就制定国家抗旱政策手册的准备工作进行讨论。

---

① UNISDR：*Global Assessment Report on Disaster Risk Reduction 2011*，http：//www.preventionweb.net/english/hyogo/gar/2011/en/what/chapter3_ 3.html.

三　全球灾害治理

2005 年，在日本兵库世界减灾问题国际会议上，168 个国家通过了《兵库宣言》和《兵库行动框架》，确定了 2005 ~ 2015 年的世界减灾战略目标和行动重点。在 2011 年 5 月联合国国际减灾战略秘书处以"揭示风险、重估发展"（Revealing Risk，Redefining Development）为题公布两年一度的全球评估报告。报告围绕"兵库行动框架"回顾了过去两年全球减灾工作的进展和不足。

（一）全球减灾评估得到更广泛的参与

在 2007 年至 2009 年评估中参加的国家和地区有 100 个，而 2009 年至 2011 年增加到 133 个。许多政府在减灾评估工作中让更多的部门参与其中，包括能源、交通、教育、水利、农业、住房等等。比如巴拿马政府的评估工作有 43 个部门参与。印度尼西亚的"国家减灾平台"负责与兵库行动框架对接，该平台的作用和地位后两年由于参与机构的增加和代表性的扩大得到了很大加强。截至 2011 年 2 月，各国各地区共提交了 82 份报告。同时，一些国际政府和非政府组织，如红十字会和联合国相关委员会做了大量协调工作。

由于参与的广泛，各国对兵库行动框架从不同的需求和起点开始工作，增加了减灾管理的多样性视角，建立了不同视角的共同语言。58% 的美洲国家、72% 的亚洲国家、61% 的非洲国家、53% 的欧洲国家和 28% 的大洋洲国家参加了最近一次兵库行动评估，标志着各国对减灾工作的关注度的上升。①

（二）地方政府对灾害治理积极性上升

由于国家内部不同地区的灾害管理需求、能力和水平的不同，风险治理出现了从中央到地方的分权化趋势。首都和大城市减灾能力一般要高于边远地区，很多国家将地区治理纳入国家整体规划中。联合国发起的"让城市更安全"活动，也配合地方减灾的需要，制订出 10 个防灾基要，让城市管理者逐项评估各自城

① UNISDR：*Global Assessment Report on Disaster Risk Reduction 2011*，http：//www. preventionweb. net/english/hyogo/gar/2011/en/what/chapter3_ 3. html.

市的脆弱性和风险所在。例如菲律宾的阿尔贝省 2010 年拿出预算的 4.5% 投资于降低气候变化风险的项目，按照兵库行动计划的指标体系在评估中得到 4.6 分（5 分最高）。中国的成都市在历经 2008 年特大地震灾害后，成立减灾委员会，落实中国和兵库减灾管理体系的内容，在 2011 年被联合国国际减灾战略署评为“范例城市”。

（三）对各国减灾措施的评估

兵库行动框架对各国减灾提出了五个优先领域：①确保将减少灾害风险的工作列为国家和地方的优先事项，同时建立促进实施的坚实体制基础；②确定、评估、监测灾害风险，并加强预警；③利用知识、创新和教育在各级树立安全和抗灾文化；④减少潜在的风险因素；⑤早期预警、备灾和反应。

2011 年的评估表明，提交报告的各国在五个方面的努力结果都比 2009 年有所进步。但在第四个领域，即减少潜在风险诱因的行动上仍然进步最小。这种情况反映出在某个领域的改善未必一定会带动其他领域的进步，也说明减少灾害风险的诱因是多数国家在减灾工作中的一个难点。

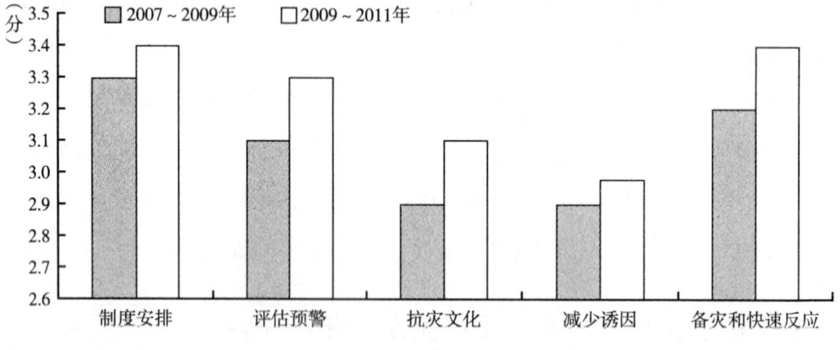

图 4　五个优先领域总体得分（1 分为较小进步；5 分为显著进步）

资料来源：联合国国际减灾战略秘书处，《2011 年全球降低灾害损失风险评估报告》。

在制度安排方面，有 48 个国家报告在制定国家政策和法律框架方面进展显著。国家平台从 61 个增加到 81 个。一些国家加强了它们的机构和立法安排，如缅甸、尼泊尔和博茨瓦纳将风险管理作为总统和副总统办公厅的最重要机构，而坦桑尼亚联合共和国则将这一责任转交给经济规划部和财政规划部。

全面风险评估方面的进展依然艰难，特别是在地方一级。20 多个国家在全国进行了多危害风险评估，以便指导规划和发展决策。但是，在将评估与国家和地方的发展进程相联系方面，许多国家面临重大挑战。在增强预警能力方面，很多国家报告取得了某些进展。2010 年严重洪灾后，巴基斯坦政府制定了改善洪水预报能力和风险摸底能力的计划。

在建立抗灾文化方面，进展依然有限。只有 19 个国家评定自己在将减少风险纳入学校课程和有关正规培训方面，做出了大量的努力。大多数国家报告，在为城乡脆弱社区制定宣传战略方面存在显著差距。中国是一个值得注意的例外。中国报告在提供风险信息、制定全国的宣传战略和将减少灾害风险纳入学校课程方面取得了全面进步。巴基斯坦政府对教师进行了防灾减灾培训，并且为受到洪灾影响的儿童和不识字的妇女提供学习机会。在海地，3000 多名中学教师接受了以学员为中心的心理社会支助和减少灾害风险培训。

减少风险诱因方面的进展更慢。尽管各国报告已经进一步认识到需要在规划和投资工作中考虑减少灾害风险，但只有 22 个国家认为其减少潜在风险因素的进展可谓显著。只有 32 个国家对改造学校和医院等公共基础设施进行了投资。克罗地亚报告，政府受到建筑业的压力，后者甚至要求在灾害易发区降低标准和规范，以减少总体成本。

备灾和快速反应一直是各国政府几十年来重点关注的领域。该领域包括各级行政机构的备灾和应急计划、准备金和应急机制，以及在出现紧急情况时交流信息的既定程序。有 46 个国家报告在发展政策、技术和机构能力方面取得显著成就。显然，有效管理和快速反应在减少各国气象灾害死亡率方面发挥了重要作用。

（四）亚太地区减灾行动进展显著

亚太地区有占世界一半的人口，也是灾害最多，脆弱性最高的地区。2000 ~ 2009 年，全球受灾人口的 85% 在这一地区。2004 年的印度洋海啸、2008 年的缅甸飓风和中国四川地震三起灾难都发生在亚洲，共夺去 50 余万人的生命。

亚太地区在落实兵库行动框架的制度建设方面做了很多工作。过去几年，亚洲连续在北京、新德里、吉隆坡和仁川召开减少灾害风险部长级会议。2010 年通过的《仁川宣言》和《仁川区域路线图》确认，该地区在 2015 年之前的主要优先领域是将减少灾害风险和适应气候变化结合起来。会议通过的行动计划为会议决议和路线图变成国家和地方各级的具体行动提供了具体指导。

亚太地区的减灾防灾合作也在过去几年中密集展开。太平洋灾害风险管理平台于2010年建立，其主题是“通过多方利益攸关者加强太平洋灾害风险和灾害管理行动框架的执行工作”。越南、斯里兰卡和孟加拉国正在建立热带风暴的预警系统。印度洋的海啸预警系统已经建立。东南亚国家灾害管理和应急响应协议则在更大的范围内促进了签约国的减灾合作。

（五）全球合作应对饥荒和营养不良

2011年9月22日，国际红十字会和红新月会发布2011年度《世界灾害报告：聚焦饥饿与营养不良》。报告指出，当今世界大约有10亿人，即1/7的人口长期处于隐性或显性饥饿状态。目前，贫困人口的大多数在农村，但城市中的挨饿的穷人也越来越多。这些穷人没有手段抵御灾荒、气候变化、飞涨的食品和能源价格和不平等的贸易条件。①

在20世纪一段时间里，饥饿人口已经在缓慢下降。但当农业不再是多数国家的重要议事日程，国际发展援助中的农业比重从1980年的18%下降到2007年的4%的时候，饥饿和营养不良人口从1990年代中期起开始不断增多，并在2008年粮食危机时飙升。联合国千年发展目标是到2015年使饥饿人口减半，但在一些国家，这个原本不困难的目标已经无望实现，除非对农业和社会保障的投入有显著增加。

就在国际红十字会酝酿出炉《世界灾害报告：聚焦饥饿与营养不良》、并开出加强对全球农业生产的扶持、提高社会保障水平、抑制粮价波动、增加人道主义援助等药方之时，东非数国的饥荒在2011年7、8月间恶化，千万人缺乏基本食物，上万人饿毙贫民窟。7月29日，联合国人道主义事务协调局把援助非洲之角的募捐呼吁金额上调至24.8亿美元。仅在此前四天，联合国刚刚将援助非洲之角的募捐呼吁金额上调至19.9亿美元。非洲之角饥荒出现后，世界各国伸出援助之手，中国政府在半个多月的时间内，两次宣布向灾区提供紧急粮食援助和粮援现汇，援助总额共计4.432亿元人民币，这是迄今中国政府对外提供的最

① http：//www.ifrc.org/en/publications－and－reports/world－disasters－report/wdr2011/.

大一笔粮食援助。

联合国秘书长潘基文指出，尽管人们做出了巨大努力，但非洲之角仍然成为世界上最为严重的人道主义灾难。他强调，干旱还会再来，而且次数愈加频繁，但干旱不一定就要演变为饥荒。“解决导致干旱和粮食不安全的根本问题需要国家政府和捐助者长期的努力，消除内在的风险因素是确保危机不再重现的关键之一。让我们改变旱地无人投资的现状；让我们确保妇女和儿童能够获得基本的卫生保健和生活用水；让我们致力于稳定，使市场得以繁荣。”①

非洲各国领导人2011年9月14日围绕“气候智能型农业：非洲行动起来”的主题，召开部长级会议，旨在加快在非洲发展“气候智能型农业”的步伐。联合国粮农组织助理总干事穆勒（Alexander Mueller）出席会议并发言指出，农业是许多撒哈拉以南非洲国家的经济基础，60%的人口从事农业劳作，农业产出占国内生产总值的30%。如果不采取任何措施，到2050年，气候变化将造成农作物产量大幅降低。6.5亿以雨养农的人将在缺水和环境退化面前变得脆弱不堪。②

2012年，61岁的巴西经济学家格拉齐亚诺将出任联合国粮农组织总干事。2001年，他协调制定了巴西“零饥饿”扶贫计划，仅5年时间，该计划使得2400万巴西贫困人口脱贫。“零饥饿”计划不仅让巴西的扶贫成果显著，更重要的是在如何消灭极端贫困方面带来了革命性变化，其中改善社会分配不公、缩小性别差距、为小农户提供农业资源支持等措施，都为他在国际社会上赢得了不少赞誉。相信在未来国际合作应对饥荒和营养不良过程中，巴西经验会有用武之地。

结　　语

回顾2011年，灾害造成的经济损失创历史新高，日本特大地震、海啸、核事故震惊世界，干旱使非洲之角饿殍数万。较长时期趋势表明，频发灾害是人类

① 联合国网站，《非洲之角问题小型峰会：潘基文呼吁从根源入手解决饥荒问题》，http://www.un.org/zh/focus/africadrought/newsdetails.asp?newsID=16319&criteria=africadrought。

② 《非洲探讨发展气候智能型农业》，2011年9月26日《中国环境报》第8版，http://www.cenews.com.cn/xwzx/hq/qt/201109/t20110923_706347.html。

物质财富的主要威胁、低概率灾害已经让严重依赖科技产品的国家不断面对新挑战、干旱和淡水的缺乏给中低收入国家的粮食安全和城市化道路蒙上阴影。面对这些不祥趋势，国家、国际组织、社区、个人都有责任和义务参与联合国防灾、抗灾、减灾的制度建设、战略实施和具体行动中去。“兵库行动框架”自形成以来，在各级政府和非政府组织督促下，各级政府和社区在五个优先行动领域做出了自觉和有成效的努力，特别在制度建设、防灾教育和预警反应方面进步明显，直接成果就是因灾死亡人数开始下降。

2011 年 10 月 13 日是第 22 个联合国国际减灾日。与往年不同的是，2011 年没有提出针对某一类具体灾害的主题口号，而是号召“进一步降低灾害风险：让儿童和青年参与进来”（Step Up for Disaster Risk Reduction – Children and Young People as Partner for DRR）。① 联合国国际减灾事务特别代表玛格丽特·霍尔斯托姆斯在减灾日致辞中说：“每年大约有 100 万青少年受灾害影响，数千青少年死伤于灾害。我们也看到青少年对灾害的反应是迅速的，无论他们是海地的童子军、孟加拉国的红新月志愿者，或是训练有素的日本在校儿童。证据表明，一旦给予青少年信息和训练，他们就是灾害管理的重要参与者并能在社区中敏锐地察觉哪些风险可以降低。”“拒绝青少年的参与权，就是拒绝了他们的未来。”②

人们有理由相信，有世界各国政府和民间、中央和地方、国内和国际、成人和青少年的广泛参与、励精图治，全球灾害的治理会在 2012 年达到一个新的高度。

主要资料来源

International Federation of Red Cross and Red Crescent Societies, *World Disasters Report 2011 – Focus on hunger and malnutrition*, http://www.ifrc.org/.

Munich Re, “*2011 Half-Year Natural Catastrophe Review*”. http://www.munichreamerica.

---

① 1990 年联合国确定每年 10 月第二个星期三为“国际减灾日”，2009 年改为每年 10 月 13 日。2009 年和 2010 年国际减灾日的口号分别是：“让灾害远离医院”和“建设具有抗灾能力的城市：让我们做好准备”。

② Margareta Wahlström: “Message for the International Day for Disaster Reduction”, 13th October 2011, http://www.unisdr.org/archive/22714.

com/.

UNISDR, *Global Assessment Report on Disaster Risk Reduction 2011*. http://www.preventionweb.net/english/hyogo/gar/2011/en/what/chapter2_2.html#tip10.

UNSDR, *HFA progress in Asia Pacific: regional synthesis report 2009 - 2011*. http://www.unisdr.org/we/inform/publications/21158.

UNSDR, *Hyogo Framework for Action 2005 - 2015 Mid-Term Review*. http://www.unisdr.org/we/inform/publications/18197.

UNSDR, *Global assessment report on disaster risk reduction (2009)*. http://www.unisdr.org/we/inform/publications/9413.

谢耘耕：《突发事件报道》，上海交通大学出版社，2009。

民政部、国家减灾委：《2011 年 1 ~ 9 月份全国自然灾害特点》，http://www.mca.gov.cn/。

Global Disasters and Management (2011)

Wang Mingming

Abstract: Economic losses due to disasters in 2011 reached unprecedented heights. The low-income populations in the developing countries are still the main victims of natural disasters. Extreme weather persisted for long periods, even becoming a normal phenomenon in many regions. In 2011 the disasters that attracted the most global attention were the Japanese nuclear plant accident and the East African drought and famine. With respect to trends in global disasters, flood and tropical cyclones caused fewer deaths but more economic losses, and countries faced a range of emerging risks associated with extremely low-probability hazards, such as volcanic eruptions or extreme weather. Droughts became more frequent and widespread. Some progress, including more participation and higher scores was made to the Hyogo Framework for Action assessment. There is also more international cooperation to reduce disasters, especially in the Asia-Pacific region. In the near future global society should put more focus on hunger and malnutrition.

Key Words: Economic Losses; Extreme Weather; Nuclear Accidents; Famine; Hyogo Framework For Action; Risk Assessment

Y.11 国际人口迁徙的动向、影响及趋势（2011）

李小丽*

摘　要： 在持续低迷的世界经济形势下，国家和地区潜在的各种政治矛盾出现激化。中东和北非发生剧烈政治动荡和军事冲突，全球迁徙人口进一步上升，穆斯林难民人口不断扩大，混合移民流的出现使国际迁徙在管理上日趋复杂化，难民因素产生“催化剂”效应，对地区、社会稳定等国际政治形势的发展都产生了重大影响。本文力图通过综合国际组织和媒体发表的数据，宏观反映当前国际政治经济形势下国际迁徙问题发展的情况，概略分析国际迁徙问题对国际安全及社会稳定的影响，对今后国际迁徙问题的发展走向进行展望分析。

关键词： 国际人口迁徙　难民　非法移民

2011 年，国际人口迁徙活动出现了更为复杂的局面。全球性经济危机使得移民处境更为艰难；非洲之角生态环境的恶化导致大批灾民陷入饥荒；中东地区多个国家政治动乱、政权更迭引发大规模难民和非法移民潮。人口迁徙产生的非传统安全因素对地区稳定的影响进一步扩大，移民、灾民和难民混合迁徙现象日趋普遍，对国际迁徙人口管理构成新的挑战。

一　国际迁徙的状况与回顾

（一）国际移民人口微幅增长，迁徙流向发生变化

在国际迁徙人口中，经济活动促生的移民依旧是迁徙板块的主体。近年来，

---

* 李小丽，中国社会科学院世界经济与政治研究所正处级调研员，近几年主要研究世界难民、移民等问题。

持续低迷的世界经济抑制了发达国家对移民的需求，世界移民人口迁徙出现了流向多元化的趋势，全球移民增长势头有所放缓，但总体格局仍然呈现阶段性增长势头。据国际移民组织统计，全球国际移民人口在2010年达到了2.14亿。[①] 与2005年相比，移民人口在全球人口中所占的比例相对稳定，一直保持在3.0%～3.1%。而世界银行最新发布的数据估算2010年全球移民人口为2.158亿人，约占世界人口的3.2%。在全球移民中，女性移民占48.4%；难民人数为1630万人，占7.6%。位居前10位的移民通道是：墨西哥－美国；俄罗斯－乌克兰；乌克兰－俄罗斯；孟加拉国－印度；土耳其－德国；哈萨克斯坦－俄罗斯；俄罗斯－哈萨克斯坦；中国－香港；中国－美国；菲律宾－美国。2010年，居前10位的移民目标国家中，美国、俄罗斯、德国位列前三位（见表1）。[②]

表1　2010年全球移民存量最多的10个国家

单位：%，百万人

国　别	比例	移民存量	国　别	比例	移民存量
美　国	13.5	42.8	英　国	11.2	7.0
俄罗斯	8.7	12.3	西班牙	15.2	6.9
德　国	13.1	10.8	法　国	10.7	6.7
沙特阿拉伯	27.8	7.3	澳大利亚	25.7	5.5
加拿大	21.3	7.2	印　度	0.4	5.4

资料来源：World Bank, Migration and Remittances Factbook 2011, p.1。

发展中国家依然是移民输出的主要来源地，全球2.158亿移民中，来自发展中国家的移民为1.76亿人，约占移民总数的81.5%。发展中国家向高收入的OECD国家的移民占42.8%；向高收入的非OECD国家的移民占14.1%，向其他发展中国家的移民占43.1%。从欠发达国家和地区向发达国家和地区迁入依然是移民的主体流向，新兴经济体国家创业投资型移民在逐年增长。墨西哥、印度、俄罗斯是移民输出最多的前三个国家（见表2）。[③]

① 国际移民组织数据，参见Facts & Figures：Global Estimates and Trends，国际移民组织网站，http：//www.iom.int/jahia/Jahia/about－migration/facts－and－figures/。

② 见世界银行报告，Migration and Remittances Factbook 2011，http：//data.worldbank.org/data－catalog/migration－and－remittances。

③ 见世界银行报告，Migration and Remittances Factbook 2011，p.20. http：//data.worldbank.org/data－catalog/migration－and－remittances。

表2　2010年全球输出移民前10名的国家

单位：%，百万人

国　家	比例	输出移民数	国　家	比例	输出移民数
墨西哥	10.7	11.9	孟加拉国	3.3	5.4
印　度	0.9	11.4	巴基斯坦	2.5	4.7
俄罗斯	7.9	11.1	英　国	7.5	4.7
中　国*	0.6	8.3	菲律宾	4.6	4.3
乌克兰	14.4	6.6	土耳其	5.6	4.3

*此处系指中国大陆地区。——笔者注

资料来源：World Bank，Migration and Remittances Factbook 2011，p. 3。

国际迁徙人口中存在相当比例的非法移民，形成了缺少统计数据的“灰色”地带。据经济合作组织估计，其成员国内的移民至少有10%～15%是非法移民，而来自发展中国家的移民中，非法移民估计占1/3左右。非法移民大多聚集在经济繁荣的发达国家和新兴经济体国家。2010年美国估计非法移民有1075万人；欧盟27国境内的非法移民估计数量介于190万～380万人；俄罗斯联邦有150万人；印度侨务部估计境内有2000万非法移民。

（二）世界难民人口居高不下

世界在新一轮难民峰潮中迎来了联合国《难民公约》签订60周年，局部地区大范围政治动荡、军事冲突和生态环境产生的人道主义危机则进一步推动了被迫迁徙人口的增加。根据联合国难民署2011年6月发布的报告，2010年难民署管理的难民增长了15.3万人，达到了1054.97万人，比上年增加了1.5%。增长的难民大部分来自索马里，在埃塞俄比亚，肯尼亚和也门寻求避难的索马里难民超过了11.9万人。与上一年相比，整个非洲难民人口增长了5.3%。联合国另一个难民救助机构——近东巴勒斯坦难民救济和工程处管理的注册难民在2011年1月1日也增至了496.7万人。①

世界难民人口增长是国际经济危机下全球迁徙人口依旧保持增长的主要原因之一，目前，全球迁徙人口中，难民人口已占到了移民人口的7.6%（见表3）。②

① 参见联合国近东巴勒斯坦难民救济和工程处网站，http：//www.unrwa.org/userfiles/2011092751539.pdf。

② 参见世界银行报告，Migration and Remittances Factbook 2011，http：//data.worldbank.org/data－catalog/migration－and－remittances。

表3　2010年底世界难民人口情况

单位：人

地　　区	难民人口	类似难民地位人口	总　　计
非洲	2149700	34300	2184000
美洲	513500	290500	804000
亚洲及太平洋	3793900	220200	4014100
欧洲	1605600	1000	1606600
中东及北非	1889700	51300	1941000
总　　计	9952400	597300	10549700

资料来源：联合国难民署报告《全球趋势2010》（*Global Trends 2010*），http：//www.unhcr.hk/unhcr/sc/news_ and_ updates/news。

（三）被迫迁徙人口中穆斯林难民比例持续增加

概览世界范围内的难民群体，穆斯林难民人口的高比例和持续增加是世界难民局势一个十分突出的现象。根据联合国难民署的统计报告，至2010年12月底，产生上百万难民和流离失所者的国家有7个，累计产生难民和流离失所者2127.8万人，其中有5个是伊斯兰国家。在这7个国家中，依国家划分，穆斯林难民和流离失所者的比例高达67.83%。

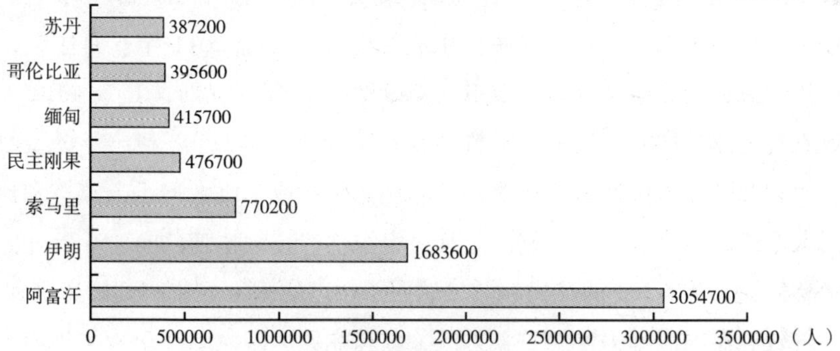

图1　2010年底难民产生最多的7个国家

资料来源：联合国难民署报告《全球趋势2010》（*Global Trends 2010*），http：//www.unhcr.hk/unhcr/sc/news_ and_ updates/news（包括类似移民地位人口）。

全球穆斯林难民人口的居高不下，是长达60年集聚的结果，主要原因是战争和冲突。联合国中东救济工程处管理下的巴勒斯坦难民是第二次世界大战之后中东战争遗留的问题，由于长达60多年不能返回故里，至今人口已增加到400多万人，成为目前世界上最大的难民群体，其中绝大部分都是穆斯林。冷战结束后爆发的冲突和局部战争，大多数是在伊斯兰国家之间展开的。科索沃战争、海湾战争及美国在阿富汗、伊拉克发动的全球反恐军事行动以及最近北约空袭利比亚，主战场都是伊斯兰国家。近两年全球新增加的上百万被迫迁徙的难民和寻求庇护者中，也主要来自索马里、突尼斯、利比亚、阿富汗和巴基斯坦等非洲和亚洲的伊斯兰国家。持续时间最久的难民群体和新近产生的难民危机均发生在伊斯兰国家。

二 国际迁徙状况的动态发展

（一）中东北非多国政局动荡催生庇护峰潮

2010年12月，北非国家突尼斯因“商贩自焚”事件发生政治骚乱，随后出现多米诺骨牌效应，政治动乱开始在埃及、巴林、利比亚、叙利亚等多个中东北非国家蔓延，并出现了进一步扩大的趋势，罕见的大范围政治动荡横扫整个地区，大批具有移民倾向的突尼斯人和少数政治失势者借机涌向欧洲发达国家。2011年2月中旬，意大利南部小岛兰佩杜萨遭遇新一波中东北非寻求庇护者大潮的侵袭，岛内可容纳800人的接待中心迅速爆满。至2011年6月中旬，登岛寻求庇护者总数上升至26980人，其中22953人来自突尼斯，其余4018人主要来自厄立特里亚、埃塞俄比亚、科特迪瓦、索马里和埃及。[①] 利比亚爆发政治动乱之后，大批国际移民和劳工纷纷逃出利比亚，形成了巨大避难人流。利比亚是非洲国家中移民聚集的大国，据国际移民组织估计，利比亚约有150万外国劳工和非法移民，[②] 约有2/3的移民和劳工返回了自己的国家或流落到周边国家。

随着叙利亚国内暴力冲突日益升级，叙利亚周边国家陆续出现了规模不等的逃难人群。进入黎巴嫩的叙利亚人超过了4000名，其中大部分是妇女和儿童。

---

① 参见联合国难民署香港办事处网站，http：//www. unhcr. hk/files/Emergency/emergency%20report/2011%。

② http：//www. iom. int/jahia/Jahia/about - migration/facts - and - figures/africa - facts - and - figures.

（二）北约人道主义干预触发利比亚难民危机

2011年3月19日，法国牵头北约国家以保护平民的名义对利比亚进行空中军事打击，人道主义干预使利比亚政治动乱和冲突迅速演变成全国内战。国内反对派在北约空军的掩护下在全国各个战场上取得了战场优势，国内居民和大批滞留在利比亚边境沙漠中的外国移民劳工纷纷强行穿越边境进入邻国躲避战火，沦为战争难民和国内流离失所者。根据联合国公布的数字，截至2011年4月27日，有63.48万人从利比亚进入突尼斯、埃及、阿尔及利亚和尼日尔等周边国家，其中包括25.47万第三国国民。在所有逃离利比亚的人当中，只有不足2%进入欧洲。

（三）非洲之角生态灾难加重人道主义危机

非洲之角的东部连续经历了两个降水贫乏的雨季，致使许多地区遭受了自1950年代以来最严重的干旱。持续不断的地区冲突严重阻碍人道主义援助实施，干旱造成的影响进一步恶化，大量生态灾民被迫流离失所。

索马里自从1991年陷入内战以来，国家始终未能建立有效的中央政府，各地军阀势力割据，冲突不断，产生了大量难民和国内流离失所者。在非洲国家中，索马里是难民和流离失所人口最多的国家。根据联合国难民署的统计，截至2010年12月，索马里因国内武装冲突导致的难民和流离失所者人数已达到225.7万人。由于常年战乱，生态环境破坏严重，2011年，索马里遭遇60年不遇的干旱，国内出现大面积饥荒，大量灾民为寻找食物和饮水加入逃难人流，被迫迁徙群体不断扩大，形成了目前世界上最令人关注的人道主义危机。首都摩加迪沙周边聚集的国内流离失所者已超过10万人，并且在继续增加。根据联合国难民事务高级专员公署统计，2011年前8个月，抵达埃塞俄比亚、肯尼亚和吉布提等邻国的索马里灾民已达18.4万人，其中在7月份前三个星期到达的就超过4.6万人。索马里境内新增加的流离失所者估计有18万人。①

同一地区的肯尼亚和埃塞俄比亚也遭受到干旱导致的粮食危机的冲击，两国有近80万难民已经被迫逃离家园。肯尼亚的达达布难民营，2011年以来新接纳

---

① 参见联合国难民署网站，http：//www.unhcr.org/4e3150d49.html。

的索马里难民人数已超过6.1万人次，累计接收难民已接近40万人，超过难民营最大可容纳人口的三倍。快速增长的难民数目给国际人道主义组织的救援工作带来了巨大困难，联合国难民署不得不向国际社会发出紧急呼吁，筹款1.449亿美元应对索马里的人道主义灾难。

新近取得独立的南苏丹摩尔和路努尔部落因为盗窃牲畜纠纷发生冲突，激烈的武力交火造成600人死亡，近8000间房屋被劫掠和焚毁，2.5万人流离失所。

三 国际人口迁徙活动产生的现实影响

在全球性经济低迷的国际形势下，经济景气时掩盖的社会、政治矛盾逐步显现出来。难民移民等国际迁徙活动对国家关系、政治经济的发展的影响也显得更加清晰。

（一）移民输入促生发达国家种族多元化

长期以来，西方国家为满足自己经济社会发展的需要，在世界范围内引进各种科技和劳务移民，促进了本地经济和社会的发展。随着时间流逝，移民人口逐渐沉淀，比例不断冲高。

美国是传统的移民国家，人口结构中曾长期具有“黑白分明”的特点，白人和黑人是美国的两大族群。随着拉美裔移民人口的大量涌入和人口老化及出生率的变化，美国人口特点正在悄然发生改变。2010年美国人口普查的最新数据表明，美国白人人口在过去10年间从1.946亿增加到1.968亿，增长率仅为1%，在美国人口总数中所占比例从69%下降至64%。美国拉美裔人口从2000年的3530万增加到2010年的5050万，增长率达43%，拉美裔人在美国总人口中比例已占16%。而美国黑人人口为3890万，仅占美国总人口比例的13%，已经失去美国第二大族群的地位。[①] 在美国的一些局部地区，移民对人口结构的影响更为明显。首都华盛顿的白人人口在1990年为64%，2010年下降到49%。纽约、拉斯韦加斯及圣迭戈等22个都市区，白人总数已经低于其他族裔的合计总

① 温宪：《美国人口结构变化的社会文化视野》，2011年4月14日，人民网，http://world.people.com.cn/GB/57507/14386115.html。

数。加利福尼亚州吸收了大量来自墨西哥和拉丁美洲国家的移民，是全国平均水平的两倍多，现其拉美裔人口比例已超过半数。到21世纪中叶时，拉美裔预期将成为加州人数最多的族裔。

欧盟国家引入大量的移民，人口比例也在发生缓慢变化。根据欧盟统计局2011年9月发布的统计报告显示，2010年欧盟27个成员国总共有5.025亿人口，其中有外来移民3250万，约占总人口的6.5%（见表4）。

表4　2010年欧盟主要国家外国移民人口一览

国　家	总人口(万)	外国移民(万人)	移民比例(%)
德　国	8170	710	8.7
英　国	6243	440	7
法　国	6507	380	5.8
意大利	6062	457	7.5
西班牙	4615	570	12.35

资料来源：欧盟统计局 Migration and migrant population statistics, Data from October 2011, http://epp.eurostat.ec.europa.eu/statistics_explained/index.php/Migration_and_migrant_population_statistics,（不含入籍移民）。

欧盟国家中，德国的移民状况具有一定的代表性。第二次世界大战后德国引入大量的移民，经过多年的积淀，德国移民人口比重增加明显。据德国联邦统计局2011年9月公布的报告，目前德国人口中有移民背景的人为1570万人，约占总人口的19.3%，近31%的儿童有移民家庭背景。德国局部地区移民人口的变化更为明显，柏林－布兰登堡统计局公布的数据显示：柏林市外来人口的比例持续增高，2006年只占人口比例的22.9%，到了2010年已经提高到24.3%，大约增加了5.8万人。在德国首都柏林的340多万人口当中，有24.3%具有移民背景（含47.4万外籍人口及36.1万归化入籍的人口）。

（二）欧洲国家移民冲突危及社会稳定

随着全球经济危机持续发酵，欧盟各国经济普遍下滑，失业人口大量增加，欧元主权债务危机出现恶化趋势，许多国家的社会政治矛盾出现不同程度的激化。特别是在一些移民人口比例相对较大的欧洲国家内部，移民和难民引发的社会和政治冲突越来越多地显现出来。

欧洲国家近两年来接连不断出现移民冲突事件，引发大规模社会和政治动荡。2010年法国驱离吉普赛人，德国反穆斯林移民风潮都引发了社会动荡和严重的政治对立。

2011年7月22日，挪威首都奥斯陆突发反移民恐怖袭击，极右分子布雷维克报复政府的多元文化和移民政策，在挪威首都制造了两起重大恐怖袭击事件，使用汽车炸弹炸毁了市政府大楼，在旅游区于特岛疯狂屠杀工党青年团夏令营的青少年。两次袭击总共造成76人遇难，在挪威国内外引起了强烈震撼。

继挪威之后，英国也出现了移民背景的全国性“打砸抢烧”事件。2011年8月6日，伦敦警察在执法检查中击毙牙买加黑人移民后裔青年马克·达根，在外来移民族裔聚居区引发大规模街头骚乱，并迅速蔓延到英国布里斯托、伯明翰和利物浦等大中城市。

欧洲国家接连出现这些群体性事件反映了移民群体和后代在西方国家所处的社会地位及其无法真正融入发达国家主流社会的困境。同时也暴露了西方发达国家在移民管理人文方面的缺失。西方国家大量引入移民，事实上已经普遍形成了多种族和多元文化社会。在这样的社会形态中，由于对自身社会存在的不满和对国家民主政治缺乏信任，移民和本地人中的极端分子都可能会受非理性仇恨和排斥感驱动，对社会造成巨大灾难。

在欧洲发达国家，虽然国家政治法律框架基本保证了移民的权利，但收入差别、职业特点和文化差异促使移民形成独特的聚集区或群体。特别是来自非洲、中东等欠发达地区的移民，有相当一部分生活在社会的底层，生活条件差，失业率高，属于被社会边缘化的阶层。主流社会民族意识的本能抑制、宗教文化产生的意识形态冲突和极右翼思潮在欧洲的泛滥，相互交叉的作用加重了底层移民群体的失落心态和对抗抵制心理，成为潜在的社会不稳定因素。

德国、法国和英国在动乱之后都承认国家移民融入遭遇失败，普遍强化了移民学习主流文化和语言等政策，制定了更加具有包容性和促进融合的措施。在引进移民的同时防范社会和政治风险成为西方发达国家政府和领导人面临的重大政治问题。

（三）新一轮中东难民潮冲击周边国家安全稳定

利比亚动乱出现的难民潮对周边地区和国家产生了巨大的冲击。邻国尼日尔是世界上最不发达的国家之一，人口1590万，人均收入每天只有2美元。利比亚武装冲突爆发前，尼日尔曾有大批劳务人员在利比亚工作，劳务收入是尼日尔的重要经济支柱。利比亚政权更替和北约空袭军事行动已造成大批尼日尔劳工返回故里，劳工返回故里意味着整个家庭失去了稳定的收入来源，国家经济也因此受到很大损失。联合难民署估计有15万难民从利比亚逃亡至尼日尔北部地区，已经严重超出国家经济承受能力，成为尼日尔巨大的负担。尼日尔全国已出现明显的食物短缺危机，政府被迫向国际社会寻求援助。

尼日尔收容落难的利比亚卡扎菲政权人员也给今后处理两国关系增添了不确定因素。卡扎菲在位期间凭借利比亚丰厚的石油收入，为尼日尔政府提供过大量援助，卡扎菲本人与尼日尔前任总统坦贾和现任总统优素福私人交往关系密切，尼日尔已成为卡扎菲残余势力最后的“避难所”。2011年9月，尼日尔正式向卡扎菲第三子萨阿迪提供难民政治庇护，随后拒绝了利比亚“全国过渡委员会”和国际刑警组织提出的引渡和收缴巨额财产要求，这不仅对今后尼利关系的发展埋下了冲突的种子，也有可能陷入西方国家巨大的政治压力之中。

利比亚曾经是欧洲防范非法移民的一道屏障。由于地理位置邻近欧洲，利比亚曾经是自亚洲和非洲非法移民偷渡前往西方发达国家的跳板。2009年，意大利与利比亚卡扎菲政府签订协议，由意大利提供资金，两国配合拦截通过地中海进入欧洲的偷渡船只，截获的寻求庇护者统一交由利比亚当局处置。这一措施在快速变化的国际移民形势下收到立竿见影的效果，2009年进入意大利兰佩杜萨岛的非法移民为3.7万人，2010年仅有400多人，年度人数下降了98%。卡扎菲倒台之后，新的利比亚执政当局未能迅速取得军事全面胜利和组成新的政府，国家权力和管理处于真空状态，失控的利比亚为撒哈拉沙漠以南的移民人口从贫穷的家园逃往欧洲开启了大门，大批阻滞在利比亚的非法移民和冲突产生的难民一并加入了涌入欧洲的人流，形成了更大规模难民潮，利比亚已经成为另一条带来难民、宗教极端分子的不安全通道。

在中东北非的寻求庇护者中，许多人的迁徙目的地是欧洲发达国家。大量寻求庇护者的到来，进一步增加了欧盟国家的庇护压力。

意大利政府应对难民潮遇到很大的经济困难，兰佩杜萨岛政府部门几近瘫痪，经费多月数度告急。意大利南部巴里市的警察与不满安置待遇的寻求庇护者发生流血冲突，导致至少30人受伤。其中包括20名警察。在向欧盟申请援助未果的情况下，意大利政府紧急宣布提高燃油消费税，增加的税收资金用于安置中东和北非难民。

（四）庇护危机阻碍欧盟一体化进程

中东多国政局动荡和北约空袭利比亚引发的难民潮对欧盟边境管理和应对危机提出了挑战，而这一挑战在更深层次上却体现在“政治性”层面，尤其是对欧洲一体化进程产生严重冲击。长期以来，欧盟边境国家与内陆国家在如何接纳寻求庇护者方面存在很大分歧。直接面对难民潮和非法移民涌入的希腊、马耳他、意大利、西班牙等南欧国家主张在欧盟内部由各国共同承担难民压力，而德国、法国和北欧等内陆国家则要求欧盟边境国家将非法移民阻截在境外并设法自己化解难民危局。在如何处理新一轮中东难民危机的问题上，欧盟内部明显形成了南北两大派别。

面对上万名蜂拥而至的寻求庇护者，意大利政府在巨大的安置压力下向欧盟发出援助请求，要求在欧盟境内对寻求庇护者做出统一部署和安排，申请启用欧盟应对科索沃难民潮颁布的2001年55号法令，[①] 分流意大利境内的难民压力。在各项努力未得到响应的情况下，为分散难民涌入的巨大压力，意大利政府决定向入境的寻求庇护者发放为期6个月的申根短期“临时人道主义签证”，这一举措在欧盟国家内部引起了巨大的政治纷争。

在欧洲理事会上，意大利分流庇护压力的请求遭到欧盟成员国几乎一边倒的反对，仅得到马耳他一国的支持。德国表示无法接受大量非法移民通过意大利涌入欧洲，同时反对意大利目前正在进行的向寻求庇护者发放临时居留证的举措。欧盟的态度和决定引发意大利政府强烈不满。意大利总理贝卢斯科尼要求欧盟将涌入的寻求庇护者作为一个全局性问题对待，批评欧盟各国“未能表现出团结一致”。意大利内政部长马罗尼也表示：欧盟在关键时刻并不能发挥一体化的作用，甚至怀疑意大利继续作为一个欧盟成员国是否还有意义。

法国政府对意大利向寻求庇护者发放申根签证的举动反应最为强烈。为防止大量突尼斯人越过法意边境，法国加强了与意大利接壤地区的身份检查，仅在

---

① 欧盟2001年7月20日为应对科索沃难民危机颁布的法令，宗旨是由所有成员国来共同承担和分散由大规模难民涌入所带来的压力。

2011 年 3 月份就拘捕了大约 2800 名突尼斯人，其中约 1700 人被遣送回意大利。寻求庇护者入境的高峰时段曾一度中断意大利进入法国的铁路交通，法意双方为此发生了激烈的外交纠纷。为了避免难民涌入出现的紧张局面对两国关系造成难以弥补的损害，意大利和法国的首脑提前进行了年度例行峰会，就修改《申根协议》的必要性达成了妥协意见，并向欧盟委员会提交了联合签署的修改《申根协议》的建议书。

2011 年 5 月，丹麦政府不顾欧盟议会的反对，以打击非法移民和有组织犯罪为名宣布将在丹麦全部边境重新设立永久性的边境检查站。随后丹麦海关开始恢复与德国和瑞典边境的抽样检查。德国的巴伐利亚州开始考虑在边界重新设置检查站。与意大利接壤的奥地利也声称将重启边境检查。

为了弥合分歧，2011 年 5 月 12 日，欧盟 27 国外长在欧盟总部召开会议，经过激烈的讨价还价，就应对难民危机达成了妥协共识，同意加强《申根协议》区的边境治理，在确保“人员自由流动”基本原则的前提下对《申根协议》进行修订，在新建立的“保障机制”框架内，允许申根成员国在申根区外围边境出现大批寻求庇护者涌入的情况下、某一成员国未能履行相关职责时可以遵守非常严格的条件启动内部边境检查，同时强调总体启动边境检查只能作为最后手段使用。

欧盟成员国在磋商修改《申根协议》时出现了很大争议。根据欧盟委员会的建议，申根协议成员国未来在遇到不测事件而临时恢复边境检查的时间最多只能有 5 天，如超期检查，事先必须报请欧盟批准。这一方案遭到德国、奥地利、瑞士及荷兰等四国政府代表的质疑。德国、奥地利及荷兰认为新规定将使成员国无法通过边境检查打击刑事犯罪行为；瑞士则希望各成员国尽可能保有边境检查的主权。

中东难民潮引发的《申根协议》纷争，增加了欧盟一体化进程未来发展的不确定性。《申根协议》旨在实现欧洲国家，特别是欧盟成员国之间的人员和货物自由往来，以推动欧洲统一进程。主要内容包括相互开放边境，不再对协议签字国公民进行边境检查等。目前，加入《申根协议》的欧洲国家有 25 个。[①]《申根协议》生效 26 年来，给欧洲人通行往来带来很大便利和巨大的经济利益，增强了“欧洲人”身份的认同。《申根协议》及欧盟的统一货币欧元一直被欧洲人

---

① 欧盟 27 国中，英国、罗马尼亚、爱尔兰、塞浦路斯、保加利亚未加入《申根协议》。加入《申根协议》的国家中，瑞士、挪威、冰岛未加入欧盟。

看做是欧洲一体化的两大支柱。2010 年希腊爆发主权债务危机正在迅速蔓延至整个欧洲市场，令欧盟国家开始为欧元的前景担忧。受到中东新一轮难民潮的冲击，欧盟架构体系的另一大基石《申根协议》也面临被“束之高阁”和“名存实亡”的风险。围绕修改《申根协议》争论必将进一步降低欧洲人对欧盟的认同感，甚至有可能引发难以调和的冲突。如不能达成一致的意见，欧盟一体化进程将面临倒退的危险。

（五）混合迁徙挑战国际难民保护机制

综观国际迁徙活动的发展动向，反映了一个现实，这就是难民、移民和生态灾民的混合迁徙现象日益增多。

发达国家不断紧缩移民政策，严厉打击非法移民，对减缓国内移民压力、规范国际迁徙秩序起到了一定的作用。但同时也缩窄了国际移民的通道，阻滞了国际移民的自由流动。大批希望进入发达国家的国际流动人口或选择偷渡铤而走险，或借助国际难民保护的特殊条款实现进入发达国家的迁徙目的。在身份合法化难以实现的背景下，进入发达国家的非法移民通过政治庇护获得合法身份成为规避移民限制的主要途径之一。

2011 年中东和北非出现的寻求庇护者峰潮，是战争难民与非法移民的混合体。非洲北部的利比亚与欧洲南部的意大利隔海相望。长期以来，由利比亚跨越地中海登陆意大利是非法移民流动的主要途径之一。在这些移民中，既有出于经济原因迁移的人，也有按照国际法也符合难民条件、需要获得国际保护的人。突尼斯出现政治动乱导致总统本·阿里倒台后，政府陷入混乱，边境管理十分松懈。一些有经济能力的突尼斯人由于担心国家内乱，借机选择偷渡进入意大利。利比亚爆发冲突之后，越来越多的中东北非的移民和难民冒着生命危险，乘坐小船前往欧洲，汇合成一波波寻求庇护者风潮。

非洲之角的难民危机则是动乱冲突和生态因素复合形成的人道主义灾难。区域内的自然生态环境常年处于干旱和半干旱状态，经常因争夺资源和生存空间而发生冲突，产生了 500 多万难民和流离失所者。2011 年上半年非洲之角遭遇 60 年罕见的干旱和饥荒，吉布提、埃塞俄比亚、肯尼亚和索马里总共有 1330 万人口受到粮食危机的影响，逃离饥荒的生态灾民源源不断进入难民营，加重了区域难民危机。

西方国家确立的联合国难民保护体系，主旨思想是以普世的人道主义为核

心，但难民本身具有的政治性使得难民保护行动增加了浓重的政治色彩。具体的表现形式就是以国家利益和经济实力为实施保护条款的前提条件。按照当前的国际法准则，冲突和迫害形成的难民可以按照联合国《1951 年难民公约》等相关国际协定享受特殊的“不推回”原则的保护。非法移民则是不受法律保护的违法行为，可以予以强制遣返。多年来发达国家不断提高移民门槛，促使非法移民活动不断扩大，滥用难民保护的现象日趋严重，成为困扰各国政府的心腹之患。虽然通过完善法律体系、加强边境措施、加速遣返等措施加大打击非法移民的力度，但庇护制度的漏洞仍成为非法移民利用的“绿色通道”。

混合移民流的出现使西方发达国家甄别移民和难民失去了差别标准和事实论据，面临一种两难的选择：接纳无法承受，拒绝则受到道义和舆论的谴责，混合迁徙成为一个“烫手的政治山芋”。北约对利比亚的空袭军事行动，是在人道主义保护平民的名义下进行的，实施过程中不仅未能有效防范大规模的难民潮，反而产生了一种政治效应：为中东非法移民进入欧洲撑起难民“保护伞”。北约的军事行动使非法移民进入欧洲发达国家找到了合适的理由，大批长期被拒于欧洲大门之外的不符合条件的移民借助“难民”外衣源源不断地涌向欧洲，进一步扩大了移民无序流动的范围。法国拒绝持意大利签证的中东北非寻求庇护者入境，是国家利益和政治道义考量下的取舍选择。这种关注自身安全利益的“一刀切”的做法不仅对国家政治形象产生损害，也对联合国确立的难民保护原则提出了严峻挑战。壁垒政策在堵住非法移民渠道的同时也挡住了真正需要保护的难民，国际难民保护机制将会首先在欧洲发源地被边缘化，这引起了国际社会的广泛关注。联合国难民署在日内瓦专门发表声明，呼吁欧盟国家开放边界，用实际行动展现对突尼斯、埃及等利比亚难民主要安置国的支持，在救助国际难民方面发挥应有作用。

四　国际迁徙发展的主要趋势

（一）世界经济进入新的困难时期，移民增长或许放缓

国际移民是全球经济发展的基本要素之一，也是世界经济保持活力的重要标志。全球经济形势的发展变化与国际移民局势产生直接的关联。2011 全球经济

虽然显示出微弱复苏的迹象，但欧洲主权债务问题引发的新一阶段金融危机已经初露端倪，人们对国际金融和货币体系能否保持稳定疑虑重重，美国和欧盟经济正处于濒临衰退的危险境地，世界经济进入了一个新的困难时期，陷入二次衰退的可能性正在增加，这对国际移民流动的大环境产生一定的不利影响。

全球低迷的经济形势提高了移民流动的成本和风险。目前，吸收移民较多的欧美发达国家政府面临国内巨大的社会和政治压力。出于经济政治发展和国家利益的需要，各国都在进一步调整紧缩移民政策，移民的渠道和数量越来越多地受到资金和技能条件的限制，自由迁徙的难度大幅度地提高了。

世界各国庞大的失业人口也会对国际移民的需求产生一定的阻滞作用。2011年9月27日在巴黎举行的G20成员国劳动部长会议估测，G20成员国目前有两千万人失业，失业人口的增长率是0.8%，预计到2015年失业人口将会翻倍增加。[①] 严峻的就业形势将会对国际经济移民产生一定的排斥力。

国家和地区对劳动力的需求和相对较高的福利报酬是移民流动的两个基本条件。在一些移民需求量较大的西方发展国家，大量失业人口将会短期抵消人口老龄化和生育率下降产生的移民劳动力需求。而一些受经济危机冲击较小、仍旧保持经济活力的国家和地区，对移民的吸引力正在上升，国际移民的流动方向有可能出现更加分散和多元化的趋势。

（二）动乱冲突持续发展，难民人口或将继续增加

政治和军事冲突是产生被动迁徙人口的主要原因，全球多个热点地区不稳定的局势预示着难民和流离失所人口将会呈现继续增加的趋势。

利比亚国内军事冲突尚未最后平息，战争创伤造成的政治对立将会长期存在，国家尚未完全摆脱陷入长期动乱的阴影，冲突造成的难民和流离失所者短期内尚无法返回家园。

中东地区剧烈的政治动荡目前还在继续发展，区域内存在多个潜在冲突的爆发点。叙利亚和也门国内政治冲突愈演愈烈，不时发生流血事件，西方武力干涉的危险不能完全排除，一旦局势失控演变为国内冲突，出现大规模难民潮的可能

① 《世界经合组织及国际劳工组织认为2015年失业人数将翻倍》，http：//eulam.com/html/201109/27/330409.html。

性也在增加。

被西方称之为“阿拉伯之春”的政治风暴迫使埃及和突尼斯亲西方的国家领导人失去了权力，曾经的盟友土耳其政治倾向转向穆斯林世界，以色列面临空前的外交孤立，这给巴以冲突增添了很大变数。巴勒斯坦不顾美国和以色列的反对，在第66届联合国大会上正式提出加入联合国的申请，美国和以色列的强行阻挠行为在阿拉伯国家引起了强烈反响和愤怒的情绪，整个穆斯林世界反美情绪进一步上升。过激对抗行为激化巴以矛盾导致巴以冲突升级的风险正在提高。巴勒斯坦入联一旦申请失败，中东将很可能进入一个新的震荡期，巴勒斯坦难民返回家园的愿望仍然是一个“遥远的故事”。

（三）发达国家抬高政策门槛，非法移民或显滋生蔓延

经济衰退和高失业率促使发达国家不断加强移民控制，广泛实行了年度数量控制和严格的语言等限制性措施，大幅度提高了签证“门槛”，形成了高大的政策壁垒。这些措施在一定程度上达到了限制移民的预期效果。但与此同时，被高墙壁垒阻拦在外的移民采取非法手段进入目的地国家的现象将有可能出现增加的趋势。

近年来，发达国家的移民政策无一例外地垂青技术和投资等高端精英移民，这样的政策存在一个偏差——忽略了社会对劳动力的均衡需求和经济规律的作用。按照基本的经济规律，在满足使用条件的情况下，社会将会选择更为廉价的劳动力。政策门槛的阻隔使得移民劳动力和非法移民劳动力形成了很大的价格差，利润驱使使非法移民有了生存空间，这也是偷渡现象屡禁不止和一些国家出现庞大非法移民群体的最重要的原因。过度紧缩的移民政策不仅不利于吸引移民，反而会导致非法移民群体的扩大化，继而引发一系列复杂的社会问题。世界各地大批逃避地区冲突、为实现个人抱负或意图改变生活状况的人想方设法进入发达国家的愿望与越来越严厉的政策“壁垒”形成对撞，将可能加大非法移民的滋生与蔓延。当前，发达国家适应政治经济形势的需要，强势打击非法移民，各国非法移民虽然都有不同程度的减少，但从长期趋势来看，一旦国家经济走出低迷，纳入正常发展轨道，发达国家对移民劳动力的需求就会逐渐反弹，非法移民也会更加活跃，今后一个时期，如何解决非法移民问题仍是发达国家需要长期关注的重要问题。

国际迁徙是在人类社会经济和政治活动中产生的必然现象，同时也是社会进步的象征。随着全球国际合作的进一步加深，世界范围内的人口流动愈加频繁，国际移民和难民问题产生的影响日趋扩大，日益成为当前国际社会关注的热点。正确认识国际迁徙产生的综合效应和影响，把握人类迁徙活动的特点规律，对于维护国际迁徙环境和社会和谐稳定，保护并促进合法的国际迁徙活动具有重要的意义。

参考文献

国际移民组织网站，http：//www. iom. int/。

联合国难民署网站，http：//www. unhcr. org。

世界银行网站，http：//data. worldbank. org/data – catalog。

国际移民组织《世界移民报告 2010》，*World Migration Report 2010 – The Future of Migration*：*Building Capacities for Change*，http：//publications. iom. int/bookstore/free。

联合国难民署《全球趋势 2010》（*Global Trends 2010*），http：//www. unhcr. hk/unhcr/sc/news。

世界银行报告，*Migration and Remittances Factbook 2011*，List Figures，Page 1，http：//data. worldbank. org/data – catalog/migration – and – remittances。

2011：Trends and Impacts of International Migration

Li Xiaoli

Abstract：With the continuing downturn in the world economy，political and social conflicts intensified at both the national and regional levels and serious unrest，uprisings，and military conflicts erupted in the Middle East and North Africa. With the increase in global migration，management of international migration is becoming more complicated because of the emergence of mixed migration flows. The number of Muslim refugees is increasing rapidly. The catalytic effect of the refugee problem has had a significant impact on regional social stability and international politics. This article reflects upon the development of international migration issues and briefly analyzes the impact of international migration on international security and social stability.

Key Words：International Migration；Refugees；Illegal Immigrants

国际组织与世界政党

International Organization and Party Politics

Y.12

联合国对北非中东的干预及其影响

李东燕*

摘　要：2011 年伊始，突尼斯、埃及、也门、叙利亚和利比亚等北非中东国家纷纷爆发了反政府抗议活动。在利比亚，事态很快演变为反政府力量与政府之间的武装冲突。联合国方面以不同方式对事态进行干预，包括对突尼斯、埃及进行外交斡旋和人权调查，终止利比亚人权理事会成员资格，授权对利比亚实施包括《宪章》第七章内容的制裁和禁飞，将利比亚问题移交国际刑事法院等。对利比亚的干预是联合国保护责任干预模式的首次实践。这种干预模式引发了围绕人权、主权、保护责任和不干涉内政等原则的争论。虽然联合国实施保护责任干预具有必要性与积极意义，但所导致的结果对主权国家体系而言是存在不确定性和危险性的。

关键词：联合国　保护责任　人道主义干预

* 李东燕，中国社会科学院世界经济与政治研究所研究员，主要从事当代全球问题及联合国研究。

自2010年12月突尼斯出现政治动荡以来，北非、中东地区的埃及、也门、利比亚、叙利亚、巴林等国家纷纷陷入动乱。在事态发展过程中，联合国进行了外交斡旋和干预。由于这些国家的国情不同，国际背景的不同，联合国介入和干预的方式、强度和广度也有所不同。联合国此次对该地区的干预行动，将为其今后在类似问题上发挥作用提供经验和依据，但利比亚式的干预也引起了广泛的争议。

一　联合国在北非中东的干预行动

从联合国处理与安全、人权相关事务的程序看，联合国的干预一般要经过一个逐步升级的过程。首先从秘书长的关注和斡旋开始，人权类事务同时还会受到联合国负责人权事务高级专员办公室的关注和介入。这些方面的行动包括秘书长代表、秘书长本人及相关办公室负责人的声明、谴责、呼吁、访问、协调等。如果被认为发生了人权方面的严重事态，根据人权理事会规则，在需要的情况下，经人权理事会成员的要求和1/3理事会成员的支持，人权理事会可召开特别会议讨论相关措施。如果事态扩大，被认为对国际和平与安全构成威胁，会员国、秘书长、大会等机构都可提请安理会关注，来自安理会方面的举措除了谴责和施压性的声明外，还包括制裁、断绝外交关系及军事行动等一切必要措施。联合国的介入和干预还包括人道主义救援和冲突后的国内政治重建。

在此次干预中，联合国对突尼斯、埃及采取的行动主要限于秘书长的外交斡旋和人权高专办公室方面的人权调查，没有进入人权理事会和安理会的干预环节。联合国对利比亚的干预则迅速从秘书长外交升级到人权理事会和安理会，并很快从一般的外交斡旋升级为安理会的强制性制裁和禁飞授权，联合国大会、国际刑事法院也有介入，呈现升级快、强度大、内容广、介入机构多的干预特点。联合国对叙利亚、也门的介入和干预属于逐步升级类型，安理会发表了声明，但制裁叙利亚的决议因俄罗斯和中国的否决而没有通过。

（一）联合国对突尼斯、埃及的干预

北非中东之乱最早始于突尼斯。突尼斯大规模骚乱从2010年12月17日开始，抗议者与安全部队之间发生了流血冲突。联合国方面的行动首先是来自秘书

长和人权高级专员办公室的关注。2011 年 1 月 11 日，秘书长潘基文发表声明，呼吁冲突各方保持克制，通过对话解决问题。2011 年 1 月 14 日，突尼斯总统本·阿里逃往沙特阿拉伯后，潘基文又发表声明，对突尼斯不断出现的暴力再次表示关切，呼吁突尼斯开展基础广泛的协商，组建一个具有包容性的过渡政府。①

鉴于突尼斯发生的骚乱和冲突造成的人员死伤，人权高专办公室对突尼斯的情况也深表关注，在敦促突尼斯严查伤亡事件、依法处置肇事者的同时，提出愿意为突尼斯国内人权调查提供各种所需的援助。2011 年 2 月 24 日，人权高专办公室发表了一份关于突尼斯人权状况的报告，报告呼吁对所有侵犯人权事件进行司法调查，以使相关的责任人得到惩罚。报告还敦促新政府迅速采取具体有效措施，改善突尼斯人民的生活水平。报告称，突尼斯人民希望今后的政府能够保障民众的经济、社会和公民与政治权利。② 人权理事会也对突尼斯发生的抗议和骚乱表示了关注。人权理事会有关处决问题和任意拘留问题的负责人发表了联合声明，呼吁突尼斯政府采取有效行动，制止杀害平民、任意拘禁等违反国际法的行为。

2011 年 3 月 22 日，潘基文访问了突尼斯，访问的主要目的是表达对突尼斯过渡政府的支持。潘基文会见了突尼斯总统、总理、外长以及各党派、民间社会和青年团体的代表。在他向媒体发表的讲话中，高度赞扬了突尼斯的和平变革，表示联合国已经准备好为突尼斯政府和人民提供一切支持，这些支持包括组织选举、起草宪法以及帮助突尼斯政府恢复法治、促进人权等。这些措施体现了联合国对冲突后国家在国内政治重建方面的参与。

在埃及问题上，联合国的介入方式与其对突尼斯的介入基本相同。在突尼斯发生骚乱之后，从 2011 年 1 月 25 日起，埃及首都和其他地方爆发了反对总统穆巴拉克的大规模抗议活动，抗议者同警察发生了冲突。事件发生后，潘基文发表声明表示，呼吁埃及政府对人民的合理关切做出回应，敦促采取措施避免出现新的暴力事态。在 2 月 2 日的讲话中，秘书长进一步施加压力，称在埃及所发生的暴力是不可接受的，并再次敦促埃及各方面保持克制，立即进行和

---

① 《潘基文呼吁突尼斯恢复法治和稳定》，2011 年 1 月 17 日，联合国网，http：//www. un. org/zh/focus/northafrica/。

② 《人权专家报告称突尼斯人民呼唤一个能保障民主人权的新政府》，2011 年 2 月 24 日，联合国网，http：www. un. org/zh/focus/northafrica/。

平和有序的过渡。

联合国人权事务高级专员也表示关注埃及政府针对抗议者的措施，敦促埃及政府确保公民自由，呼吁调查镇压抗议示威活动中过度使用武力的行为。联合国人权机构负责人还呼吁埃及政府废除《紧急状态法》，对埃及的人权纪录和穆巴拉克总统进行了谴责。联合国人权专员的声明认为，埃及长期的人权问题是引发抗议的一个主要因素。从2011年2月3日开始，埃及的抗议冲突升级，穆巴拉克的支持者与反对者之间相互攻击，造成了多人死亡。2月4日，在日内瓦举行的记者会上，联合国人权高级专员呼吁埃及当局立即停止暴力，保护抗议者和媒体人士，并彻查安全和情报机构。她还表示支持人权理事会就埃及局势召开紧急会议。①

2011年2月11日穆巴拉克总统宣布辞职后，联合国对埃及的介入与突尼斯的情况类似。潘基文发表声明，对穆巴拉克的决定表示尊重，并同样表达了联合国准备为埃及提供协助的愿望。人权事务高级专员表示准备向埃及派遣一个人权代表团，帮助推动该国的人权保护。埃及政府于3月3日正式邀请人权高专办派出人权评估小组。2月27日，联合国负责政治事务的副秘书长对埃及进行了访问，会见了埃及政府官员、民间社会领袖及学生代表，就埃及各界对于联合国的期望进行了访谈。3月21日，潘基文访问了埃及，除了表示对埃及完成政权过渡的支持外，还承诺联合国为埃及提供多方面的支持。

突尼斯、埃及两国事态的发展有相似之处，联合国所采取的措施和步骤也基本相同。由于这两个国家前政府领导人都在抗议中下台，因此联合国的干预主要体现在秘书长及人权高专办公室活动上，没有上升到人权理事会、安理会等其他机构。

（二）联合国对利比亚的干预

与突尼斯和埃及的情况相比，联合国对利比亚的干预属于另一种类型：升级快、力度大、范围广、介入机构多。在对利比亚的干预过程中，联合国第一次以“保护责任”为由，授权采取属于《联合国宪章》第七章范畴的制裁和禁飞措

① 《皮莱敦促埃及当局彻查安全情报机构并立即停止暴力行为》，2011年2月4日，联合国网，http：//www. un. org/zh/focus/northafrica/。

施；人权理事会自成立以来第一次终止了一个理事会成员国的资格；安理会第一次一致通过将会员国的国内事态移交国际法院。这些特征构成了一种新的联合国干预模式。国外有国际法学者称之为一种“前所未有的”，“独特的”、“进攻性的”干预行动。①

联合国对利比亚的外交斡旋和干预行动大致可分为三个阶段。

第一阶段从2011年2月中旬利比亚事态扩大开始，到2月26日安理会通过1970号决议之前。这是一个短暂的联合国施压和秘书长外交斡旋阶段。在这十几天内，联合国秘书长进行了外交努力。2月21日，潘基文与卡扎菲进行了长达40分钟的通话，敦促卡扎菲停止暴力，保证人权。同时，联合国人权机构发出了谴责和警告，向卡扎菲施加压力。2011年2月22日应利比亚常驻联合国代表团的要求，安理会举行了闭门磋商，并发表声明谴责发生在利比亚的暴力事件，同时敦促利当局采取切实行动，应对民众提出的合法诉求。

2月25日，在安理会通过决议之前，联合国人权理事会举行了特别会议，一致通过了谴责利比亚当局侵犯人权行为的决议，并决定对卡扎菲政府危害人类罪进行调查，同时还建议联大考虑取消利比亚人权理事会会员国资格。潘基文在安理会发言说，“联合国从一开始就开展了有力的外交努力。我与包括利比亚当局在内的各方都保持了密切接触。我多次呼吁立即结束暴力和允许不受限制地提供人道主义援助”。② 在支持干预的人看来，联合国的干预来得太晚了。但反对干预的人则认为，联合国没有在采取制裁和禁飞行动之前给外交斡旋以足够的时间和余地。③

第二阶段是2月26日到3月17日。安理会1970号决议和1973号决议的通过，使得联合国对利比亚的干预迅速升级为安理会的制裁、禁飞以及包括《宪章》第七章内容的“一切必要措施”。利比亚的抗议活动从2月中旬开始扩大，游行示威者与政府安全部队发生冲突。2月26日，联合国安理会一致通过了制

① Michael N. Schmitt, “Wings over Libya: The No - Fly Zone in Legal Perspective,” *The Yale Journal of International Law*, Volume 36, Spring 2011.

② 《秘书长在安理会第6498次会议上的发言》，2011年3月17日，联合国网，http://www.un.org/zh/focus。

③ “Libya crisis: too late for UN military intervention?” *The Guardian*, Feb. 23, 2011, http://www.guardian.co.uk/world/blog/2011/feb/23.

裁利比亚的第1970号决议，决议做出了四项制裁措施，包括将利比亚局势移交国际刑事法院、武器禁运、资产冻结和旅行禁令。这是安理会第一次一致通过将联合国会员国局势提交国际刑事法院。当安理会1970号决议通过后，美国常驻联合国代表赖斯说，根据《联合国宪章》第七章通过的这一决议"是一份强有力的决议"，它史无前例地、迅速和一致地决定将一个国家的人权局势提交国际刑事法院进行处理。①

1970号决议要求设立一个由安理会全体成员组成的委员会，负责监督制裁措施的实施。在1970号决议通过之后，联合国继续向利比亚施加压力。2011年3月1日，联大召开全体会议，通过了有关暂时取消利比亚在人权理事会成员资格的决议草案。这是联合国大会首次中止人权理事会某一成员国的资格。3月3日，国际刑事法院正式宣布，要对2月15日以来卡扎菲当局武力镇压和平示威民众的危害人类罪进行立案调查。随后，潘基文任命了特使，联合国人权理事会主席也公布了负责调查利比亚境内严重侵犯人权行为的三名国际委员会成员。

1970号决议通过后，联合国方面认定利比亚卡扎菲没有遵守安理会的制裁决议，继续武力镇压平民抗议，并且在力量对比上占据优势。3月12日，阿拉伯国家联盟通过决议，呼吁安理会立即对利比亚军用飞机实施禁飞，并在遭到轰炸的地区建立安全区。3月13日，秘书长利比亚问题特使和联合国人道主义协调员访问了的黎波里，与利比亚外长以及其他高级官员进行了磋商。秘书长特使要求转告卡扎菲，必须全面执行第1970号决议，停止针对平民的袭击。3月16日，潘基文在声明中称，"利比亚政府军可能升级军事行动，包括对东部主要城市班加西发动袭击、对平民将构成的巨大危险"。②

在阿拉伯国家联盟、美国、英国和法国等国家和国际组织的推动下，3月17日，安理会以10票赞成，5票弃权的结果通过了第1973号决议，对利比亚实施禁飞，开始了安理会对卡扎菲政权采取的第二轮制裁。1973号决议对卡扎菲政权没有遵守1970号决议深表遗憾，要求立即停火，停止对平民的袭击。决议授权会员国在通知联合国后采取"一切必要措施"，"强制执行"禁飞决议，以便

① 《安理会一致通过决议　严厉制裁利比亚卡扎菲政权》，2011年2月26日，联合国网，http：//www. un. org/zh/focus/northafrica/。

② 《潘基文秘书长对利比亚局势表达严重关切》，2011年3月16日，联合国网，http：//www. un. org/zh/focus/northafrica/。

保护利比亚境内的平民以及包括班加西在内的受到卡扎菲政权袭击威胁的平民居住地区。① 在投票表决时，中国、俄罗斯、印度、巴西和德国投了弃权票。

3月17日，美国、法国、英国、丹麦、意大利、加拿大、比利时、西班牙、卡塔尔、挪威、阿拉伯联合酋长国、科威特、荷兰等国通知秘书长，将采用军事措施强制执行1973号决议，以保护利比亚境内可能遭受袭击的平民和平民居住区。3月19日，美国、法国、英国等发布通告，称已于当天开始采取1973号决议授权的措施。在安理会两个决议之后，北约对利比亚进行了空中军事打击。联合国秘书长督促国际社会在利比亚问题上采取一致行动。

第三个阶段，在北约军事打击之后，联合国方面对利比亚开展了人权调查、人道主义救援和战后重建方面的工作。

人权及人道主义调查。2011年4月27日，由联合国人权理事会任命的三人调查小组抵达利比亚，对卡扎菲军队侵犯人权的行为以及利比亚境内侵犯人权的情况进行调查。该调查委员会于6月1日向人权理事会提交了调查报告，报告列出了一系列违反国际人权法和国际人道主义法的侵权行为。委员会的结论是：利比亚政府军犯下了危害人类罪和战争罪，但从得到的事实证据很难得出反对派力量犯下了国际罪行的结论，但委员会认为反对派的一些行为构成了战争罪。②

人道主义救援。在对利比亚军事行动开始后，联合国关注的一个重点是利比亚境内的人道主义救援问题。联合国人道事务协调厅认为，近210万人受到了利比亚危机的影响，需要得到紧急人道主义援助。5月以来，联合国将利比亚人道募捐呼吁金额从原来的3.1亿美元上调至4.78亿美元。世界粮食计划署也加紧向利比亚提供粮食援助。由粮食署、人道协调厅、难民署与儿童基金会联合组成了一个评估组，对利比亚西部山区进行了调查，目的是确保联合国能有效地向遭遇冲突地区脆弱人群提供援助，同时也对当地平民保护状况及粮食需求进行实地评估。

刑事通缉。国际刑事法院6月27日批准以危害人类罪名对利比亚领导人卡扎菲、其子赛义夫以及该国情报部门负责人赛努西发布逮捕令，指控他们在镇压

---

① 联合国安全理事会第1973（2011）号决议，S/RES/1973（2011），2011年3月17日，联合国网，http：//www. un. org。

② 《国际调查委员会：利比亚政府与反对派均存在侵犯人权行为甚至犯罪》，2011年6月2日，联合国网，http：//www. unmultimedia. org/radio/chinese/detail/。

2011 年 2 月的民众抗议活动中实施了谋杀和迫害平民的行为。9 月 8 日，国际刑事法院检察官正式请求国际刑警组织向其成员国发出红色通告，要求各国协助逮捕这些人并将他们引渡到海牙。

协调重建。进入 8 月以来，随着反对派“全国过渡委员会”的力量逐步控制局面，联合国也将更多注意力转到战后的重建问题上。2011 年 8 月 23 日潘基文秘书长已经向阿盟、非盟、欧盟和伊斯兰会议组织领导人发出邀请，于 8 月 26 日在纽约举行了有关利比亚的国际会议，主要讨论冲突后的重建问题。潘基文与多位世界领导人以及区域和国际组织负责人举行会谈，试图协调国际社会的行为，希望联合国能够发挥主导作用。秘书长利比亚问题特别顾问也于 9 月初访问了利比亚，与利比亚“全国过渡委员会”讨论利战后重建阶段联合国的支持问题。安理会于 9 月 16 日通过决议，授权成立联合国利比亚支助团，其具体任务包括帮助恢复公共安全和秩序，促进法治，开展政治对话，促进民族和解，以及着手开展制宪和选举工作等。①

（三）联合国对叙利亚的干预

叙利亚反政府抗议活动于 3 月中旬开始，正值北约和联合国集中关注利比亚局势和进行干预。虽然叙利亚等国的抗议和动乱局势从一开始就受到联合国秘书长、人权高专和人权理事会的关注，但由于安理会常任理事国及其他联合国会员国立场不一致，因此联合国对叙利亚的干预不同于对利比亚的干预。

在叙利亚问题上，联合国秘书长、人权机构负责人也发表了多次谴责性、警告性声明，以来自人权理事会方面的反应最为强烈，但未能像利比亚问题那样迅速进入安理会环节。从秘书长、人权高专的关注到人权理事会第一次特别会议的谴责决议，就经过了一个多月的时间。相比较，利比亚问题在相同的时间里就从秘书长外交发展到了安理会第 1973 号决议。

在美国及欧盟国家的提议下，人权理事会举行了特别会议，并于 4 月 29 日通过一项决议，谴责叙利亚当局对和平抗议者使用致命的暴力，并敦促叙利亚政府立即停止一切侵犯人权的行为。决议还要求联合国人权高级专员办公室紧急向

---

① 《利比亚问题特别代表：联利支助团正着手制定长期工作计划》，2011 年 9 月 22 日，联合国网，http：//www. un. org/zh/focus。

叙利亚派遣一个小组，对所有被指称的侵犯国际人权法的行为进行调查。这是叙利亚事态扩大以来联合国方面采取的首次实质性行动。中国、俄罗斯、古巴、巴基斯坦、马来西亚、孟加拉国、厄瓜多尔、加蓬和毛里塔尼亚等9个国家投了反对票，海湾国家巴林、卡塔尔和约旦及安哥拉等国在投票时缺席，沙特阿拉伯和泰国、乌克兰、尼尔利亚、喀麦隆、吉布提、乌干达等国投弃权票。这一结果显示了联合国会员国，包括安理会常任理事国在这一问题上的不同立场。

进入8月以来，随着利比亚卡扎菲力量的瓦解以及叙利亚局势的进一步恶化，联合国将更多注意力集中于叙利亚。经过闭门磋商，在平衡各方观点的基础上，安理会于8月3日发布了主席声明，表达安理会成员国对叙利亚的暴力事件的谴责，呼吁立即结束一切暴力，包括停止攻击国家机构。声明强调安理会注意到叙利亚当局承诺进行改革，但对叙利亚落实承诺缺乏进展表示遗憾。安理会声明还重申尊重叙利亚的主权、独立和领土完整，并强调解决叙利亚当前危机的唯一途径是通过包容性的和由叙利亚主导的政治进程。①

联合国人权机构也在不断向安理会施加压力，要求对叙采取行动。联合国人权高级专员在安理会就叙利亚最新局势举行的闭门磋商会上指出，根据人权高专办调查团的报告，叙利亚政府镇压和平抗议活动的行为可能构成危害人类罪，因此呼吁安理会将此事移交国际刑事法院进行审理。8月23日，人权理事会成员国就叙利亚人权状况举行了第二次特别会议，经过两天的激烈辩论后通过一项决议，决定向叙利亚派遣一个国际调查委员会，对叙当局违反国际人权法的行为进行独立调查。包括中国和俄罗斯在内的4个人权理事会成员国投了否决票，安哥拉、孟加拉、喀麦隆、印度、菲律宾等9个国家投了弃权票。

2011年10月4日，安理会对法国、德国、葡萄牙和英国共同起草提交的一份有关谴责叙利亚的决议草案进行表决，表决结果为9票赞成，2票否决，4票弃权。在表决中，中国和俄罗斯投了反对票，印度、南非、巴西、黎巴嫩投了弃权票。美国、英国、法国、德国、葡萄牙、尼日利亚、波黑、加蓬、哥伦比亚投了赞成票。尽管草案删去了一些对叙利亚的制裁措施，但仍然包含采取《宪章》第四十一条制裁措施的内容，因此遭到中国和俄罗斯的反对，决议最终未能获得通过。

---

① 《人权理事会决定向叙利亚派遣独立国家调查委员会》，2011年8月23日，联合国网，http：//www. un. org/zh/focus/northafrica/。

中国、俄罗斯等国家反对在叙利亚问题上照搬利比亚干预模式。俄罗斯强调，这一决议草案在内容上和有关利比亚问题的决议有相似之处，而北约曾利用安理会在利比亚设立禁飞区的决议对利比亚进行军事干涉，俄罗斯担心同样的事情会在叙利亚重演。俄方认为，这种方式背离了“在叙利亚全国对话的基础上和平解决危机的原则”，而且决议草案文本也没有加入俄罗斯提议的“防止外部势力插手叙利亚内部事务”等字样。① 中国则表示，这项决议草案一味对叙利亚施压甚至威胁使用制裁，不利于叙局势走向缓和。②

在叙利亚问题上，联合国之所以没能复制干预利比亚的模式，有多方面的原因。俄罗斯、中国等大国对联合国干预叙利亚的不同立场，叙利亚政府与其他发展中国家的关系，以及叙利亚政府控制国内局势和推进改革进程的能力，都是影响因素。联合国安理会在干预叙利亚问题上的分歧，反映了会员国在国际干预原则和途径上的分歧，在分歧的背后亦存在着对利益和价值的不同考虑。

二　联合国对北非中东问题进行干预的主要特征

联合国在中东、北非的干预开创了联合国干预史上的多个“第一”，形成一种基于利比亚干预模式上的“保护责任干预模式”。与以往联合国授权的人道主义干预相比，此次联合国对北非中东国家的干预行动，尤其是对利比亚的干预，呈现了若干新特征和新趋势。

（一）联合国首次实施“保护责任”干预

20 世纪 90 年代，联合国曾在索马里问题和科索沃问题上实施过人道主义干预。与前几次人道主义干预相比，此次联合国对利比亚的“保护责任干预”有以下三点不同。

第一，干预对象的国内背景不同。联合国以前的人道主义干预，在索马里针对的是“失败政府”问题，在科索沃针对的是种族分离问题，而此次对利比亚和其

① 《国际观察：中俄否决涉叙决议草案的考量》，2011 年 10 月 5 日，新华网，http：//news. xinhuanet. com。

② 《中俄两国共同否决安理会未能通过谴责叙利亚决议》，2011 年 10 月 4 日，联合国网，http：//www. un. org/zh/focus。

他中东北非国家的干预针对的是国内反政府抗议活动所导致的动乱，除了与种族、部族纷争相关的因素外，抗议活动带有建立民主政治、谋求社会公正方面的诉求。

第二，干预的主要依据不同。在以往几次人道主义干预决议中，安理会所援引的主要依据是冲突导致人道主义救援行动受阻、国际人道主义人员受到威胁、种族清洗、大量难民涌入邻国、人道主义状况恶化、侵犯人权及违反国际人道主义法等。① 此次干预行动，尤其是对利比亚的干预，尽管安理会决议也提及上述一些原因，但主要适用的原则是“保护责任”。例如，安理会1973号决议认定卡扎菲政权“严重、有系统地侵犯人权”，认定当时发生在利比亚的“针对平民人口的大规模、有系统的攻击可构成危害人类罪”，联合国干预的目的是“保护平民”以及可能受到袭击的地区。

第三，干预强度的不同。在以往几次联合国人道主义干预中，安理会决议虽然也提及“根据《联合国宪章》第七章”采取行动，但所涉及的是第七章第四十一条内容，即安理会应采取“武力以外之办法，以实施其决议”，这些措施包括经济制裁及部分和全部断绝经济、交通、通讯和外交关系。无论是对索马里还是对前南斯拉夫和科索沃，联合国都没有授权采用第七章第四十二条之内容，即强制性军事行动。北约对伊拉克、前南斯拉夫和科索沃的军事干预，包括禁飞，都没有得到安理会的授权。而安理会关于利比亚的1973号决议，明确授权禁飞，而且写明授权会员国和区域组织“视需要采取一切必要措施，强制执行”禁飞令，“以便保护阿拉伯利比亚民众国境内可能遭受袭击的平民和平民居住区，包括班加西”。正是这一点，被支持军事干预的国家解释为联合国授权采取包括第四十二条所涉及的军事干预行动。

以上三点构成了联合国实施“保护责任干预”的主要特征。作为一项规范，有关内容即“一个国家有责任保护其人民免遭灭绝种族、战争罪、族裔清洗和危害人类罪之害”被写入了2005年联合国大会通过的世界首脑会议成果文件中。② 文件说：“我们接受这一责任，并将据此采取行动。国际社会应酌情鼓励并帮助各国履行这一责任”。根据这一文件，实施保护责任的措施包含两项内

---

① 见安理会有关伊拉克［S/RES/688 /（1991）］、索马里［S/RES/794（1992）］及前南斯拉夫和科索沃［S/RES/1160（1998）、S/RES/1199（1998）、S/RES/1203（1998）］的决议。

② 《2005年世界首脑会议成果》，2005年10月24日，联合国网，http：//www. un. org/chinese。

容：第一，根据《宪章》第六章和第八章，“使用适当的外交、人道主义和其他和平手段，帮助保护人民免遭种族灭绝、战争罪、族裔清洗和危害人类罪之害”。第二，如果和平手段不足以解决问题，而且有关国家当局不能承担该责任，那么根据《宪章》，包括第七章，通过安全理事会逐案处理，并酌情与相关区域组织合作，及时、果断地采取集体行动。

从2005年首脑会议成果文件看，“保护责任”已成为被国际社会所接受的原则。不过，怎样解释和具体实施保护责任，特别是如何处理实施保护责任与坚持不干涉内政原则间的冲突，会员国仍存在很大的分歧。在利比亚问题上，联合国第1970和1973号文件认定卡扎菲政权“严重、有系统地侵犯人权”，犯有“危害人类罪”，并因此授权采取“一切必要措施”以“保护平民”。为履行联合国所授权的这种保护责任，是否就可以如北约等国家所做那样，对利比亚实施军事打击，在国际社会显然存在争议。

（二）区域组织对联合国干预的支持

根据《2005年世界首脑会议成果》，联合国根据《宪章》采取行动时应“酌情与相关区域组织合作”。鉴于卡扎菲政权以往的表现，发展中国家集团如77国集团、非盟、不结盟运动国家等都没有给予卡扎菲支持，而阿拉伯国家联盟和海湾合作委员会则成为此次联合国干预的支持者。这些区域组织的立场是联合国在利比亚问题上能够采取强制干预措施的重要原因。可以想象，如果没有得到阿拉伯国家、海湾国家的支持，或受到来自发展中国家集团的强烈反对，联合国对利比亚的干预显然不会是这种模式。

针对利比亚局势，阿拉伯国家联盟于2011年2月22日作出决定，暂时停止利比亚在该组织的资格。3月12日，阿拉伯国家联盟通过决议，呼吁安理会立即对利比亚实施禁飞，并在遭到卡扎菲轰炸的地区建立安全区。阿拉伯国家联盟的这一立场，成为安理会通过禁飞授权决议的关键。在安理会通过1970号决议和1973决议中，都特别强调了地区组织和集团对决议的支持立场。1970号决议提到，“欢迎阿拉伯联盟、非洲联盟、伊斯兰会议组织秘书长谴责正在阿拉伯利比亚民众国发生的严重侵犯人权和违反国际人道主义法行为”① 在设立禁飞区的

① 见联合国安全理事会第1970（2011）号决议，S/RES/1970（2011）。

1973号决议中，重申了这些组织和集团对禁飞决议的支持，如“注意到阿拉伯国家联盟理事会2011年3月12日决定要求设立利比亚军用飞机禁飞区，并在遭受炮击的地方建立安全区作为防范措施，以便保护利比亚人民和居住在阿拉伯利比亚民众国的外国人”。决议还“确认阿拉伯国家联盟在事关维护该区域国际和平与安全的事务中发挥的重要作用”。①

英国驻联合国大使在接受BBC记者采访时强调了地区组织在联合国授权干预问题上发挥的关键作用：如果你能获得一个地区组织对安理会行动的推动，那就有了改变力量对比的影响力，就足以让中国和俄罗斯投弃权票而不是否决，就足以让美国卷入。②

（三）联合国人权理事会及国际刑事法院的积极作用

在联合国对北非和中东国家干预问题上，联合国人权机构及国际刑事法院表现得非常活跃，从负责人权事务的高级专员办公室、人权理事会、安理会到国际刑事法院，联合国整套“保护责任干预机制”全面运转，其中最引人关注的应属人权理事会和国际刑事法院的作用，这两个机构显然已经成为联合国实施保护责任干预的重要机构。

联合国的一整套人权机制，是在《联合国宪章》和其他人权条约基础上逐步建立和健全的。2005年3月，安南在关于联合国改革的报告中正式提出建立联合国人权理事会的建议，该建议在2005年世界首脑会议上获得支持。2006年3月14日，联合国大会通过了建立人权理事会的决议，由47个成员国组成的新人权理事会取代了已经运作了50多年的联合国人权委员会。2006年5月9日，包括中国、法国、俄罗斯和英国4个安理会常任理事国在内的首批人权理事会成员产生。根据决议，人权理事会的主要任务是负责保护人权，处理侵犯人权的事件，向大会提出报告和建议等。人权理事会可根据需要及1/3理事国的支持举行特别会议。人权理事会成员任期最多连任两个三年，经大会2/3多数通过，可暂时取消其资格。③

① 见联合国安全理事会第1973（2011）号决议，S/RES/1973（2011）。

② “Why UN Acted over Libya and Ivory Coast-but not Syria,” *BBC NEWS*, 15 May, 2011, http://www.bbc.co.uk/news.

③ 参阅《联合国大会关于建立人权理事会的决议》（RES/60/251），2006年4月3日，联合国网，http://www.un.org。

在联合国干预北非中东问题的过程中，人权理事会主要是开展人权调查，向大会、安理会提出行动建议。人权理事会的决议和建议已经成为大会、安理会做出决定的重要参考依据。例如，在利比亚问题上，2 月 25 日联合国人权理事会 47 个成员国一致通过决议，谴责卡扎菲侵犯人权的行为，并决定对危害人类罪进行调查。联合国人权事务高级专员在会上呼吁人权理事会及其机制“果断介入”。[①] 随后，人权理事会向大会建议取消利比亚的会员国资格，大会做出了相关决议。

在叙利亚问题上，由于安理会成员国之间存在分歧，人权理事会遂成为向叙利亚施加压力并提出干预措施的主要机构，也成为向安理会施加压力的主角。人权理事会就叙利亚问题举行的特别会议做出了谴责叙政府的决议，还决定向叙利亚派遣独立的国际调查委员会，对该国境内发生的违反国际人权法的行为予以取证调查，并要求该委员会在 11 月底之前公布调查结果。可见，在处理这类问题上，人权理事会正扮演着越来越重要的角色。

此次干预行动的另一特点是国际刑事法院的积极介入。1998 年 6 月 15 日至 7 月 17 日，联合国“设立国际刑事法院全权代表外交会议”在意大利罗马举行，160 个国家参加了此次会议，通过了设立国际刑事法院的《罗马规约》。2000 年 12 月 31 日，在国际刑事法院《罗马规约》开放签署的最后一天，共有 139 个国家签署了这一规约。《罗马规约》于 2002 年 7 月 1 日生效。根据规约，国际刑事法院将受理对个人实施的最严重的四大类罪行的起诉，即灭绝种族罪、危害人类罪、战争罪和侵略罪。这些罪行都在《罗马规约》中被明确列出。对缔约国来说，要接受国际刑事法院的自动管辖权；对非缔约国来说，也可就个别案件接受其管辖权。如果安理会将特定问题移交国际刑事法院处理，那么无论有关国家是否是规约的缔约国，国际刑事法院都具有管辖权。利比亚就属于这种情形。

利比亚本不是《罗马规约》的缔约国，但安理会 1970 号决议的内容之一就是将利比亚局势交国际刑事法院处理。随后，国际刑事法院也做出系列反应，包括以危害人类罪名对利比亚领导人卡扎菲、其子赛义夫以及该国情报部门负责人发布逮捕令，指控他们实施了谋杀和迫害平民的行为，并请求国际刑警组织向其成员国发出红色通告。在叙利亚问题上，联合国人权高专也呼吁安理会让国际刑

① 《人权理事会特别会议通过决议谴责利比亚当局的暴力行为》，2011 年 2 月 25 日，联合国网，http：//www. un. org/zh/focus/。

事法院进行审理。

总之，联合国人权事务高级专员办公室、人权理事会、安理会及国际刑事法院等机构配套运行，以执行与保护责任相关的决议，这在联合国人道主义干预中是前所未有的。

三　国际社会对联合国授权干预的不同立场和看法

尽管联合国对利比亚的干预在西方集团和地区组织的支持下能够迅速升级，付诸实施。但对联合国的做法，人们仍然是存在不同立场和看法的，有政治立场的不同，意识形态的对立，也有学术观点的分歧。即便在支持干预和反对干预的阵营内，仍然有许多不同理念。例如，一些国家支持联合国安理会 1970 号制裁决议，但反对 1973 号授权禁飞的决议；一些国家支持安理会的两个决议，但反对北约滥用和超越决议的军事干预行动。

基于不同的利益考虑，联合国会员国在对利比亚、叙利亚等国的干预问题上采取了不同的立场。反对干预的国家包括卡扎菲政权的好友，以及意识形态上反西方的国家。例如，委内瑞拉总统查维斯多次公开谴责对利比亚的干预，呼吁"不要对利比亚进行帝国主义军事干预，不要再发动另一场导致众多无辜人士流血的石油战争"。[①] 古巴政府也对军事干预进行了强烈谴责，表示不承认临时性权力机构，古巴"只承认在没有外国干预下，由兄弟的利比亚人民通过独立自主的选择，在这个国家成立的唯一合法的政府"。古巴领导人还批评联合国"无视国际舆论捍卫和平的呼声，成了这场攻占别国战争的同谋"。[②] 纳米比亚总统谴责禁飞决议和军事打击是对非洲内部事务的干预，该国领导人指责西方是非洲的"敌人"，并强烈抨击国际刑事法院的介入，称纳米比亚应该从国际刑事法院退出。阿尔及利亚领导人指责北约的军事干预与联合国安理会决议目标背道而驰，因此拒绝参与军事行动的飞机飞越该国领空。[③]

---

① 《外媒：一些国家反对西方军事打击利比亚》，2011 年 3 月 23 日第 3 版《人民日报》。

② 见《古巴共和国外交部声明》，2011 年 9 月 7 日，古巴驻中国大使馆网，http：//www. cubadiplomatica. cu/china。

③ "NATO asks Libya's neighbors for assistance in fight against Gaddafi," RIA Novosti. 21 April 2011, http：//en. rian. ru/world/20110421/.

对安理会禁飞授权和西方军事干预持反对或保留立场的国家主要来自发展中国家，也包括中国、俄罗斯、印度、巴西等大国。这些国家强调了不干涉内政原则，并指出军事干预存在导致事态扩大的危险。俄罗斯常驻联合国代表丘尔金在解释为什么不赞成安理会干预决议并投弃权票时说："决议草案就在我们的眼前发生变化，超出了阿拉伯国家联盟最初提出的理念。纳入文案中的规定有可能为大规模军事干预敞开大门"。俄罗斯认为安理会之所以没有采纳俄罗斯等国的建议，是因为"某些热衷于采取武力办法的安理会成员占了上风"。①

在干预问题上，许多发展中国家的态度是非常复杂的，表现为弃权、保持中立、动摇不定、态度矛盾。例如，加纳发言人在表态时一方面表示赞同保护平民、反对暴力，但同时也表示反对使用武力干预。这种表态在非洲国家尤其流行，如摩洛哥、安哥拉等。它们在表示反对西方武力干预非洲事务的同时，也谴责了卡扎菲政府使用暴力镇压的行为。南非作为安理会非常任理事国，对联合国1973号决议投了赞成票，但南非总统在许多场合也强调"拒绝任何形式的外来军事干涉"，并坚持联合国决议只适用于"保护平民"。② 非盟的立场也充满矛盾，一方面谴责卡扎菲政权采用武力镇压的行为；另一方面又一再强调要尊重利比亚的领土完整，反对曲解和超越联合国决议。2011 年 6 月 15 日毛里塔尼亚外长代表非盟在安理会利比亚局势公开会议上表示，非盟对安理会关于利比亚的决议遭到片面解释表示关注。③

那些参与或积极支持军事干预行动的国家，其主要理由是卡扎菲犯有反人类罪和战争罪，军事行动是执行联合国决议，目的是保护利比亚平民，防止更大的人道主义灾难。美国及欧盟国家和一些海湾国家是联合国干预行动的倡议者和支持者，一些亚洲、非洲和中东国家也表示支持联合国和北约的干预行动，例如博茨瓦纳总统表示强烈支持联合国授权干预行动，认为国际社会都应该支持"善意的干预"。④

① 《俄罗斯联邦在安理会第 6498 次会议上的发言》，联合国网，http：//www. un. org/zh/focus/northafrica。

② 《外媒：一些国家反对西方军事打击利比亚》，2011 年 3 月 23 日第 3 版《人民日报》。

③ 《非盟对安理会利比亚决议遭到片面解释表达关注》，2011 年 6 月 15 日，联合国网，http：//www. un. org/zh/。

④ "International Reactions to the 2011 Military Intervention in Libya," *Wikipedia*, *the Free Encyclopedia*, http：//en. wikipedia. org/wiki/.

会员国对联合国干预的不同立场

基本立场	国　家
参与或支持军事干预	阿塞拜疆、以色列、约旦、科威特、黎巴嫩、卡塔尔、阿拉伯联合酋长国、冈比亚、卢旺达、赞比亚、加拿大、哥伦比亚、哥斯达黎加、厄瓜多尔、墨西哥、巴拿马、秘鲁、美国、菲律宾、新加坡、阿尔巴尼亚、比利时、克罗地亚、捷克、丹麦、爱沙尼亚、芬兰、法国、匈牙利、意大利、拉脱维亚、卢森堡、马其顿、马耳他、荷兰、挪威、波兰、葡萄牙、塞尔维亚、斯洛文尼亚、瑞典、瑞士、土耳其、大不列颠及北爱尔兰联合王国、葡萄牙、美利坚合众、澳大利亚、新西兰等。
反对军事干预	阿尔及利亚、伊朗、毛里塔尼亚、摩洛哥、安哥拉、乍得、科特迪瓦、肯尼亚、利比里亚、纳米比亚、乌干达、津巴布韦、阿根廷、玻利维亚、巴西、古巴、尼加拉瓜、乌拉圭、委内瑞拉、印度、印度尼西亚、老挝、马来西亚、朝鲜、巴基斯坦、中国、斯里兰卡、白俄罗斯、保加利亚、俄罗斯等。
态度相对中立	埃及、伊拉克、苏丹、喀麦隆、加纳、几内亚、尼日尔、尼日利亚、塞内加尔、南非、圭亚纳、巴拉圭、孟加拉国、泰国、越南、波斯尼亚和黑塞哥维那、塞浦路斯、德国、乌克兰等。

注：资料是不完全统计，根据各国表态及投票情况归纳。

不同国家所采取的不同立场，除了基于国家利益的考虑之外，还有基于国际准则和国际法的不同看法。支持干预派强调的是保护责任原则，强调军事行动是执行联合国决议的合法行动；反对干预派强调的是不干涉内政原则，强调安理会的禁飞令并没有授权使用武力干预。

干预合法论对联合国1973号决议所做的是广义的解释。英国杜伦大学（Durham University）国际公法教授迈克尔·施密特（Michael N. Schmitt）的观点是这一派的典型。他认为，联合国决议不仅提到要保护利比亚民众，而且要保护其“国境内可能遭受袭击的平民和平民居住区，包括班加西”，这一授权意味着不仅包括《宪章》第七章第四十一条所涉及的非武力制裁措施，而且包括第七章第四十二条所涉及的陆海空军事行动，因为安理会决议所说的“一切必要措施”包括了军事行动。更广义的解释是，根据安理会的授权，不仅要保护正在遭受袭击的平民，而且要保护“可能遭受袭击”的平民和平民住区。因此，对利比亚采取的军事行动，包括空中打击、推翻卡扎菲政权等，对为保护“可能遭受袭击”的平民和居住区都是必要的。在这种观点看来，联合国对利比亚的授权不是被动的、狭义的，而是前所未有的、广泛的、具有进攻性的。①

相反的观点则认为，安理会1973号决议和西方国家的军事行动是违反国际法的。韦伯斯特大学（Webster University）法学教授柯蒂斯·德布勒（Curtis Doebbler）是这一派观点的代表。他在文章中列举了种种理由，论证联合国1973号决议和西方武力干预利比亚违反了国际法原则，例如1973号决议中有关“促成必要政治改革”的内容违反了不干涉内政原则。他认为利比亚的情况不符合任何国际法授权使用武力的标准，安理会1973号决议和西方的军事干预不符合《宪章》和平解决冲突的原则，安理会在授权禁飞之前没有对利比亚情况进行认真的实地调查，没有等到所有和平手段用尽之后，而是发生在人权理事会和非盟已经做出决定派特使去争取和平解决但还没有到达之前。②

虽然有些争论属于学术范围，但围绕联合国干预问题的分歧主要还是源于政治立场和价值观的不同。例如，国内媒体和学者对法、英、美等西方国家推动联合国以保护责任为由实施干预背后的各种“企图”和“利益诉求”进行了分析，包括争取外交和战略上的主动、重塑大国形象、扩大地区影响、维护战略利益、扶持盟友、控制非洲、为竞选捞取政治资本等。③一些国外评论也指出，“北约空袭利比亚善意面具背后的意图已经不是什么秘密”，其目的是控制利比亚的石油，保障西方的能源资源，抑制中国、印度等新兴大国的崛起，铲除一个“不妥协的”非洲民族主义者对西方的挑战，等等。④当俄罗斯、中国否决了安理会谴责叙利亚的决议后，美国常驻联合国代表赖斯谴责中国和俄罗斯否决安理会决议是“宁愿向叙利亚政权出售武器也不站在其人民一边的卑劣伎俩”。⑤英国

① Michael N. Schmitt, “Wings over Libya: The No-Fly Zone in Legal Perspective,” *The Yale Journal of International Law*, Volume 36, Spring 2011, http://www.yjil.org/.

② Curtis Doebbler, “The Use of Force Against Libya: Another Illegal Use of Force,” *JURIST-Forum*, Mar. 20, 2011, http://jurist.org/forum/2011/03/.

③ 樊高月：《利比亚战争：我们从中看到什么》，2011年9月12日《中国国防报》。

④ Obi Nwakanma, “Libya: NATO's War of Aggression on Sovereign African State,” *Pambazuka News*, 2011-06-09, Issue 534, http://www.pambazuka.org/en/category.

⑤ “Syria unrest: Western anger at UN vetoes,” *BBC NEWS*, 5 October, 2011, http://www.bbc.co.uk/news.

BBC 的评论认为，俄罗斯之所以投反对票是因为现叙利亚政府是俄罗斯“至关重要的盟友”。①

四　对联合国干预行动的评价与展望

中东北非国家此起彼伏的反政府浪潮和国内动乱将联合国置于采取干预行动的最前沿。在外交斡旋和干预进程中，安理会通过的 1973 号决议在利比亚开保护责任干预之先河，再次引发围绕国际干涉问题的讨论。对联合国来说，此次干预行动无疑具有重要的参考和借鉴意义，可能产生一些积极影响，也可能会留下某些消极和危险的后果。思考联合国此次干预行动的经验与影响，对于展望与评价联合国与主权国家间关系以及可能进一步开展的基于保护责任的干预是非常必要与重要的。

从积极方面看，联合国的保护责任的实施有一定必要性的。作为一个国际法原则和价值理念，保护责任得到了联合国会员国的认可。从此次联合国实施保护责任的行动看，适当、果断的干预有助于阻止特殊环境下发生在一国国内的人道主义灾难，如大规模屠杀、战争等，有助于在这类情况发生时为平民提供保护，并制止事态的进一步扩大。这也是联合国 1970 号决议得以一致通过的原因，说明会员国对联合国的必要干预行动是认同和支持的。

此次联合国的干预授权是联合国实施保护责任的一次实践，人权理事会、大会、安理会以及国际刑事法院的配套行动，表明联合国人权机构在全球事务中的作用在上升。这种变化既是国际形势演进的结果，也是联合国人权保护机制演进的结果。

在整个干预过程中，联合国的作用主要是外交斡旋、协调关系、开展调查、监督评估、人道主义救援等方面。联合国机构的快速反应和果断行动，有助于提升联合国在国际事务、全球事务中的重要作用，使问题有可能更多地在联合国多边框架内得到解决。墨西哥前外长在美国《时代》周刊网站发表的一篇文章称，从联合国、国际刑事法院到阿拉伯联盟，多边国际组织是此次利比亚事件中的赢

① Jonathan Marcus, “Why China and Russia rebuffed the West on Syria,” *BBC NEWS*, 5 October, 2011, http://www.bbc.co.uk/news.

家之一。这些国际组织的多边行动在伊拉克问题上受到挫折，但在利比亚问题上奏效了。[①] 从国际社会的反映看，会员国期望联合国多边机制能在防止大规模人道主义灾难等事务中发挥主导作用。

作为一种行动模式，此次联合国干预行动可能带来的不确定性、不稳定性及危险性也引起了人们的关注。在是否应该干预，可进行何种程度与何种形式的干预，如何处理人权与主权关系等问题上，联合国仍然面临很大的困境和挑战。会员国对联合国授权保护责任干预可能带来的消极后果也是很担忧的。

第一，联合国授权的利比亚干预模式为大国干预内政提供了更大的可能。利比亚干预模式使武力干预内部事务的门槛降低，使保护责任干预与《宪章》不干涉原则之间的冲突加深。由于可以行使保护责任的都是大国或大国领导的集团，这就使得大国以保护责任为由操纵发展中国家内部派系纷争、实施政权更迭成为可能。因此，这种干预模式成为惯例自然会引起发展中国家的担忧。

第二，会员国对联合国出于人道主义目的的干预大都表示了支持，但当地缘政治、大国较量、战略利益、经济利益等因素与保护人权的因素交织在一起的时候，人道主义干预的目的就变得复杂化了，这也让发展中国家对出于保护责任的干预保持警惕。

第三，外部力量在军事干预中基于利益考虑支持一方打击另一方，无疑会对原有的地区平衡造成影响。非盟国家抱怨说，非洲国家对在利比亚问题上被边缘化表示“惊讶和失望”。非盟代表曾在安理会上表示，“无论是在安全层面还是在社会经济方面，非洲国家、特别是该区域国家承受着利比亚危机的主要影响，我们对于这场降临到自己头上的灾难，不能袖手旁观”。[②] 显然，非洲国家对干预所带来的地区不稳定和力量对比变化感到担忧，对非洲国家被干预同时又在干预过程中被边缘化表示不满。

第四，安理会决议可能被曲解、误读甚至滥用。如果将“一切必要手段”解释为“一切手段”，或者“不择手段”，把“可能遭受袭击”作为实施军事打击的依据，那么对“保护责任”的解释就存在很大的不确定性，而在操作上则

① Jorge Castañeda, “Losers in Libya,” *Time*, Sep. 16, 2011, http://www.time.com/time/magazine.

② 《非盟对安理会利比亚决议遭到片面解释表达关注》，2011 年 6 月 15 日，联合国网，http://www.un.org/zh/focus/northafrica。

存在危险性。这也是一些国家对联合国授权干预表示不满的原因。阿拉伯联盟作为联合国禁飞决议的倡议者和支持者，看到军事打击造成利比亚平民伤亡后，秘书长就对西方国家的空袭提出了批评，认为在利比亚的军事行动与阿盟要求设立禁飞区“完全是两回事”，军事行动“超越了禁飞区的范围”。①

第五，从对中东北非的干预行动看，无论联合国还是美国等其他国家，都无法在保护责任干预问题上形成一个一致的标准，国际社会也不可能对各类人道主义案例采取同样的干预模式。这使得一些国家相信，大国可以根据自己的利益和目的选择性地进行保护责任干预，对一些亲西方、为西方提供军事基地的国家，就未必像对利比亚那样进行干预。

从未来的形势发展看，阻止大规模人道主义灾难、履行保护责任将进一步成为得到联合国会员国认同和支持的国际规范，而联合国会在这一领域发挥主导作用。另一方面，鉴于上述种种需要平衡的矛盾关系，以及干预可能造成的危险后果，联合国出于保护责任的干预也存在着各种挑战与争议。对国际社会来讲，克服“持久的人道主义干涉困境”无论在法理上还是实践上都还没有得到解决。②利比亚干预模式的意义人们还有待进一步讨论。

主要资料来源

联合国网，http：//www. un. org。

新华网，http：//news. xinhuanet. com。

人民网，http：//www. people. com. cn。

BBC NEWS，http：//www. bbc. co. uk/news.

The Guardian，http：//www. guardian. co. uk.

Time，http：//www. time. com/time/magazine.

Michael N. Schmitt，“Wings over Libya：The No-Fly Zone in Legal Perspective，” *The Yale Journal of International Law*，Volume 36，Spring 2011.

Luke Glanville，“Ellery Stowell and the Enduring Dilemmas of Humanitarian Intervention，”

① 《外媒：一些国家反对西方军事打击利比亚》，2011 年 3 月 23 日第 3 版《人民日报》。

② Luke Glanville，“Ellery Stowell and the Enduring Dilemmas of Humanitarian Intervention，” *International Studies Review*，Volume 13，Issue 2，June 2011，p. 241.

International Studies Review, Volume 13, Issue 2, June 2011, p. 241.

Jorge Castañeda, "Losers in Libya," *Time*, Sep. 16, 2011.

联合国决议：

伊拉克 S/RES/688 /（1991）。

索马里局势 S/RES/794（1992）。

科索沃（前南斯拉夫联盟共和国）S/RES/1160（1998）。

科索沃（前南斯拉夫联盟共和国）S/RES/1199（1998）。

科索沃（前南斯拉夫联盟共和国）S/RES/1203（1998）。

阿拉伯利比亚民众国局势 S/RES/1970（2011）。

利比亚局势——设立禁飞区 S/RES/1973（2011）。

联合国大会关于建立人权理事会的决议 RES/60/251（2006）。

2005 年世界首脑会议成果 A/RES/60/1（2005）。

Approaches to UN Intervention in North Africa and the Middle East

Li Dongyan

Abstract: Beginning in December 2010, protests and uprisings spread across North Africa and the Middle East, from Tunisia, Egypt, Bahrain, and Syria to Yemen and Libya. The protests in Libya and Syria evolved into civil wars. UN organs have taken various measures to deal with the situation, including diplomatic efforts, human rights investigations, humanitarian assistance, and its first mandate under the concept of the Responsibility to Protect in Resolution 1973. The international community holds varying positions on UN intervention in Libya, thus raising a new round of debates on the topic of international intervention. It is necessary that the UN stop mass violations of human rights, but humanitarian interventions present may uncertainties and dangers to state sovereignty.

Key Words: United Nations; Responsibility to Protect; Humanitarian Intervention

Y.13

世界经济政治变革中的国际组织

袁正清　赵洋*

摘　要： 进入2011年以来，世界上主要的国际组织的最突出特征就是通过变革来适应深刻变化的国际环境。自全球金融危机爆发以来，传统的以发达国家为主导的全球经济和金融组织已经不能应对剧烈变化的经济环境，因此提高新兴经济体在这些组织中的发言权势在必行。在安全问题上，国际组织也需要不断变化以应对日益错综复杂的安全形势。本文选取了国际货币基金组织、G型组织、金砖国家组织以及部分区域性组织作为研究对象，分析了其当前在国际舞台上扮演的角色和发挥的作用，并对其未来的发展和变革前景进行了展望。

关键词： 金融危机　地区安全　国际组织

国际组织在当今的世界政治与经济中日益发挥着不可替代的作用。当前的世界政治与经济中仍然存在着很多不确定的因素，而这也就决定了各国都需要在国际组织中加强协调和合作，以应对不断变化的形势。同时，国际组织自身也需要不断变革来适应形势的变化。2011年，美欧等发达经济体遭遇了债务危机，对这些还没有完全走出金融危机阴影的国家又造成了新的威胁，也给世界经济增添了新的不确定性。同时，进入2011年以来，西亚北非地区的一些国家发生了政局动荡，特别是利比亚陷入内战，地区的政治和军事组织参与其中，对地区和国际安全形势产生了重要影响。所有这一切都表明，目前国际社会世界面临的各种问题已经很难通过单个国家的努力来解决，而必须通过国际组织这个平台开展合

* 袁正清，中国社会科学院世界经济与政治研究所研究员，研究领域为国际关系理论与国际组织。赵洋，中国社会科学院研究生院世界经济与政治系博士生。

作。在国际经济和金融问题上，世界各国仍然需要国际货币基金组织等主要的经济和金融组织起主导作用，同时 G20 和金砖国家组织等代表新兴经济体的组织的作用也日益凸显。在国际政治和安全问题上，北约仍然是最重要的安全性组织，同时欧盟和东盟等地区一体化组织在安全问题上的作用也不可忽视。对中国而言，当前最为重要的安全性组织是上海合作组织，它在维护中国国家统一和安全，打击民族分裂活动方面发挥了不可替代的作用。总体上，当前主要的国际组织都在突出一个“变”字，都在变革中求生存、谋发展。

一　国际货币基金组织的角力与变革

在应对全球金融危机的过程中，表现最为活跃的国际经济组织无疑是国际货币基金组织。2011 年上半年，该组织最为引人关注的一件事情就是总裁的变更。2011 年 5 月 14 日，国际货币基金组织总裁施特劳斯·卡恩因涉嫌性侵犯而在纽约被逮捕。19 日，卡恩宣布辞职。卡恩下台后，谁将接替他的职位，成为关系未来国际金融秩序的大事。按照惯例，世界银行的总裁由美国人担任，而国际货币基金组织的总裁则由欧洲人担任。由于基金组织在国际金融格局中具有重要地位，掌握了该组织的领导职位就意味着在未来的国际金融秩序中掌握了一定的主导权，因此欧洲国家自然不会放弃这一机会。法国财政部长克里斯蒂娜·拉加德宣布参选基金组织总裁，并得到了欧洲国家的一致认可。不过，这次总裁竞选相比以前有了很大变化。一是参与总裁竞争的人选，除了代表发达国家的拉加德之外，还有来自发展中国家墨西哥的中央银行行长卡斯滕斯。二是新兴经济体国家的声音明显增大。

5 月 24 日，国际货币基金组织内五名来自“金砖国家”的执行董事发表联合声明，表示基金组织的总裁应当摒弃来自欧洲国家的成见，强调在基金组织的管理层体现发展中国家的代表性对于提高该组织的合法性和有效性至关重要。① 中国的态度也非常明确：国际货币基金组织总裁、副总裁等管理层人员的遴选是国际金融机构治理结构改革的一个组成部分。根据 20 国集团领导人共识，包括国际货币基金组织在内的国际金融机构管理层遴选应遵循公开、透明、择优

① 《IMF 金砖国家执董表示遴选新总裁应摈弃国籍观念》，新华网，http：//news. xinhuanet. com/world/2011 -05/25/c_ 121453602. htm。

的原则，应增加新兴市场国家代表性，反映世界经济格局的变化。① 虽然拉加德受到了欧洲国家的一致支持，但是她无法忽视来自新兴经济体的反对声音。拉加德先后马不停蹄地访问了中国、印度、巴西等国家，争取这些国家的支持，也做出了一些许诺。她表示如果自己当选，将继续推动改革，给新兴经济体更多的话语权，并将继续推动基金组织投票权份额转移的改革。6 月 28 日，拉加德正式当选为基金组织新任总裁。拉加德当选之后，提名前中国人民银行副行长朱民出任了国际货币基金组织副总裁，朱民成为第一位进入国际货币基金组织高层的中国人。拉加德的当选，一方面显示出当前国际金融体系仍然由欧美国家所掌控，另一方面也折射出新兴经济体特别是中国的作用在上升。

金融危机引发的对国际货币基金组织改革的一个引人关注的问题就是它的投票权的问题。目前国际货币基金组织的投票权主要掌握在美国、欧盟和日本手中。美国是其中的最大股东，具有 17.4% 的份额，拥有实际上的“一票否决权”。显然，目前的投票制度没有反映出新兴经济体实力迅速增长和作用日趋重要的现实。正是基于这个原因，国际上对改革国际货币基金组织投票权的呼声日益增高，特别是随着全球金融危机的爆发，很多新兴经济体都迫切要求改革基金组织的投票权，减少对新兴经济体的不公正待遇。

2010 年 12 月 15 日，国际货币基金组织批准了发起于 2008 年的关于基金组织份额和治理改革的意义深远的方案，并完成了第 14 次份额总检查。本次改革将产生前所未有的结果：它将总份额增加了一倍，将各国的份额比例进行了大幅度调整，以便更好地反映基金组织成员国在全球经济中的相对权重的变化。2011 年 3 月 3 日，随着代表国际货币基金组织总投票权 85% 的 117 个成员国批准该改革方案，该方案正式生效，改革也随之启动。它的主要特点在于：第一，份额从约 2384 亿特别提款权增加一倍到约 4768 亿特别提款权（按目前汇率约合 7500 亿美元）。第二，超过 6% 的份额从代表性过高的成员国转移到代表性不足的成员国。第三，超过 6% 的份额转移到有活力的新兴市场和发展中国家。第四，各国的份额比重显著调整，中国将成为基金组织第三大成员国，基金组织份额最大的 10 个成员国中将有四个新兴市场和发展中国家（巴西、中国、印度和俄罗斯）。第五，最贫穷国

---

① 《遴选 IMF 管理人员应增新兴市场国家代表》，http：//www. china. com. cn/international/txt/2011 - 06/09/content_ 22749033. htm。

家的份额和投票权比重予以维持，这些国家是符合低收入减贫与增长信托资格的成员国，且它们的人均收入在2008年低于1135美元（国际开发协会设定的上限）。①

改革后，新兴经济体在国际货币基金组织中所占的份额与之前相比有了显著的上升，相应的，它们在基金组织中的发言权也增大了。中国、印度、俄罗斯和巴西的投票权分别位居第三、第八、第九和第十位。预计“金砖四国”总共持有份额将升至14.18%，全体新兴经济体持有份额将升至42.29%。② 按照国际货币基金组织提供的预测数据，改革前后的各类经济体和各国的份额对照如表1和2所示。

表1　2008年和2010年改革实施前后的份额和投票权对比

单位：%

国家类型＼时间	分享份额				分享投票权			
	新加坡方案之前	2011年3月2日	2008年方案改革后	2010年方案改革后	新加坡方案之前	2011年3月2日	2008年方案改革后	2010年方案改革后
发达经济体	61.6	60.5	60.5	57.7	60.6	59.5	57.9	55.3
主要发达国家(G7)	46.0	45.2	45.3	43.4	45.1	44.3	43.0	41.2
其他发达国家	15.6	15.3	15.1	14.3	15.4	15.2	14.9	14.1
发展中国家	30.9	31.2	32.4	35.1	31.7	32.9	34.5	37.0
非洲	5.5	5.4	4.9	4.4	6.0	5.9	6.2	5.6
亚洲	10.3	11.5	12.6	16.1	10.4	11.6	12.8	16.1
中东	7.6	7.6	7.2	6.7	7.6	7.6	7.3	6.8
西半球国家	7.5	7.6	7.7	7.9	7.7	7.8	8.2	8.4

表2　2008年和2010年改革实施前后的份额和投票权对比（按国家）

单位：%

国家＼时间	分享份额				分享投票权			
	新加坡方案之前	2011年3月2日	2008年方案改革后	2010年方案改革后	新加坡方案之前	2011年3月2日	2008年方案改革后	2010年方案改革后
美国	17.380	17.071	17.670	17.407	17.023	16.723	16.727	16.479
日本	6.228	6.118	6.556	6.464	6.108	6.000	6.225	6.138
中国	2.980	3.718	3.996	6.394	2.928	3.615	3.806	6.071

① 国际基金组织份额，http：//www.imf.org/external/np/exr/facts/chi/quotasc.pdf。

② 《国际货币基金组织改革取得突破，中国份额升至世界第三》，人民网，http：//www.022net.com/2010/10－24/456652343195687.html。

续表

国家＼时间	分享份额				分享投票权			
	新加坡方案之前	2011 年 3 月 2 日	2008 年方案改革后	2010 年方案改革后	新加坡方案之前	2011 年 3 月 2 日	2008 年方案改革后	2010 年方案改革后
德　国	6.086	5.798	6.110	5.586	5.968	5.863	5.803	5.308
英　国	5.024	4.935	4.505	4.227	4.929	4.842	4.286	4.024
法　国	5.024	4.935	4.505	4.227	4.929	4.842	4.286	4.024
印　度	1.945	1.911	2.442	2.751	1.916	1.882	2.337	2.629
俄罗斯	2.782	2.732	2.494	2.706	2.734	2.686	2.386	2.587
巴　西	1.420	1.395	1.783	2.316	1.402	1.377	1.714	2.218

注：①“新加坡方案之前”是指在 2006 年 9 月在世界银行新加坡年会上达成对中国、韩国、墨西哥和土耳其四国增加份额的协议之前各国所持有的份额。②2011 年 3 月 2 日份额是指在关于改革发言权和参与权的修正案生效之前的份额。③2008 年方案是作为 2008 年份额和发言权改革一部分而被成员国达成协议的对 54 个成员国份额的事实上的增加。④2010 年方案是成员国根据第 14 次份额总检查结果而达成协议的份额上的增加。

资料来源：http：//www. imf. org/external/np/sec/pr/2011/pdfs/quota_ tbl. pdf。

从以上数据中，可以看出本次国际货币基金组织改革的一些特点。首先，如前所述，中国在国际货币基金组织中的地位显著提高。根据从第 14 次份额总检查结果而得来的改革方案，中国在改革后的投票权将达到 6% 以上，略低于日本，但超过了德国、英国和法国，居世界第三位。其次，美国仍然维持着其“一家独霸”的地位，仍具有左右国际货币基金组织的命运的能力。虽然在 2011 年美国经历了债务危机和主权信用评级被降级等事件，但是其在基金组织中的地位仍然得以维持，改革后仍然拥有超过 16% 的投票权。再次，新兴经济体特别是“金砖国家”在国际货币基金组织中的地位都有所上升；除中国外，印度等国的投票权都超过了 2%，总体上新兴经济体的发言权增强了。最后，亚洲国家在基金组织中所占的份额是发展中国家群体中最高的，明显高于其他地区，这表明了近年来亚洲国家经济的强劲增长，未来亚洲将成为世界经济表现最为活跃的地区。

对于当前的世界经济面临的不确定性，国际货币基金组织呼吁积极采取措施应对。当前世界经济的主要不确定性来自于以美国为首的发达经济体。尽管美国两党最终就债务问题达成一致，但是这只是拖延了时间，将危机的爆发点留到了未来。美国如何削减其国债是影响未来全球经济稳定的关键因素，美国债务“绑架”了全球经济复苏的步伐。一旦美债危机爆发，风险就将扩散至全球，引发一场全球性债务危机。①

针对美国两党达成的协议，国际货币基金组织表现出了欢迎的态度。新任的国际货币基金组织总裁克里斯蒂娜·拉加德发表声明，表示国际货币基金组织欢迎美国就政府借款上限和削减财政赤字达成协议，认为这减少了市场的不确定性并增强了美国财政的可信度。她认为提高债务上限避免了一次严重的经济动荡，同时达成的赤字削减协议则是朝着财政整顿迈出的重要一步。鉴于复苏的脆弱性，她建议适当地分阶段实施拟定的支出削减措施，避免过度前置式操作，以免破坏经济增长。②

全球经济的另一个风险是各国货币政策收紧所导致的经济二次探底的可能性。针对这种风险，拉加德于2011年8月在《纽约时报》上撰文，呼吁各国不要因为财政政策的刹车而阻止了全球经济复苏的步伐。她表示，发达国家在面对经济刺激计划所留下来的大量的公共债务的时候，需要通过可信的财政整顿计划来恢复财政的可持续性。但是，若是财政政策的刹车踩得太快，则会困扰世界经济复苏的步伐，恶化就业前景。所以财政调整必须处理好度的问题，即不能过快，又不能过缓。为此，她表示一方面要抓好中期的财政整顿工作，另一方面也要抓好短期的增长和就业支持；在实现可持续的财政改善的同时，也在近期内为增长和就业创造政策空间。③

面对仍然延续的欧债危机和低迷的美国经济，在2011年国际货币基金组织和世界银行的年会上，拉加德表示，世界处在紧要关口，但各国已采取大量措施解决主要问题，包括加强金融监管、改善危机管理、增强欧元区治理以及增加银行资本金。她认为，改革已经走完了一半的路程，现在的问题是要再加把力，到达终点。④ 基金组织的主要代表机构国际货币和金融委员会（IMFC）则发表公报指出，目前全球经济已经进入了一个危险阶段，因此成员国和基金组织都必须保持高度警惕、加强协调并随时准备采取果断行动。委员会表示，基金组织会随

---

① 《美债“绑架”全球经济复苏步伐，化解危机存“四种途径”》，新华网，http：//news. xinhuanet. com/world/2011 -08/21/c_ 121888150_ 6. htm。

② http：//www. imf. org/external/chinese/np/sec/pr/2011/pr11301c. pdf.

③ http：//www. imf. org/external/chinese/np/vc/2011/081611c. pdf.

④ http：//www. imf. org/external/chinese/pubs/ft/survey/so/2011/pol092411ac. pdf.

时准备为欧元区提供强有力的支持。[①] 在应对美国、特别是欧洲债务危机的问题上，国际组织面临的挑战仍然十分艰巨，需要协调成员国采取一致行动，帮助世界经济走出困境。

二　转变中的 G8 与 G20

自 2008 年下半年爆发全球金融危机以来，以 G8 为代表的发达国家俱乐部已经不再能够左右世界经济，从而开始让位给由发达国家和新兴经济体共同组成，因而具有更大的合法性的 G20。

八国集团曾经长期主导了世界经济，但是随着全球性金融危机的到来，单纯依靠八国集团已经无法应对严重的危机，需要开展更加广泛的全球协调和合作。为此，2009 年在 G20 匹兹堡峰会上，与会的各国领导人发表共同声明，宣布 G20 将取代 G8 成为国际经济协调与合作的首要全球性论坛。20 国集团（G20）是一个国际经济合作论坛，由八国集团成员和 11 个重要新兴工业国家及欧盟组成。相比八国集团，20 国集团具有更大的合法性，因为它的总人口占到了世界的 80%，GDP 占到了世界的 85%。起初，20 国集团只进行财长和央行行长会议，在金融危机爆发后的 2008 年开始举办首脑峰会。从 2008 年底至 2010 年底，20 国集团一共举行了华盛顿、伦敦、匹兹堡、多伦多和首尔五次峰会，其密度之大是前所未有的。仅在 2010 年一年，就召开了多伦多和首尔两次峰会。

多伦多峰会的主题是“复苏与新开端”，主要议题包括经济可持续与平衡增长、金融部门改革、国际金融机构改革和促进全球贸易增长等。峰会认为，开放的市场对保证增长和提高就业水平，实现在 G20 框架下“强劲、可持续和平衡”的发展至关重要。中国国家主席胡锦涛发表了题为《同心协力、共创未来》的主旨讲话，提出以下三点建议：第一，推动 G20 从应对国际金融危机的有效机制转向促进国际经济合作的主要平台。第二，加快建立公平、公正、包容、有序的国际金融新秩序。第三，促进建设开放自由的全球贸易体制。[②] 尽管取得了一

---

① http://www.imf.org/external/chinese/np/sec/pr/2011/pr11348c.pdf.

② 《G20 多伦多峰会给世界哪些启示》，新华网，http://news.xinhuanet.com/fortune/2010-11/09/c_12753305.htm。

些成绩，但多伦多峰会仍然存在一些不足。首先，G20 仍然受到大国意志的左右。多伦多峰会明显成了欧美大国之间博弈的场所，其主要议题也是围绕着欧美国家的意志转移。其次，随着世界经济开始复苏，各国采取一致政策的政治意愿有所下降，在许多方面的分歧明显扩大。最后，G20 的执行力尚显不足。以贸易保护主义为例，尽管 G20 历次峰会均强调了反对贸易保护的立场，但全球贸易保护却愈演愈烈，执行力的缺失在一定程度上削弱了 G20 的信誉和效力。

自多伦多峰会以后，在 2010 年 11 月，G20 又在韩国首都首尔举行了第五次峰会。这是 G20 峰会第一次在 G8 成员以外的国家召开。本次峰会的主题是“跨越危机、携手成长”，反映出新兴经济体正在发展壮大。本次峰会的最大成果就是发表了《首尔宣言》，宣言涉及汇率、贸易、财政金融和均衡发展等多个问题，主要内容有如下几点：一是重新核实了发达国家和新兴市场国家对于汇率合作的原则，防止各国汇率竞争性贬值；二是提出排除贸易保护主义，并消除发展中国家增长的障碍；三是发达国家将建立财政健全计划；四是承诺彻底执行银行资本监管制度和新的国际标准；五是提出各国将根据不同国情推进结构改革；六是提出各成员国将制定失衡评估方案；七是在国际货币基金组织的改革问题上达成了协议，对包括新兴国家在内的代表权不足的国家将转移 6% 的份额。①

在经历了 2010 年的两次峰会之后，2011 年 2 月 18 日，20 国集团财长和央行行长会议在法国巴黎开幕。时任法国财长的拉加德表示，会议的主要议题在于确定全球经济失衡指标、改革国际货币体系以保证金融稳定、抑制原材料价格过度波动、建立没有缺陷的金融监管体系、帮助发展中国家建设基础设施和为防止气候变化提供创新基金。总体上，本次会议的各方同意继续加强政策协调，共同解决导致金融危机的深层次问题；并且根据本国国情，继续实施财政整顿计划，采取适当的货币政策，增强汇率灵活性，推进结构改革，以促进全球需求和增长潜力，努力扩大就业，为实现全球经济强劲、可持续、平衡增长打下坚实基础。同时，各方还同意共同推进国际货币体系改革，加强全球流动性管理，减少国际储备货币汇率的过度波动和资本无序流动，增强防范和应对金融冲击的能力。本次会议上，美国本想将有关汇率和外汇储备的问题写入会后声明，以此向中国施

① 《二十国集团首尔峰会闭幕　会议通过〈首尔宣言〉》，http：//news. xinhuanet. com/world/2010 - 11/12/c_ 12768974. htm。

压，但由于中国的反对而没有实现。这表明，中美之间的汇率矛盾将是长期性的，美国今后仍会借各种机会在此问题上向中国发难。本次会议上还召开了“金砖国家”央行行长和财长会议，标志着新兴经济体在全球性经济组织中的作用正在逐步显现。①

从全球金融危机以来的情况看，G8 的作用正在逐步为 G20 所取代。G20 在金融危机爆发后召开的几次峰会，在应对全球金融危机、推动经济增长、消除贸易保护主义、改革国际金融体系和货币体系等方面都做了大量的工作，达成了一些共识，发表了一些共同宣言，取得了一定的进展。但是，由于成员国众多，并且囊括了发展阶段和水平各不相同的国家，G20 在协调各成员国相互关系和利益方面仍然有很长的路要走。对于中国而言，人民币汇率问题仍然是其同 G20 其他成员国争论的焦点之一。2011 年 2 月，《华尔街日报》就撰文指出，目前不仅仅是发达国家，就连巴西、印度等新兴经济体也开始在人民币汇率问题上对中国施压。② 因此，在 G20 这个平台上，中国同其他国家特别是新兴经济体加强协调，妥善处理分歧仍然是十分重要的。

三　发挥更大作用的金砖国家组织

伴随着 G8 的衰落和新兴经济体的崛起，“金砖国家”日益成为引人注目的国际组织。这些国家真正进入人们的视线，引起人们的关注是在世界经济危机爆发之后。在成功地召开了两次“金砖国家”领导人峰会之后，2011 年 4 月，第三次“金砖国家”领导人峰会在中国海南省三亚市举行。本次峰会的一大亮点就是南非正式加入了“金砖国家”组织。“金砖四国”变为了“金砖五国”，以崭新的形象出现在国际舞台上。

就经济规模而言，南非排在世界第 31 位，不及俄罗斯的 1/4，更是远远落在巴西和中国之后，即使同印尼、墨西哥、土耳其、韩国等国家相比，南非也不能相提并论。从这一角度来看，南非并不是“金砖国家”的理想候任者。不过在

① 《G20 财长和央行行长会今开幕，5 大议题料有激辩》，http：//news. xinhuanet. com/fortune/2011 -02/18/c_ 121094389. htm。

② 《G20：巴西印度加入人民币升值施压队伍》，《华尔街日报》，http：//cn. wsj. com/gb/20110221/bch075704. asp？ source = article。

“金砖四国”的眼里，南非却有着其他国家所不具备的潜力和地位。南非是非洲的最大经济体和重要的地区大国，其经济产值占撒哈拉以南非洲国家的1/3，矿产资源非常丰富，同发达国家与发展中国家都有着广泛的经济联系。“金砖四国”通过与南非的合作可以发挥各自的比较优势，形成资源合理配置，实现互利共赢，促进和带动非洲经济的发展。更重要的是，南非在国际政治舞台上非常活跃，是非洲国家积极参与国际事务的重要代表，也是20国集团成员。南非的加入，不仅弥补了“金砖四国”中没有非洲代表的缺憾，而且在原有的基础四国和巴西、印度、南非的协商会晤机制之上，扩大为“金砖国家”的沟通平台，从而形成了一个具有广泛代表性的发展中国家联系网络，提升了新兴经济体和发展中国家在国际舞台上的地位。南非总统祖玛表示，参加“金砖国家”会议是南非的“历史性的时刻”。

本次首脑会议确定的主题是“展望未来、共同繁荣”。与会领导人重点就国际形势、金融问题、发展问题、“金砖国家”合作等议题深入交换了意见。胡锦涛主席在会议上提出维护世界和平稳定、推动各国共同发展、促进国际交流合作以及加强“金砖国家”共同发展的伙伴关系四点主张。会议形成了《三亚宣言》，主要包括以下几点内容：第一，“金砖国家”和其他新兴国家在维护世界和平、安全和稳定、推动全球经济增长、加强多边主义、促进国际关系民主化方面发挥了重要作用；第二，继续加强“金砖国家”共同发展的伙伴关系；第三，面对不断变化的全球环境以及各种全球性威胁和挑战，国际社会应同舟共济，加强合作，共同发展；第四，支持联合国在应对全球性挑战与威胁方面发挥中心作用；第五，对当前西亚北非地区的局势动荡深为关切，衷心希望相关国家和平、稳定、繁荣、进步；第六，各国愿在安理会就利比亚问题加强合作；第七，主要经济体应继续加强宏观经济政策协调，努力推动世界经济强劲、可持续、平衡增长；第八，各国致力于不断加强经济金融和贸易领域合作，确保“金砖国家”经济继续保持强劲增长势头；第九，一致支持20国集团作为国际经济合作主要论坛，在全球经济治理中发挥更大作用；第十，支持改革和完善国际货币体系。①

---

① 《金砖国家领导人第三次会议〈三亚宣言〉》，http：//news. xinhuanet. com/world/2011 -04/14/c_ 121304907_ 7. htm。

“金砖国家”三亚会议通过的宣言表明，该组织正在发生着的一个转变就是将关注焦点从单纯的经济和金融问题转向了更广泛的领域。《三亚宣言》当中，对西亚北非局势、利比亚问题、联合国的作用等问题都有涉及，这表明各国已经开始不再单纯地将“金砖国家”组织看成是一个经济性组织，也不再仅仅关注“金砖国家”彼此之间的关系，而是开始关注更加广泛的影响全球政治和经济的问题。

路透社的报道注意到，“金砖国家”在面对现行的国际金融和货币体系的不足时，力求建立新的基础广泛的国际储备货币体系。不过，在将人民币纳入国际货币基金组织特别提款权（SDR）一篮子货币问题上，“金砖国家”之间仍然没有达成共识。① 因此，在这个问题上中国仍需要同其他国家加强协调。

从2009～2011年的三年当中，“金砖国家”领导人每年举行一次峰会，已经同G8和G20一样，形成了领导人定期会晤的机制。但是，“金砖国家”组织的未来也还面临着一些不确定性。第一，同G20一样，“金砖国家”组织只有领导人定期会晤机制，而没有专门的秘书处等行政机构，从这个意义上来说，它更像是一个国际论坛而不是国际组织。不设专门的行政机构，一方面可以确保组织内各国行动的独立性，但也会造成缺乏协调机制，在面临突发事件时缺乏应对措施等问题。第二，“金砖国家”各国的国情差异很大，发展水平也不尽相同。中国和印度是五国中经济增长最为强劲的两个国家，同时两国都有人口众多的特点，是五国中未来最有希望的两个国家；巴西和俄罗斯受金融危机的影响较大，特别是俄罗斯，在2009年经济萎缩7.9%。南非是南部非洲最为发达的国家，但是经济总量仍然偏小。各国经济发展的基础不一样，脆弱程度不同，因此在金融危机中的表现也不同。第三，“金砖国家”之间在一些问题上存在分歧，有时候甚至会有冲突。例如，俄罗斯和巴西得益于不断提高的消费品价格，但中国和印度则并不能从中受益。此外，印度市场对于俄罗斯公司进入也施加种种限制，这让俄罗斯经济发展部门很不满。在应对2011年下半年的欧债危机的问题上，“金砖国家”的立场也不尽相同。巴西希望通过向IMF提供资金来帮助欧洲国家渡过债务危机，而中国和印度等国则对此反

① 《金砖国家支持建立基础广泛的国际储备货币体系》，路透社，http：//cn. reuters. com/article/CNAnalysesNews/idCNCHINA－4949120110921。

应冷淡。① 第四，“金砖国家”组织需要加强执行力。“金砖国家”目前更多表现出来的是言论，如每次首脑峰会之后发表的宣言，今后则需要将宣言的精神落实到行动上。

从更长远的角度看，“金砖国家”组织要在国际事务中发挥更大的作用，一方面要发挥组织本身的作用，另一方面也要考虑在G20这个更大的平台上发挥作用。“金砖国家”组织的成员都是G20的成员，而G20包含了更多的新兴经济体，因而具有更大的发言权和影响力。“金砖国家”组织应当充分利用G20的平台表达自己的诉求，并且协调G20成员共同行动。未来的“金砖国家”组织也可以考虑继续扩大，吸收更多的新兴经济体，以增大自身的代表性和影响力。

四　积极应对地区事务的区域性组织

除全球性组织之外，各类区域性组织也都发挥着各自的作用。在这些地区组织中，欧盟是一体化程度最高的。欧盟目前包括27个成员国，主要涉及的领域是欧洲国家的政治、经济和安全问题。进入2011年以来，欧洲主权债务危机有进一步加大的趋势。欧盟为应对希腊、爱尔兰、葡萄牙等成员国的债务危机，设立了总额为7500亿欧元的救助机制。但仅过数月，救助机制就面临“捉襟见肘”的困境。救助欧元的计划并没有见效，将问题控制在希腊、葡萄牙、爱尔兰这三个国家的努力显然也失败了；西班牙、意大利和法国也纷纷卷了进来。目前，意大利的债务总和已经接近1.9万亿欧元，三年内到期债务超过4000亿欧元；如果再加上西班牙，仅这两国的资金需求就有7000亿欧元。这样一组“天文数字”显然已经大大超出了救助机制的能力范围。同样重要的是，随着欧元区危机的加深，人们对欧洲经济的信心正在丧失。按照常理推断，在美国遭到主权信用评级降级之后，应当有更多的资金流向欧元区，但是事实上却是很多欧洲金融机构将资金逆向投向美国，或者投放到欧洲央行。这表明，欧洲人对自身克服债务危机，实现经济复苏缺乏信心。

面对日益严重的债务危机，欧盟委员会主席巴罗佐表示，要通过增强稳定欧

① 《巴西提出金砖国家援欧设想，在亚洲难获响应》，路透社，http://cn.reuters.com/article/CNAnalysesNews/idCNCHINA-4949120110921。

洲财政能力的机制、改革欧元区治理结构、使欧盟的工作方式适应危机管理的需要以及使每个机构都能够各司其职来增强欧元区整体应对危机的能力。① 同时，欧元区各国也纷纷展开行动。在欧盟国家领导人峰会上，各国领导人表示，会采取一切必要的行动来确保欧元区整体以及它的各个成员国的财政稳定。针对希腊问题，各国领导人表示，第一，欢迎希腊政府提出的改革公共财政和稳定经济形势的新的一揽子措施，这其中包括经济的私有化。第二，支持希腊同国际货币基金组织和其他私人机构展开合作，填补其财政空缺。第三，延长未来欧洲财政稳定基金对希腊的借贷期限，期限从现在的7.5年延长到最低15年、最高30年，这其中包括10年的宽限期。第四，欢迎欧盟委员会派出特别工作组同希腊当局一起致力于建立促进经济增长、提供就业和职业培训的结构基金。第五，财政部门将采取一系列措施支持希腊，增强其未来总体的稳定性。同时，各国领导人还同意采取进一步措施，以稳定欧元区的财政状况，巩固经济增长。这包括，第一，继续对相关国家提供支持，直到它们重新取得市场稳定，并支持爱尔兰和葡萄牙严格执行相关措施来解决当前的问题。第二，全部欧元区国家都要严格地以达成的财政目标为导向，改进竞争性并缓解宏观经济不平衡。第三，根据之前达成的协议，采取措施促进经济增长。② 但是，欧盟内部在刺激经济增长方面也有不同的声音。德国就表示，采取紧缩措施是解决当前给欧盟特别是一些欧元区国家造成经济和债务冲击的关键，这与巴罗佐希望有财政政策空间的国家要采取进一步措施以刺激经济增长的意图相悖。③ 由此可见，尽管面临共同的风险，但欧盟国家之间并不是铁板一块，不同国家仍然主要从自身利益出发来制定相关的政策。

除采取共同措施以应对挑战之外，金融危机也催生了欧盟的军事合作。受全球金融危机影响，特别是在欧洲债务危机爆发之后，多个欧盟成员国不得不决定或计划削减军费。英国政府2010年10月公布战略防务与安全评估报告，宣布在此后4年将国防预算削减8%，陆军裁减7000人，海军和空军则分别减少5000

① Barroso, Statement by President Barroso on the euro area sovereign bond markets, http://europa.eu/rapid/pressReleasesAction.do?reference=MEMO/11/546.

② http://www.consilium.europa.eu/uedocs/cms_data/docs/pressdata/en/ec/123978.pdf.

③ 《巴罗佐呼吁运用财政政策刺激经济增长》，《华尔街日报》，http://cn.wsj.com/gb/20110929/beu072654.asp?source=NewSearch。

人。法国则计划在此后3年内减少36亿欧元军费开支。德国正制定的国防预算削减计划，准备此后3年将军费支出减少6%，并裁军4万人。意大利、西班牙和葡萄牙也准备出台大幅削减计划，而其他欧盟成员国也有步其后尘之势。面对来势凶猛的金融危机，欧盟各国在调整自身防务力量的同时，开始热衷于构建双边或多边的军事合作来节省军费开支。在这种大背景之下，原本受到冷落的欧盟军事合作又重新受到了热捧。①

长期以来，欧盟的一体化之路一直都是政治和经济一体化程度较高、进程较快，而军事一体化程度则比较低，进程也比较慢。究其原因，主要是因为欧洲的集体防务一直是由美国控制的北约所主导的。从美国的角度来说，不希望欧盟成为北约那样的军事一体化组织。同时，欧盟国家之间在这个问题上也有分歧。虽然法德等国一直致力于推动欧盟整体防务的建设，以逐步摆脱美国通过北约对欧洲防务的控制，但以英国为代表的另外一部分欧盟国家却对其并不热衷，从而导致欧盟共同防务合作长期以来进展缓慢。然而，随着全球金融危机的到来，欧盟各国开始缩减各自的军费以应对挑战。面对由此可能导致的各国军事能力的下降，欧盟国家开始转向集体军事合作，希望以此来弥补削减防务开支可能带来的负面影响。

2010年底，欧盟27个成员国的国防部长在布鲁塞尔举行会晤，重点研究各国受金融危机影响缩减军费以后，如何通过合作维持和发展欧盟的集体军事实力，并商讨促进欧盟安全和军事合作的政策。与会的各国部长强烈呼吁欧盟各国强化军事合作、共享军事资源，有效推动欧盟防务一体化发展。会议结束后的公报指出：第一，要把债务危机对各成员国国防预算的冲击转变成“一个机遇”，给提高欧洲军事能力注入新的活力。第二，成员国之间要加强合作，互相间将削减军费等信息透明化，以便准确评估削减军费对欧盟军事建设的冲击。第三，在实现各自军事能力发展目标的同时，各成员国要努力避免重复建设。第四，鼓励各成员国系统客观地分析各自现有的军事能力，并摸清哪些部分可以共享，哪些部分需要合并。第五，强调“军民合作”，发挥军费的双重效用，即军事效用和民事效用。②

① 《金融危机催生欧盟军事合作》，新华网，http://news.xinhuanet.com/mil/2010-12/31/c_12935347.htm。

② 《欧盟欲借经济危机发展欧盟国家的集体军事能力》，新华网，http://news.xinhuanet.com/world/2010-12/10/c_12866857.htm。

一年来，尽管欧盟国家表现出了削减军费倾向，但在对外关系中却通过北约投入了一场干涉主义战争。2010 年末至 2011 年初，中东北非的多个国家发生了政局动荡。其中最为突出的就是利比亚，爆发了内战。北约国家突破联合国的授权，直接参与到利比亚内战中来。与北约以往的行动不同，在本次行动中起主导作用的不是美国而是法国。对此，伦敦国际战略研究所指出，美国在本次地区冲突扮演的角色表明它正在从战争的“领导者”变为“促成者”，而自身则对卷入此类战争持越来越谨慎的态度。该智囊机构认为，美国正在有意识地与其他国家组成联盟来处理国际危机，而不总是亲身参与。① 美国方面则有评论指出，美国在利比亚问题上的低调不仅仅是由于其目前正陷于阿富汗和伊拉克两场战争，也不仅仅是由于大规模削减预算导致紧缩开支，而是奥巴马总统的一个策略。如果美国高调介入利比亚问题，那么就会有更少的欧洲国家自愿结成联盟来打击卡扎菲，阿拉伯国家也不会参与到行动当中。高调地介入只能束缚美国的行动。如果美国强调实现民主是利比亚问题的唯一解决途径，那么美军就必须驻扎在利比亚，直到那里实现了民主，而这对于奥巴马而言风险是很大的。②

与美国的“低调”形成对比的是法国的“高调”。3 月 20 日，法国“戴高乐”号核动力航空母舰从法国土伦海军基地启程，参与对利比亚的军事打击行动。22 日，北约对利比亚实行了武器禁运。23 日，美国、英国和法国达成协议，将对利比亚行动的军事指挥权转交给北约。北约针对利比亚制定了三项军事计划：人道主义救援、武器禁运以及设置禁飞区，而这三项计划也都得到了批准。北约接管利比亚的军事行动之后，就开始了对利比亚的空袭，轰炸目标包括军事设施和利比亚领导人卡扎菲的住所等。同时，北约还通过支持利比亚反对派向卡扎菲施加压力，迫使其下台。2011 年 5 月，北约秘书长拉斯穆森表示北约将向利比亚反对派提供资金，因为这有助于向卡扎菲施压。8 月底，利比亚反对派攻陷首都的黎波里，卡扎菲下落不明。随后，法国主导在巴黎召开了“利比亚之

---

① 《智库称美国从地区冲突“领导者”变为“促成者”》，路透社，http：//cn. reuters. com/article/CNTopGenNews/idCNCHINA－4883820110908。

② Anne Applebaum，“On Lybia，Obama Should Stay Quiet”，*Washington Post*，http：//www. washingtonpost. com/opinions/on－libya－obama－should－stay－quiet－/2011/03/21/ABUSj48_story. html.

友”国际会议。会后，法国总统萨科齐宣布将尽快解冻利比亚卡扎菲政权被冻结的资产，同时他也表示北约在利比亚的军事行动还会继续。本次会议的成果十分有限，但显示了一个重要动向，即通过以西方大国为主导的国际会议来开启一个国家的重建过程。

在利比亚问题上，除北约之外，与利比亚密切相关的两个地区性组织——阿盟和非盟——也不同程度地介入了进来。自2011年2月利比亚局势出现动荡后，阿盟在其常驻代表会议上决定暂停利比亚参加阿盟及其所有附属机构会议的资格，表示这将持续到利比亚对其国内的诉求予以回应为止。3月，阿盟又在联合国促成了在利比亚设立禁飞区。不过，阿盟反对北约的军事打击，认为这造成了大量无辜平民的伤亡。阿盟认为北约空袭的做法已经超越了阿盟的意图，与阿盟原本的希望南辕北辙。阿盟的希望是保护平民，而不是对平民狂轰滥炸。为此，阿盟对北约进行了谴责。在利比亚反对派“全国过渡委员会”占领首都之后，阿盟立即宣布承认其是代表利比亚的唯一合法政府，并表示将恢复其被暂停的在阿盟的成员国资格。

同阿盟相比，非盟对北约的反对更加直接和明确。2011年3月，非盟利比亚问题特别委员会代表、毛里塔尼亚总统阿齐兹明确表示，反对任何外国对利比亚的干涉行动。他表示，要为利比亚目前严重的危机找到一个“非洲的解决方案”，并且该方案必须考虑到尊重利比亚的统一和领土完整。与阿盟相比，非盟对卡扎菲的态度犹豫不决。这主要是因为非盟的发展是与卡扎菲密不可分的，正是在1999年在卡扎菲老家苏尔特举行的会议上，原来的非洲统一组织发展为现在的非盟。此外，担心黑人移民在卡扎菲倒台后遭到迫害也是非盟犹豫的原因之一。在反对派控制利比亚政权逾一个月之后，非盟终于在9月20日宣布承认其合法性。同世界上大多数国家相比，非盟的承认显得“姗姗来迟”。

在东南亚，2010年10月东盟召开了首脑峰会。该次峰会通过了促进经济复苏和人力资源开发的《东盟宣言》、保护妇女儿童权益的《河内宣言》以及《东盟互联互通总体规划》。《东盟互联互通总体规划》（以下简称《规划》）是东盟各国为在2015年建立东盟共同体而采取的重大举措，已经成为当前东盟的最大关切之一。东盟国家的互联互通是指建立实体的、机构的以及民间的合作纽带，这些纽带包括了东盟旨在实现经济共同体、政治安全共同体和社会文化共同体的基础支持手段和促进手段。《规划》指出：“在东盟地区，互联互通对于加快东盟各国一体化、提升东盟共同体的建设进程、加强东盟在本地区发挥核心作用，均有着不可或缺的价值。东盟国家间更紧密的联系体系是实现提升东盟经济竞争力、经济的集约化与一体化生产网络、促进区域间贸易、招商引资、密切东盟各国民众间的关系，以及培养认同感的必要手段。① 东盟秘书长素林则表示，《规划》囊括了700多项工程和计划，投资规模约达3800万美元。它希望东盟及其对话伙伴国通过多元投资积极参与《规划》，切实推动东盟内部以及东盟与其对话伙伴国间的互联互通。②

为了进一步落实《规划》，继续推进东盟地区一体化，东盟国家于2011年5月在印度尼西亚首都雅加达举行了第十八次首脑会议。本次会议的议题集中在东盟一体化进程、经济复苏与可持续发展以及应对气候变化等方面。东盟轮值主席国印尼总统苏西洛在会议上致辞说，在全球一体化趋势下，单个国家很难独自解决自身安全和发展所面临的种种挑战，因此东盟需要更紧密的合作，共同商讨制定更为全面的解决方案。苏西洛表示，东盟各国应在粮食和能源安全、应对自然灾害以及打击海盗和人口贩运等方面达成合作协议。同时，他也敦促各国积极落实《规划》，完成在2015年建立东盟共同体的既定目标。在本次会议闭幕后发表的声明中，各国表示将按照一体化路线图，继续推进东盟共同体的建设，加强东盟在全球重大事务决策中所起的作用。声明还涉及当前受到国际关注的柬泰冲突问题，呼吁柬泰两国在东盟团结精神的指引下，通过政治对话和协商，和平友好解决彼此之间的矛盾。

在推进一体化的过程中，东盟还积极开展同中、日、韩的合作与对话。2010年10月，在越南举行了第十三次东盟－中日韩领导人会议，会议发表了联合声明，积极评价东盟和中日韩三国经贸合作的发展状况，指出在“10＋3”领域推进贸易便利化的重要性，再次申明了有关各方将为结束世贸组织多哈回合谈判作出积极贡献的承诺。会上，中国总理温家宝提出了加强地区一体化，增进东盟同中日韩三国合作的四点主张，包括：第一，推进东亚自由贸易区建设；第二，深化财政金融合作；第三，积极推进其他领域的合作；第四，加强在重大国际问题

① 《互联互通：东盟发展的新商机》，新华网，http：//www.yn.xinhuanet.com/asean/2011－06/22/content_23071535.htm。

② 《东盟首脑通过“东盟互联互通总体规划”》，新华网，http：//news.xinhuanet.com/world/2010－10/28/c_13580511.htm。

上的沟通和协调。① 本次会议期间，温家宝总理还同东盟国家领导人进行了“10+1”会晤，提出充分发挥中国－东盟自由贸易区的作用、加强基础设施建设、促进可持续发展以及深化社会文化交流等主张，受到了东盟各国领导人的欢迎。

除了“10+3”和“10+1”机制之外，东盟还建立了“10+8”防长会晤机制。2010年10月，东盟邀请中、美、俄、印、澳、新、日、韩的国防部长在越南举行东盟防长扩大会议。会议确认“10+8”防长会议为地区安全合作新框架，并将海上安全、维护和平、军事医疗合作、反恐、人道主义救援与减灾作为优先合作领域。

在政治、外交领域，东盟积极致力于扩大东亚峰会的成员国。在2010年10月的东亚峰会上，除中、印、澳、新、日、韩六国首脑与会外，美国国务卿希拉里和俄罗斯外长拉夫罗夫也应邀与会。由于美国的强势介入，引发了人们对东盟国家是否仍旧能够主导东亚峰会担忧，部分人士担心美国的介入将会颠覆传统的东亚峰会。

美国的高调介入，显示了平衡中国在东亚地区日益增长的影响力之意，因此对中国未来的东亚政策构成了挑战。由于中国同部分东盟国家在南海等问题上存在着明显的分歧，这使得东盟国家一方面会联合起来一致针对中国，另一方面也会“邀请”美国介入本地区事务，从而平衡中国的影响。美国的介入对中国同东盟的关系产生了消极的影响，特别是在南海问题上，这种影响尤其显著。菲律宾和越南先后同美国举行了海上联合军演，越南甚至还颁布了自1979年中越战争以来的首个征兵令。这些举措有明显的针对中国的意图。

从总体上看，东盟国家是希望在中美两个大国之间找到“平衡点”，因此在同中国出现争端时表现出向美国靠近的姿态。不过，这不意味着东盟同中国的关系会持续恶化下去，因为东盟不能承担同中美任何一方关系恶化的代价。东盟国家更多的是想在中国和美国之间走一条“中间路线”，而不是完全倒向某一方。

在亚洲地区，同中国紧密相连的一个地区性安全组织就是上海合作组织，它对于维护地区和平与稳定、加强地区经济与贸易合作、增进中国同中亚国家的交流都有着不可替代的作用。2011年，是上合组织成立10周年。成员国首脑在哈

① 《温家宝总理在第十三次东盟与中日韩领导人会议上的讲话》，新华网，http://news.xinhuanet.com/2010－10/30/c_ 12718138.htm。

萨克斯坦首都阿斯塔纳举行峰会，通过了《上海合作组织十周年阿斯塔纳宣言》。宣言表示，上海合作组织在打击恐怖主义、分裂主义、极端主义、非法贩运毒品和武器、跨国有组织犯罪等安全领域内开展了卓有成效的合作；通过了旨在促进成员国社会经济发展的长期经贸合作纲要和实施计划；促进了人文合作，加深了各国人民之间的沟通和不同文明之间的对话。胡锦涛主席在本次会议上提出了四点主张：第一，坚持睦邻友好，构建和谐地区；第二，增强本组织抵御现实威胁的能力，确保地区长治久安；第三，推动实现区域经济一体化，促进地区各国共同发展；第四，加强人文合作，推动人民世代友好。①

从上海合作组织的发展趋势来看，该组织今后的成员国有可能进一步扩大。目前，蒙古、巴基斯坦、伊朗和印度是上合组织的观察员国家，白俄罗斯和斯里兰卡则是对话伙伴国。成员国数量的扩大能够增大组织的影响，同时也会带来更多的议题。尽管目前各国在扩员的具体对象的问题上还有分歧，但是各成员国都认为上合组织需要增加成员。俄罗斯驻华大使拉佐夫认为，上合组织的扩大是必然的，组织扩大的结果应当是提高在该组织框架内合作的效率以及整体的效益。② 目前，上合组织已经形成了安全和经贸两个支柱。为此，成员国签署了《多边经贸合作纲要》，倡议建立能源俱乐部、上海合作组织开发银行、粮食安全合作机制，并在区域经济一体化进程中取得了重大进展。中方先后承诺向其他成员国提供120多亿美元优惠贷款，推动有利于本地区共同发展的大型项目。在上合组织内部，中国和俄罗斯无疑是最重要的两个国家。这两个国家加强协调，对于维系该组织的发展至关重要。对于中国而言，妥善处理同俄罗斯之间存在的分歧，推动两国关系健康稳定发展，是推动上合组织发展、维护地区稳定的关键所在。

在全球性问题越来越突出的情况下，世界各国日益形成了一个共识，即要解决这些问题，不能只依靠国家的力量，而必须依靠各类国际组织。不过，由于国家之间在经济政治发展等方面存在的巨大差异，国际组织在应对全球风险方面也遇到了严峻挑战。如何协调国际组织内部发达国家与发展中国家之间的利益，提升国际组织的合法性，是国际组织改革的重要目标。一些地区性组织在维护世界

---

① 《胡锦涛在上海合作组织成员国元首理事会第十一次会议上的讲话》，新华网，http：//news. xinhuanet. com/politics/2011 -06/15/c_ 121540309. htm。

② 《俄驻华大使：上海合作组织扩大是必然的》，俄新网，http：//rusnews. cn/guojiyaowen/guoji_sco/20110905/43139340. htm。

和地区安全与和平等方面仍然有值得总结和思考的地方。各国唯有在国际组织中加强协调、深化合作，并且充分发挥各种职能不同的国际组织的独特作用，才能应对未来的各种全球性的挑战。

主要资料来源

新华网，http：//www. xinhuanet. com.
人民网，http：//www. people. com. cn.
中国网，http：//www. China. com. cn.
http：//cn. reuters. com.
http：//cn. wsj. com.
http：//www. imf. org.

International Organizations in the Changing Global Economy and Politics

Yuan Zhengqing　Zhao Yang

Abstract：In 2011，the most obvious characteristic of international organizations was that they underwent great reforms to adapt to the profoundly changing international environment. Since the outbreak of the international financial crisis，the traditional global economic and financial organizations in which the developed countries were dominant have not been able to deal with the rapidly changing economic environment. Thus，it is imperative to raise the voice of the emerging economies in these organizations. As to international security，international organizations also need to make changes to manage the intricate security situations. In this article，the authors analyze the roles that the IMF，G-type，BRICS，and some regional organizations play on the international stage and forecast their future development and reform.

Key Words：International Financial Crisis；Regional Security；International Organizations

国际关系理论

International Relationship Theories

Y.14

西方左翼学者、共产党人关于国际关系思潮的反思

刘志明*

摘　要：国际金融危机后，国际力量对比出现新的变化。如何认识这种新变化，西方左翼学者、共产党人对西方舆论界流行的“历史终结论”、“文明冲突论”和“全球治理论”等几大国际关系思潮进行了深入的反思。他们的这种反思，对正确把握金融危机后国际关系的变革与调整，对推动国际关系民主化和建立以反映国际政治经济格局重大变革现实的国际新秩序，具有重要意义。

关键词：左翼学者　国际关系　反思

冷战后，西方舆论界一度流行“历史终结论”、“文明冲突论”和“全球治

* 刘志明，中国社会科学院马克思主义研究院副研究员，法学博士。主要研究领域为国外政党政治、全球化与第三世界等。

理论”等几大国际关系思潮。对这些国际关系思潮，西方左翼学者①和共产党人多有质疑与批评。国际金融危机后，面对国际形势的新发展和国际力量平衡、国际关系出现的新变化，西方左翼学者和共产党人的这种质疑与批评的声音更强烈了。

一　关于金融危机后国际关系新变化的基本认识

作为近现代国际政治经济中的一个规律性现象，发展不平衡一直为世人高度重视和关注。2008 年国际金融危机爆发后，突出表现为西方国家的相对衰落和新兴市场国家尤其是中国等国家迅速崛起的发展不平衡，更为世人所普遍感知与高度关注。

对于国际金融危机后发展的不平衡尤其是这种不平衡对世界格局及国际关系带来的新的变化与影响，西方左翼学者和共产党人给予了特别的关注，并进行了深度思考与分析。综合起来看，比较典型且很少异议的观点认为，这种发展不平衡使国际力量平衡发生了新的变化，使苏联解体以来世界格局严重偏向西方的失衡局面有了很大改观，东西、南北力量对比更加朝着相对均衡的方向发展。2009 年 5 月 10 日法国《青年非洲》周刊一篇题为《翻天覆地》的文章就敏锐地感觉到，“危机只是一个觉醒进程的神奇加速器，这个进程首先是中国，接着是印度，随后又有巴西、印度尼西亚、马来西亚、土耳其和其他南方国家加入进来。我们称之为‘新兴国家’，这些国家正加快脚步，开始赢得地位，逐渐接近发达国家。”

西方左翼学者和共产党人还普遍认为，在国际力量平衡出现新变化的情况下，国际关系尤其是大国关系也正在发生变化，世界上的矛盾和对抗明显加剧了。这种观点在第 12 次共产党和工人党国际会议上得到了系统集中的表达，该

---

① 严格地说，准确区分一个学者到底是左翼还是右翼是比较困难的。正如美国学者丹尼尔·贝尔（Daniel Bell）所说的那样，“认为只要某个人在一个领域内激进，他在其他方面也必然激进；反过来说，某人在一个领域内保守，他在其他方面亦会保守。这种认识在社会学和道德观上都错误判断了不同领域的性质”。本文的西方左翼学者主要指西方发达国家那些认为历史是人民创造的，政治主张偏向下层人民或“草根阶层”，主张通过改革或革命来改变社会的学者。他们一般都主张加强国家宏观调控和增加税收（特别是针对富人的税收），以保证社会公平和提高公共福利水平，同时大都反对贫富悬殊和社会两极分化。

会议2010年12月3～5日在南非茨瓦尼召开。会议通过的《茨瓦尼宣言》就指出："危机使得各帝国主义国家之间以及旧的经济力量与新兴经济力量之间的竞争日益加强。其中包括，以美国为首的国家之间的货币战争；作为帝国主义一极的欧盟内部几个主要资本主义国家主导的经济政治一体化进程的不断强化；各帝国主义国家之间争夺市场和原材料的斗争不断白热化；军事的扩张，包括侵略同盟的强化（例如，北约里斯本峰会），频繁的地区紧张和冲突事件（尤其是在中东地区、亚洲和非洲地区），拉丁美洲的军事政变，不断增强的种族冲突和建立非洲司令部来加强非洲军事化的趋势。"与会的共产党和工人党代表也一再指出，由于国际力量对比的变化和矛盾的加剧，发生全球军事冲突和地区性战争的危险在增加。如希共中央政治局委员马里诺斯（Marinos）指出："帝国主义国家间竞争的不断加剧以及资本主义在应对危机中所面临的困境，进一步加剧了帝国主义的侵略性，以及在亚洲、非洲、中东地区、朝鲜半岛、高加索地区、巴尔干半岛以及世界其他地区发生新一轮地区冲突的危险。"鉴于全球军事冲突和地区性战争危险在增加，代表们还指出，工人阶级和劳动群众面临着反对战争、争取和平的庄严任务。

与会的共产党和工人党代表们还特别指出，由于中国是最大的新兴力量大国，又起着社会主义示范作用，因而中国已成为资本主义国家围堵的主要对象。比利时工人党全国主席团成员博杜安·德克斯（Baudouin Dekkers）就指出："奥巴马明确宣布，他的野心是恢复和加强美国在世界各地的领导地位。他反复强调，美国领导地位面临的真正长期的威胁不是伊拉克、阿富汗和巴基斯坦，不是基地组织，甚至不是伊朗，而是中国。""对奥巴马来说，只要美国在阿富汗、巴基斯坦、伊朗和其他地区的干预能够以这种或那种方式遏制、削弱或威胁中国，就都是合理的。""美国十分关注中国与其邻国的各种可能的矛盾，包括边界冲突和对中国经济政策的抱怨等，目的旨在孤立中国。"澳大利亚共产党主席温妮·莫利纳（Winnie Molina）甚至还揭露了澳大利亚政府参与遏制中国的行径，指出："澳大利亚已深深涉入美国的政治和军事战略，其中包括围堵中国，破坏其正在崛起的经济力量。澳大利亚正在向太平洋岛屿国家强加自由贸易协定，并以其他方式干涉它们的内部事务。这些措施旨在确保澳大利亚和美国跨国公司的优势，并防止这些国家与中国发展关系。"对于美国等发达国家把矛头指向中国的真实原因，博杜安·德克斯认为，"这不仅是因为这个亚洲大国自身实力的不断壮大，而且由于中国在客观上日益成为亚洲、非洲和拉丁美洲许多国家经济独立性不断加强的一个杠杆。”南非共产党总书记布莱德·恩齐曼德（Blade Nzimande）对美国等发达国家把矛头指向中国的原因作出了类似的解释，认为“这是资本主义的一个新的攻势，资本主义试图维持它在经济上的支配地位，因为一个潜在的替代性经济力量中心正在出现，特别是中国、印度和巴西。”①

西方一些左翼人士也认为，因为大国之间尤其是中国与美国之间矛盾的加剧和它们对世界霸权的争夺，世界正面临一个恐怖的时代。如西班牙学者胡安·迭戈·加西亚（Juan Diego Garcia）就认为，美国是一个正在衰落的大国，而中国是一个正在崛起的大国。美国和中国鉴于其规模，寻求的是全球影响力和控制力，而且这两个国家也具备实现这一目标的全部条件。因此，世界爆发多极冲突乃至全面战争的所有条件都已具备。他还认为，大国在整个体系边缘地区爆发冲突的可能性很难排除。因为，“与冷战时期一样，当今全球大国之间的矛盾也需通过在整个体系边缘的贫穷地区发起军事冲突来释放。”在他看来，这决定了所谓的“第三世界”是全球争夺进行得最残酷的地方。他进而指出，在政治动荡不断加剧，几乎所有独立穷国都面临剧烈社会分裂的情况下，对正在进行的战争、同时爆发的武装起义、针对失控政府或所谓“独裁者”的政变进行分析时，不能离开世界主要大国尤其是西方发达国家对世界霸权的争夺“这样一个深刻的大背景”。他同时也不忘指出，如果认为那些竞争世界控制权的最强国是其他国家主权和自主权值得信赖的代理人，是单纯的主角和国际法的忠实保护者，毫无私心，采取行动的目的只是出于对人类的真诚热爱和传播民主的意愿，那就过于天真了。因为，“连最糊涂的人也知道，富国的国际政治无非是由入侵、禁运、封锁和各种野蛮措施组成的无耻说辞，与永远无法实现的所谓‘国际法’没有任何关系。”因此，在他看来，“正在形成的或许不是一个理解与和平的时代，而是一个比爆发世界大战的上世纪更为恐怖的时代。”② 阿根廷社会学家和政治学家阿蒂略·博龙（Atilio Boron）也指出，“帝国主义资产阶级”在完善霸权结构的同时，其意识形态和强制工具正在使抗议活动犯罪化，使国际关系军事

---

① 以上引文均引自聂运麟、杨成果、刘卫卫《经济危机、工人阶级的斗争与反帝阵线的策略——第十二次共产党和工人党国际会议述评》，《当代世界与社会主义》2011 年第 1 期。

② 胡安·迭戈·加西亚：《西方在第三世界进行“新殖民战争”》，http：//news. xinhuanet. com/world/2011 -04/04/c_ 121266499. htm。

化。不过，他也指出，现代无产阶级在不团结的状态下进行斗争，虽然很可能产生反帝国主义的单独行为，但很难改变现状。①

关于国际力量平衡对未来世界新秩序的积极意义，意大利重建共产党代表弗朗切斯科·马林加作了这样的阐述：“新的国际形势存在着矛盾的趋势，一方面，发达资本主义国家正经历着深刻的经济危机，这将在未来几十年深刻改变世界的政治平衡；另一方面，由民主政府、自由主义者或社会主义者领导的非帝国主义经济体和国家正在崛起，将打破美国的单边主义和帝国主义。”②

二　关于“历史终结论”的反思

随着象征东西方冷战的柏林墙在1989年的倒塌，一股对资本主义制度的“乐观”情绪随之在西方世界开始弥漫开来。在这种乐观情绪的笼罩下，时任美国国务院思想库“政策企划局”副局长的日裔美国人弗朗西斯·福山（Francis Fukuyama）迅即抛出了他所谓的“历史终结论”，即“共产主义失败论”。在他看来，苏联解体，东欧剧变，冷战的结束，标志着共产主义的终结，历史的发展只有一条路，即西方的市场经济和民主政治。人类社会的发展史，就是一部“以自由民主制度为方向的人类普遍史”。自由民主制度是“人类意识形态发展的终点”和“人类最后一种统治形式”，从此之后，构成历史的最基本的原则和制度就不再进步了。福山的“历史终结论”虽然从一开始在世界进步思想界就受到质疑与批评，但是，自由、人权、民主、法治等“西方价值观”在世界还是一度被吹捧成所谓的“普世价值”。

2008年国际金融危机的爆发，使西方引以为傲的发展模式和民主政治制度都声誉扫地。西方发展模式尤其是盎格鲁－撒克逊模式在世界范围内遭遇了此前从未经历过的最严重的信任危机，其所谓的“优越性”首先受到广泛的质疑，因为这场金融危机使“市场具有自我调节力、放松管制是私有经济取得成功的前提、不在私营经济领域进行国有化和国家投资”这样三个教条都失去了魔力，

① 见李慎明主编《世界在反思：国际金融危机与新自由主义全球观点扫描》，社会科学文献出版社，2010，第308页。

② 聂运麟、杨成果、刘卫卫:《经济危机、工人阶级的斗争与反帝阵线的策略——第十二次共产党和工人党国际会议述评》，《当代世界与社会主义》2011年第1期。

换言之，这场金融危机充分表明该模式奉行和极力兜售的市场、追求利润和竞争等一系列政策理念已无法解决社会经济问题，相反，它们本身成了问题的根源。因此，对世界的其他部分来说，柏林墙倒塌后所谓“获得永久性胜利的西方成熟的自由民主资本主义模式”再也不是唯一的意识形态目标了。不仅如此，盎格鲁—撒克逊模式的发展前景也并不被看好。甚至连世界经济论坛前总干事克洛德—斯马贾和美国经济战略研究所所长克莱德—普雷斯托维茨也一致表示担心“市场经济与政治民主的契约被埋葬”。①

金融危机后，西方民主政治制度的神圣“光环”也已不再，频遭指责与批评。美国《旗帜周刊》高级编辑克里斯托夫·考德威尔（Christopher Caldwel）就揭露了以美国为代表的西方民主制度的虚伪与欺骗性。他指出，美国的政治早已被华尔街巨头牢牢绑住，民主党和奥巴马总统比共和党人甚至更加依赖华尔街金融寡头的资助。美国“寡头政治”的现实意味着，在华尔街巨头面前，驴象两党中的任何一方都难以撼动他们坚固的根基。因此，民主党赢得大选后，并未对金融寡头采取相应的惩罚手段，也只能是更多地以政府接管的方式处理破产银行。他还认为，政客们对寡头政治的“效忠”使得在这种体制下进行的金融监管改革必然先天不足，甚至可能使监管变成一纸空文。②

与西方资本主义民主政治制度与经济发展模式受到质疑与强烈批判形成鲜明反差的是，社会主义在世界的吸引力激增。例如，在长期流行“社会主义例外论”的美国，社会主义和共产主义的可信度开始明显增强。两个有力的事实可以证明这一点。第一个事实是，金融危机后的拉斯马森民意调查显示，“20%的受访者更偏爱社会主义，而不是资本主义……30岁以下的年轻人两种选择各占一半。”美国进步研究中心的研究员马修·伊格莱西亚斯认为，这一民调反映了“一个事实，即在某基本层面上，‘社会主义’是块金字招牌。它的总体理念是我们应当把社会置于资本、金钱之前。”第二个事实是，“社会主义”这个词在美国不再像过去一样令人恐惧，美国国内“自由放任经济学”的拥趸者们“用社会主义作为恐吓战术的效果也不复当年了”。自从奥巴马政府进驻宾夕法尼亚

① C. Smadja & C. Prestowitz, “Globalization Revolution,” *Newsweek*, *2010 - 01 - 09.* http://www.newsweek.com/2010/01/09/globalization-revolution.html.

② 克里斯托夫·考德威尔：《别指望民主党人的金融改革》，丁江伟编译，2010年5月27日《社会科学报》。

大道1600号（美国白宫所在地。——引者注），“社会主义”这个词事实上已经成为日常话题。根据监督美国媒体组织的统计，仅仅在2009年6月18日的前一周，电视新闻中就提到143次“社会主义”、“社会主义的”等词语——这还不包括“共产主义者”、“马克思主义者”等。①

正是基于金融危机后社会主义在西方世界的吸引力增强，以及以中国为代表的发展中新兴大国的快速崛起，以美国为代表的发达资本主义国家正加速走向相对衰弱等众多事实，英国萨塞克斯大学教授基斯·范德菲尔（Kees Van der Pijl）在社会主义与资本主义的关系问题上得出了自己的结论。他说：“严格地说，资本主义只能被社会主义，而非另一种资本主义所‘超越’。除非这种新的资本主义是通往社会主义的，或者用葛兰西的话说，是‘更具集体价值的’。”② 这些事实也使西方许多左翼学者指陈“历史终结论”的错谬了。著名左翼学者、英国《卫报》专栏作家谢默斯·米尔恩（Seamus Milne）在柏林墙倒塌20周年之际撰文也指出，“在冷战结束后的20年里，战争爆发，全球不安全，现在又陷入了经济危机，这一切使得1989年以后所宣扬的更广泛的和平、资本主义繁荣和历史的终结看起来十分荒谬。”同时，他也“谨慎”地认为，在资本主义与社会主义的关系问题上，资本主义比社会主义好的观点是值得存疑的，正如他指出的，“20年前崩溃的制度已经成为历史。但是有一点似乎可以肯定，那就是会出现新的运动和模式，来挑战一种受生态和经济危机困扰的全球秩序。正如共产党人在1989年认识到的和资本主义宣扬者现在开始发现的那样，什么都没有定论。”③ 无独有偶，关注中国崛起并对中国崛起有深度研究的英国学者马丁·雅克（MartinJacques）也直言不讳地指出，冷战以后，苏联解体，美国实际上赢得了冷战的最终胜利。福山说，这将是历史的终点——西方式的自由市场和民主社会。人类将只有一种社会模式，那就是美国模式。我的观点可以说是完全相反的，我们已经可以看到福山的错误。④ 英国《新政治家》专栏作家尼尔·克拉克

---

① Eric Alterman and Danielle Ivory, “Think Again: Chiller, Socialist Theater,” http://www.americanprogress.org/issues/2009/06/ta061809.html.

② Kees van der Pijl, “Contenders of Western Hegemony in Past and Present,” http://www.giesen.fr/Pijl1.html.

③ Seamus Milne, “The real lesson of 1989 is that nothing is ever settled,” http://www.guardian.co.uk/commentisfree/2009/nov/11/lessons-of-1989-new-alternative.

④ 张琪：《马丁·雅克：我只是开启了讨论》，2010年3月12日《经济观察报》。

（Neil Clark ）也说道：“2000 年，《历史终结》（*The End of History*）一书的作者弗朗西斯·福山（Francis Fukuyama）在美国《时代》杂志撰文称：‘在我看来，即使在下一代，社会主义再度复兴的可能性只能接近于零。’如果福山先生至今仍坚持这样的看法，那么，他真应该去现在的欧洲转转了。”①

三 关于“文明冲突论”的反思

“文明冲突论”是由美国哈佛大学政治学教授塞缪尔·亨廷顿（Samuel P. Huntington）在 20 世纪 90 年代系统地提出的。他认为，随着冷战的结束，基于意识形态和经济利益考虑发生冲突的可能性降低，而各种不同文明之间的矛盾与差异凸显，将成为新一轮冲突的导火索，“文明冲突”模式成为新的对抗和协调模式。文化的共性和差异影响国家间的对抗和联合；最可能升级为更大规模战争的地区冲突的是那些来自不同文明的集团和国家之间的冲突。

亨廷顿的“文明冲突论”虽然从提出开始就广受关注，但是一直是饱受争议的。其“西方文明优势论”的心态，鼓动所谓西方“文明”国家联合起来以打击、遏制异类文明尤其是所谓的儒教文明和伊斯兰文明的企图，一直以来，是包括西方左翼学者和共产党人在内的进步思想界揭露与批评的焦点。国际金融危机以来，西方左翼学者和共产党人结合西方世界的衰落和以新兴大国的崛起等新的无法否认的客观事实，有力地批判“文明冲突论”鼓吹的“西方文明优势论”。英国萨塞克斯大学教授基斯·范德菲尔就认为：“眼下一个迫切需要收复的阵地是对资本主义社会的文化批判……这种资本主义的均质文化旨在边缘化和侵蚀各国文化并削弱人类文明的多样性。”他还认为，对资本主义社会的文化“批判理论可以为我们提供一剂猛药，帮助我们抵抗资本主义肤浅的生活方式和单一枯燥的文化的吸引力。”②

对于“文明冲突论”断言的文明之间的差异必然导致冲突与战争，或者说冲突与战争主要源于文明之间的差异的观点，许多西方左翼学者和共产党人是存

---

① 尼尔·克拉克：《欧洲流行“向左走”》，2008 年 12 月 30 日《第一财经日报》。

② Kees van der Pijl, “Contenders of Western Hegemony in Past and Present,” http://www.giesen.fr/Pijl1.html.

疑的。包括西方左翼学者和共产党人在内的世界进步思想界认为，不同宗教和文化之间的差异并非冲突的根源，而正是这些差异才使人类社会更加丰富多彩，各种文明之间相得益彰。世界的和平、繁荣与发展有赖于不同文明之间的理解、对话、交流以及相互尊重和借鉴。在被认为是彻底颠覆西方“中国崩溃论”、“历史终结论”的《当中国统治世界：中国的崛起和西方世界的衰落》（*When China Rules the World*：*The Rise of the Middle Kingdom and the End of the Western World*）中，马丁. 雅克指出，在这个价值观多元化且常常相互矛盾的世界，设法让这些对立的价值观共存共容，是一件重要的事。实际上，要让一个充满矛盾现代性的全球化世界以相对安宁和睦的方式存在，价值观的共存共容是前提。在他看来，“这将使西方面对前所未有的挑战，因为它是迄今最后一个习惯于认为自己的价值观是正确的、强加于其他国家合情合理，并要求国际社会接受这些价值观作为准则的文明。”①

四　关于“全球治理”理论的反思

由美国学者詹姆斯·罗西瑙最初提出概念的全球治理理论形成于20世纪90年代初期。虽然到目前为止，形态各异②的全球治理理论并没有形成严谨、统一的理论体系，虽然在如何看待全球性问题以及主张采取何种治理方式解决这些问题上，人们的见解大相径庭，但从根本上说，它们都是应对当今世界全球性问题的理论反映。

20世纪90年代以来，西方主流全球治理理论的一个中心假设是“国家无能论”，意即民族主权国家对于那些跨越国界的全球性问题失去了解决的能力，因此需要由世界银行、国际货币基金组织（IMF）、世界贸易组织（WTO）等全球

① 马丁·雅克：《当中国统治世界：中国的崛起和西方世界的衰落》，张莉、刘曲译，中信出版社，2010，第316页。

② 日本独协大学法学部教授星野昭吉（Akiyoshi Hoshino）将具有代表性的全球治理理论大致概括为以下五种：第一，罗西瑙与全球治理的理论原型；第二，奥兰·扬（Oran R. Young）为代表的新自由主义国际机制论所涉及的全球治理理论；第三，以国际知名政治家、外交官组成的“全球治理委员会”为代表的规范性全球治理理论；第四，以斯蒂芬·克拉斯纳（Stephen D. Krasner）为代表的现实主义全球治理理论；第五，以全球市民社会理论为代表的全球治理理论。

性组织来加以协调处理。随着新自由主义意识形态霸权在全球的肆虐，西方主流全球治理理论又开始竭力鼓吹以市场机制来进行全球治理，并强行推销“市场万能”的新神话。但是，国际金融危机的爆发，使西方主导的全球治理机构与机制的弱点与弊病暴露无遗。西方许多左翼学者和共产党人对西方主导的全球治理机构、机制乃至西方主流的全球治理思潮的怀疑情绪和要求变革西方主导的全球治理的情绪均随之增长了。

从对西方全球治理的怀疑方面来说，西方左翼学者和共产党人比较一致的看法是，西方主导的全球治理不能有效应对金融危机、气候变化、粮食危机等全球性议题带来的各种新挑战。如英国伦敦经济学院政治学教授戴维·赫尔德（David Held）就指出，后冷战时代，全球和区域治理机制已变得极其脆弱，具有代表性的机构，如联合国、欧盟与北约，都遭到了削弱。在谈到西方主导的全球治理的难点与困境时，戴维·赫尔德着重指出了以下四个方面的问题：第一，国际政府间机制没有明确的工作分工，经常功能重叠，指令冲突，目标模糊。相互竞争与重叠的组织机构在制订全球公共政策过程中存在利害关系。例如，在健康与社会政策领域，世界银行、国际货币基金组织和世界卫生组织经常出现不同或者竞争性的优先议题。第二，国际机构体系的惯性，或者这些机构在面临集体解决问题的手段、目标、成本出现分歧时的无能表现。不仅增加了解决问题的长期成本，而且给人们留下并加深了这些机构是无效、不负责任和不公平的印象。第三，跨国问题。因为缺乏对全球层面问题的基本认知，全球公共事务（如全球变暖或者生物多样性的缺失）属于哪些国际机构的责任尚不明确，跨国问题很难被充分理解、领悟，也很难采取有效行动，制度分裂和竞争不仅导致机构间管辖权重叠，而且造成国际机构在全球与国家层面无力承担责任。第四，责任赤字不足。它与两个相互交织的问题相联系：国家间权力不平衡以及国家行为体与非国家行为体在制定全球公共政策过程中的权力不均衡。多级机制需要充分代表参与其中的所有国家，但目前尚未做到。此外，必须适当安排国家行为体与非国家行为体之间的对话与协商。许多人在影响自身的全球政治问题中都是利益攸关者，但仍被解决这些问题的政治机构或战略排除在外。[①]

从对西方主导的全球治理的变革方面来说，西方许多左翼学者和共产党人大

---

① 戴维·赫尔德：《重构全球治理》，《南京大学学报（哲学人文社会科学版）》2011年第2期。

都认为，2008年的危机并非仅仅一场深刻的金融和经济危机，也是世界管理体系的危机、全球发展基础理论的危机、国际体制的危机。在他们看来，要摆脱这场体制性危机，需要展开新一轮的改革，建立新的国际体制，打造新的全球经济金融管理体系、出台新的世界发展哲学。西方左翼学者和共产党人关于全球治理变革的诉求与主张，具体地说，主要表现在以下两点。

第一，根据国际力量平衡发生变化的新形势，推进全球治理机构的民主化进程。这种“民主化”进程，换言之，这种包含团结、民主和社会公平的全球治理的再调整和变革，在戴维·赫尔德（David Held）看来，必须包括区域和全球层面独立的政治权威和行政能力的发展。它并未要求降低全球范围内的国家权力与能力，而是寻求保护和发展区域与全球层面的政治机制，并作为国家层面政治机制的必要补充。在他看来，除非全球治理的安排能够实现团结、公正、民主和有效，否则它“即将失败”。① 鉴于金融危机削弱了美国和欧洲的实力，以及发展中国家在全球经济中的相对影响力和重要性会进一步增强的趋势，美国哈佛大学肯尼迪政府学院政治经济学教授达尼·罗德里克（Dani Rodrik）认为，推进全球治理机构的民主化进程，也就意味着中国、印度、巴西、韩国以及其他一些“新兴”国家将有能力对多边经济机构管理的方式产生更大的影响，并且在推进反映它们利益的改革中处于更为有利的地位。② 全球工会联盟也坚决支持推进全球治理机构尤其是全球经济治理机构的民主化进程。在2008年11月向20国集团峰会发表的声明中，全球工会联盟就呼吁在国际金融组织中实行更民主更公平的治理框架，并指出，国际合作除20国集团外，还应延伸到所有层次，以避免专断独立，并保证新框架扩展到全球。该声明还以世界银行的改革为例，指出：“它的使命是在发展中国家，这要求它进行深入的系统化改革，至少在投票权利中，发展中国家和工业化国家应各占一半。”③

第二，超越新自由主义、资本主义，使全球治理“社会主义化”。乌克兰共产党第一书记西蒙年科就指出，苏联解体、资本主义复辟之后，世界并没有变得

---

① 戴维·赫尔德：《重构全球治理》，《南京大学学报（哲学人文社会科学版）》2011年第2期。

② Dani Rodrik, “Let Developing Nations Rule,” http://www.project-syndicate.org/commentary/rodrik26/English.

③ 《全球工会联盟关于金融危机向20国集团会议的声明》，毛禹权译，《国外理论动态》2009年第5期。

更安全，人民的生活并没有好转。很多地区的危机解决都伴随着战争，包括联合国也变得越来越虚弱，逐渐沦为维护美国利益的机构。要想维持未来世界的和平稳定，重新回到社会主义道路是必要的。① 日本独协大学法学部教授星野昭吉（Akiyoshi Hoshino）也指出，目前以美国为中心的国际秩序正处于深刻变动之中。这对彻底改造以往全球政治不公正、不合理的结构是一次难得的契机。不过，在他看来，实现对现有全球政治结构的基础——世界资本主义体系摧枯拉朽的彻底变革，需要一些必要条件。首先，必须全面动员一切与这一体系相抗衡的力量，使之成为一种全球范围内的反帝国主义扩张势力的运动，而不是简单、表面上的反全球化势力，应当把那些反新自由主义全球化的非政府组织理解成反帝国主义全球化的世界社会论坛（WSF），以及由此而形成的各种各样的新的世界社会运动。其次，不仅需要现有变革现状力量，而且需要从维持现状势力的内部不断分化出支持和参与变革现状的力量，从而使世界政治中变革现状力量不断得以成长壮大。再次，还必须努力改变处于维持现状势力、中心国家、大国一贯奉行的社会价值观念——社群主义，这种维持现状的价值观是以个别利益优先、不平等价值优先、既得利益优先、短期价值优先、大国与发达国家价值优先、零和价值优先为特征的。而与之相对立的变革现状力量的价值观则是普世主义（或世界主义），它是以全球公益价值优先、普世平等价值优先、人类长远利益优先、弱者小国利益优先、非零和价值优先为特征的。除此之外，还必须处理好全球治理双重结构中国家中心治理与超国家中心治理之间的关系。在他看来，现实中两者之间不仅存在着相互抗衡的关系，同时也存在着一种互补关系。不过，二者之间的相互补足功能，并不意味着国家中心治理与超国家中心治理已经形成一种对称、对等的关系，国家中心治理只是借助超国家主体的补足作用，继续在现实中维持国家主体在全球政治中的中心、主导地位。在他看来，超国家中心治理真正替代国家中心治理，建构起全新的以全球市民社会为基础的全球治理模式绝非易事，虽然在人类历史相当长的一段时期之内，国家中心治理的地位、作用都不会发生根本性的改变，但是，超国家中心治理在现实中地位、作用的不断提升也是有目共睹的事实，可以确信国家中心治理逐渐被替代也是一种历史的必然。他也不忘指出，这并不意味着马克思主义国家消亡理论在全球治理未来的发展中

---

① 佚名：《专访乌克兰共产党第一书记西蒙年科》，《当代世界》2009 年第 6 期。

得以实现。正如他指出的，“我们生活在现实之中，现实中国家的存在及其地位作用只是量和度的变化，即便全球市民社会真的取而代之，成为全球治理的中心主体，国家也仍然不会消亡，国家仍将是全球政治中的重要行为主体，仍将是凝聚一定区域内生活着的人们的一种政治共同体，世界不同区域内存在的不同政治共同体，仍将是构成全球政治的具体、有生命力的政治实体。”①

基斯·范德菲尔教授则把全球治理的社会主义化寄望于左翼的再度振兴。正如他指出的，“资本主义中的新自由主义模式同帝国主义的全球治理相结合，已经对工人阶级、民族解放运动和国际经济新秩序的支持者造成了沉重打击，至今还没人能从这场打击中恢复过来。与此同时，富人用投机、过度剥削，破坏稳定和炮舰外交等武器发起了对穷人的战争，导致美国、英国及其盟友陷入到金融危机和战争的无尽泥潭之中。很明显，今天的地球已经不可能在使生物圈和人类生存的机会免受不可逆转的损害的前提下，支撑起通过资本四处传播的美国式生活方式了。在这一历史性的时刻，左翼没有别的选择，只能从其历史上最惨痛的失败中重新集结和恢复起来。全球化运动的一个替代性方案发源于1999年的西雅图，那里的工会保持了他们削弱资本力量的能力，他们的努力和其他一些维护和发展文化的活动，为左翼政党和左翼运动提供了广泛的可能性。”②

结　语

国际金融危机后，西方左翼学者和共产党人对国际形势变化的判断和对西方流行的几大国际关系思潮的反思，整体上说，是我们当代需要的觉悟。我们认为，这种全面、深刻反思最重要的价值与意义，应该在于有助于打破西方自封的在包括国际关系学在内的思想意识形态领域对“真理”的垄断地位。这一点，连美国杜克大学教授布鲁斯·詹特森和加利福尼亚大学教授史蒂文·韦伯等人也意识到了。他们就认为，“世界政治最重要也是最基本的问题现在都需要重新讨

---

① 星野昭吉：《全球治理的结构与向度》，刘小林译，《南开学报（哲学社会科学版）》2011年第3期。

② Kees van der Pijl, “Contenders of Western Hegemony in Past and Present,” http：//www. giesen. fr/Pijl1. html.

论”，因为世界已经进入“意识形态新时代”。①

但是，也需要指出，西方左翼学者和共产党人关于未来形势的一些判断，尤其是中美等大国之间的矛盾加剧，世界将面临恐怖时代之类的观点是值得存疑的。我们认为，现在的世界虽不能说太平无事，各大国之间的某些矛盾确实也有加剧的一面，虽然因为力量对比变化导致中美之间的某些矛盾凸显和不能回避，虽然美国在金融危机后不时搞一些针对中国的围堵动作或者说表露出遏制中国崛起的图谋，但是，这些尚不构成金融危机后国际关系新变化的主流。从根本上说，符合各国和世界根本利益的和平、发展仍然是时代不可抗拒的大潮，共同构建公平、公正的和谐世界才是经得起实践和历史检验的人类的正途。

参考文献

李慎明主编《世界在反思：国际金融危机与新自由主义全球观点扫描》，社会科学文献出版社，2010。

聂运麟、杨成果、刘卫卫：《经济危机、工人阶级的斗争与反帝阵线的策略——第十二次共产党和工人党国际会议述评》，《当代世界与社会主义》2011 年第 1 期。

Eric Alterman and Danielle Ivory, "Think Again: Chiller, Socialist Theater," http://www.americanprogress.org/issues/2009/06/ta061809.html.

Kees van der Pijl, "Contenders of Western Hegemony in Past and Present," http://www.giesen.fr/Pijl1.html.

Reflections on International Political Thought by Western Left-wing Scholars and Communists

Liu Zhiming

Abstract: The balance of power has changed greatly since the international financial crisis. Many Western left-wing scholars and Communists, for instance in *The End of*

① Bruce W. Jentleson and Steven Weber, "America's Hard Sell," *Foreign Policy*, Nov/Dec 2008, p. 45.

History, *The Clash of Civilizations*, *Global Governance*, *etc.* , have reflected international political thought in Western public opinion. These reflections are significant in correctly understanding the changes and adjustments and promoting democracy in international relations and establishing a new international order that fully matches the emerging international political and economic structures.

Key Words: Left-wing Scholars, Communists, International Political Thought

Y.15

国际关系研究的若干新进展

袁正清*

摘　要：本文从主要的国际学术期刊中撷取了若干代表性的作品，扫描了近一年来国际关系领域的主要议题和研究进展，涉及国际关系理论，特别是均势理论的反思，中国崛起道路的争论，全球治理的新分析，实验方法给国际关系学科在方法上的影响和以前被忽视的宗教和习惯等议题的开拓。在阐述这些议题的过程中，本文呈现了国际关系学科的前沿轮廓，鸟瞰了国际关系研究的基本趋势。

关键词：均势　中国崛起　全球治理　实验方法

过去的一年，国际关系的研究虽然没有出现宏大的理论，但研究领域有了进一步的拓展，一些重大的现实议题受到了持续的关注，研究的方法和视角有了新的变化，国际关系学科在反思和争论中不断向前推进。探讨的主题主要有：对现实主义理论中有关安全、均势、战争等问题的再思考；对国际秩序和国际体系的新审视；对民主和平论与实践之关系的反思；重新认识国际关系研究第二次大辩论中的科学和历史的关系；国际关系的跨学科研究以及学科内部的主义之争；国际关系学科的理论和实践的关系；对中国崛起的理解和认识；实验方法在国际关系学科中的运用；全球治理研究的展望；宗教和习惯在国际关系的作用等。由于篇幅所限，本文主要从以下几个方面对国际关系的研究进展进行扫描和梳理。

一　权力、安全与制衡

权力和安全的关系是国际关系理论研究的重要议题，也是现实主义理论发展

* 袁正清，中国社会科学院世界经济与政治研究所研究员，主要研究领域为国际组织和国际关系理论。

演变中争论的核心和经典问题。国家是要权力最大化还是安全最大化？国家是要进行制衡还是随大流？为什么苏联崩溃和冷战结束之后没有国家平衡美国的行为？新的崛起大国在未来一二十年可能平衡美国的行为吗？美国会采取什么样的战略维护它的首要地位？这样的疑问都给现实主义理论提出了新的问题，现实主义理论也在回答这样的问题得到了发展。

对于权力与安全的关系，现实主义形成了三种主要的理论派别：进攻性现实主义、防御性现实主义和单级现实主义（unipolar realists）。进攻性现实主义的代表人物米尔斯海默认为，无政府状态的结构因素迫使国家积聚权力，权力越大越安全，确保安全的方式就是尽可能增加权力。防御性现实主义则认为大多数国家在大多数时间内都享有一定程度的安全，通过扩张政策来寻求权力常常是徒劳的，甚至适得其反。国家应该保持它的相对地位。单级现实主义（霸权稳定论）认为权力集中于一个国家可以维持体系的稳定。如何理解和认识这三种关于权力与安全关系的理论分析，它们之间的争论能否整合，构成了需要研究的问题。

戴维德·费阿蒙史（Davide Fiammenghi）在研究中，以相对权力和安全为坐标，根据国家在权力轴上位置（相对权力）的变化，勾画了一个修正的权力与安全的抛物线关系，对结构现实主义的上述三种流派进行了综合，并将其整合到一个分析框架之中。他把国家的权力和安全的关系划分为三个阶段，并对应不同的现实主义分析。当一个国家弱小时，积聚权力增加了安全，这是进攻性现实主义刻画的图景；当国家继续扩大权力，就引发了别国的制衡反应，从而使安全处在了危险之中，这符合防御性现实主义刻画的情形；而当国家变得非常强大之后，其他国家不能制衡，这时它的对手只能随大流，国家的安全又开始增加，这是单级现实主义描述的状态。

在这种抛物线的权力-安全关系中，作者使用了两个关键的概念即“安全门槛”和“绝对安全门槛”来展示不同权力阶段国家的对外行为，即是制衡还是随大流。安全门槛是指国家在权力增加将降低它的安全之前所获得的最大值，越过这个值，权力最大化和安全最大化目标就不匹配，即安全就将下降。绝对安全门槛是指没有任何国际和国家集团能够妨碍霸权，相对权力超越了负的安全外部性而回复到正的安全外部性。在安全门槛到达之前，弱势国家的行为是随大流，国家权力的增加导致安全的增加，到达安全门槛之后，国家增加权力的行为所导致的制衡反应使得国家进入制衡阶段，这时国家权力的进一步增加就会导致安全的下降。在霸权国家越过绝对安全门槛之后，其他国家的行为又变为随大流，因为其他国家的制衡没有意义，而霸权国家权力的最大化就是安全的最大化。

这样的分析框架进一步修正了以往的结构现实主义理论对权力与安全的分析，把原来看似矛盾的与制衡和随大流相对应的权力制衡理论和霸权稳定理论统一起来。在此前的经典中，肯尼思·沃尔兹虽然指出了结构对国家的塑造作用，但对于国家制衡的时间和原因语焉不详，而这个权力-安全曲线不但解释了制衡和霸权的原因，而且对国家何时出现制衡行为提出了假设。①

现状国如何防止崛起国建立敌对同盟？崛起国如何打破现状国建立制衡同盟？克罗福特（Timothy W. Crawford）从楔子战略（wedge strategies）的角度对这一问题进行了分析，进而探讨了楔子战略对权力政治的影响。② 所谓楔子战略就是以一种合理的代价阻止、打破、削弱具有威胁性的联盟。“楔子”战略的意义在于使对手中立或成为盟友，从而能够导致对战争与和平具有重大影响的权力转移。学术界大量探讨了联盟的起源以及联盟中的追随与制衡机制，而鲜有关注“楔子”战略在阻止和打破联盟中所起的作用。笔者认为，对于“楔子”战略的研究具有五个方面的意义。第一，政治领导人可运用这种战略分化或捍卫自身同盟。第二，研究“楔子”战略运作机制有助于进一步理解战争的起源，即对相对权力的不同认知。第三，对该战略的研究有助于深化均势理论。第四，有助于解释外部制衡失效的原因。第五，有助于解释制衡在国际政治中是普遍还是稀缺的问题。

楔子战略包括对抗性（进攻性）楔子战略与和解性（防御性）楔子战略，两种手段的选择取决于对方反制的判断（包括敌方联盟凝聚力和其共同协调行动的可能）。在何种情形下楔子战略会成功，取决于对方改变结盟的成本与分化者利诱的成本。楔子战略运用的结果主要有四种可能：更换联盟（realignment），即化敌为友；去联盟（dealignment），即让对手保持在敌方联盟中的中立；前联盟化（pre-alignment），即维持一个尚未加入敌方阵营国家的中立；非联盟

① Davide Fiammenghi, “The Security Curve and the Structure of International Politics,” *International Security*, Spring 2011, pp. 126 - 154.

② Timothy W. Crawford, “Preventing Enemy Coalitions: How Wedge Strategies Shape Power Politics,” *International Security*, Spring 2011, pp. 155 - 189.

(disalignment)，即削弱对手在敌方阵营中的合作。当然，要使楔子战略取得成功，也要具备一些条件：首先，目标对象的诱饵必须对其有重大利益关切。其次，分化者对诱饵有压倒性的影响力（即使没有排他性的控制力）。再次，目标对象的同盟国无法向目标提供能替代诱饵的东西或是出更高的价。

如果从楔子战略的视角来分析制衡行为，就会有新的理解。国家并非总是如现实主义者预期的那样，运用联盟或军费等外部制衡手段应对威胁，国家在外部制衡条件不充足时运用楔子战略分化、中立敌方阵营，通过打破敌方联盟或争取对手中立等手段是可以减少或解除威胁的。楔子战略是一种采取非军事手段（分化、削弱敌方同盟）的“软制衡”手段。笔者认为，扩张性国家可以通过采取对抗性的楔子战略导致制衡失败。

二　有关中国崛起的争论

按照沃尔兹的观点，如果要说有一个明确的国际政治理论，那么均势理论算是一个。但是对于均势理论，国际关系学界一直存在着激烈的争论，尤其是冷战之后的大国行为，都对这种理论提出了挑战，有的学者甚至批评现实主义的各种预测很难证伪，几乎所有结果都符合现实主义理论的各个流派。还有一些学者指出，均势理论来自于欧洲的历史经验，这一理论未必适用于亚洲，特别是在中国崛起的背景之下。换言之，对于东亚现在是否存在制衡中国的问题，学术界有不同的看法。

陆伯彬（Robert Ross）认为，冷战之后的东亚，中国的周边国家遵守的是国际政治的均势逻辑，它们建立联盟来制衡中国，这种行为符合现实主义理论的解释。欧洲国家和东亚国家的行为逻辑是一样的，东亚并不存在所谓自成一体的或文化决定的国际政治模式。与之不同，戴维·康（David Kong）指出，基于欧洲历史经验的均势并不适用于亚洲，东亚国家没有制衡中国，无论是结果还是过程，过去的6个世纪都难以找到这样的证据。东亚国家对中国崛起的行为，不单有对于权力的考虑，同时还受到利益和信念的影响。这些国家更喜欢中国强大，而不是弱小，因为一个强大的中国能给这个地区带来稳定，一个弱小的中国则会导致其他国家去控制这一地区。均势理论和东亚地区的国际政治现实是矛盾的。史迪夫·陈（Steve Chan）在评述了目前关于均势理论和东亚国家行为的诸多观点之后，认为这些国家的行为从传统均势角度讲是反常的，因为到目前为止这些国家并没有制衡中国。这些国家与中国的贸易水平在大幅度提高，它们的军备开支在总体上是下降的，美国在这些国家和地区的军事人员数量没有增加，公众舆论对中国的好感度也比较高。这些指标都不支持现实主义的均势观点。①

中国的崛起将是和平的还是暴力的，这也是学界和政策界关注的问题。从权力转移理论来看，当一个崛起的不满现状的国家接近地区和体系内的主导国家时，就将使用它的力量来重新塑造国际体系的规则和制度，这时冲突将不可避免。有观点认为，崛起的中国随着力量的积累将更好战。在另外一些对中国崛起抱有乐观态度的学者看来，中国的崛起可以是和平的，从历史上看，19 世纪末期美国和英国的权力转移就是和平的，而且，目前的中国采取的是一种维持现状而非改变现状的对外政策。在一个全球化和经济相互依赖的国际体系中，扩张性的政策将使中国在经济上付出巨大的代价，并使其他国家形成一个遏制自己的联盟。法费尔（M. Taylor Fravel）认为这两种视角都是有问题的。都没有说明扩张所获利益的范围和大小，也没有在国际体系层次上对这些利益和冲突成本加以比较。他以领土冲突为例，具体地考察了扩张带来的政治、外交和经济成本，同时又以现有的扩张政策理论为视角，从国际体系和国内因素两个层面，分析了扩张带来的不确定利益。他认为，中国扩张的手段无论是从陆上还是海上来看，都是有限的。在未来 20 年，中国在领土冲突中所获得的收益要高于付出的成本，因此中国会尽量避免领土扩张，传统的战争之路是不可能的。②

针对传统均势和软制衡理论，布罗克·特斯曼（Brock Tessman）和沃尔夫（Wojtek Wolfe）提出了冷战之后单级体系下次等级国家对主导国采取的对冲战略（Hedge Strategy），并具体阐述对冲战略的分析框架。③ 跟国家的硬制衡、正常的外交摩擦和只是追求权力最大化不同，国家的行为是否被认为对冲战略行为，要看是否出现以下几种情形：一旦与主导国发生军事冲突，对冲国的竞争能

---

① Steve Chan, "An Odd Thing Happened on the Way to Balancing: East Asian States' Reactions to China's Rise," *International Studies Review*, September 2010, pp. 387 - 412.

② M. Taylor Fravel, "International Relations Theory and China's Rise: Assessing China's Potential for Territorial Expansion," *International Studies Review*, December 2010, pp. 505 - 532.

③ Brock Tessman and Wojtek Wolfe, "Great Powers and Strategic Hedging: The Case of Chinese Energy Security Strategy," *International Studies Review*, June 2011, pp. 214 - 240.

力可以看到有显著的改善；避免通过建立明确的针对体系主导国的军事联盟与主导国对抗；具有战略意义，直接涉及对冲国的重要安全利益；直接涉及对冲国的可观察的国内和国际成本，包括但不局限于接受经济上的低效和外交上的反冲。这四种情况构成了国家对冲行为的判断标准。作者把对冲战略的分析框架运用到中国的石油安全战略，认为中国的石油安全战略就是一种对冲战略，并探讨了这种战略对中美关系以及政策走向的影响。

兰德尔·施韦勒（Randall L. Schweller）和蒲晓宇探讨了在从单极到多极的结构转型中，为什么没有出现制衡美国的行为以及如何实现多极的问题。[①] 他们认为，只有在单极状态下，制衡才是修正主义的而非维持现状的行为，因为进行制衡意味着以均势体系取代现存的不平衡的单极体系。因此，任何国家谋求全球权力平衡，都会被贴上修正主义的挑衅者的标签。这无疑增加了制衡的困难。但这并不意味着次要国家对主导国的行为不予抵抗。由于制衡行为不仅被看成是对霸权的威胁，也直接影响到已有的国际秩序以及支持者的利益，因此，崛起国家会通过硬制衡之外的增加成本的措施，尝试破坏霸权国的合法性。作者探讨了对霸权地位的各种不同的抵制形式，对霸权国的全球权威和秩序的去合法性和去集中化。这既是为了在内外制衡的行为中找到一种抵抗的理由，同时也是通过分散体系中的权力，来降低对抗霸权国的障碍，为下一阶段的全面制衡铺平道路。按照这样的思路，作者考察了中国的对抗艺术。这种对抗是在两个层面上进行的，一是利用当前的秩序，在现有的秩序之内与美国竞争；二是超越当前秩序的思考。所谓利用当前的国际秩序是指中国在现有的国际体系之内努力扩展经济，提升全球政治地位和影响力，具体策略包括：谴责美国的单边主义，提倡多边主义的概念；参与和创立新的国际组织，如亚太经合组织、东盟加中日韩、东盟加中国等；对发展中国家采取主动的“软实力”政策，如对外援助；在国际组织内投票反对美国；在国际和地区组织中通过渐进改革战略确定议程，如在 G20 峰会上，中国提出要逐步改革国际金融体系，增加新兴国家在国际制度中的代表权等。短期看，中国追求的是美国治下的渐进改变，而不是直接挑战它。之所以如此，是因为中国国力的提升需要稳定的中美关系，21 世纪的头 20 年是中国的一

---

① Randall L. Schweller, Xiaoyu Pu, “After Unipolarity: China’s Visions of International Order in an Era of U. S. Decline,” *International Security*, Summer 2011, pp. 41 – 72.

个重要战略机遇期。冷战结束以来，美国对中国采取的是接触政策，而不是遏制政策。中国的相对实力不可能直接挑战西方世界支持的国际秩序和制度。从长远来看，中国的一些学者已开始超越现有秩序框架，思考未来的中国领导下的国际秩序。大致看来，主要有三种理想类型：一是一个中国的新秩序，这是权力转移中的拆台战略。这样的秩序观认为中国的传统哲学比现有的秩序提供了更好的处理世界问题的框架；美国的霸权正在失去合法性，中国的政治和经济体系获得了合法性，为世界提供了一个更好的社会模式，中国应该建立一个全球大同社会，着重社会福利和公共物品。二是改良的自由秩序观，这是协调体系的支持战略。这样的秩序观认为目前的自由秩序孕育了中国前所未有的经济奇迹。这样的秩序是一种和平的演进，而不是体系的转变。国际秩序不是由单极而是由多极支持的。国际事务的管理是由大国来协调处理，美国的单极权力分配被中美或主要大国所取代。所有的国家都被整合到一个统一的由法制和国际制度管理的全球体系之中。中国在这样的一个体系中，是利益攸关者。三是谈判的秩序，这是权力扩散过程中的逃避战略。这种秩序观认为，美国的权力地位不是被其他国家取代，而是其权力扩散了，世界体系没有所谓的单极和多极之分，可能是无极。崛起的国家不是一个不满现状的挑战者，并不想推翻现有的国际秩序，而是更希望衰落的霸主支付秩序的成本，自己搭便车，逃避自己应该承担的一些责任和义务。中国在这样的一个体系中，承认中西方观念各自的价值，也不拒绝美国霸权的合法性，但强调中国的发展中国家的性质，以及国内问题的重要性，不愿承担更多的国际责任。从目前中国的几种竞争的国际秩序观来看，国际体系在从单极向多极转变的过程中，崛起国在国际体系中所扮演的角色对于单极之后的国际秩序的走向非常重要，但其变化的路径是不同的。

三　辨析全球治理

全球治理是国际政治领域中一直受关注的重要领域。2010 年国际政治协会主席大卫·莱克的演讲主题就是全球治理。① 他认为现有的国际关系理论和全球

① David A. Lake, “Rightful Rules: Authority, Order, and the Foundations of Global Governance,” *International Studies Quarterly*, September 2010, pp. 587 - 613.

治理研究仍然是以国家为中心，赋予国家以特殊的地位，治理的形式局限于国家间的碰撞，这样的视角已不足以反映当前的国际关系现实。具体表现有 5 个方面：一是国家间的和平区并不是一种反常现象，而是以共同的权威为条件；二是国家是出于义务和责任而不是受强制去遵守规则，即使从短期看不符合它们的利益；三是国家通过惩罚来执行规则是必要的，但这需要得到共同体内部附属国的支持。四是权威（包括国家）是有限地使用其权力来维持合法性。五是国家并不具有特殊的权威地位，社会行为体可以保护超国家的和私人的权威不受国家的侵犯。莱克认为，国际社会的现实需要我们调整关注的焦点，并改变我们观察国际关系的方式，要跳出原来强调国际政治的无政府性和自然状态的视角，转到全球治理。这样的转变需要我们对国际政治的权威进行新的阐释。

莱克提出了一种有关权威的社会契约理论，这样的视角突破了以前形式法理权威的局限，转向一种关系权威。在形式合法性权威关系中，行为体 A 对行为体 B 的领导来自于制度规则赋予 A 的地位，与 A 本身的特质没有关系。现代国家是形式合法性的代表和化身。在传统的国际关系理论看来，由于在国家之上没有一个形式合法性的权威，因而国际体系是无政府状态的，单元之间也不存在权威。但这种权威只是权威的一种形式。除了国家之外，其他的一些行为体也拥有权威。这些行为体包括国际组织和公司等。在作者看来，全球治理是行为体行使跨国的权威。这样的治理概念是一种权威关系，但它不一定代表帕累托改进。权威来自于统治者和被统治者之间的社会契约。关系权威反映了治理者和被治理者之间的交换。行为体 A 给行为体 B 提供政治价值秩序，充分补偿行为体 B 在从属于 A 时所失去的自由。如果 A 得多付少，B 可以不接受这种交换，A 的权威就会减少。所有的权威依赖社会契约，用来交换遵约的秩序。

莱克认为，在形式法理权威中，国家处于至高无上的地位，所有其他的权威都是被赋予的。国家可以允许超国家和私人权威存在，但国家可以保留收回那种权威的权利和能力，并施行合法化的控制。在关系权威中，主权国家并没有特殊的地位。它们可以就权威的领域进行谈判，但要受到个体和其他权威的限制，这些个体和其他的权威是自主的和合法的。全球治理是这些不同权威之间的不断谈判。

按照莱克的分类，目前的治理主要有三种形式。一是国家间的等级形式，如美国和加勒比国家之间的关系。美国并不像以前的帝国那样直接管理加勒比国家，但它对加勒比国家的政治和经济政策行使实质性的权威，期待并获得加勒比国家的服从，合法地惩戒对其统治进行挑战的国家。在这种关系中，美国与加勒比国家都有对遵守规则的期待，附属国支持对违反地区秩序的国家进行惩罚，象征性地参加美国领导的战争，而美国则自我克制地使用权力。二是超国家权威。WTO 就是最明显的例子。WTO 现在对国家和国家间的经济关系具有重要的权威。它所制定的贸易规则已经内化到各国国内的经济活动之中。这些规则对所有的国家都是强制性的，遵约率非常高。它还有自主的司法机构来处理争端，惩罚不遵约者。三是私人权威，如标准普尔和穆迪这样的评级机构。随着国际金融资本的成长，这些评级机构不仅对公司的金融工具和市政债券进行评级，而且还对国家的主权债务进行评级，从而对国家的信誉进行干预，施加自己的权威。标普对美国信用评级的下调就是一个明显的例子。这些不同类型的治理方式体现了国际社会治理的不同规则体系和关系权威，具有不同权威的行为体之间都不享有特殊地位，国家在全球治理中也是受约束的对象。这些不同的全球治理模式给国际关系学者提出了新的课题。

莱克提出了未来全球治理的研究议程，包括从宏观的角度重新思考国内政治与国际政治之间的关系，并提出了更好地理解全球治理的四个步骤：第一步就是刻画以前的全球治理模式；第二步是演绎和检验以关系权威为基础的全球治理的意义；第三步是解释所观察到的不同治理模式；第四步是思考全球治理改革的前景和战略。

还有一些学者从不同的角度对全球治理进行分析。汉肯·奥费彼克（Henk Overbeek）认为全球化是一个历史概念，应该把它置于历史的背景中来考察。全球治理的概念出现于 20 世纪 70 年代，当时，罗马俱乐部发表了一系列报告，呼吁要注意世界正在发生的全球问题，这些问题远远超过了单个国家的治理能力，同时也反映了一些发展中国家提出建立国际经济新秩序的要求。不过，现在全球治理委员会提出的全球治理概念则具有太多改良的内容，强调的是不同利益之间的相互包容，并采取合作行动。这样的概念已经缺少批判的性质，是非政治、非历史的。如果不理解国际政治经济中的结构权力，我们就不知道全球治理到底是什么。①

克劳斯·丁格威斯（Klaus Dingwerth）等人则思考了全球治理中何为全球、何为治理的问题，他们指出了目前全球治理概念的三个盲点：一是过分强调政治

① Henk Overbeek, "Global Governance: From Radical Transformation to Neo-Liberal Management." *International Studies Review*, December 2010, pp. 697 – 702.

世界中的规则协调；二是在治理规则中着重于正式的和高度制度化的规则，而忽视了最根本的游戏规则和非正式的治理结构；三是研究集中于那些规则比较稠密的问题领域，而对治理不太制度化或非正式的问题领域则关注不够。他们认为，当前的全球治理研究拓展了以国家为中心的国际政治研究议程，进一步深化了多中心的复杂性，以及这种复杂性与以国家为中心的世界之间关系的认识，并且推动了跨国间的许许多多非正式规则的研究。①

丹尼尔·卡普嘎仑（Daniel Compagnon）把全球治理和非洲的研究相结合，指出了全球治理研究中的不足。他认为现有的研究中忽视南方的影响。尽管在权力和资源的分配结构中，第三世界国家在全球政治经济中的地位不强，但它们一直就不缺少对国际体系和跨国政治的作用，因此在全球治理的理论中，不应该复制以前主流国际政治学和国际政治经济学忽视发展中国家的局限，而应该把第三世界的经验纳入分析和研究中来。②

安·福罗尼（Ann Florini）认为，中国和印度的崛起将给全球治理带来变化。虽然它们的历史和传统，对主权的理解，参与国际社会的方式，与西方国家有很大的不同，但总体而言是以规则为基础。它们是通过融入国际秩序来促进自己的国家利益，并不挑战西方的世界秩序。这样的一种局面是以往国际关系理论不能充分解释的。全球治理需要考虑新崛起国家的经验。③

四　宗教、习惯与国际关系研究

桑德尔（Nukhet A. Sandal）和詹姆斯（Patrick James）在《欧洲国际关系》发表了《宗教和国际关系理论：通向相互理解》一文。④ 该文认为，自从冷战结

① Klaus Dingwerth And Philipp Pattberg, "How Global and Why Governance? Blind Spots and Ambivalences of the Global Governance Concept." *International Studies Review*, December 2010, pp. 702 - 710.

② Daniel Compagnon, "Global Governance and the South: Blind Spot or Terra Incognita?" *International Studies Review*, December 2010, pp. 710 - 715.

③ Ann Florini, "Rising Asian Powers and Changing Global Governance," *International Studies Review*, March 2011, pp. 24 - 33.

④ Nukhet A. Sandal and Patrick James, "Religion and International Relations Theory: Towards a Mutual Understanding," *European Journal of International Relations*, March 2011, pp. 3 - 25.

束之后，只有很少的理论家或政策制定者关注诸如宗教和种族这一类文化变量同国际问题的关系。这种对宗教等因素的漠视，反映了学者们自身的而不是主流国际关系理论本身的偏好。那些与身份相联系的变量主要被看成是反思主义或解释学传统的组成部分，在冷战时期以及冷战之后尤为突出。那些坚持实证主义传统的学者没有将这些宗教和种族等变量整合到他们的研究当中，即使这些变量有很强的解释潜力。20 世纪 50 和 60 年代传统研究方法同行为主义研究方法的大辩论的一个无意识的后果就是宗教在实证主义研究中完全失去了位置，甚至连不完全遵循行为主义方法的英国学派也忽视了宗教的作用。

事实上，宗教可以在国际关系理论中作为一个变量，就像那些表面上看起来是客观的解释变量一样。桑德尔和詹姆斯研究了三种国际关系理论传统，即古典现实主义、结构现实主义和新自由主义，以观察宗教在这些框架中对人们理解国际事务过程中所起的作用。他们认为古典现实主义最适合对宗教进行次国家层次的解释。对人性的关注、理性、利益和权力定义的可伸缩性以及广泛使用的情感和认知的术语，允许研究者对信念体系和世界观进行整合并加以研究，而宗教这种信念体系对世界观有重要的影响。结构现实主义对于宗教而言是最具有挑战的理论框架，但是也存在提出一种补充性的外交政策模型的可能性，而宗教则是其中的变量。这样一种模型在概念上是从属于体系层次的理论的。如果要观察宗教组织、制度或相关的跨国机制的作用，新自由主义是最合适的理论框架，因为它强调规范和机制的作用，并且聚焦于多元化的问题和对权力的多元化定义。新自由主义有助于对合法性的研究（将宗教作为一个干预变量）以及对跨国认同的解释（既把宗教作为因变量也作为自变量）。

沃纳（Carolyn M. Warner）和沃克尔（Stephen G. Walker）在《思考宗教在外交政策中的作用：一个分析框架》一文中，考察了宗教和外交政策之间的关系。① 他们认为对宗教进行分析的理论路径在外交政策中并没有被充分利用。这种局限性来自于人们最初对外交政策的定义，即外交政策是“一个国家正式的政策，这种政策影响该国和其他国家或非国家行为体关系中的军事、经济、人道主义、社会和文化等维度。”这一定义将宗教在许多方面的作用排除在外，诸如

① Carolyn M. Warner, Stephen G. Walker, “Thinking about the Role of Religion in Foreign Policy: A Framework for Analysis,” *Foreign Policy Analysis*, January 2011, pp. 113 - 135.

对内战、非政府组织、跨国组织（包括恐怖组织）的影响。事实上，宗教的作用是多方面的，它既是世界观和价值观的来源，也是身份和合法性的来源，同时也和正式的制度相联系。传统上对宗教在国际政治中作用的研究是将它看成是一种信念或神学，一种文化特质以及一种价值来源。然而，也有很多研究已经指出，宗教是理解国家外交政策的一个重要变量。作者在该文中试图提出以下的一个理论框架（见下图），以便研究宗教如何在具体的外交政策领域中发挥作用。

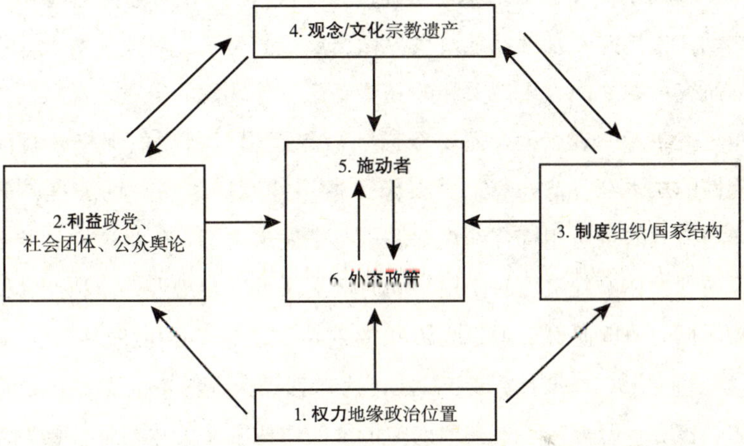

从图中可以看出，宗教对外交政策要有直接的影响效果，它的因果影响就必须通过信念和外交政策施动者的意图来表达。如果环境反馈要对宗教具有相似的影响，它就必须改变或者增强施动者的信念。同时，宗教也有可能影响施动者的文化和观念因素（框架4），并且沿着因果路径连接社会团体（框架2）和制度（框架3）。来自外部环境的反馈也沿着这些路径影响施动者，也可以通过文化矩阵（框架4）迂回地影响施动者。

沃纳和沃克尔的研究提高了人们对宗教与外交政策的理解：第一，他们的研究网络图将不同学科学者的研究联系起来，从而开启了一个新的研究领域，同时使人们可以评估宗教影响外交政策的条件、机制和效果。第二，它的三角启发法能够使外交政策理论更加具有解释力，同时将方法论整合到评价外交政策和研究宗教在国际关系与外交政策中的作用当中来。第三，这些研究网络中内部和外部的相互促进的交集使我们能够更广泛地发展出更好的宗教和政治的理论。

霍普夫（Ted Hopf）的文章《国际关系的习惯逻辑》认为国际关系理论一

直被后果逻辑和适当性逻辑所主导，但这是不全面的。① 马克斯·韦伯提出了四种选择的逻辑，而不仅仅是两种。除了工具理性和规范理性之外，还有情感和习惯。作者通过聚焦于习惯的神经认知心理学基础，探讨了习惯逻辑以及它对国际关系理论中一些重大问题的影响，对国际政治中的合作、安全困境、持续竞争和安全共同体提供了一种不同的解释。作者认为，从韦伯开始的社会学家一直都认为大部分人在大部分时间都是习惯性地行动，而不是反射性地行动。在过去的15年里，认知神经科学家发现人们是有规则地在他们做出思考之前感知、感受并采取行动，人们并不是理性地对世界做出反应。但是，习惯事实上并不处于国际政治的研究议题之内，人们关注的是施动者深思熟虑的行动。按照詹姆斯·马奇和约翰·奥尔森的观点，人们要么像“后果逻辑”所说的那样，对他们的选择进行理性的成本－收益计算；要么像“适当性逻辑”所说的那样，通过有意识地遵守与他们的身份相符合的规则和规范来做出选择。但是这样的结果就是高估了媒介、理性和不确定性的作用，同时低估了世界政治中合作和冲突模式的稳定性。从习惯的角度而言，国际政治中的安全和合作“困境”实际上根本就不是“困境”，而是敌意和友善的习惯性行为。就社会建构主义而言，尽管主体间事实是它的核心，但是国际关系理论中传统的建构主义关注的是有意识领悟到的身份和深思熟虑的竞争性的规范，从而忽略了一个习惯性的假设。因此，建构主义夸大了世界政治中变化可能发生的容易程度。

作者借用神经科学家的观点，认为习惯是“自动的认知过程”，而不是“有意识的控制过程”。习惯是无意图的、无意识的、非故意的和不费力的。习惯处于大脑的“自动系统”当中，而控制过程则处于“反射系统”当中。自动系统负责知觉，而反射系统则负责思维。从这一点出发，作者认为习惯逻辑强调在世界政治中行为体的行动并不是任何工具性或规范性的深思熟虑的产物，从而迥异于后果逻辑和适当性逻辑。对于社会建构主义者而言，后果逻辑也提醒他们主体间事实并不仅仅是通过话语而存在，而且也通过行动而存在。社会建构主义者长期以来一直忽视国家和它们的施动者在做的事情，而仅仅是关注他们说了什么。话语被简约为文本，从而忽视了实践。实践理论家们指出，如果互动制造了主体

① Ted Hopf, “The logic of habit in International Relations,” *European Journal of International Relations*, December 2010, pp. 539－561.

间事实，那么我们应当关注这些行动，而不仅仅是词语的交换。

当从习惯逻辑的角度来思考国际关系时，对国际政治中很多以国家间持续关系模式为特征的领域提供了替代性的解释，这些领域包括在机制中的合作以及安全共同体。例如，对合作的标准解释认为，国家无论选择合作还是背叛都会产生一种能够使每一个国家认识到另外一方是什么样子的结果。但是习惯逻辑的解释路径则是强调两个国家先前的身份关系优先于它们的互动所产生的身份。这些身份很可能已经在国内建立起来，在国家和它的国内社会的互动中建立起来，而不是仅仅在国家和其他国家的互动中建立起来。已经将对方理解为朋友或者敌人不仅仅意味着将会采取什么样的行动，而且也会决定另一个国家的行动会被怎样理解，而这与客观的事实无关。

习惯并不产生变化，只有对一个人的习惯进行反思才产生变化。一个特定的身份话语越是占主导地位，它们在互动时就越是在国内、在国家和社会之间以及在两个国家之间得到更广泛和深入的共享，习惯性认知、态度和实践就越不可能受到挑战，从而导致必要的反思得以发生。把习惯逻辑带入国际关系研究，将理所当然的生活世界作为国际关系理论关注的中心，填补了主流建构主义的主体间结构理论化的不足。

五　把实验研究方法带入国际关系

方法论是国际政治研究的一个重要内容。汉德森（Natalie Florea Hudson）和巴特勒（Michael J. Butler）的文章《国际关系中的实验研究模式：一项分析性的调查》反思和检测了国际关系研究中实验方法的使用以及它对研究的贡献。[①] 他们将实验研究方法定义为“一种调查方法，在其中调查者对主体的使用以及它们在随机化条件下的任务分配、处置和对研究的检测进行一定程度的控制。”作者借用了经济学家茹斯（Alvin Roth）关于实验研究的三个目的：寻找事实、同理论家对话以及影响政策争论，这三种类型的划分有助于人们分辨该领域一系列广泛实验的目的。

---

① Natalie Florea Hudson, Michael J. Butler, “The State of Experimental Research in IR: An Analytical Survey,” *International Studies Review*, June 2010, pp. 165 - 192.

作者认为，尽管实验研究方法有着不同的本体论和方法论框架，也可以对国际关系研究作出理论上和政策导向上的贡献，但是国际关系研究中的实验方法在很大程度上被主流理论忽略了，在国际关系研究中仍然使用得较少，例如文化、战争和经济发展都是处于实验研究之外，然而这些都是当代国际关系理论中最主要的问题领域，对现存的实验研究方法进行思考，可以帮助我们更好地理解国际关系研究，也可以在不同学科、子学科和方法论之间架起一座桥梁。

作者认为实验研究方法最好被理解为是一种对传统的经验研究方法的补充。他们借用麦克蒙特（Rose McDermott）的观点，认为在政治科学中使用实验研究方法有五个优点：第一，具有潜在的较高程度的内部有效性，并且有能力得到因果推论。第二，对实验环境的不平衡的控制。第三，对重要变量进行精确地测量。第四，较为详细地探究一个给定的政治现象。第五，研究结果是根据实验过程进行科学化精密设计的产物。作者认为，一种看待实验研究方法在未来的国际关系研究中的作用的方式是将它看成是“正在出现的行为主义国际关系理论领域”的一个组成部分。

闵兹（Alex Mintz）、杨翼（Yi Yang）和麦克蒙特（Rose McDermott）在《国际关系中的实验路径》文章中充分讨论了实验研究的价值。① 他们认为，国际关系中的实验研究的主要贡献在于：第一，实验研究既关注国际关系中宏观层次的行为，也关注国际关系中微观层次的行为。它们通常使用不同的操作方式、样本、总体来研究这些现象。第二，实验作为启发性的工具也有助于国际关系和外交政策中的新理论的出现。第三，实验研究也可以为主要通过其他方法取得的发现提供统计分析、案例研究、形式分析、模拟以及计算模型等。他们主要区分了以下几种实验：①“纸笔实验”，即在实验环境中，主要通过语言的或者是图形的叙事过程来制造实验脚本，实验刺激因素被嵌入这种叙事过程之中，并得到系统的操作。②以调查为基础的实验，即在调查中深思熟虑地对形式进行操控或者对项目进行设置，目的是推断公共舆论在现实世界中怎样发挥作用。③计算机化的过程追踪实验，即通过在实验环境中使用过程追踪技术来确定一些在外交决策过程中的深层次的动力。④田野实验和自然实验，这是政治科学中最初的实验

---

① Alex Mintz, Yi Yang and Rose McDermott, "Experimental Approaches to International Relations," *International Studies Quarterly*, June 2011, pp. 493 - 501.

方法，聚焦于在真实的政治环境中如何实施可控制的干预。⑤认知神经系统科学实验，即使用神经系统科学上的新发展来研究大脑是如何工作的，以及身体和思维如何互动。

麦克蒙特（Rose McDermott）发表的《国际关系中实验研究的新方向》讨论了在国际关系的实验研究中的新的重要领域和方法论创新。[1] 这些研究领域包括基本心理过程的跨文化表现、对身份建构、变化和抵制的深层动力的研究，以及对机制类型、联盟和同盟、地位竞争和情感等问题的实验探究。他认为，实验研究方法为研究许多重要的新领域提供了机会，这些领域要么仍然没有得到研究，要么在国际关系中没有得到理论化。它们包括跨文化变化对政治结果的影响，以及不同的机制类型对特定人群的政治态度和行为的影响。此外，实验人员也可以检测身份、联盟和同盟在不同的背景中的形成、维持和瓦解过程。对地位竞争的研究则为理解关于领导人和冲突之间关系的问题提供了新的路径。这些过程可能会影响领导人在就未来做出决定时的选择。尽管许多政治学家已经指出情感在决策中发挥了有害的作用，但是几乎没做系统的工作来说明和论证具体的情感对特定的决定的影响。在这一领域中的实验研究对理解人类决定怎样使特定的技能或能力更有效方面做出了实质性的贡献。

与大量的文献聚焦于重复活动可能导致更有效的结果不同，庭黎（Dustin H. Tingley）的《未来的阴暗面：对讨价还价中承诺问题的实验研究》一文聚焦于重复活动的不良效果。[2] 作者研究了一个具有重复互动和讨价还价力度变化的资源划分模型，预测了重复互动的可能性和社会效率之间存在的消极关系，认为更长久的互动并不必然增加更有效的产出机会，而可能产生相反的效果，即“未来的阴暗面”。这一结论和传统的国际关系理论存在分歧。传统国际关系理论从重复进行的“囚徒困境”博弈出发，显示较低程度的持续互动会导致低效率的行为，而未来互动的可能性的增加可以导致产生更有社会效率的结果。作者通过使用一个博弈论模型，确定了一系列的参数，从而能够在持续互动的可能性较低（参数等于0.3）和可能性较高（参数等于0.7）的不同情况下对行为进行比较。

---

① Rose Mcdermott, “New Directions for Experimental Work in International Relations,” *International Studies Quarterly*, June 2011, pp. 503 – 520.

② Dustin H. Tingley, “The Dark Side of the Future: An Experimental Test of Commitment Problems in Bargaining,” *International Studies Quarterly*, June 2011, pp. 521 – 544.

庭黎（Dustin H. Tingley）和沃尔特（Barbara F. Walter）在《国际组织》杂志上发表了《重复活动对声望建构的效果：一种实验途径》的文章中，使用比较经济静态分析方法，探讨了在一个重复的市场进入阻挠博弈中，当参加者数量改变时声望建构的物质刺激是怎样改变的。[①] 他们发现，实验中的主体逐渐地建构起声望，而且那些物质投入也取得了成效，但是他们也发现一些主体并没有像他们的模型预测的那样对建构声望的物质刺激做出反应。他们对此的解释是人们之间的偏好和认知能力存在着差异。在他们看来，国际关系中使用理性选择理论的学者同那些更多地使用心理学进行研究的学者之间与先前的估计相比存在着更多的共同基础。

他们首先使用经济学中的标准的序列均衡模型来分析何时以及为何声望是重要的。根据这一模型，在信息不完全的条件下，个体应当在声望建构方面投入得更多，如果他们相信博弈将会重复多次而不是仅仅进行很少几次的话。相反，他们在不那么经常重复的环境中就对声望建构不那么关心了。他们认为实验方法在研究声望建构方面有三个优点：第一，实验可以让研究者就某种原因得出清晰的证据。实验允许研究者以模型预测的方式对声望建构的物质刺激做出反应，并观察声望一旦被建构是否会影响行为。第二，实验让研究者可以操纵决策环境，从而将特定的重要因素分隔开。与从历史中观测到的数据不同，实验允许研究者改变特定变量的价值，同时仔细地控制决策环境的其他部分。第三，实验也显示了个体是如何偏离纯粹的理性行为的，从而为声望在何时以及为何起作用进行理论化提供了一个窗口。他们的实验有四个发现：第一，即使当一个博弈仅仅重复少数几次，个体也会对声望进行物质投入。第二，建立一个态度强硬的声望可以帮助防卫者威慑入侵。第三，可以清晰地计算出个体对声望建构的投入次数，也可以清晰地计算出起作用的次数。第四，当个体从博弈中得到更多经验的时候，在声望建构方面的投入就会更多。最后他们专门研究了那些没有对声望建构进行投入的主体，并解释了模型没有能够预测其行为的原因：第一，一部分主体所受驱动同模型所考虑的偏好不一样。第二，实验也显示出一些主体存在认知能力的局限性。

① Dustin H. Tingley and Barbara F. Walter, "The Effect of Repeated Play on Reputation Building: An Experimental Approach," *International Organization*, April 2011, pp. 345 - 365.

通过对国际关系研究若干方面的观点梳理，可以看到国际关系研究在不断的深化：从宏观和微观的角度进一步探讨制衡理论，在一定意义上是对现实主义理论的发展；中国崛起及未来的走向仍然是国际政治研究中的一个聚焦点；全球治理有了多样化和立体化的剖析；一些以前被忽视的新议题如宗教和习惯等得到了探讨；在社会科学中广泛使用的实验方法也在国际关系研究中得到了重视。这些研究不仅具有深刻的学理探索，也有很强的现实关怀。国际关系学科正在理论的思辨和现实的碰撞中不断超越过去，创新未来。

主要资料来源

International Studies Quarterly.

International Studies Review.

Foreign Policy Analysis.

International Security.

European Journal of International Relations.

International Organization.

New Progress in International Relations

Yuan Zhengqing

Abstract: To focus on progress in international relations (IR) from 2010 to 2011, this review article presents some new directions in IR research by selecting relevant essays published in the leading IR journals. Progress has been made in the following areas: international relations theory, especially the balance of power, analysis of the rise of China, global governance, and experimental methods on the subject of international relations and the impact of the methods on previously neglected topics such as religion and customs. In explaining these issues, this article presents an outline of the cutting-edge research in the discipline and provides an overview of the basic trends in international relations.

Key Words: Balance of Power; China's Rise; Global Governance; Experiments

社会科学文献出版社

皮书系列

“皮书”起源于十七八世纪的英国，主要指官方或社会组织正式发表的重要文件或报告，并多以白皮书命名。在中国，“皮书”这一概念被社会广泛接受，并被成功运作、发展成为一种全新的出版形态，则源于中国社会科学院社会科学文献出版社。

皮书是对中国与世界发展状况和热点问题进行年度监测，以专家和学术的视角，针对某一领域或区域现状与发展态势展开分析和预测，具备权威性、前沿性、原创性、实证性、时效性等特点的连续性公开出版物，由一系列权威研究报告组成。皮书系列是社会科学文献出版社编辑出版的蓝皮书、绿皮书、黄皮书等的统称。

皮书系列的作者以中国社会科学院、著名高校、地方社会科学院的研究人员为主，多为国内一流研究机构的权威专家学者，他们的看法和观点代表了学界对中国与世界的现实和未来最高水平的解读与分析。

自20世纪90年代末推出以经济蓝皮书为开端的皮书系列以来，至今已出版皮书近800部，内容涵盖经济、社会、政法、文化传媒、行业、地方发展、国际形势等领域。皮书系列已成为社会科学文献出版社的著名图书品牌和中国社会科学院的知名学术品牌。

皮书系列在数字出版和国际出版方面也是成就斐然。皮书数据库被评为“2008～2009年度数字出版知名品牌”；经济蓝皮书、社会蓝皮书等十几种皮书每年还由国外知名学术出版机构出版英文版、俄文版、韩文版和日文版，面向全球发行。

经济蓝皮书 BLUE BOOK OF CHINA'S ECONOMY

社会蓝皮书 BLUE BOOK OF CHINA'S SOCIETY

文化蓝皮书 BLUE BOOK OF CHINA'S CULTURE

金融蓝皮书 BLUE BOOK OF FINANCE

法治蓝皮书 BLUE BOOK OF RULE OF LAW

欧洲蓝皮书 BLUE BOOK OF EUROPE

气候变化绿皮书 GREEN BOOK ON CLIMATE CHANGE

西部蓝皮书 BLUE BOOK OF WESTERN REGION OF CHINA

世界经济黄皮书 YELLOW BOOK OF WORLD ECONOMY

SSAP THE CHINESE ACADEMY OF SOCIAL SCIENCES YEARBOOKS ECONOMY

SSAP THE CHINESE ACADEMY OF SOCIAL SCIENCES YEARBOOKS SOCIETY

SSAP THE CHINESE ACADEMY OF SOCIAL SCIENCES YEARBOOKS POPULATION AND LABOR

法律声明